वाणी एटलस बिहार

बिहार की सभी प्रतियोगी परीक्षाओं के लिए पहली पसन्द

सम्पादक
डॉ. आर.पी. आर्य, जितेन्द्र आर्य एवं अंशुमन आर्य

वाणी प्रकाशन
4695, 21-ए, दरियागंज, नयी दिल्ली -110 002; फ़ोन : + 91 11 23273167, 23275710

ACKNOWLEDGMENTS

© Government of India Copyright 2025.

The responsibility for the correctness of Internal details rests with the publisher.

The territorial waters of India extend into the sea to a distance of twelve nautical miles measured from the appropriate base line.

The administrative headquarters of Chandigarh, Haryana and Punjab are at Chandigarh.

The interstate boundaries "amongst" Arunachal Pradesh, Assam and Meghalaya shown on this map are as interpreted from the North-Eastern Areas (Reorganisation) Act, 1971, but have yet to be verified.

The external boundaries and coastlines of India agree with the Record / Master Copy certified by Survey of India.

The interstate boundaries between Uttar Pradesh - Uttarakhand, Bihar - Jharkhand and Madhya Pradesh - Chhattisgarh have not been verified.

The Spellings of names in this map, have been taken from various sources.

Designed, Cartographed & Printed by :

INDIAN MAP SERVICE इण्डियन मैप सर्विस

जोधपुर (राज.) मो. : 94141 00872 / 94141 00874

मानचित्र संकेत

- अन्तर्राष्ट्रीय सीमा
- राज्य सीमा
- रेलवे लाईन
- देश की राजधानी
- राज्य की राजधानी
- जिला मुख्यालय
- तहसील मुख्यालय एवं अन्य नगर
- स्वर्णिम चतुर्भुज
- उत्तर–दक्षिण गलियारा
- पूर्व–पश्चिम गलियारा
- 65 राष्ट्रीय राजमार्ग संख्या सहित
- नदी

अनुक्रमणिका

सौरमंडल

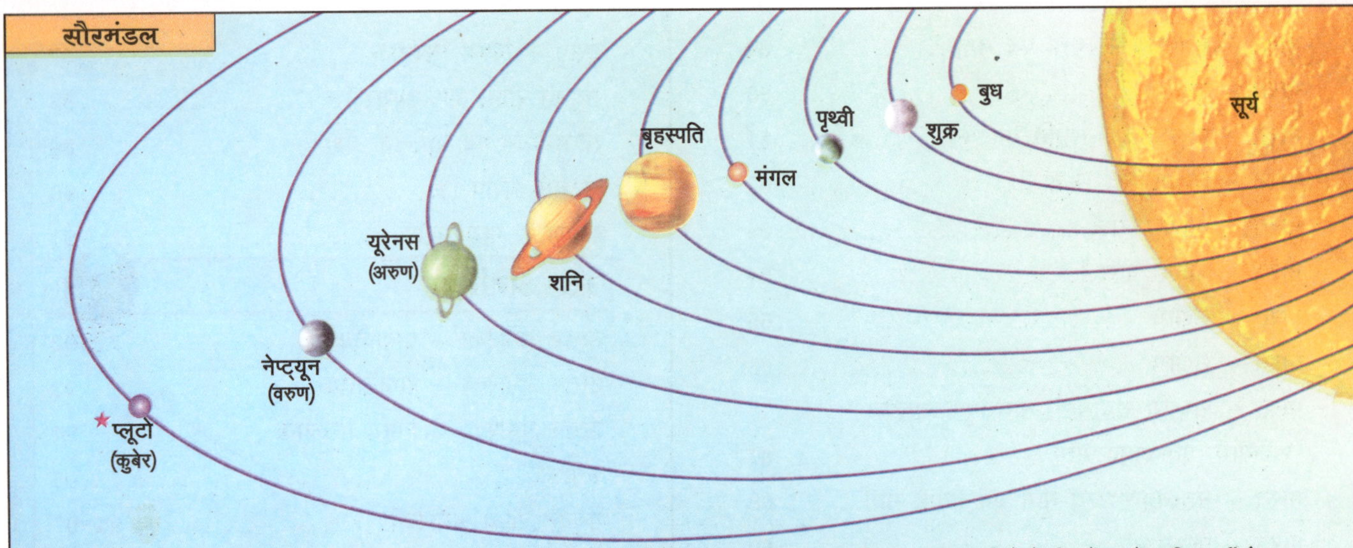

★ अगस्त,2006 में अन्तरराष्ट्रीय खगोलशास्त्रीय संघ की महासभा ने सौरमण्डल में बुध से नेप्ट्यून तक केवल 8 शास्त्रीय ग्रह स्वीकार किये हैं, जिसमें प्लूटो शामिल नहीं है ।

सौर परिवार : ग्रहों का तुलनात्मक आकार

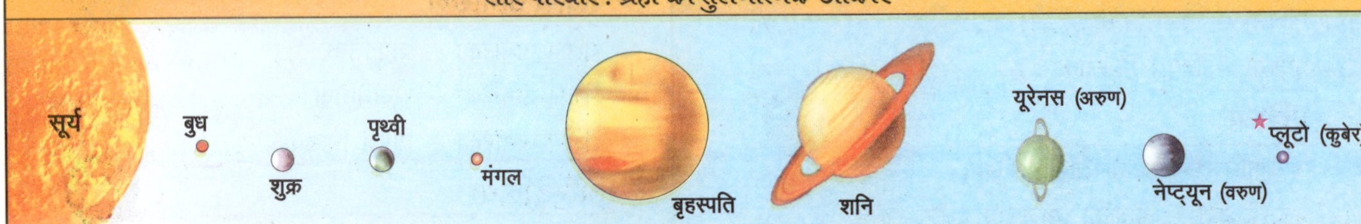

सौर परिवार की सारिणी

ग्रहों के नाम	सूर्य से अनुमानित दूरी (मिलियन किलोमीटर में)	भूमध्य रेखीय व्यास (किलोमीटर)	अपने अक्ष पर परिभ्रमण समय	सूर्य के चारों और परिक्रमण समय (किलोमीटर)	उपग्रहों की संख्या
बुध	58	4,878	58.6 दिन	88 दिन	0
शुक्र	108	12,110	243 दिन	224.7 दिन	0
पृथ्वी	150	12,756	23.9 घण्टे	365.26 दिन	1
मंगल	228	6,794	24.6 घण्टे	687 दिन	2
बृहस्पति	778	1,42,880	9.9 घण्टे	11.9 वर्ष	63
शनि	1427	1,20,500	10.3 घण्टे	29.5 वर्ष	33
यूरेनस (अरुण)	2871	51,400	16.2 घण्टे	84 वर्ष	27
नेप्ट्यून (वरुण)	4497	48,600	18.5 घण्टे	164.8 वर्ष	13
★ प्लूटो (कुबेर)	5914	3,000	6 दिन 9.3 घण्टे	248.5 वर्ष	1

चंद्रमा से पृथ्वी का दृश्य

उपग्रह से पृथ्वी का दृश्य

चन्द्रमा

चन्द्रमा

चन्द्रमा पृथ्वी का एक उपग्रह है। वैज्ञानिकों की मान्यता के अनुसार इसकी उत्पत्ति पृथ्वी से हुई है। जब पृथ्वी तरल अवस्था में थी और तीव्र गति से घूम रही थी तो उसका एक अंश टूटकर पृथक हो गया। पृथ्वी से अलग हुआ वह अंश ही चन्द्रमा है। चन्द्रमा पृथ्वी का सबसे निकटतम खगोलीय पिंड है। यह अपने सौन्दर्य और शीतलता के कारण मनुष्य के लिए सदा से आकर्षण का विषय रहा है। पृथ्वी से इसकी दूरी लगभग 3 लाख, 84 हजार किलोमीटर है। इसका व्यास 3478 किलोमीटर है, जो पृथ्वी के व्यास का लगभग एक चौथाई है। इसमें स्वयं में कोई प्रकाश नहीं है, यह केवल सूर्य से प्रकाशित होता है।

पृथ्वी के समान चन्द्रमा का दिखाई देना

चन्द्रमा एक मृत–ग्रह है। यहाँ न जल है, न वायु न कोई और वनस्पति। वायुमण्डल के अभाव में यहाँ किसी प्रकार का जीवन भी संभव नहीं है। चन्द्रमा के धरातल की जानकारी प्राप्त करने के लिए रूस एवं अमेरिका ने कई अंतरिक्ष यान भेजे। उन यानों से प्राप्त चित्रों कि/ फोटो से यह प्रमाणिक जानकारी अवश्य प्राप्त हुई कि चन्द्रमा के धरातल पर अनेक पहाड़, छोटे–बड़े गड्ढे, बड़ी–बड़ी घाटियों जैसी दरारें मौजूद हैं।

रोचक तथ्य :– अमेरिका के नील आर्मस्ट्रांग विश्व में पहले व्यक्ति थे, जिन्होंने 29 जुलाई, 1969 को सबसे पहले चन्द्रमा की सतह पर कदम रखा था। वहाँ कदम रखने पर उन्होंने वहाँ से पूरी दुनिया को अपना पहला सन्देश देते हुआ कहा था कि "यह एक इन्सान का छोटा कदम है पर मानवता की सबसे ऊँची छलांग है"

चन्द्रमा की कलाएँ

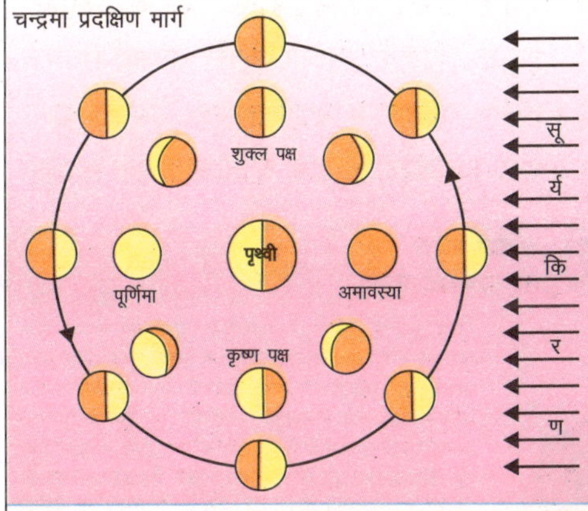

चन्द्रमा एक प्रकाशहीन पिण्ड है। यह सूर्य के प्रकाश से प्रकाशित होता है, किन्तु इसकी गोल आकृति के कारण जब इसके आधे भाग पर सूर्य का प्रकाश पड़ता है तो शेष आधा भाग अन्धकार में रहता है। पृथ्वी से हम केवल उसके प्रकाशित भाग को ही घटता–बढ़ता देखते हैं। कभी हँसिये के समान, की अर्द्धवृत्त और कभी पूर्ण गोलाकार दिखाई पड़ता है। जब चन्द्रमा का प्रकाशित भाग प्रतिदिन बढ़ता जाता है तो वह शुक्ल पक्ष होता है तथा जब चन्द्रमा का प्रकाशित भाग बराबर घटता रहता है तो वह कृष्ण पक्ष कहलाता है। दोनों पक्षों में चन्द्रमा के इस घटते–बढ़ते रूप को ही चन्द्रमा की कलाएँ कहते हैं जिससे हमें नित्य प्रतिदिन चन्द्रमा के भिन्न–भिन्न रूप दृष्टिगोचर होते हैं। जब चन्द्रमा का प्रकाशित भाग पृथ्वी से विपरीत दिशा में होता है तो चन्द्रमा बिल्कुल भी दिखाई नही पड़ता, यह स्थिति अमावस्या की होती है। अमावस्या के बाद जब चन्द्रमा की परिक्रमा करते हुए आगे बढ़ता है तो उसका प्रकाशमय भाग बढ़ता जाता है। अमावस्या के दो दिन बाद यह प्रकाशित भाग हँसिये के समान होता है। इसे द्वितीया का चन्द्रमा कहते हैं। द्वितीया के दिन चन्द्रमा कुछ ही समय के लिए चमकता है तथा बाद में उत्तरोत्तर यह अवधि बढ़ती जाती है। एक सप्ताह बाद चन्द्रमा का आधा प्रकाशित भाग दिखाई देता है, यह अष्टमी का चन्द्रमा होता है। इस दिन चन्द्रमा अर्द्धवृत्ताकार होता है और रात्रि को अर्द्ध–रात्रि तक चमकता है। तदनंतर चन्द्रमा बढ़ते–बढ़ते पूर्णिमा का पूर्ण वृत्ताकार हो जाता है। इस स्थिति में चन्द्रमा पृथ्वी के सिरे पर और सूर्य दूसरे सिरे पर होता है, जिससे चन्द्रमा का पूरा प्रकाशित भाग दिखायी पड़ता है। यही पूर्णमासी का चन्द्रमा होता है। पूर्णिमा के बाद पुनः उसी क्रम से चन्द्रमा का प्रकाशित भाग क्षीण होने लगता है और दो सप्ताह बाद फिर अमावस्या आ जाती है। पूर्णिमा के बाद कृष्ण पक्ष प्रारम्भ होता है जिसमें चन्द्रमा का काला भाग बढ़ता है और अमावस्या के बाद शुक्ल पक्ष शुरू होता है जिससे चन्द्रमा का उजला भाग बढ़ता है।

चन्द्र -ग्रहण और सूर्य - ग्रहण

चन्द्र ग्रहण

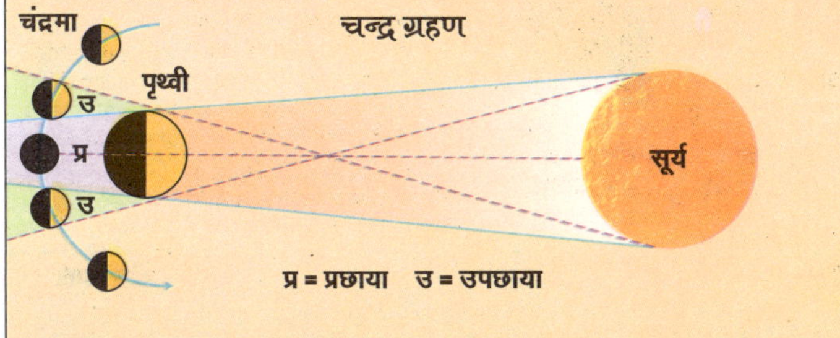

चन्द्र–ग्रहण :– जब पृथ्वी, चाँद और सूर्य के बीच में ठीक सीध में आ जाये तो पृथ्वी की छाया चन्द्रमा पर पड़ती है और उस पर अंधेरा छा जाता है, इसे चन्द्रग्रहण कहते हैं। चन्द्रग्रहण सदा पूर्णिमा को होता है, परन्तु हर पूर्णिमा को नहीं होता। इसका कारण यह है कि पृथ्वी तथा चन्द्रमा के कक्षतलों में लगभग 5° का परस्पर झुकाव है। चन्द्रग्रहण उसी पूर्णिमा को होता है, जब चन्द्रमा पृथ्वी के कक्षतल में होता है। ऐसा कभी–कभी ही होता है। जब चन्द्रमा का केवल कुछ ही भाग पृथ्वी की परछाई में आता है तो उसे खण्ड–ग्रहण कहते हैं। जब चन्द्रमा का पूरा प्रकाशित भाग पृथ्वी की परछाई में आ जाता है तो इसे पूर्ण–चन्द्रग्रहण कहते हैं।

सूर्य ग्रहण

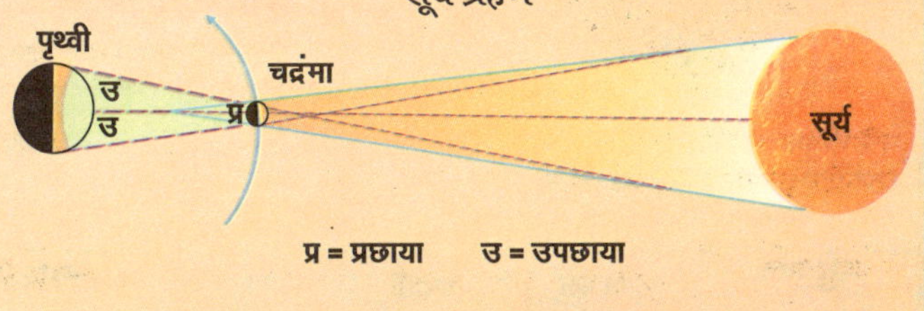

सूर्य–ग्रहण :– सूर्य ग्रहण अमावस्या के दिन होता है परन्तु यह एक अमावस्या को नहीं होता। इसका कारण वही है कि पृथ्वी तथा चन्द्रमा के कक्षतलों में लगभग 5° का झुकाव है। सूर्य ग्रहण तभी होता है जब अमावस्या को चन्द्रमा पृथ्वी के कक्षतल में आ जाता है। ऐसा कभी–कभी ही होता है। सूर्य ग्रहण के समय चन्द्रमा पृथ्वी और सूर्य के बीच में आ जाता है। इस कारण सूर्य का प्रकाश पृथ्वी के कुछ भाग पर नहीं पहुँच पाता। दूसरे शब्दों में यह कह सकते हैं कि चन्द्रमा के बीच में आ जाने के कारण चन्द्रमा की परछाई पृथ्वी पर पड़ती है और जहाँ–जहाँ परछाई पड़ती है वहाँ से सूर्य दिखाई नहीं देता। जब सूर्य का आंशिक भाग नहीं दिखाई देता तो उसे खण्ड सूर्य ग्रहण कहते हैं। जब चन्द्रमा सूर्य को पूरा ढँक लेता है तो पूर्ण सूर्यग्रहण होता है।

ऋतुएँ

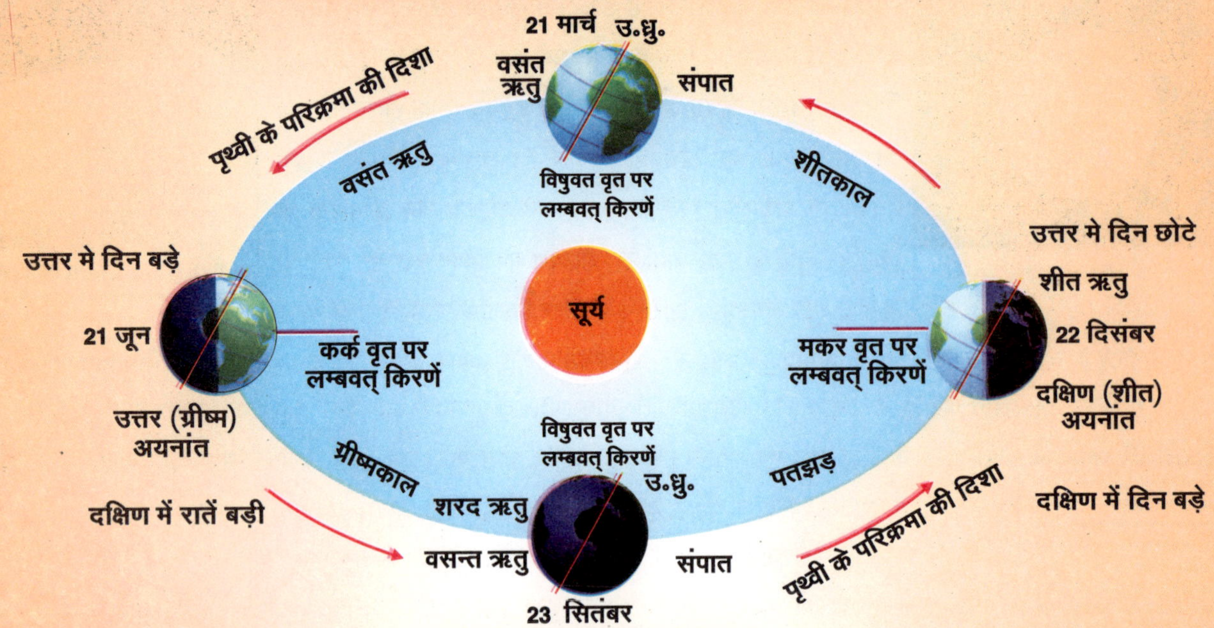

एक वर्ष में गर्मी, सर्दी, बसंत एवं शरद चार ऋतुएँ होती है। पृथ्वी 365¼ (एक वर्ष) में सूर्य की एक परिक्रमा करती हैं। ऋतुओं में परिवर्तन सूर्य के चारों और पृथ्वी की स्थिति में परिवर्तन के कारण होता है। इस परिक्रमा में अक्ष का झुकाव हमेशा अपने समान्तर रहता है। 21 मार्च को सूर्य विषुवत रेखा पर तथा 21 जून को उत्तरी गोलार्ध में कर्क रेखा 23¼° पर लम्बवत चमकता है। इसी प्रकार 23 सितम्बर को विषुवत रेखा पर तथा 22 दिसम्बर को दक्षिण गोलार्ध में मकर रेखा पर सूर्य की किरणों सीधी पड़ती है। इसके परिणाम स्वरूप उत्तरी गोलार्ध में मार्च में बसन्त ऋत, जून में ग्रीष्म ऋतु, सितम्बर में शरद ऋतु, और दिसम्बर में शीत ऋतु होती है। दक्षिण गोलार्ध में ऋतुएँ इसके विपरीत होती है। ग्रीष्म ऋतु में दिन लम्बें तथा रातें छोटी, शीत ऋतु में दिन छोटे और रातें लम्बी होती है। बसन्त एवं शरद् ऋतुओं में दिन व रात बराबर

दिन और रात

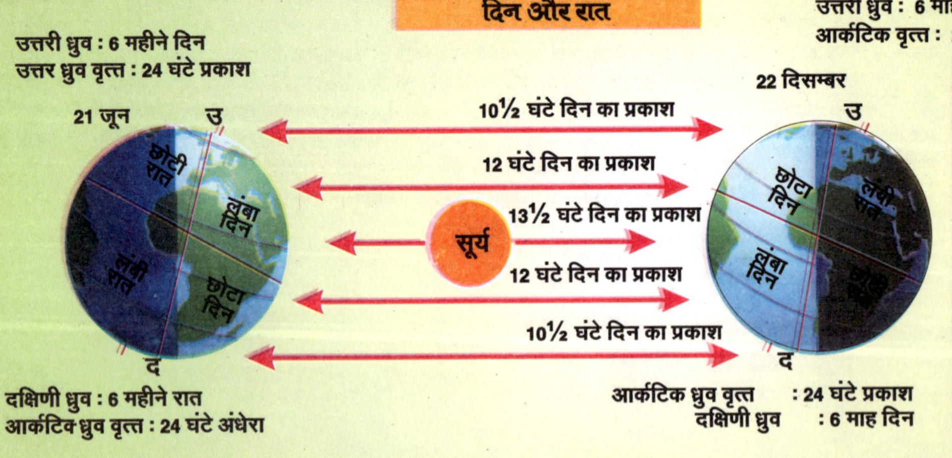

पृथ्वी सूर्य से प्रकाश प्राप्त करती है। पृथ्वी का आकार गोले के समान है, इसलिए एक समय में सिर्फ उसके आधे भाग पर ही सूर्य की रोशनी प्राप्त होती है। सूर्य के सामने वाले भाग में दिन होता है जबकि दूसरा भाग जो सूर्य के विपरीत होता है वहाँ रात होती है। इसके अलावा पृथ्वी के अक्ष, कक्ष के साथ 66¼° का कोण बनाये रखते है। इस झुकाव के कारण 21 जून को उत्तरी ध्रुव और 22 दिसम्बर को दक्षिण ध्रुव की और सूर्य का सबसे अधिक झुकाव होता है तथा 21 मार्च एवं 23 दिसम्बर को उत्तरी और दक्षिणी ध्रुवों पर सूर्य के प्रति समान झुकाव होता है। इसके कारण जून में उत्तरी गोलार्ध में दिन बड़े तथा रातें छोटी होती है तथा दक्षिण गोलार्ध में दिन छोटे रातें बड़ी। दिसम्बर में इसके ठीक विपरीत होता है, अर्थात उत्तरी गोलार्ध में दिन छोटे और रातें छोटी होती हैं। मार्च एवं सितम्बर में दिन–रात बराबर की अवधि (12 - 12) घण्टे के होते हैं। ध्रुवों पर छः महीनों का दिन तथा छः महीनों की रात होती हैं।

ज्वार-भाटा

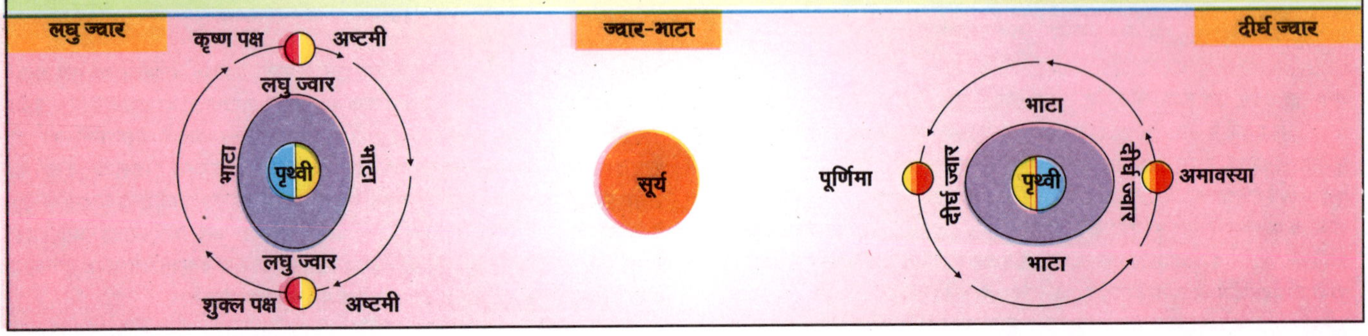

महाद्वीपों का विकास

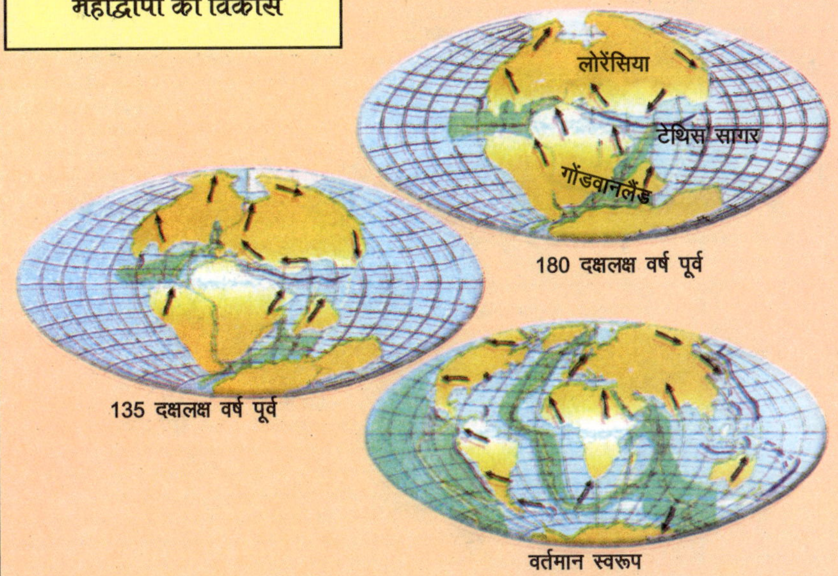

पृथ्वी की संरचना

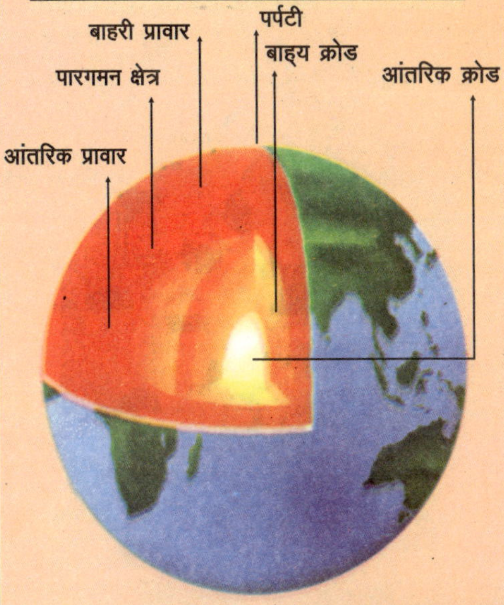

ज्वालामुखी

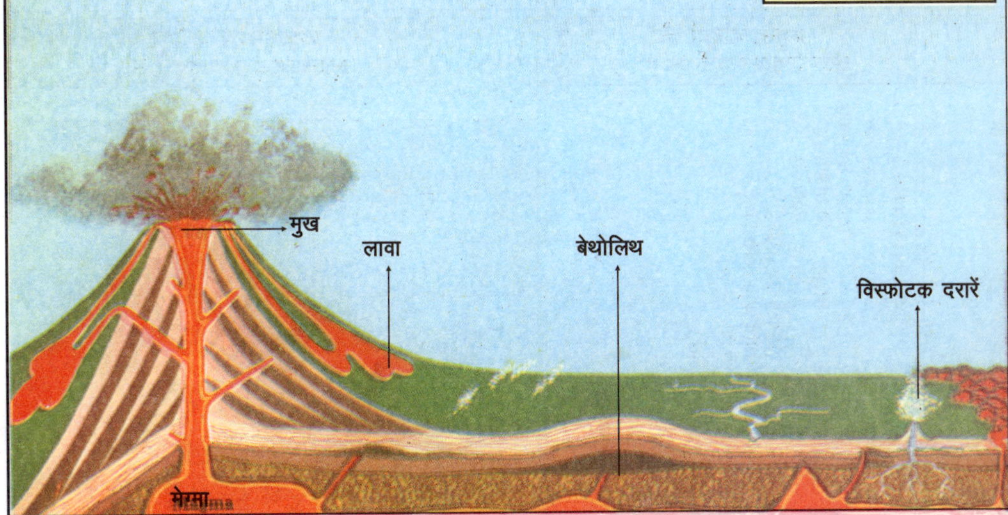

पर्वत एवं उसके प्रकार

भ्रशोत्थ (ब्लॉक) पर्वत

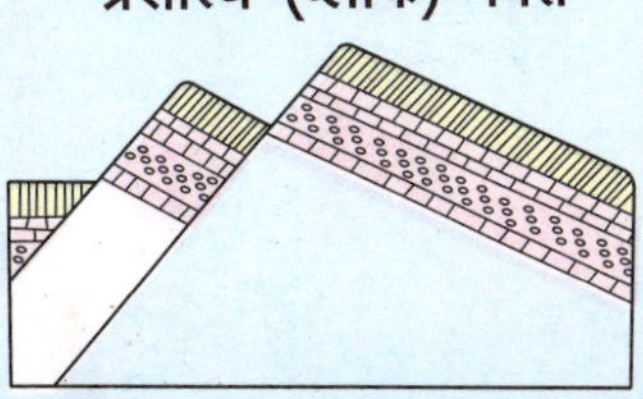

पृथ्वी की भीतरी हलचल के कारण पपड़ी में पड़ी किन्हीं दो समान्तर दरारों के बीच का भाग ऊपर उठ जाने से पहाड़ बन जाता है। यदि दो समान्तर दरारों के बीच का भाग नीचे धँस जाये तो उससे दरार–घाटी बन जाती है।

गुम्बदनुमा पर्वत

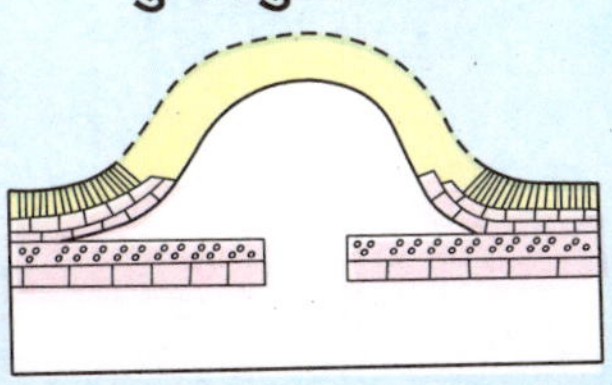

पृथ्वी के आंतरिक भाग से दबाव सतह पर पड़ने के कारण जब धरती की सतह पर टीले जैसा उभार बन जाता है उसे गुम्बदनुमा पर्वत कहते है।

वलित (मोड़दार) पर्वत

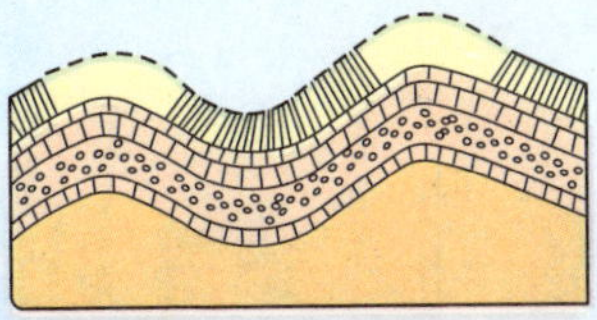

इनका निर्माण तलहटी शैलों के वलित स्तरों से होता है, जब इन स्तरों पर दोनों तरफ से दबाव पड़ता है तो इनमें मोड़ पड़ने लगते है। हिमालय की पर्वत श्रेणियों इसी तरह बनी हैं।

ज्वालामुखी पर्वत

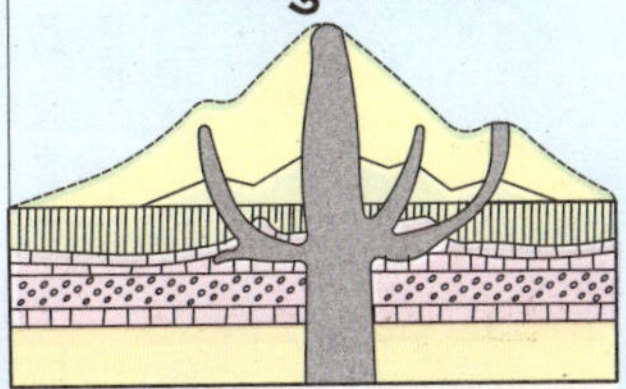

कई बार पृथ्वी की पर्पटी के नीचे का गरम लावा और ऊपर से रिस कर आये हुए पानी की भाप आवरण को फोड़ कर बड़े वेग से बाहर फूट निकलती है। यह लावा छिद्र के इर्द–गिर्द एकत्रित होता रहता है, और कुछ समय में शंकु के आकार का पहाड़ बन जाता है।

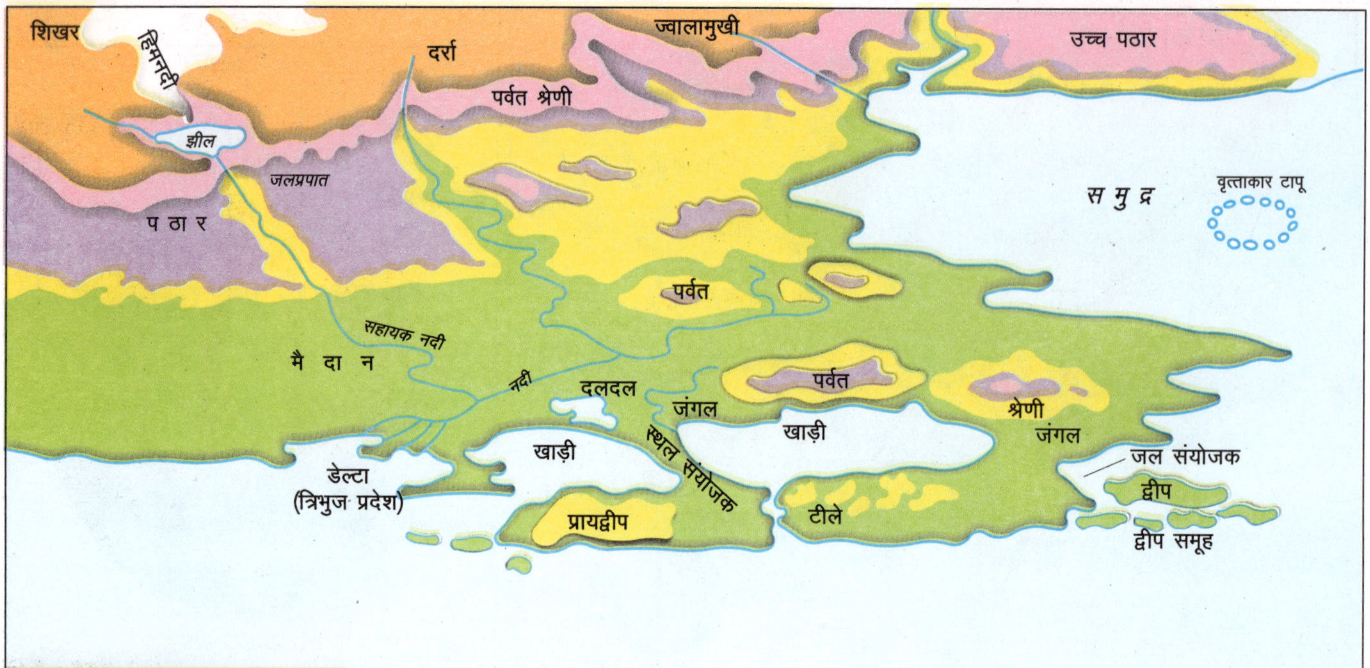

भौगोलिक शब्दावली

प्रमुख महासागरों की तुलनात्मक गहराई (मीटर में)

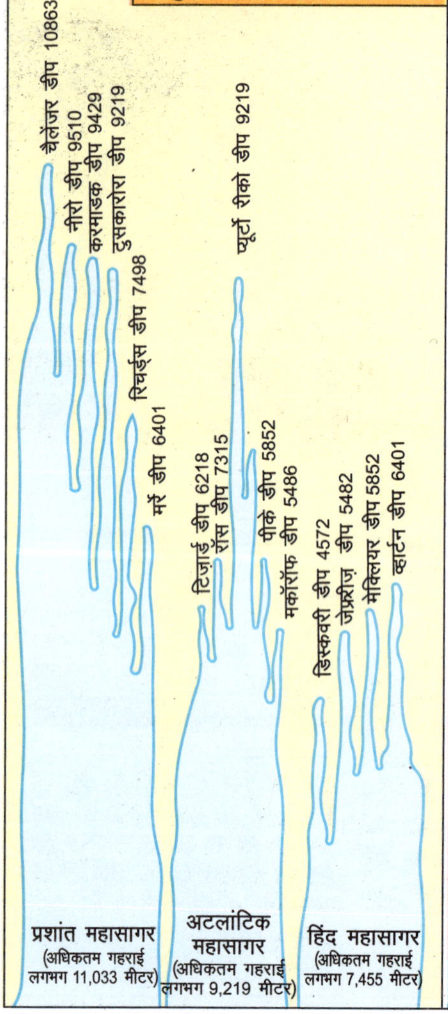

प्रमुख नदियों की तुलनात्मक लंबाई (कि.मी. में)

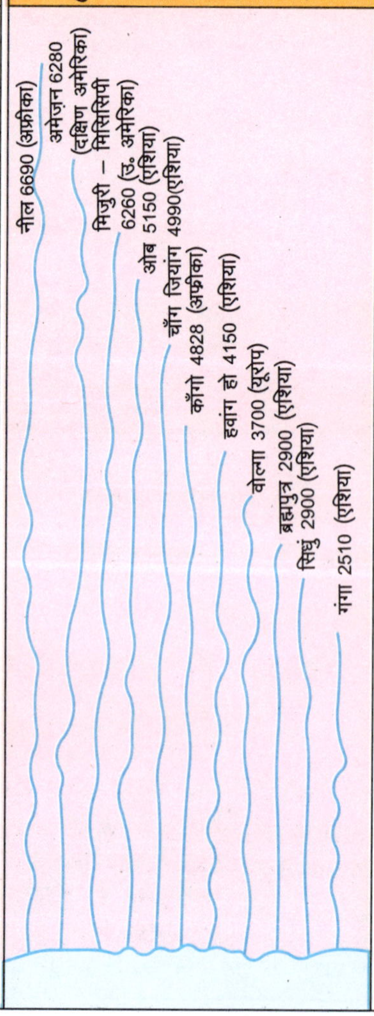

प्रमुख पर्वत शिखरों की तुलनात्मक ऊँचाइयाँ (मीटर में)

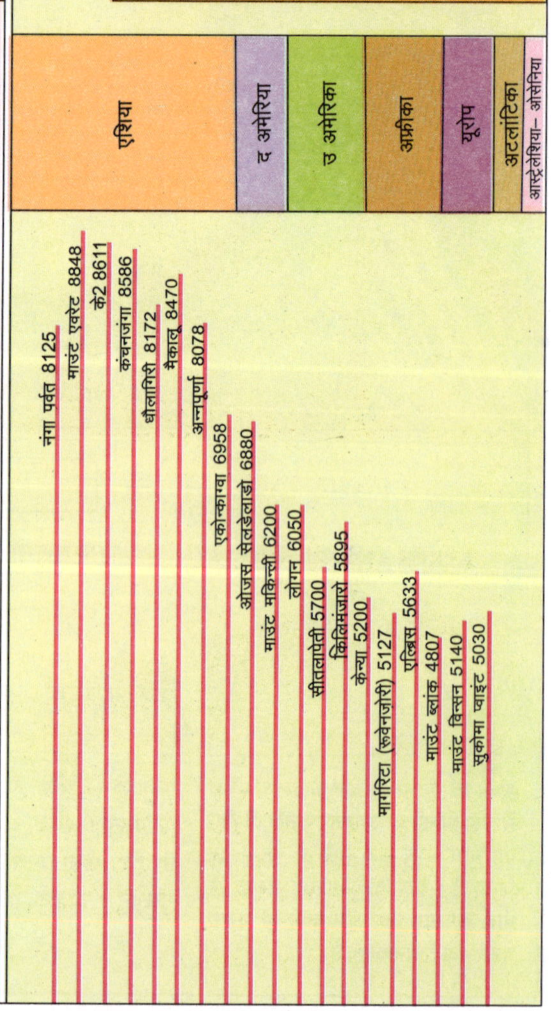

पृथ्वी के कटिबंध

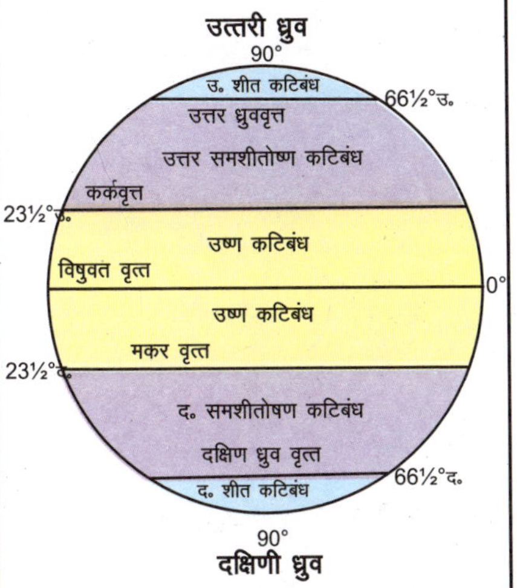

वायुदाब तथा हवाएँ

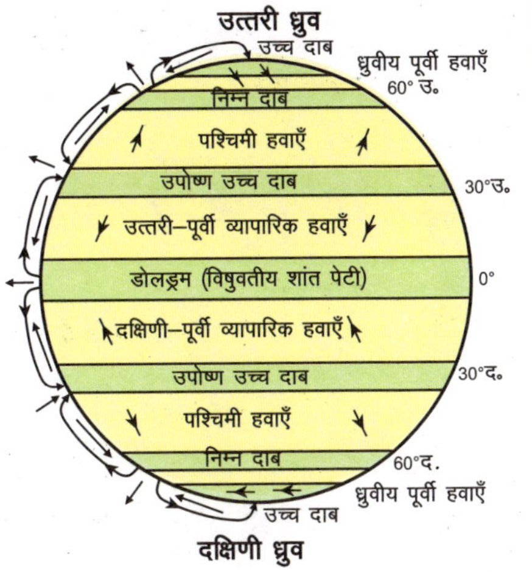

वायुमण्डल

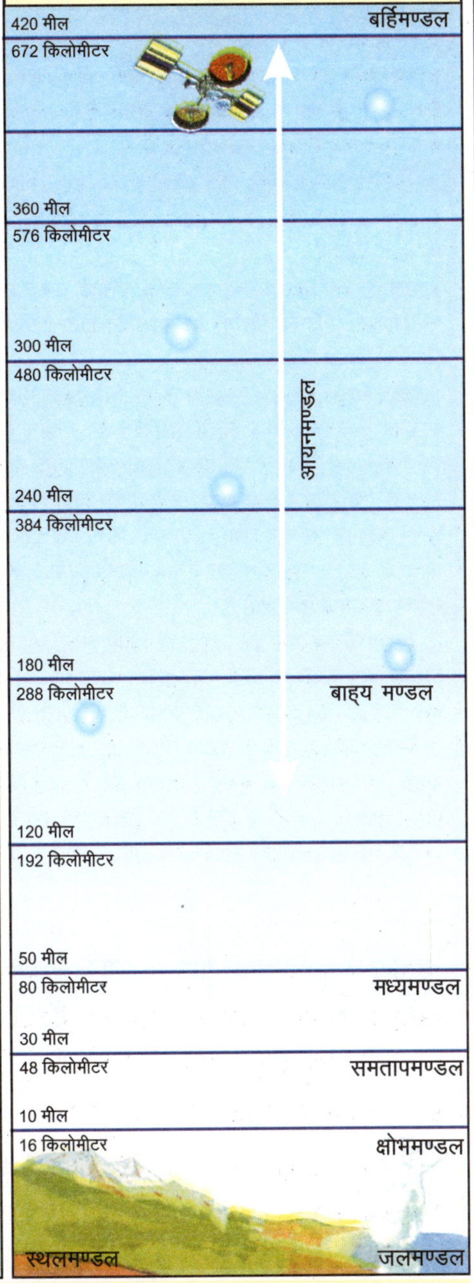

मेघों के प्रकार

तापमापक यंत्र

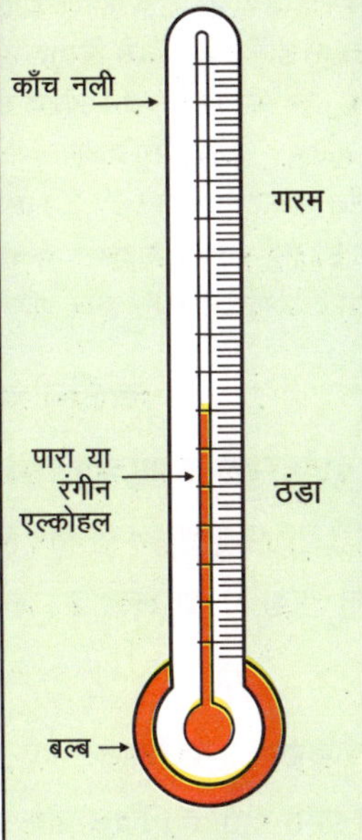

थलीय हवाएँ

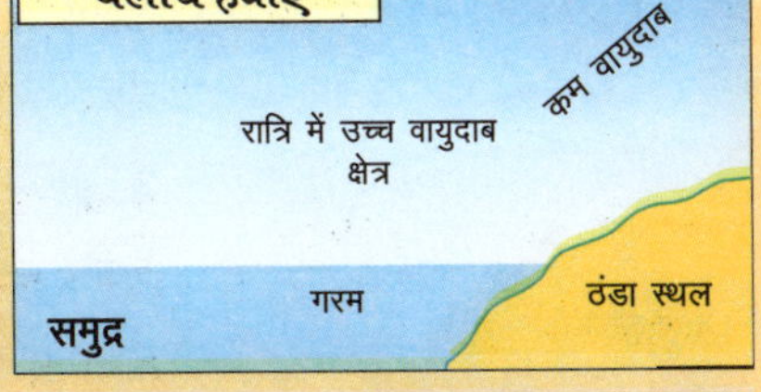

जलीय हवाएँ

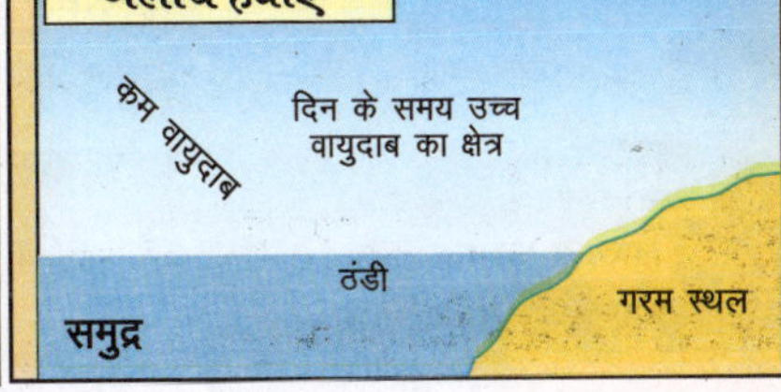

थलीय हवाएं और जलीय हवाएं

जमीन पानी से जल्दी गरम होती है और ठंडी भी जल्दी होती है। इस प्रकार दिन के समय में जमीन समुद्र से ज्यादा गरम होती है जबकि रात के समय समुद्र जमीन से ज्यादा गरम होता है। गर्मी दबाव को कम करती है। इस प्रकार हवाएँ दिन के समय में समुद्र से धरती की ओर चलती है और रात्रि में धरती से समुद्र की ओर चलती है। इसे ही क्रमशः जलीय हवाएँ तथा थलीय हवाएँ कहते हैं।

बादल एवं बादलों का वर्गीकरण

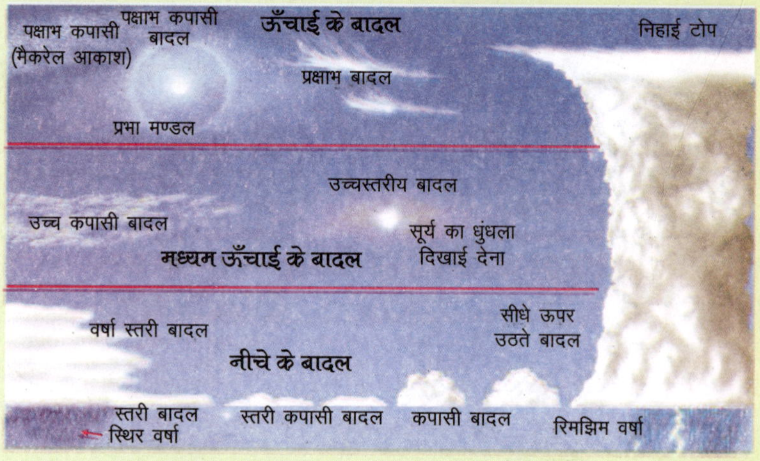

बादल जलवाष्प के द्रवीभूत सूक्ष्म कण होते हैं। जब वायु के तापमान में अधिक कमी आ जाती है तब जल वाष्प बहुत सूक्ष्म जल–कणों या हिम–कणों के रूप में संघनित होने लगता है। ये सूक्ष्म जल–कण एवं हिम–कण वायु में स्थित धूल एवं धुऐं के कणों पर संघनित होकर बादलों का निर्माण करते हैं। धीरे–धीरे इनका आकार बढ़ता जाता है। वास्तव में ये जल–कण एवं हिम–कण वायुमण्डल में लटकते रहते हैं तथा हवाओं के सहारे बहते हैं।

बादलों का वर्गीकरण उनकी धरातल से ऊँचाई, उनके रूप तथा आकार एवं आकाश में उनके विस्तार पर आधारित होता है। सामान्यतः इनकों निम्न चार भागों में बांटा जाता है:–

1. **उच्च बादल** (6000- 20,000 मीटर) (A) **पक्षाभ बादल** :- ये बादल आकाश में सबसे अधिक ऊँचाई पर होते हैं। ये प्रायः छितराये रूप में रेशम के सदृश दिखते हैं क्योंकि इनका निर्माण छोटे–छोटे हिमकणों से होता है। (B) **पक्षाभ स्तरी बादल** :- ये बादल प्रायः श्वेत वर्ण के होते हैं। इनके आगमन पर सूर्य तथा चन्द्रमा के चारों ओर एक प्रभामण्डल बन जाता है, जो कि निकट भविष्य में चक्रवात के आगमन की सूचना देता हैं। (C) **पक्षाभ कपासी बादल** :- ये सफेद रंग के बादल या तो छोटे–छोटे गोलाकार रूपों में या फिर लहरनुमा रूप में पाये जाते हैं।

2. **मध्यम ऊँचाई के बादल** (2500 से 6000 मीटर) (A) **उच्चस्तरीय बादल** :- ये बादल आकाश में लगातार रूप में फैले नीले अथवा भूरे रंग की पतली चादर वाले बदलों को 'उच्चस्तरीय बादल' कहते हैं। जब इनकी चादर आकाश में सघन होती है तो इनसे विस्तृत तथा लगातार वर्षा होती है। (B) **उच्च कपासी बादल** :- ये बादल पक्षाभ बादलों के कुछ नीचे होते हैं। इनकी आकृति कपास के ढेरों जैसी होती है। इन बादलों में गर्जन अधिक होती है।

3. **निम्न बादल** (2500 से 3000 मीटर) (A) **स्तरी कपासी बादल** :- इनका रंग हल्का भूरा होता है तथा से बड़े–बड़े गोलाकार चकत्तों के रूप में पाये जाते हैं। (B) **स्तरी बादल** :- ये बादल प्रायः कुहरे के समान होते हैं परन्तु धरातल से सटे नहीं होते हैं। (C) **वर्षा स्तरी बादल** :- ये बादल धरातल के निकट पाये जाने वाले काले रंग के घने बादल विभिन्न आकारों के होते है तथा इससे खूब वर्षा होती है। (D) **कपासी बादल** :- ये बादल अधिक घने तथा विस्तृत होते हैं। ये कभी–कभी गरजने वाले बादल भी बन जाते हैं। (E) **कपासी वर्षा बादल** :- ये बादल अत्यधिक विस्तृत तथा गहरे होते हैं। इनके साथ वर्षा, ओला तथा भारी वर्षा की संभावना रहती है।

जलीय चक्र

सूर्यताप से जल निरन्तर वाष्प के रूप में बदलकर वायुमण्डल में पहुँचता रहता है। पृथ्वी के धरातल पर फैले हुए महासागर तथा झीलें, नदी, कुऐं तथा वनस्पति जल–वाष्प के प्रमुख स्त्रोत हैं। धरातल एवं वायुमण्डल के बीच जलवाष्प का निरन्तर आद्रान–प्रदान होता रहता है। वाष्पीकरण तथा पेड़ पौधों द्वारा वार्ष्पोत्सर्जन की क्रियाओं से जल वाष्प में बदलता हैं। संघनन की क्रिया से वाष्प जल में बदलती है। जलवाष्प का यह आद्रान–प्रदान ही **'जलीय चक्र'** कहलाता है।

जलीय चक्र की तीन प्रमुख अवस्थाएँ है :– 1. **वष्पीकरण** :- वायुमण्डल को जलवाष्प सागरीय एवं महासागरीय भागों, झीलों, जलाशय, तालाब, सिंचित कृषि क्षेत्र, तथा नादियों तथा वनस्पतियों से प्राप्त होती है। जिस प्रकिया द्वारा जल, जलवाष्प में बदल जाता है, उसे **बाष्पीकरण** कहते हैं। वायुमण्डल में कुल आर्द्रता वाष्पीकरण द्वारा ही प्राप्त होती है।

2. **संघनन** :- जलवाष्प के जलरूप में बदलने की क्रिया को संघनन कहते हैं। वायुमण्डल में भाप हवा के ठण्डे होने पर जल रूप में बदल जाती हैं। यह तापमान, वायुदाब तथा आर्द्रता में परिवर्तन से संभव होता है।

3. **वर्षण** :- वायुमण्डल में थोड़ी बहुत वाष्प हमेशा मिली रहती है। हवा में निहित वाष्प द्रवीभूत होने पर जब बूदों के रूप में धरातल पर गिरती हैं तो उसे वर्षण या वर्षा कहते हैं। वाष्प के जल में धरातल पर गिरने से पूर्व कई परिवर्तन आवश्यक होते है। जैसे हवा का ठण्डा होना और ओस बिन्दु पर पहुँचना तथा बादल बनना और जलकणों के समूह का बड़ी–बड़ी पानी की बूदों का रूप ग्रहण करना। इस प्रकार जब वाष्प ठण्डी होने पर पानी की बूँदों को रूप लेकर धरातल पर गिरती है तो यह वर्षण या वर्षा कहलाती है।

मानचित्र–प्रक्षेप : भूगोलक (ग्लोब) ही संसार का यथार्थ मानचित्र होता है। समतल कागज पर गोलाकार धरातल का यथार्थ मानचित्र बनाना असंभव है। यदि हम सुपूर्ण नारंगी का छिलका लें और उसे समतल रूप में फैलाने का प्रयास करें, तो भी उसके किनारों पर कुछ विरूपण (distortion) अवश्य रह जाएगा। इसी प्रकार, यदि हम समतल कागज का ताव भूगोलक के चारों ओर लपेटने का प्रयास करें, तो उसके किनारों पर विरूपण अवश्य आ जाएगा। यदि संबंधित क्षेत्र छोटा है, तो अधिक कठिनाई नहीं होगी। किंतु, महाद्वीप सदृश बड़ा क्षेत्र होने पर कठिनाई बढ़ जाएगी। उपर्युक्त पद्धति से संपूर्ण संसार का मानचित्र बनाने की कोशिश करने पर तो अत्यंत कठिन समस्या का सामना करना पड़ेगा।

वास्तव में संसार अथवा उसके किसी भाग का उसके आकार, क्षेत्रफल और मापक के अनुसार सर्वथा शुद्ध मानचित्र बनाना अत्यंत कठिन है। वर्षो से मानचित्रकार इस जटिल समस्या का समाधान प्राप्त करने का प्रयत्न करते आ रहे है।

मानचित्र–प्रक्षेप विज्ञान उपर्युक्त समस्या के विभिन्न समाधान प्रस्तुत करता आ रहा है। उनकी सहायता से असंभव को अधिकांश में संभव बनाया जा सकता है। किसी प्रक्षेप द्वारा इस समस्या का पूर्ण समाधान प्रस्तुत न किए जाने पर भी उसकी सहायता से उक्त समाधान के निकट तक तो पहुँचा ही जा सकता है। भूगोलक पर बने अक्षांश वृत्तों तथा देशांतर रेखाओं के जाल का समतल धरातल पर अंकन ही प्रक्षेप कहलाता है। एक ऐसे पारदर्शी भूगोलक की कल्पना कीजिए जिसके भीतर प्रकाश का स्त्रोत हो। इस स्त्रोत से निकलने वाले प्रकाश द्वारा भूगोलक पर बने अक्षांश वृत्त तथा देशांतर रेखाएँ समतल कागज पर प्रक्षेपित की जाएँगी, जहाँ उन्हें अंकित किया जा सकता है। व्यावहारिक रूप में मानचित्रकार इस प्रकार का अंकन गणितीय पद्धति से करते है। त्रुटियों से यथा संभव बचने के लिए विभिन्न प्रकार के मानचित्र–प्रक्षेपों का उपयोग किया जाता है। कोई भी ऐसा मानचित्र–प्रक्षेप नहीं है जो सर्वथा शुद्ध हो। प्रत्येक प्रक्षेप की कतिपय विशिष्ट उपयोगिताएँ हैं तो उसकी कुछ सीमाएँ भी है। जो प्रक्षेप एशिया महाद्वीप के लिए उपयुक्त है, वही ध्रुवीय प्रदेशों के लिए अनुपयुक्त हो सकता है। अधिकतर एटलसों में इन चार प्रकार के प्रक्षेपों का उपयोग किया जाता है : (1) बेलनाकार प्रक्षेप (2) शंक्वाकार (Conical) प्रक्षेप (3) ख मध्य (Zenithal) प्रक्षेप तथा (4) रुढ़ प्रक्षेप।

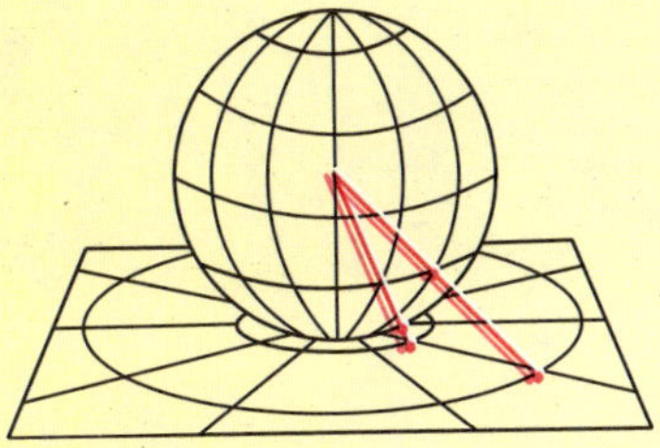

खमध्य प्रक्षेप : यह प्रक्षेप क्षैतिज अथवा दिगंशीय (Azimuthal) प्रक्षेप भी कहलाता है। यह ध्रुवीय प्रदेशों के मानचित्रों के लिए उपयुक्त होता है। इस प्रक्षेप का अंकन करने के लिए भूगोलक को किसी बिंदु पर स्पर्श करने वाले समतल धरातल पर भूगोलक के धरातल का प्रक्षेप किया जाता है। प्रक्षेप–बिंदु को नेत्र–स्थान (Eye-point) कहते है। यह स्थान भूगोलक पर, उसके भीतर या उससे कुछ दूरी पर भी हो सकता है।

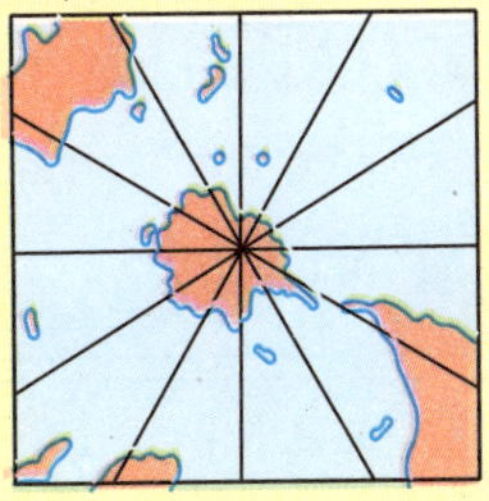

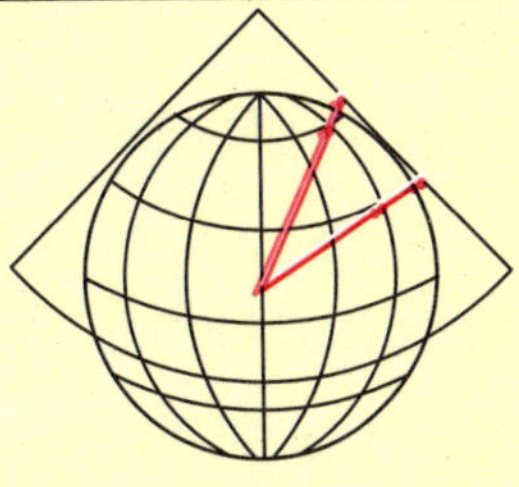

शंक्वाकार प्रक्षेप : इस प्रकार का प्रक्षेप तैयार करने के लिए कल्पना की जाती है कि कागज का एक शंकु, जिसका शीर्ष ध्रुव बिंदु के ऊपर है, भूगोलक को चारों ओर से घेरे हुए है। जिस रेखा पर शंकु भूगोलक को स्पर्श करता है, उसे 'मानक अक्षांश' (Standard parallel) कहते है। शंकु के शीर्ष से विकिरित (Radiate) होने वाली सरल रेखाएँ, देशांतर रेखाएँ और संकेंद्रीय वृत्त अक्षांश वृत्त कहलाते है। यह प्रक्षेप मध्य अक्षांशों के क्षेत्रों, देशों अथवा किसी गोलार्ध के किसी एक भाग को दर्शाने के लिए उपयुक्त होता है। इस प्रक्षेप पर बने मानचित्र में मापक संबंधी त्रुटियाँ अत्यल्प मात्रा में पाई जाती है।

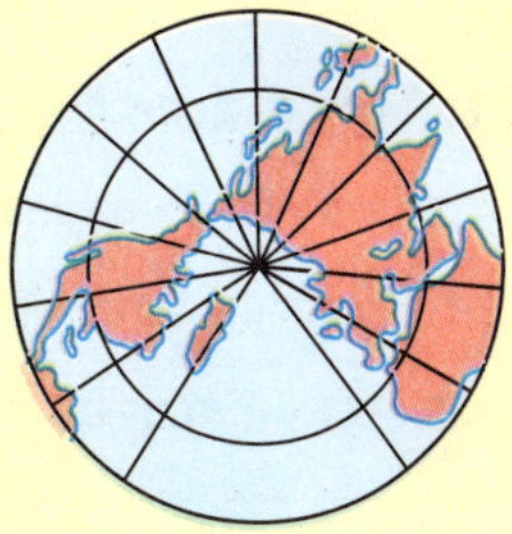

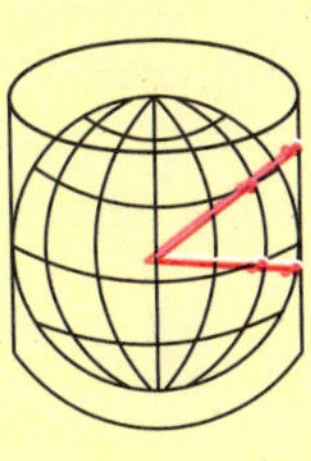

बेलनाकार प्रक्षेप : अंकन करने की दृष्टि से यह सबसे आसान प्रक्षेप है। इसमें अक्षांश वृत्तों और देशांतर रेखाओं की जाली के बीच अंतर समान होता है। इस प्रक्षेप का अंकन करने के लिए कल्पना की जाती है कि भूगोलक कागज के एक बेलन द्वारा घिरा हुआ है। तत्पश्चात् भूगोलक के धरातल पर के बिंदु कागज के बेलन पर अंकित कर लिए जाते है। बेलन खोलने पर उस पर लगभग सारे संसार का मानचित्र अंकित मिलता है। किंतु, इस प्रकार के मानचित्र में ध्रुवों को दर्शाना असंभव है। बेलनाकार प्रक्षेपों में मर्केटर और गॉल के प्रक्षेप प्रमुख है। इस प्रकार के प्रक्षेप में दिशाएँ तो ठीक–ठीक दर्शाई जा सकती है, किंतु विषुवत वृत्त से दूर जाने पर प्रदेशों का आकार अधिकाधिक बढ़ता जाता है।

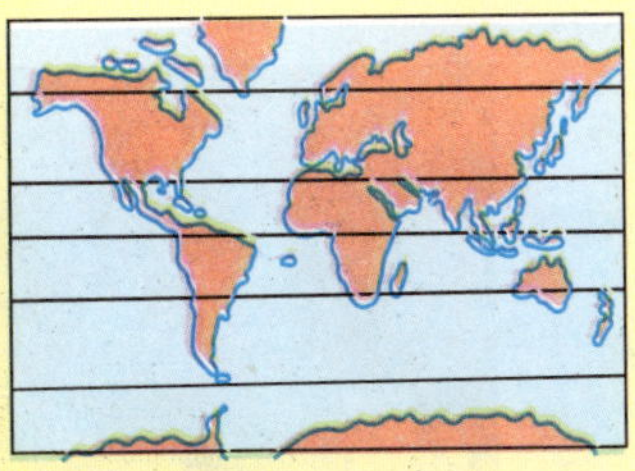

रूढ़ प्रक्षेप : उपर्युक्त प्रक्षेपों के अतिरिक्त अन्य कई प्रक्षेप प्रचलित है। अभिकल्पन की दृष्टि से ये सर्वधा रूढ़ है और इनकी रचना गणितीय परिकलन द्वारा की जाती है। इनकी रचना किसी विशिष्ट आवश्यकता की पूर्ति के लिए की जाती है। इस संवर्ग के अन्तर्गत आने वाले कुछ प्रसिद्ध ये है : (1) गोलाकार प्रक्षेप (2) तारा प्रक्षेप (3) ज्यावक्रीय प्रक्षेप (Sinusoidal) (4) ज्यावक्रीय विच्छिन्न प्रक्षेप (Interrupted) (5) समक्षेत्र प्रक्षेप (6) मॉलवाइड प्रक्षेप (7) अपरोधित (Intercepted) मॉलवाइड प्रक्षेप (8) हैमर प्रक्षेप।

मॉलवाइड प्रक्षेप : इसे होमोलोग्राफीय प्रक्षेप भी कहा जाता है। यह समक्षेत्र–प्रक्षेप है। संसार का मानचित्र बनाने के लिए यह प्रक्षेप बहुत लोकप्रिय है।

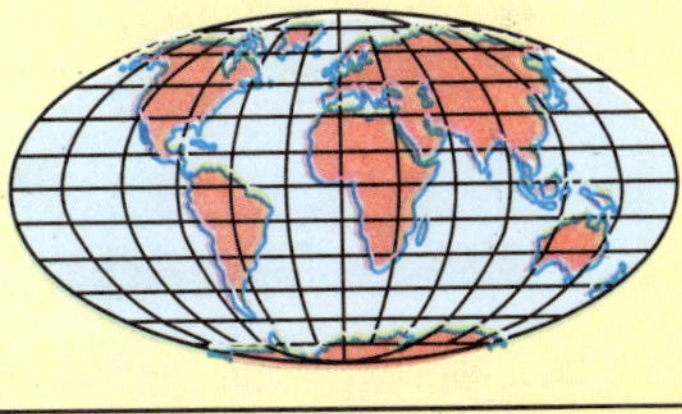

गूड का विच्छिन्न प्रक्षेप : यह समक्षेत्र प्रक्षेप है। यह सामान्यतः विच्छिन्न रूप में ही उपयोग में लाया जाता है। इस प्रक्षेप पर बने मानचित्र में प्रदेशों का क्षेत्रफल वास्तविक रूप में दर्शाया जा सकता है, किंतु उनके आकार में अल्प मात्रा में विरूपण आ जाता है।

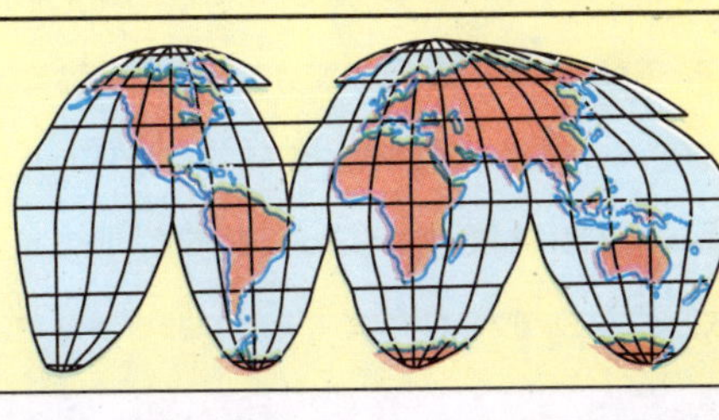

सुदूर संवेदन (Remote Sensing)

"संदूर–संवेदन" एक ऐसी तकनीक है जिसके द्वारा बिना स्पर्स किये किसी भी चीज का पता लगाया जा सकता हैं। इस प्रणाली में लगे उपकरणों की मदद से किसी भी चीज का रंग, स्थिति, मोटाई, मात्रा एवं तापमान जैसी सभी जानकारी प्राप्त की जा सकती है। विशेष रूप से धरातल के भीतर पानी के स्त्रोत, खनिज गैस एवं पेट्रोलियम भण्डार, समुद्र की सतह की गहराई का आदि का पता लगाया जा सकता हैं। ये विभिन्न प्रकार के संवेदन उपकरण "उपग्रहों" में लगाकर अन्तरिक्ष में छोड़े जाते है तथा उनसे यह सारी जानकारी प्राप्त की जा सकती है।

आज के इस वैज्ञानिक युग में विकास कार्यों में इस प्रणाली का बहुत बड़ा योगदान है। इनके द्वारा अकालगृस्थ क्षेत्रों, बाढ़ों से प्रभावित क्षेत्रों, वनों के प्रकार एवं वन क्षेत्रों, बंजड़ भूमि आदि की सही जानकारी प्राप्त की जाती है। खेती में फसलों की पैदावार, खनिज भण्डारों में उपलब्ध मात्रा की सही जानकारी भी इस विधि से प्राप्त की जाती हैं। समुद्र की सतह की बनावट, समुद्र में डूबे हुए पानी के जहाजों का पता लगाने में भी इस तकनीक का उपयोग होता है।

दूरसंचार एवं टी॰वी॰ पर दिखाये जाने वाले कार्यक्रमों में भी इसी का उपयोग होता है। इन उपग्रहों में 'सोनार' नामक उपकरण लगा रहता है। इस उपकरण की 'आवाज–शक्ति' द्वारा चीज की सही जगह, दूरी, दिशा एवं गति तथा फोटो तक प्राप्त किये जा सकते हैं। आने वाले समय में इस तकनीक की सहायता से विभिन्न क्षेत्रें में विकास के कार्यक्रमों में क्रांतिकारी परिवर्तन आ सकेगें। अमरीका, रूस, भारत एवं चीन ने इस क्षेत्र में बहुत ही प्रभावी कार्य किये हैं। विशेषकर आज भारत में तो दूरसंचार के क्षेत्र में एक क्रान्ति सी आ गई है वो इसी के कारण संभव हो पाया है।

भूमण्डलीय स्थिति निर्धारण प्रणाली (G. P. S.)

भूमण्डलीय स्थिति निर्धारण प्रणाली (Global Positioning System) एक ऐसी युक्ति है जिसके द्वारा उपग्रहों (Satellite) की सहायता से पृथ्वी पर किसी भी स्थान की सही अक्षांश–देशान्तर स्थिति प्राप्त की जा सकती है। यह आधुनिक छोटे मोबाईल फोन जितना बड़ा होता है इसमें इलेक्ट्रोनिक केल्कूलेटर की तरह एक साधारण LCD स्क्रीन भी लगा रहता है तथा एक की–बोर्ड (Keyboard) भी लगा रहता है। जिसके द्वारा इसमें विभिन्न कोड्स डाले जा सकते हैं। इसमें विभिन्न प्रोगाम रिकॉर्ड करके किसी भी स्थान की सही स्थिति, दिशा, गति, एवं निर्धारित मार्ग द्वारा निर्धारित स्थान पर सम्भावित पहुँचने के समय की सही जानकारी प्राप्त की जा सकती है।

भौगोलिक सूचना प्रणाली (G. I. S.)

भोगोलिक सूचना प्रणाली एक ऐसी युक्ति है जिसमें भोगोलिक जानकारी संचित करके, एकीकृत करके एवं विश्लेषण करके भोगोलिक तथ्य प्रस्तुत किये जाते हैं। यह विशिष्ट आधुनिक सॉफ्टवेयर लगे कम्प्यूटर, संग्रहित तथ्य सामग्री (Database) संयोजन (Combination) है जिसमें विभिन्न भौगोलिक प्रसंगो की जानकारी अलग–अलग परतों में (Layers)उपलब्ध की जा सकती है। इसके अलावा जिन जटिल विषयों की अंतदृष्टि (Insight) जानकारी अवलोकन करने से सम्भव नहीं हो सकती उनकी प्रामाणिक जानकारी भी भूमण्डलीय सूचना प्रणाली के द्वारा प्राप्त की जा सकती है। भौगोलिक सूचना प्रणाली की मदद से आज कार्टोग्राफर साधारण समतल पेपर की सतह पर बने मानचित्र की जगह 3D इमेज के मानचित्र बना सकते हैं। इन 3D मानचित्र से धरातल का सही प्रतिरूप को भी दर्शाया जा सकता है। इसके अलावा भौगोलिक सूचना प्रणाली की मदद से वैज्ञानिक वनस्पति विज्ञान, जल विज्ञान, पर्यावरण विज्ञान, पौधों एवं जंतुओं का एक दूसरे से एवं उनके वातावरण से सम्बन्ध, धरातल की बनावट, मिट्टी के प्रकार एवं अपरदन (Erosion) जैसे विषयों के अध्ययन करने में मदद मिलेगी। भविष्य में भूमण्डलीय सूचना प्रणाली एवं सम्बधित तकनीकी की मदद से कार्टोग्राफिक तथ्य एवं आकड़े प्राप्त करने में आसानी हो जायेगी।

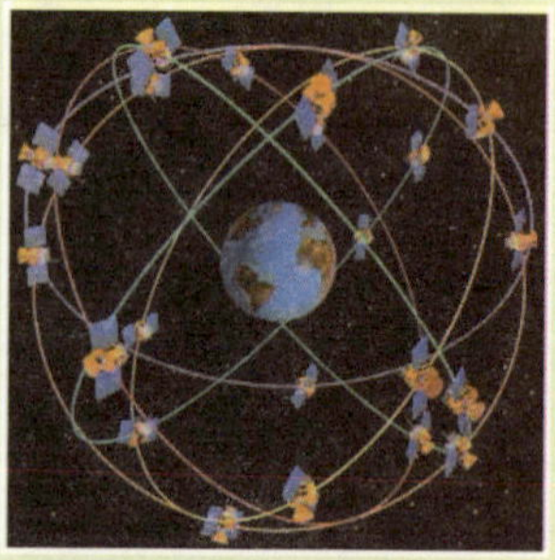

पृथ्वी

कुल क्षेत्र	510,000,000 वर्ग कि. मी.
निचली सतह (29.2%)	149,000,000 वर्ग कि. मी.
जलीय सतह (70.8%)	361,000,000 वर्ग कि. मी.
भूमध्य रेखा	
परिधि	40.077 कि. मी.
मध्यान्ह	
परिधि	40.009 कि. मी.
ध्रुवीय व्यास	12,713.8 कि. मी.
भूमध्य रेखीय व्यास	12.756.8 कि. मी.
पृथ्वी का जनसंचार	5.9 x 10^{21} किलोग्राम

क्षेत्रफल अनुसार सबसे बड़े देश

देश	क्षेत्र (वर्ग कि.मी.)	जनसंख्या
रूस	17,098,242	146,150,789
कनाडा	9,984,670	41,465,298
चीन	9,706,961	1,408,280,000
स.रा.अमेरिका	9,372,610	340,110,988
ब्राजील	8,515,767	212,583,750
आस्ट्रेलिया	7,692,024	27,204,800
भारत	3,287,590	1,42,867,000
अर्जेंटीना	2,780,400	47,067,641
कज़ाकिस्तान	2,724,900	20,265,320
अल्जीरिया	2,381,741	47,400,000

भारत

क्षेत्रफल (वर्ग कि.मी. में)	3,287,263 स्क्येर कि.मी.
जनसंख्या	1,42,867,000
चौड़ाई	पूर्व से पश्चिम 3000 कि.मी.
लम्बाई	उत्तर से दक्षिण 3200 कि.मी.
तटीय रेखा	6083 कि.मी.
अंक्षाश रेखा	8^{0}0'N - 37^{0}06'N
देशान्तर रेखा	68°07'E - 97^{0}25'E
क्षेत्रफल	साँतवा सबसे बड़ा
जनसंख्या	सबसे बड़ा

प्रमुख झीलें (क्षेत्र वर्ग कि.मी. में)

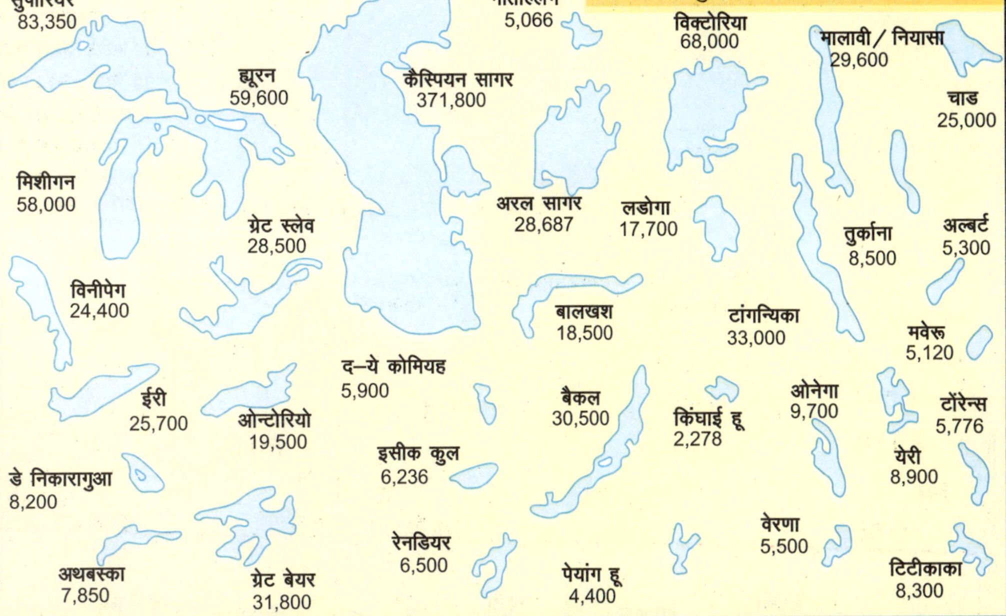

गहरे समुद्रो की खाईयों (गहराई मीटर में)

मेरीना खाई, प्रशांत महासागर	11022
टोंगा खाई, प्रशांत महासागर	10882
जापान खाई, प्रशांत महासागर	10554
कुरिल खाई, प्रशांत महासागर	10542
मिंडानाओ खाई, प्रशांत महासागर	10497
करमाडेक खाई, प्रशांत महासागर	10047
पार्टो रिको,अंटलटिक महासागर	9220
पेरूचिली खाई, प्रशांत महासागर	8050
एलयुसियन खाई, प्रशांत महासागर	7822
कैमन खाई, अंटलटिक महासागर	7680
जावा खाई, हिंद महासागर	7450

प्रमुख ऊँचाई के जल प्रपात (मीटर में)

ऐंजल वेनेजुएला	979
टुंगेला दक्षिणी अफ्रीका	850
युतिगाड, नार्वे	800
मोंगे, नार्वे	774
मुतराजी, जिम्बाब्वे	762
योजमिटी, केलफर्निया	739
इस्पेलैंड, नार्वे	703
मृतखाड़ी, नार्वे	655
सुल्टो कुकेनन, वेनेएजुला	610
दुधसागर, भारत	600
सुथेरलैंड, न्यूजीलैंड	580
केजेल, नार्वे	561
रिबन, केलफर्निया	491
रोरैमा, गुयाना	457
पीड्रा, वोलाडा	453
डेल्ला, कनाड़ा	440

प्रमुख मरूस्थल

अंटार्कटिका	14,200,0000 वर्ग मी
सहारा	92,00,000 वर्ग मी
अरब	2,22000 वर्ग मी
ग्रेट आस्ट्रेलियन	1,371,000 वर्ग मी
गोनी	1,295,000 वर्ग मी
कालाहारी	900,000 वर्ग मी
पेटागोनिया	673,000 वर्ग मी
सोहिया	500,00 वर्ग मी

मुख्य प्रमुख द्वीप (क्षेत्र वर्ग कि.मी.)

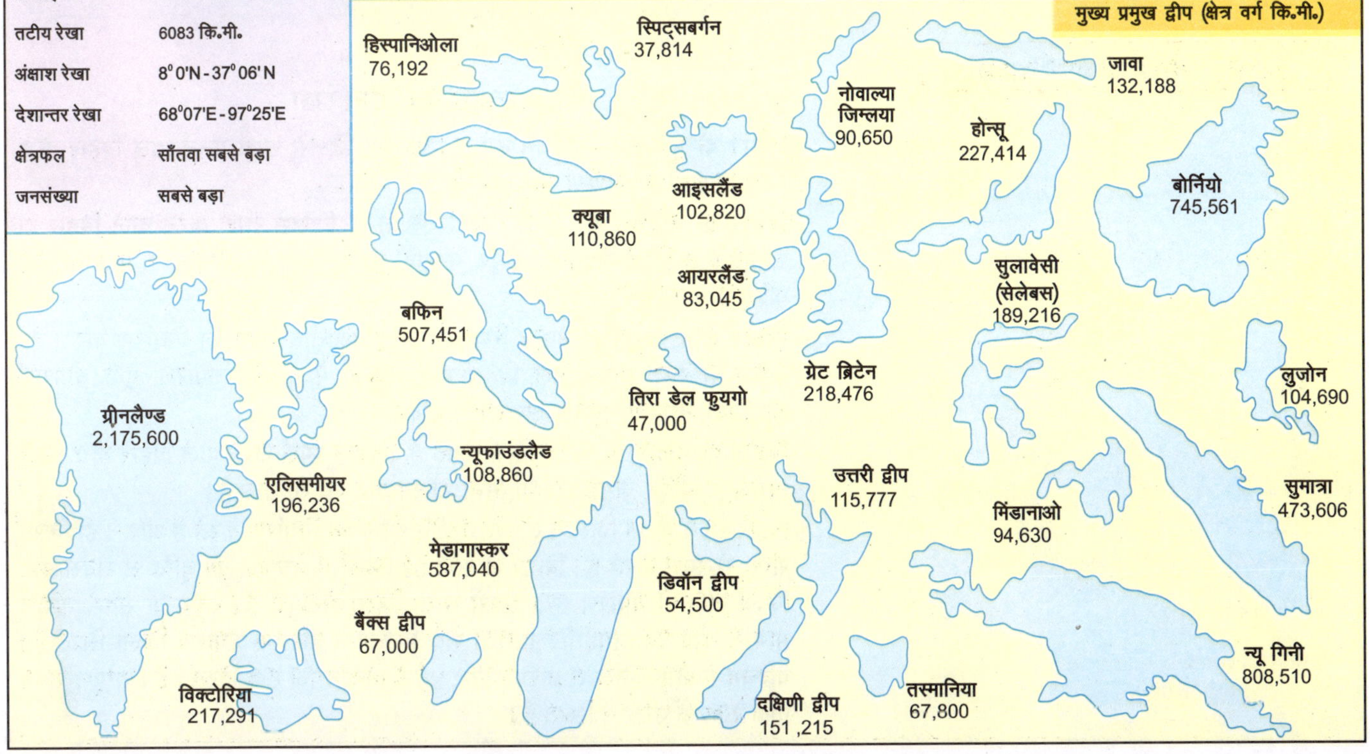

बिहार - स्थिती एवं विस्तार

पैमाना 0 ——— 25 किमी. लगभग

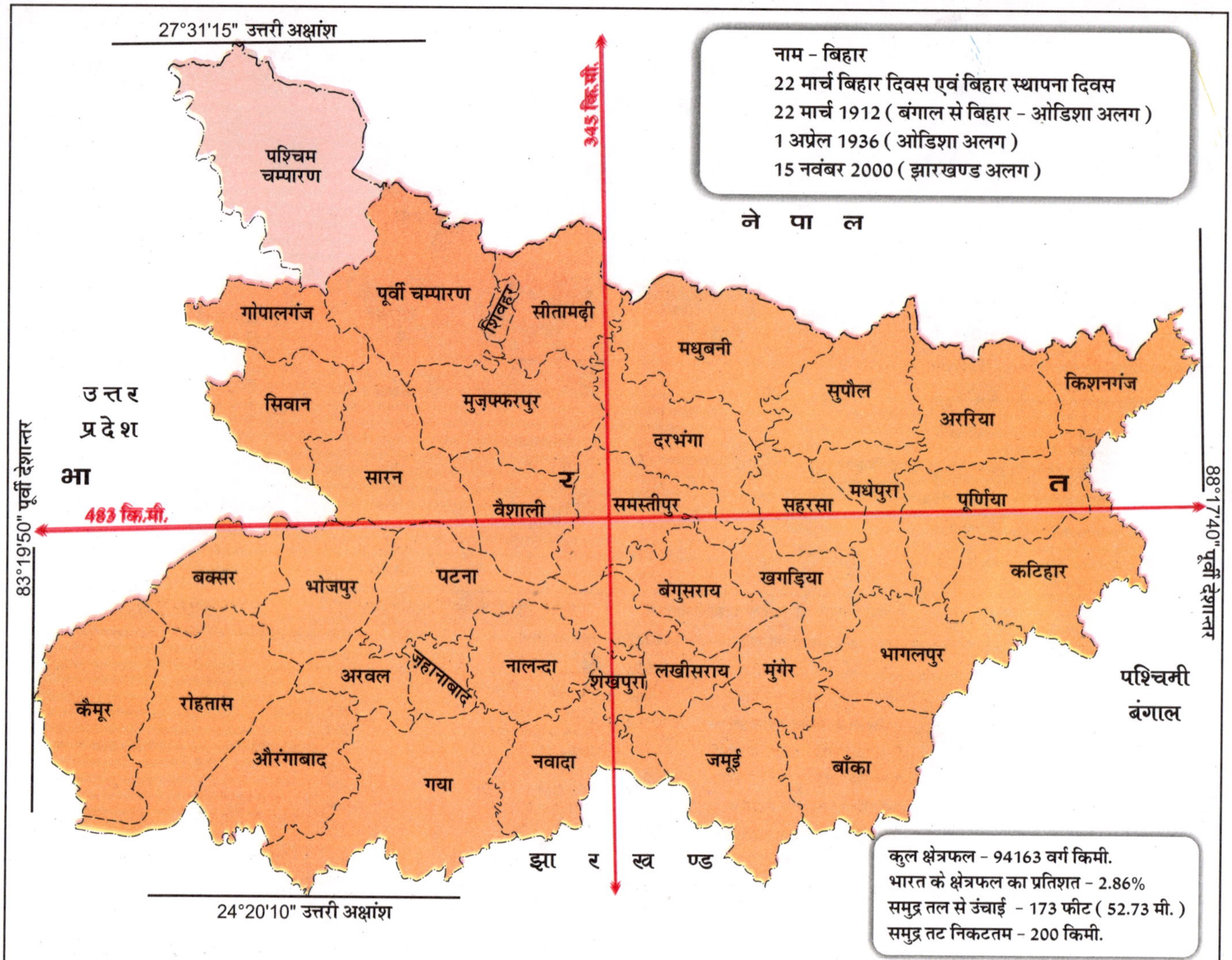

बिहार - भारत के मानचित्र में

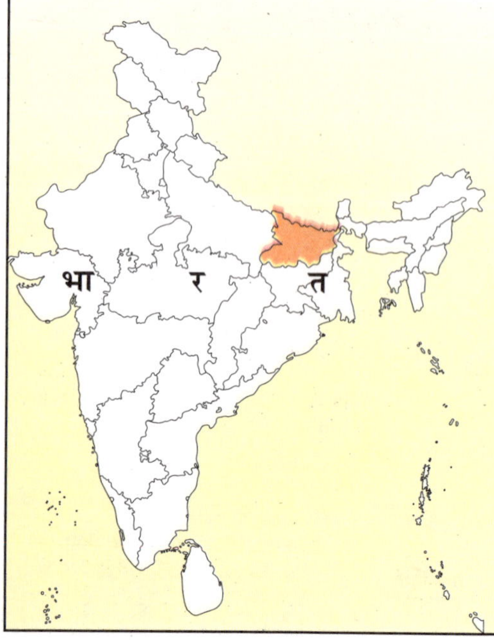

बिहार की सीमा रेखा

बिहार के पूर्व में – पश्चिम बंगाल स्थित है, जिससे स्पर्श करने वाले बिहार के 3 जिले किशनगंज, पूर्णिया और कटिहार है।

बिहार के पश्चिम में – उत्तर प्रदेश स्थित है, जिससे स्पर्श करने वाले बिहार के सर्वाधिक 8 जिलें रोहतास, कैमूर, बक्सर, भोजपुर, सारन, सीवान, गोपालगंज एवं पश्चिमी चम्पारण है।

बिहार के उत्तर में – नेपाल स्थित है, जो अंतराष्ट्रीय सीमा का निर्धारण करता है। नेपाल से स्पर्श करने वाले बिहार के 7 जिलों में पश्चिम चंपारण, पूर्वी चंपारण, सीतामढ़ी, मधुबनी, सुपौल, अररिया एवं किशनगंज हैं।

बिहार के दक्षिण में – झारखंड स्थित है, जिससे स्पर्श करने वाले बिहार के 7 जिले भागलपुर, बाँका, जमुई, नवादा, गया, औरंगाबाद एवं रोहतास हैं।

बिहार राज्य के 13 जिले न तो अंतर्राष्ट्रीय सीमा का निर्धारण करते हैं और न ही किसी राज्य से स्पर्श करते हैं। बिहार के सभी 38 जिलों में क्षेत्रफल की दृष्टि से सबसे बड़ा जिला पश्चिमी चंपारण तथा सबसे छोटा जिला शेखपुरा है। राज्य के सबसे दक्षिण भाग में गया एवं जमुई जिला तथा सबसे उत्तर में पश्चिमी चंपारण जिला स्थित है। पश्चिम में कैमूर जिले से प्रारंभ होकर पूर्व में किशनगंज तक विस्तृत है। सम्पूर्ण राज्य कर्क रेखा के उत्तर में स्थित है।

बिहार - प्राकृतिक

पैमाना 0 20 किमी.

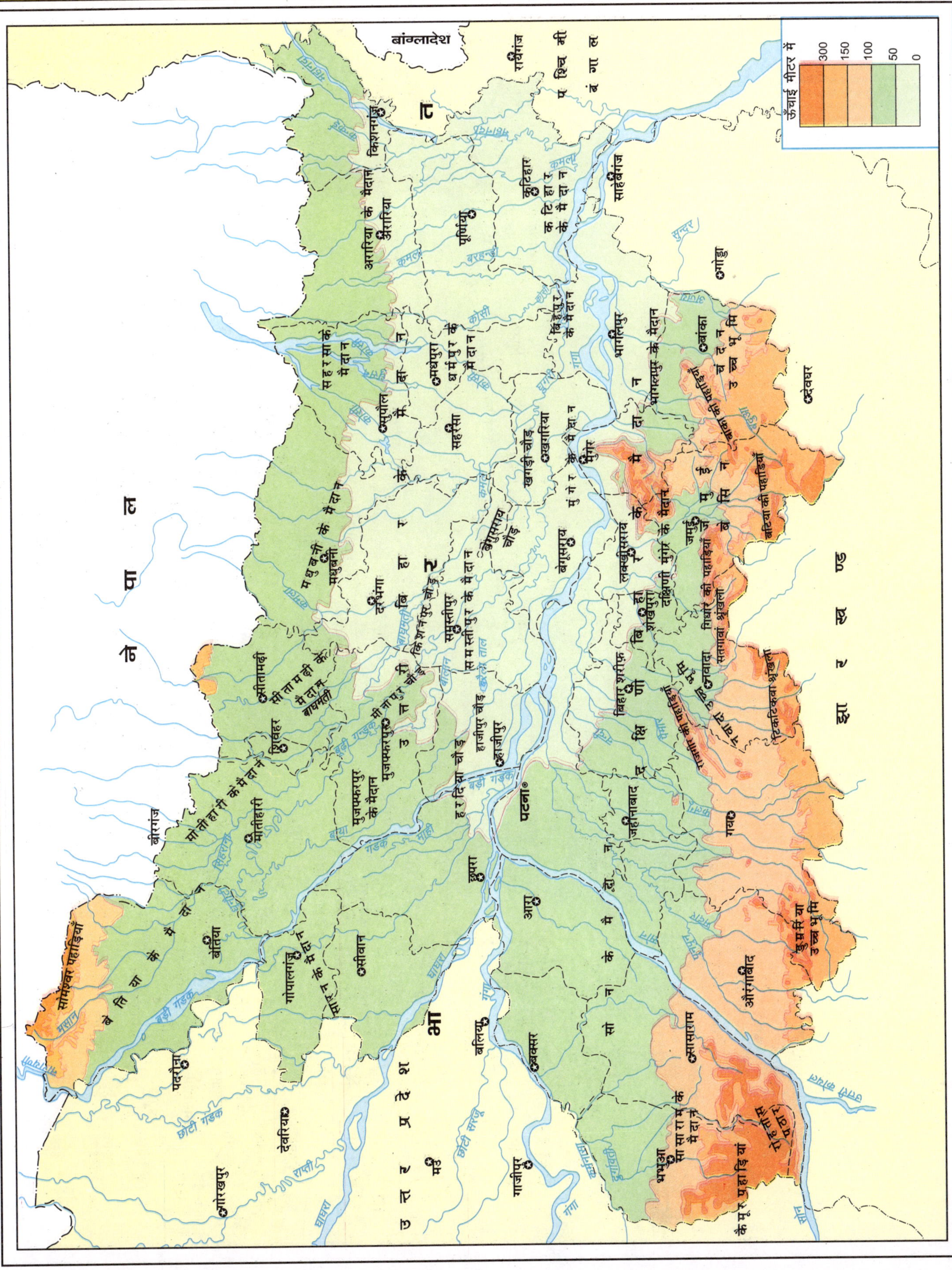

बिहार-राजनैतिक

पैमाना 0 ______ 25 किमी. लगभग

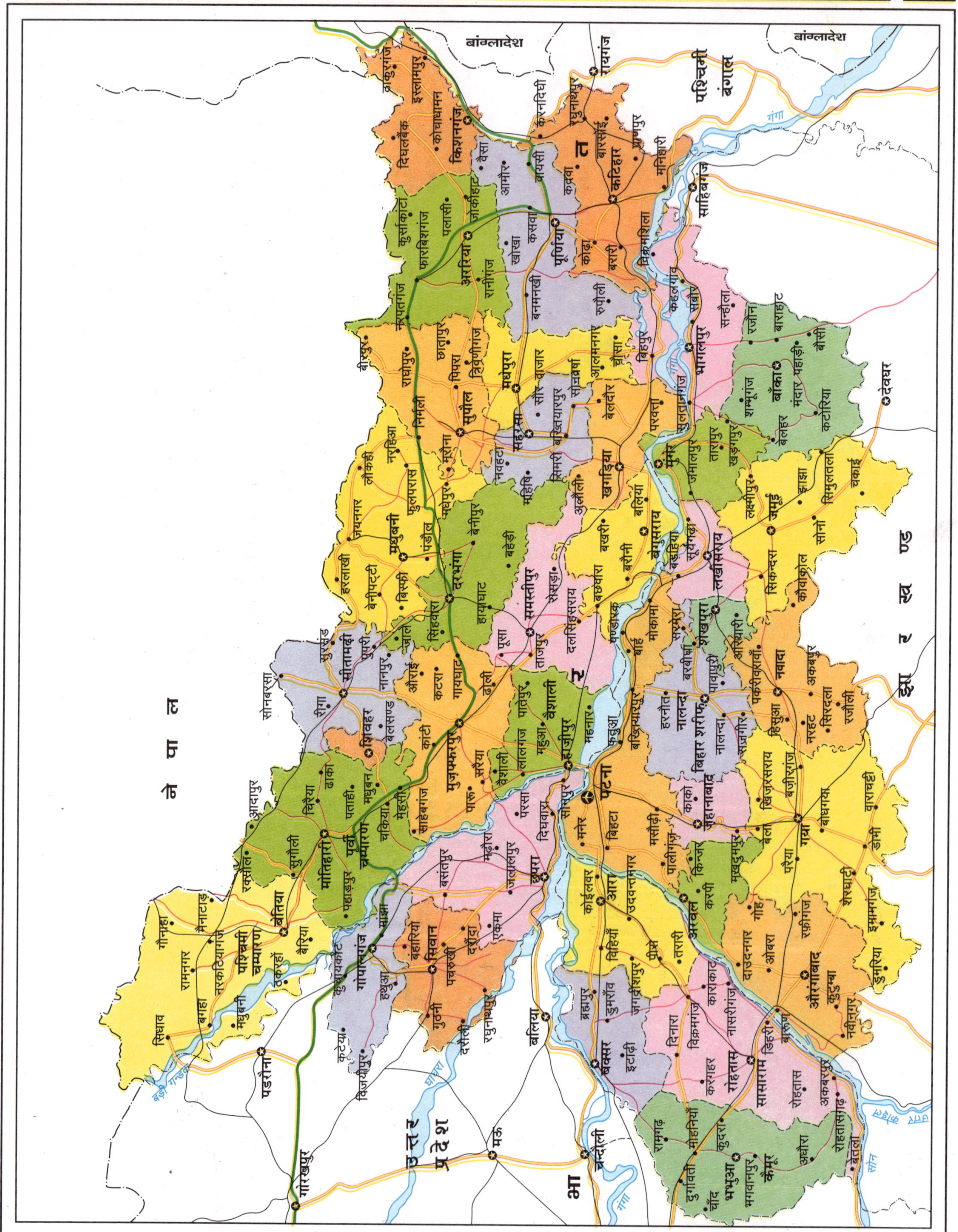

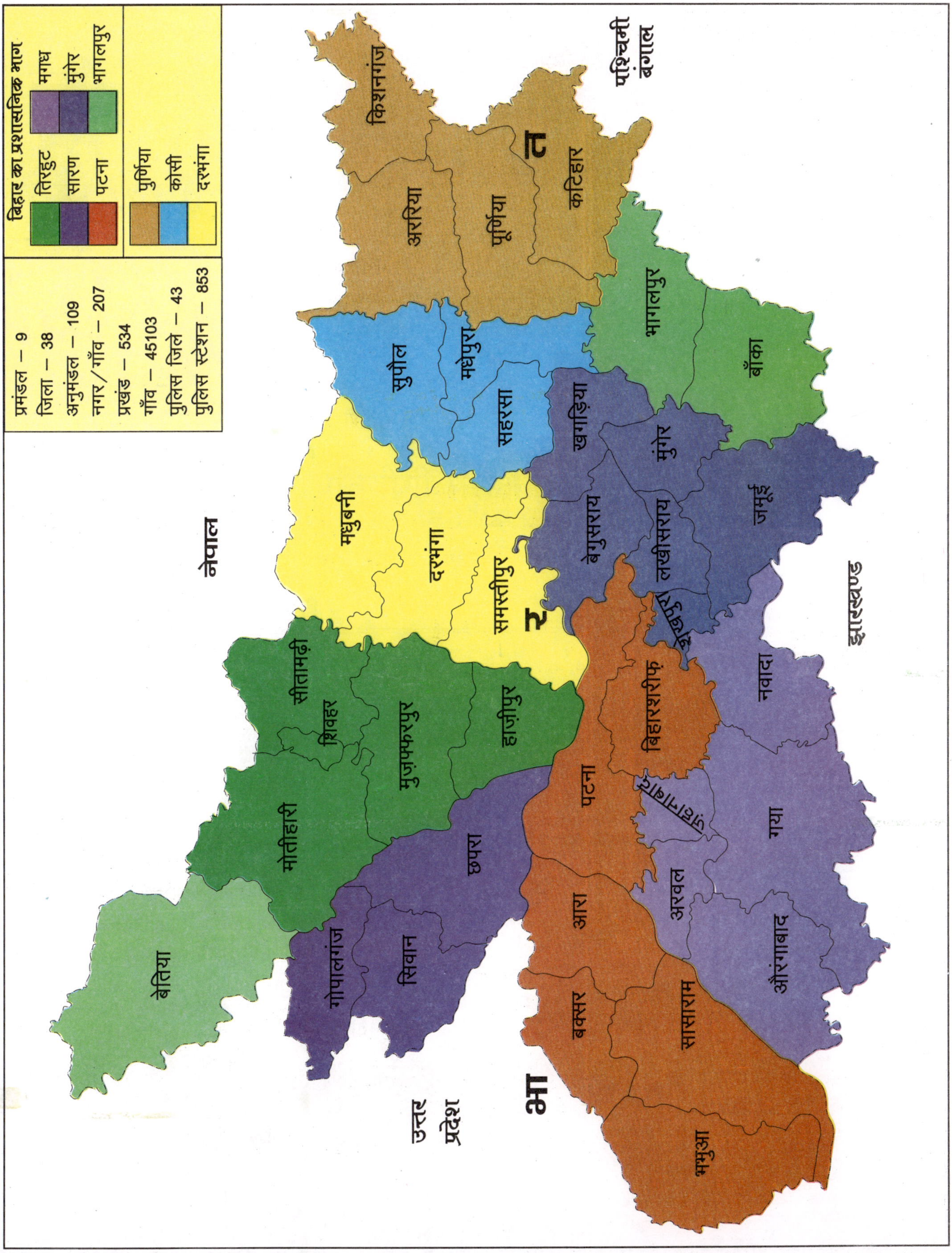
प्रमंडल – 9
जिला – 38
अनुमंडल – 109
नगर/गाँव – 207
प्रखंड – 534
गाँव – 45103
पुलिस जिले – 43
पुलिस स्टेशन – 853
बिहार का प्रशासनिक भाग
तिरहुट
सारण
पटना
मगध
मुंगेर
भागलपुर
पूर्णिया
कोसी
दरभंगा
नेपाल
पश्चिमी बंगाल
झारखण्ड
उत्तर प्रदेश
किशनगंज
अररिया
पूर्णिया
कटिहार
सुपौल
मधेपुरा
सहरसा
भागलपुर
बाँका
खगड़िया
मुंगेर
जमुई
मधुबनी
दरभंगा
समस्तीपुर
बेगुसराय
लखीसराय
शेखपुरा
नवादा
बिहारशरीफ
जहानाबाद
गया
अरवल
औरंगाबाद
सीतामढ़ी
शिवहर
मुज़फ्फरपुर
हाजीपुर
मोतीहारी
छपरा
पटना
आरा
बक्सर
सासाराम
भभुआ
गोपालगंज
सिवान
बेतिया
त
र
आ

भौगोलिक प्रदेश एवं भूगर्भीक संरचना

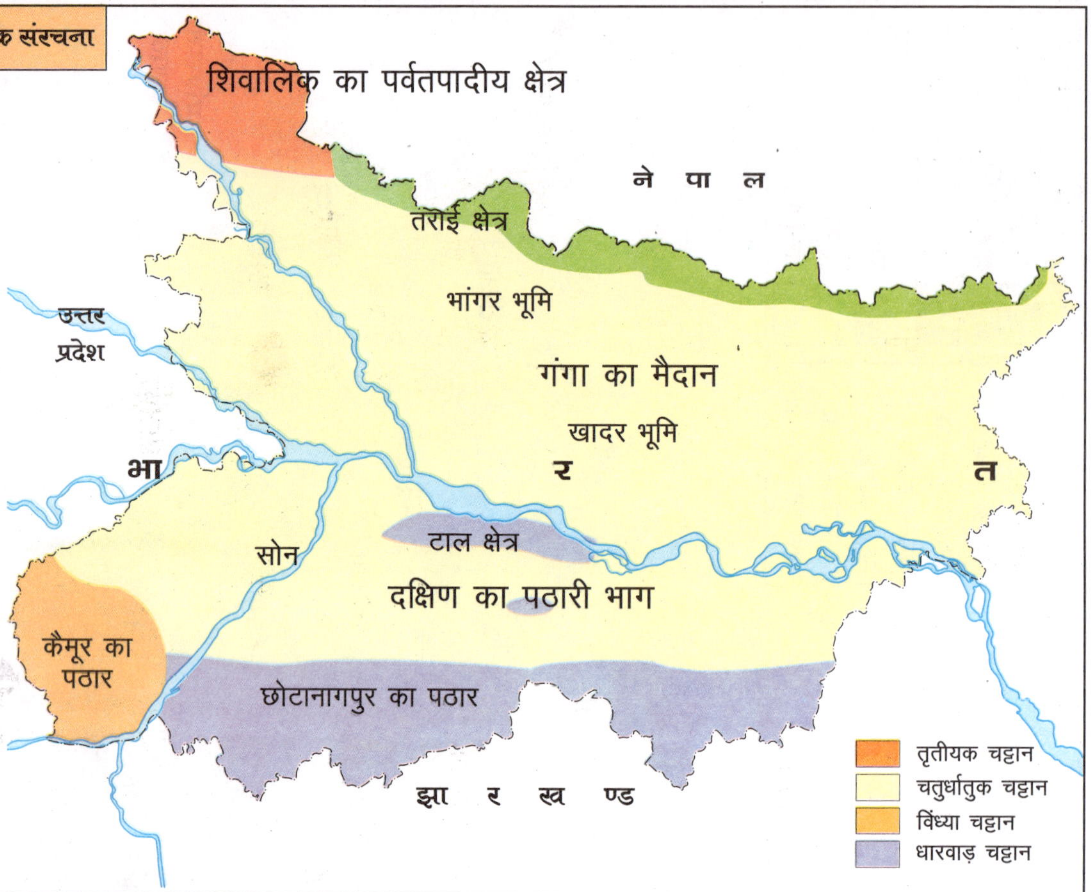

भूकंप क्षेत्र

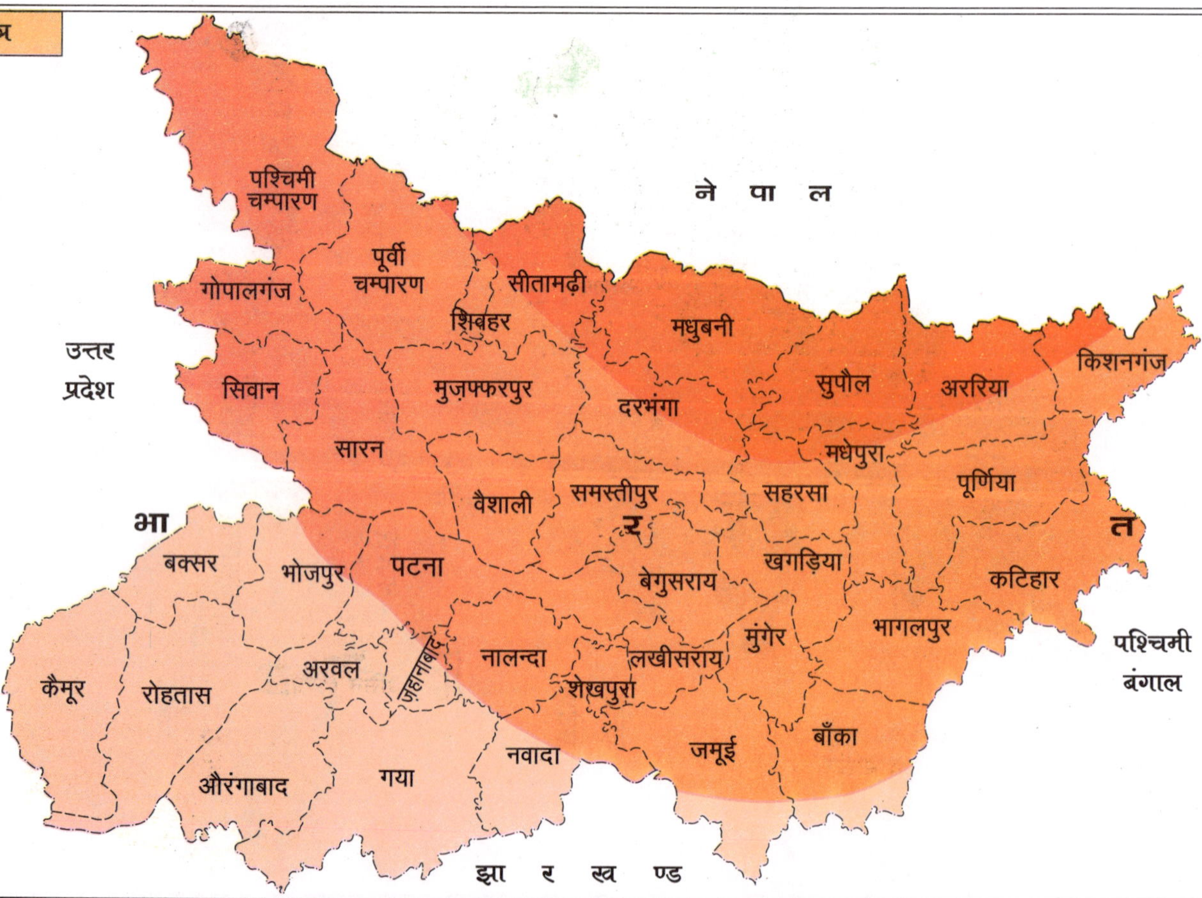

नदियाँ

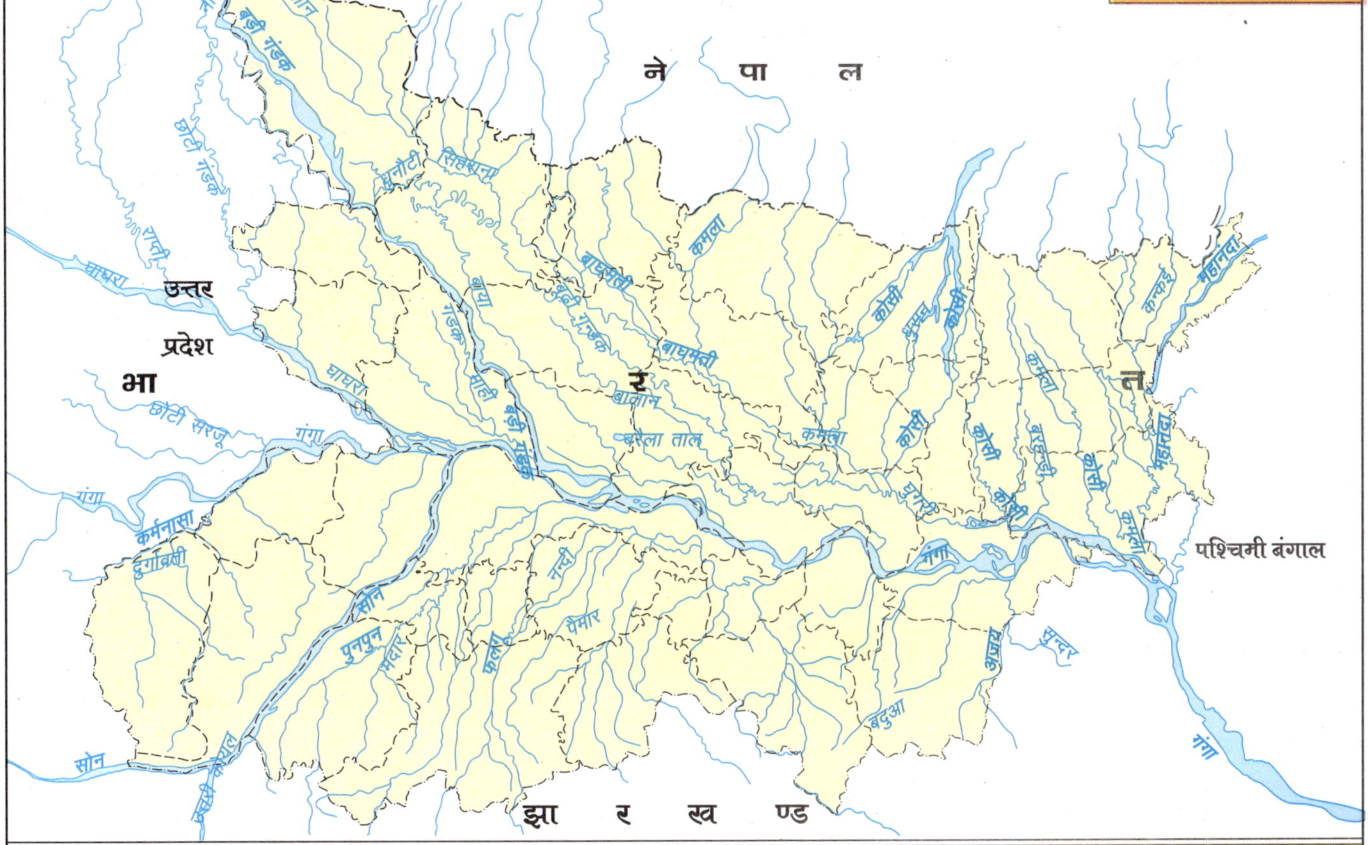

नदी क्षेत्र बेसिन (घाटी)

बिहार - औसत वार्षिक तापमान एवं वार्षिक वर्षा

तापमान

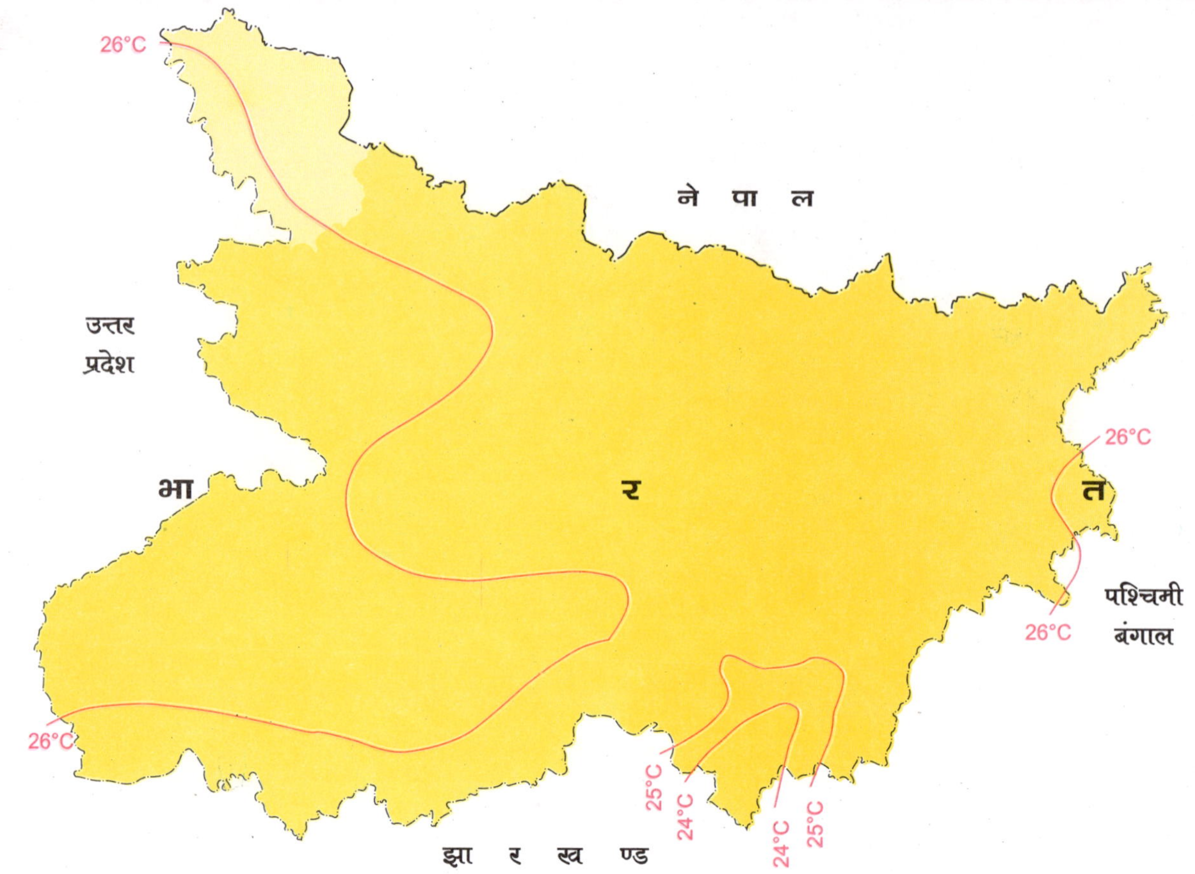

औसत वार्षिक वर्षा

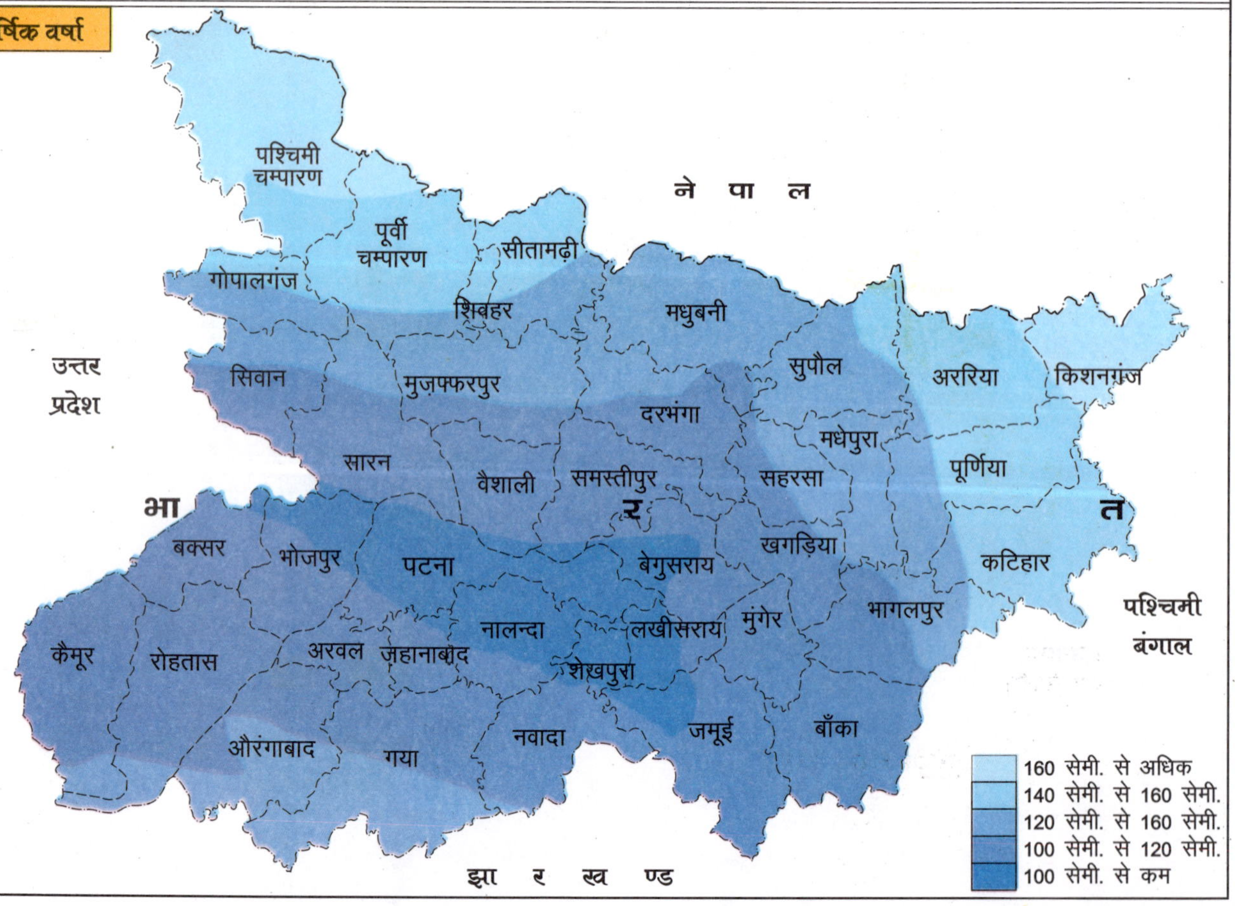

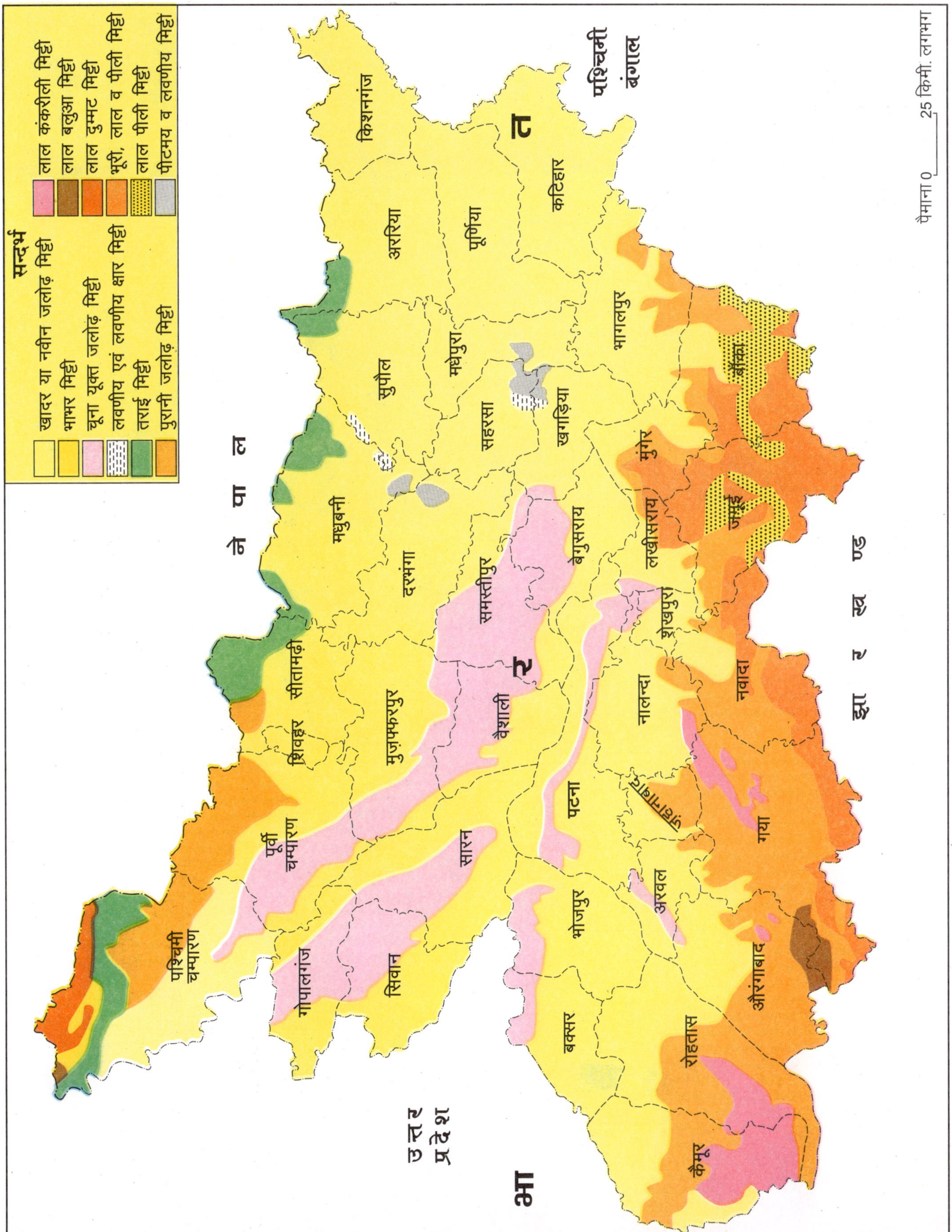
सन्दर्भ
खादर या नवीन जलोढ़ मिट्टी
भाभर मिट्टी
चूना युक्त जलोढ़ मिट्टी
लवणीय एवं लवणीय क्षार मिट्टी
तराई मिट्टी
पुरानी जलोढ़ मिट्टी
लाल कंकरीली मिट्टी
लाल बलुआ मिट्टी
लाल दुम्मट मिट्टी
भूरी, लाल व पीली मिट्टी
लाल पीली मिट्टी
पीटमय व लवणीय मिट्टी
नेपाल
उत्तर प्रदेश
पश्चिमी बंगाल
झारखण्ड
भारत
पश्चिमी चम्पारण
पूर्वी चम्पारण
शिवहर
सीतामढ़ी
मधुबनी
सुपौल
अररिया
किशनगंज
पूर्णिया
कटिहार
मधेपुरा
सहरसा
दरभंगा
मुज़फ्फरपुर
गोपालगंज
सिवान
सारन
वैशाली
समस्तीपुर
बेगूसराय
खगड़िया
भागलपुर
मुंगेर
लखीसराय
शेखपुरा
जमुई
बाँका
नालन्दा
पटना
जहानाबाद
अरवल
भोजपुर
बक्सर
रोहतास
कैमूर
औरंगाबाद
गया
नवादा
पैमाना 0 25 किमी. लगभग

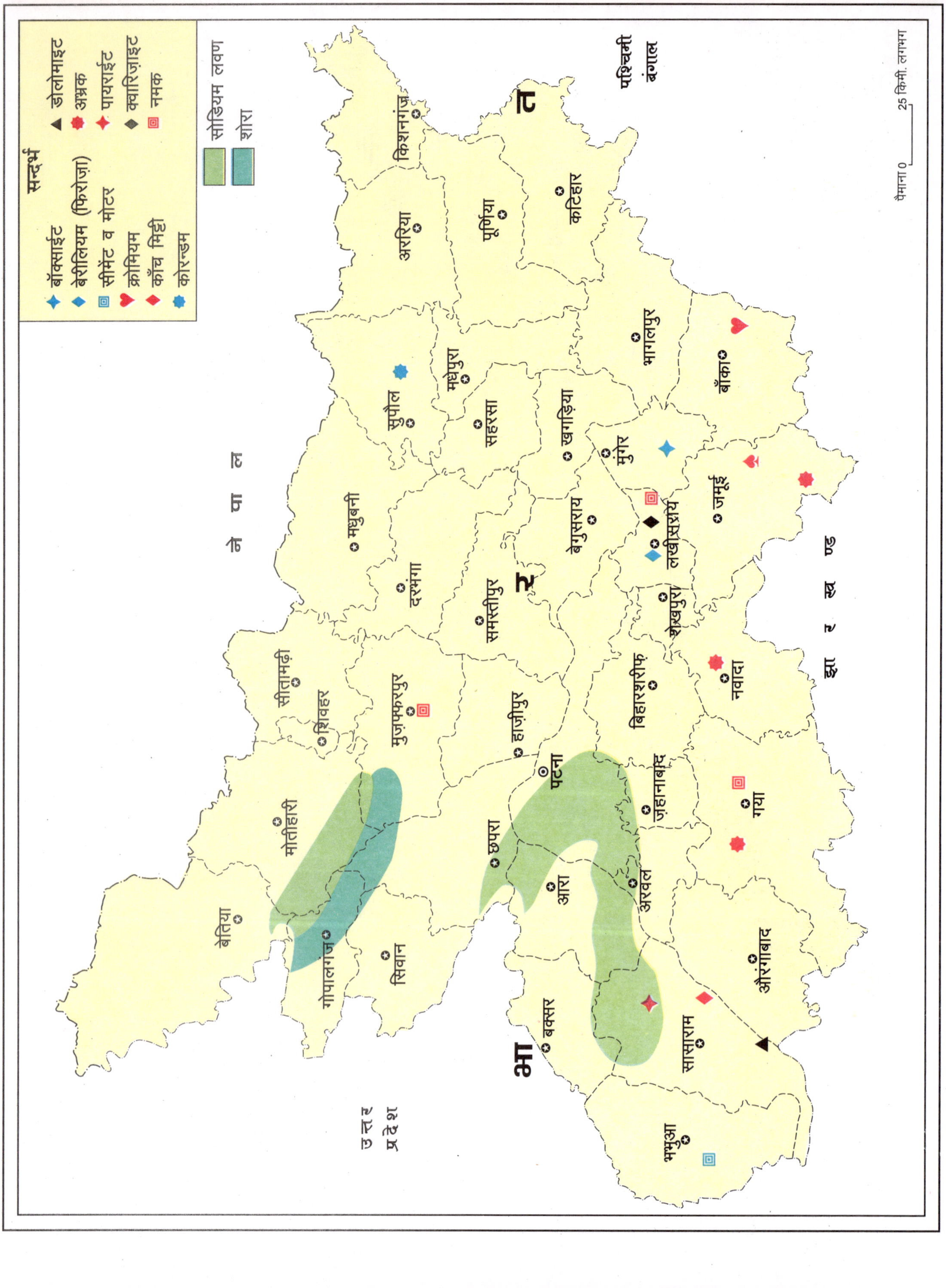
सन्दर्भ
बॉक्साइट
बेरीलियम (फिरोज़ा)
सीमेंट व मोटर
क्रोमियम
काँच मिट्टी
कोरन्डम
डोलोमाइट
अभ्रक
पायराइट
क्वार्टज़ाइट
नमक
सोडियम लवण
शोरा
नेपाल
उत्तर प्रदेश
पश्चिमी बंगाल
झारखण्ड
बेतिया
मोतीहारी
गोपालगंज
सिवान
छपरा
सीतामढ़ी
शिवहर
मुज़फ्फरपुर
हाजीपुर
पटना
मधुबनी
दरभंगा
समस्तीपुर
सुपौल
मधेपुरा
सहरसा
अररिया
किशनगंज
पूर्णिया
कटिहार
खगड़िया
बेगुसराय
मुंगेर
भागलपुर
बाँका
जमुई
लखीसराय
शेखपुरा
बिहारशरीफ
नवादा
जहानाबाद
गया
अरवल
आरा
बक्सर
सासाराम
औरंगाबाद
भभुआ
पैमाना 0 25 किमी. लगभग

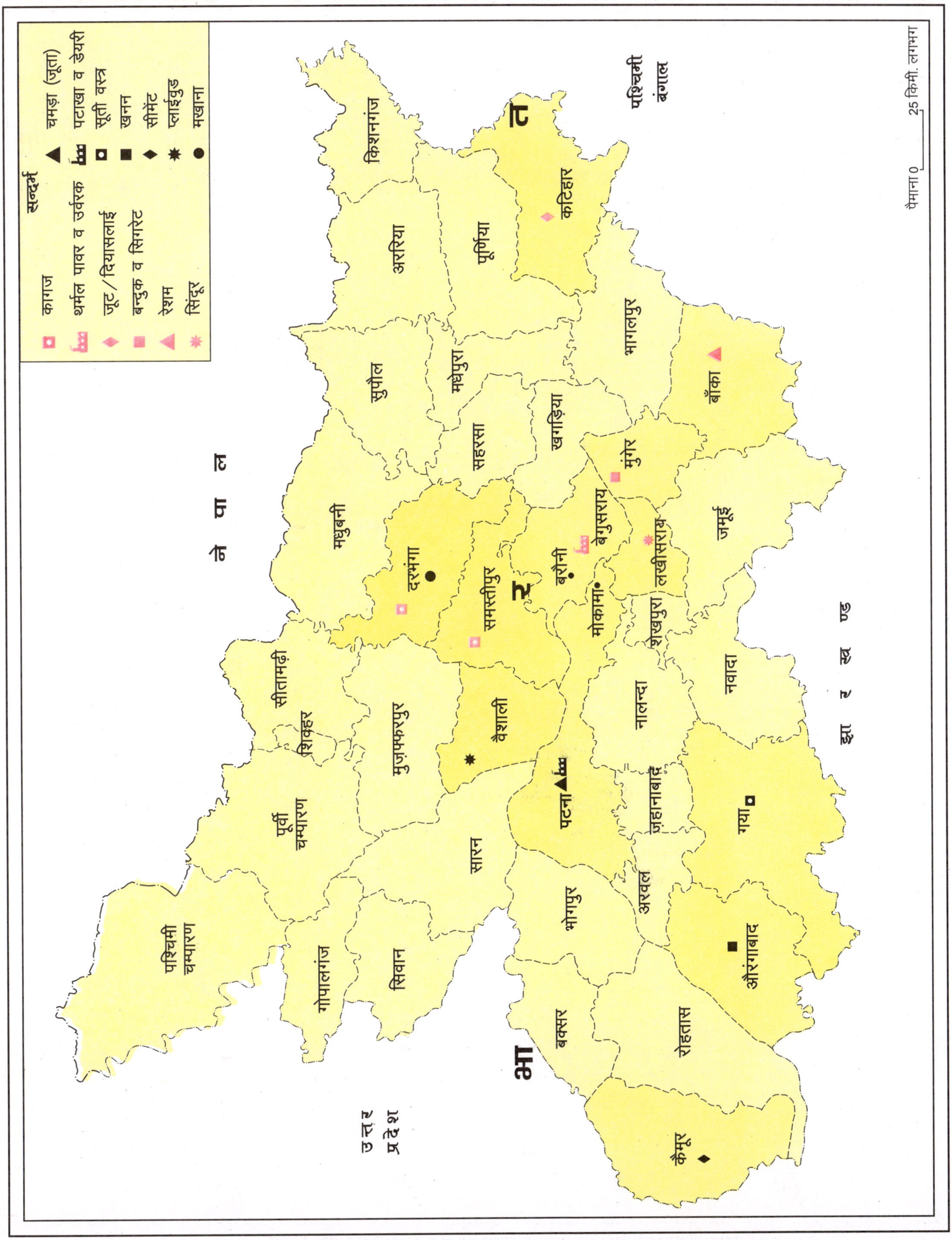
सन्दर्भ
कागज
थर्मल पावर व उर्वरक
जूट/दियासलाई
बन्दूक व सिगरेट
रेशम
सिंदूर
चमड़ा (जूता)
पटाखा व डेयरी
सूती वस्त्र
खनन
सीमेंट
प्लाईवुड
मखाना
नेपाल
पश्चिमी बंगाल
झारखण्ड
उत्तर प्रदेश
किशनगंज
अररिया
पूर्णिया
कटिहार
सुपौल
मधेपुरा
भागलपुर
सहरसा
खगड़िया
बाँका
मधुबनी
दरभंगा
समस्तीपुर
बेगुसराय
बरौनी
मुंगेर
लखीसराय
जमुई
मोकामा
शेखपुरा
नवादा
सीतामढ़ी
शिवहर
मुजफ्फरपुर
वैशाली
नालन्दा
पूर्वी चम्पारण
पटना
जहानाबाद
गया
पश्चिमी चम्पारण
गोपालगंज
सिवान
सारन
भोजपुर
अरवल
औरंगाबाद
बक्सर
रोहतास
कैमूर
पैमाना 0 25 किमी. लगभग

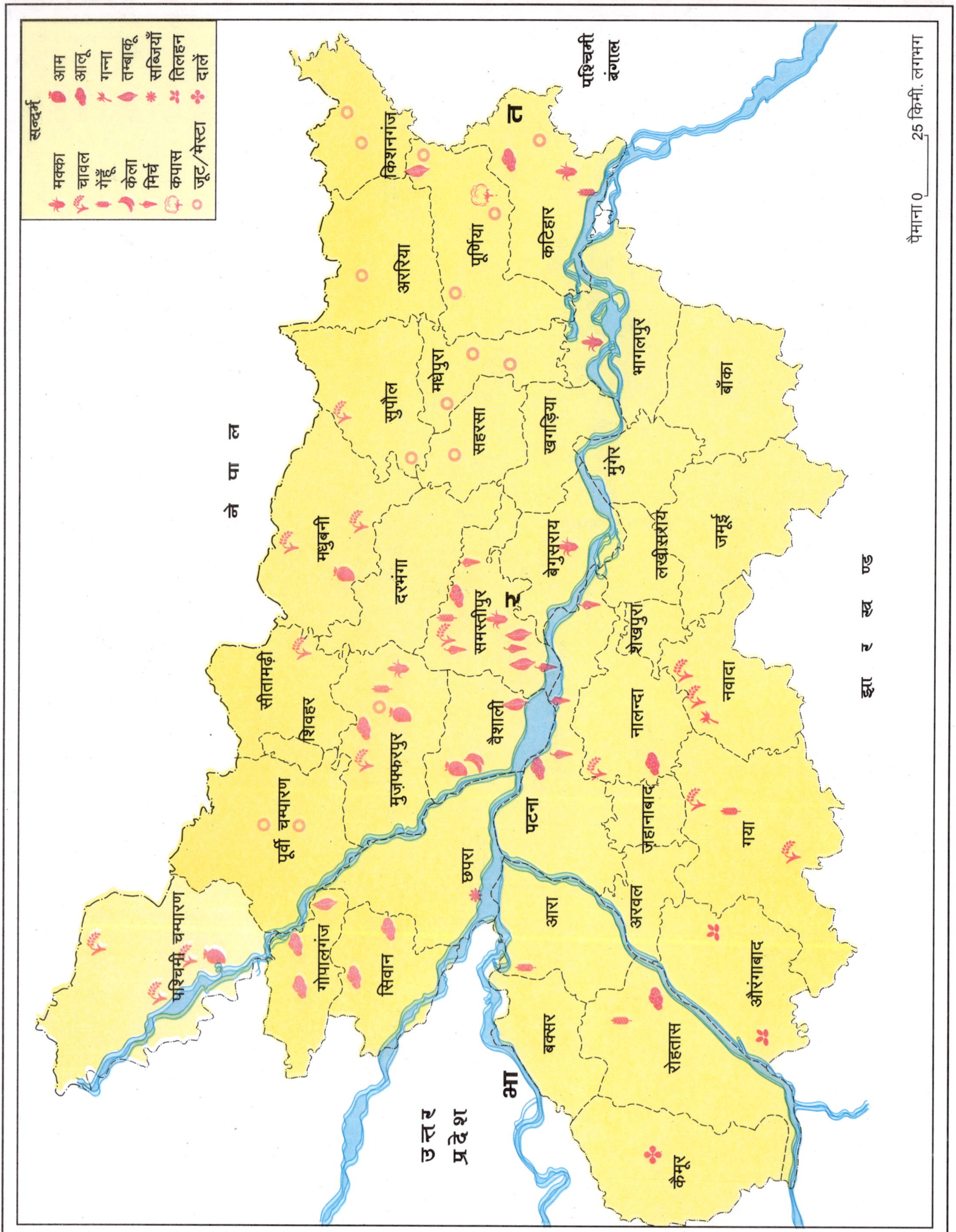
सन्दर्भ
मक्का
चावल
गेहूँ
केला
मिर्च
कपास
जूट/मेस्टा
आम
आलू
गन्ना
तम्बाकू
सब्जियाँ
तिलहन
दालें
पैमाना 0 25 किमी. लगभग
नेपाल
पश्चिमी बंगाल
झारखण्ड
उत्तर प्रदेश
भा
र
त
किशनगंज
अररिया
पूर्णिया
कटिहार
मधेपुरा
सुपौल
सहरसा
खगड़िया
भागलपुर
बाँका
मुंगेर
जमुई
लखीसराय
बेगुसराय
मधुबनी
दरभंगा
समस्तीपुर
शेखपुरा
नवादा
नालन्दा
सीतामढ़ी
शिवहर
मुजफ्फरपुर
वैशाली
पटना
जहानाबाद
गया
पूर्वी चम्पारण
छपरा
अरवल
औरंगाबाद
पश्चिमी चम्पारण
गोपालगंज
सिवान
आरा
बक्सर
रोहतास
कैमूर

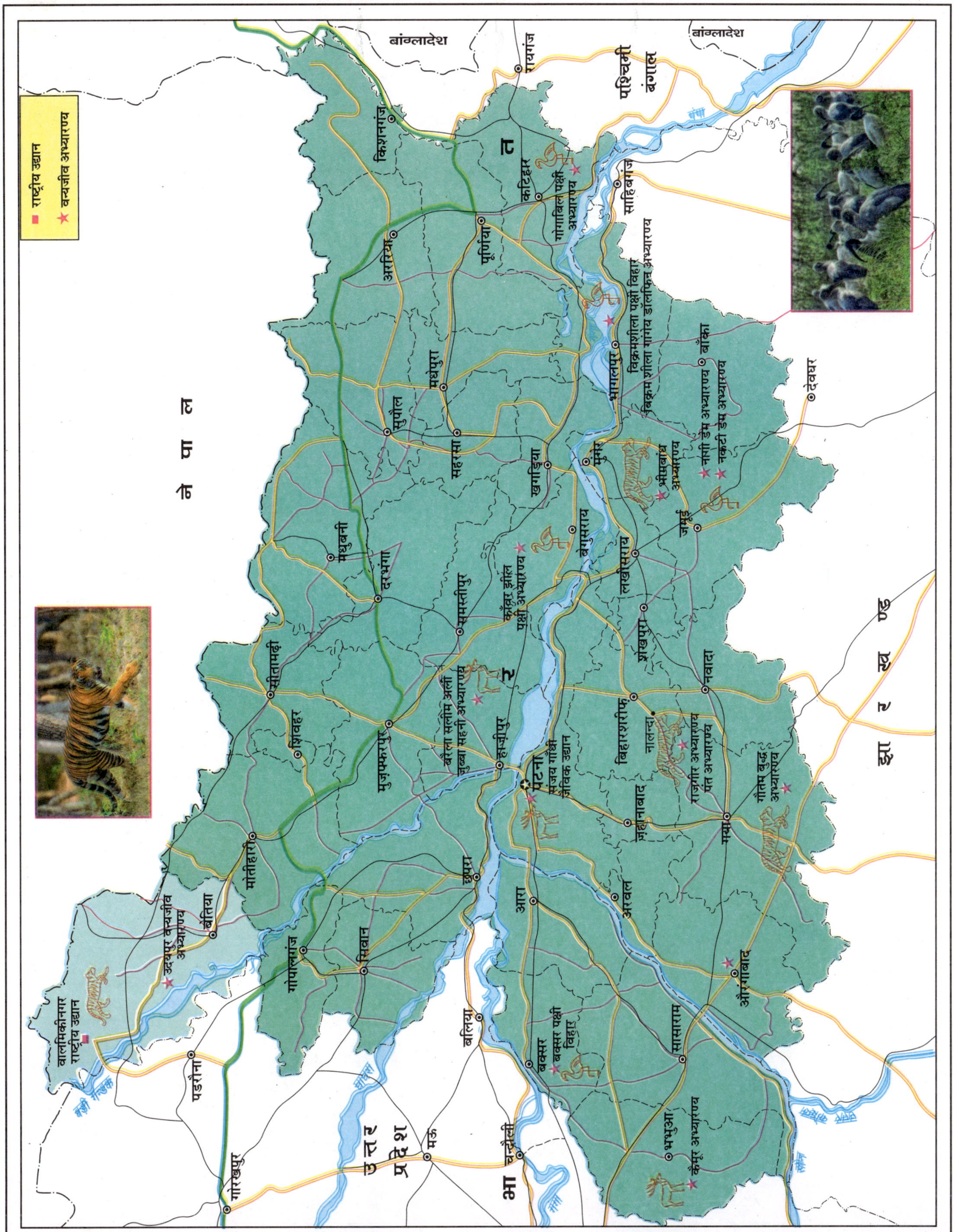

राष्ट्रीय उद्यान
वन्यजीव अभ्यारण्य
नेपाल
बांग्लादेश
पश्चिमी बंगाल
झारखण्ड
उत्तर प्रदेश
वालमिकीनगर राष्ट्रीय उद्यान
उदयपुर वन्यजीव अभ्यारण्य
बेतिया
मोतीहारी
सीतामढ़ी
शिवहर
मधुबनी
दरभंगा
सुपौल
मधेपुरा
सहरसा
अररिया
किशनगंज
पूर्णिया
कटिहार
गोगाबिल पक्षी अभ्यारण्य
साहिबगंज
विक्रमशिला पक्षी विहार
विक्रमशिला गांगेय डॉलफिन अभ्यारण्य
भागलपुर
बाँका
नागी डैम अभ्यारण्य
नकटी डैम अभ्यारण्य
देवघर
मुंगेर
भीमबांध अभ्यारण्य
जमुई
खगड़िया
बेगूसराय
कांवर झील पक्षी अभ्यारण्य
लखीसराय
शेखपुरा
नवादा
समस्तीपुर
बरैला सलीम अली जुब्बा सहनी अभ्यारण्य
मुजफ्फरपुर
हाजीपुर
पटना
संजय गांधी जैविक उद्यान
बिहारशरीफ
नालन्दा
राजगीर अभ्यारण्य
पंत अभ्यारण्य
जहानाबाद
गया
गौतम बुद्ध अभ्यारण्य
छपरा
सिवान
गोपालगंज
आरा
अरवल
औरंगाबाद
बक्सर
बक्सर पक्षी विहार
सासाराम
भभुआ
कैमूर अभ्यारण्य
बलिया
पडरौना
गोरखपुर
मऊ
चन्दौली
रायगंज
गंगा

बिहार - मुख्य पर्यटक एवं धार्मिक केन्द्र

पैमाना 0 25 किमी. लगभग

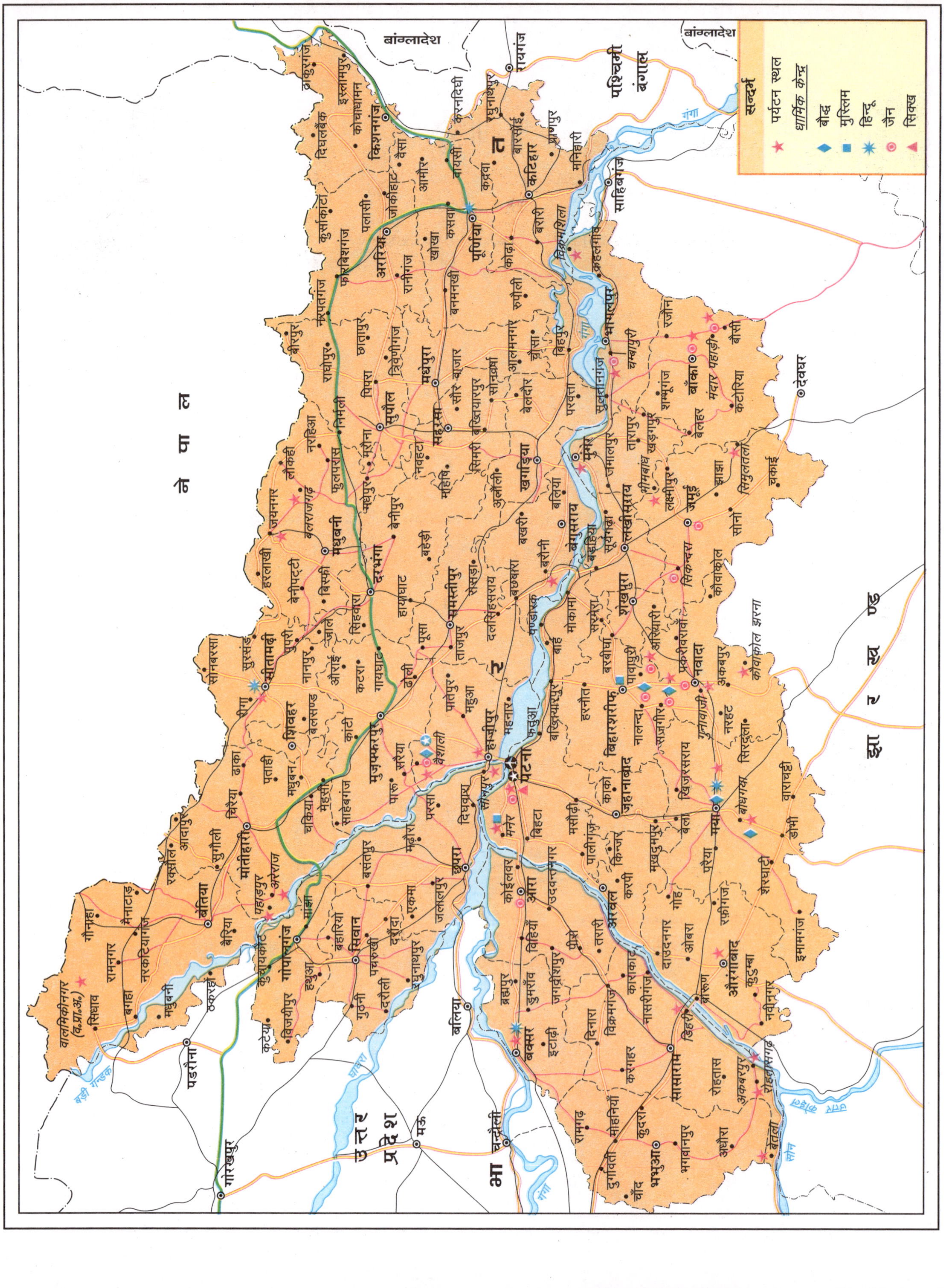

महाबोधि मंदिर, बोधगया

नालन्दा विश्वविद्यालय के अवशेष

शेरशाह सूरी का मकबरा, सासाराम

ऐतिहासिक एवं पुरातात्विक स्थल

पटना :

गंगा नदी के तट पर बसे इस नगर का प्राचीन नाम पाटलीपुत्र था। यहाँ मगध, मौर्य, गुप्त, पाल आदि राजवं ों ने प्राचीन काल में राज किया। मुगलों ने भी पटना पर शासन किया।

हरमंदिर साहिब : सिक्खों के दसवें गुरु गुरुगोविन्दसिंह का यहाँ 1660 ई. में जन्म हुआ था। इसी पवित्र जगह पर हरमंदिर साहिब (गुरुद्वारा) तख्त है जो सिक्खों के पाँच प्रमुख तख्तों में से एक है। सफेद संगमरमर की इस मूल इमारत का निर्माण महाराजा रणजीतसिंह ने करवाया था।

पटना संग्रहालय : बुद्ध मार्ग पर स्थित इस राष्ट्रीय संग्रहालय में मौर्य एवं गुप्त–काल की धातु एवं पत्थर की मूर्तियाँ प्रदर्शित हैं। टेराकोटा आकृतियाँ एवं बिहार में प्राप्त पुरातात्विक महत्व की अनेक दुर्लभ चीजें यहाँ देखने को मिलती हैं।

शेरशाह सूरी मस्जिद : अफ़गानी शैली में बनी यह मस्जिद बिहार की सबसे खूबसूरत एवं पुरानी मस्जिद है। इसका निर्माण 1545 ई. में शेरशाह सूरी ने करवाया था।

गोलघर : इसका निर्माण 1770 ई. में वारेन हेस्टिंग ने ब्रिटिश फौजों के लिये अन्न के भण्डारण हेतु करवाया। इसमें 1,24,285 टन अनाज रखा जा सकता है। गोलघर के ऊपर जाने पर पटना शहर एवं गंगा नदी का सुन्दर नज़ारा देखा जा सकता है।

शहीद स्मारक : 1942 ई. में भारत छोड़ो आंदोलन के दौरान शहीद हुए 7 स्वतन्त्रता सेनानियों की स्मृति में इसे बनवाया था।

खुदाबख्श ओरिएंटल पुस्तकालय : इसकी स्थापना सन् 1900 में की गई थी तथा आज इसकी गणना देश के राष्ट्रीय पुस्तकालयों में की जाती है। यहाँ एक व्यक्ति द्वारा जमा की गई अरबी और फारसी पांडुलिपियों का अद्भुत संग्रह है। तथा मुग़ल एवं राजपूत शैली के पेंटिंग भी प्रदर्शित हैं।

अगम कुआँ : पटना में मौर्य सम्राट अशोक महान से सम्बन्धित यह सबसे महत्वपूर्ण पुरातात्विक अवशेष है।

गाँधी सेतु : गंगा नदी पर बना यह 7.5 किलोमीटर लम्बा पुल विश्व के लम्बे पुलों में से एक है।

कुम्हरार : पटना से 5 किलोमीटर दूर स्थित इस पुरातात्विक स्थल पर अ ोककालीन पाटलिपुत्र के भग्नाव । देखें जा सकते हैं।

नालन्दा : बौद्ध धर्म का एक महत्वपूर्ण स्थान है। भगवान बुद्ध एवं भगवान महावीर ने भी इस स्थान की यात्रा की थी तथा प्राचीनकाल में यह शिक्षा का एक प्रमुख केन्द्र था। सम्राट अशोक एवं हर्षवर्धन जैसे महान् शासकों ने यहाँ अनेक मन्दिर एवं मठों का निर्माण करवाया था। यहाँ विश्व का प्रथम आवासीय अन्तर्राष्ट्रीय विश्वविद्यालय था।इस महान् विश्वविद्यालय को तुर्की के हमलावर बख्तियार खिलज़ी ने 1235 ई. में नष्ट कर दिया था।

सासाराम : पटना से लगभग 158 किलोमीटर की दूरी पर ग्रैंड ट्रंक रोड पर स्थित यह छोटासा शहर, प्राचीन स्मारकों के लिये प्रसिद्ध है। यहाँ शेरशाह सूरी का मक़बरा है जो उस समय की वास्तुकला का उत्कृष्ट नमूना है।

विक्रमशिला : विक्रमशिला बिहार के प्रमुख पुरातात्विक स्थलों में से एक है। यहाँ स्थित प्राचीन बौद्ध विश्वविद्यालय की स्थापना बंगाल के पाल वंश के राजा धर्मपाल ने 8वीं सदी में रखी थी। इसकी प्रतिष्ठा प्रसिद्ध नालन्दा विश्वविद्यालय के समान थी। सन् 1193 में बख्तियार खिलजी ने इसे भी नष्ट कर दिया था। इसके अव ोश भागलपुर से लगभग 38 किलोमीटर दूर गंगा नदी के तट पर देखें जा सकते हैं।

धार्मिक स्थल

बौद्ध :

बोध गया : यह विश्व का सबसे महत्वपूर्ण बौद्ध तीर्थ स्थान है। यहाँ कपिलवस्तु के राजकुमार सिद्धार्थ को एक बट–वृक्ष के नीचे ध्यानस्थ रहने पर "बोध" (ज्ञान) प्राप्त हुआ था। इसी के पश्चात् वे भगवान बुद्ध के नाम से पहचाने जाने लगे एवं बौद्ध धर्म की शुरुआत हुई।

महाबोधि मंदिर : इस पिरामिड आकार के मंदिर में भगवान बुद्ध की सुन्दर विशालकाय मूर्ति स्थापित है। ऐसी मान्यता है कि भगवान बुद्ध ने "बोध (ज्ञान)" प्राप्त होने के बाद, बोध गया में 7 सप्ताह बिताये थे। इसकी मूल स्थापना सम्राट अशोक ने की थी। यह मन्दिर "यूनेस्को" द्वारा "हेरिटेज स्थल" की श्रेणी में शामिल किया गया था।

बोधि-वृक्ष : इस वृक्ष के नीचे राजकुमार सिद्धार्थ को "बोध (ज्ञान)" की प्राप्ति हुई थी और वे बुद्ध कहलाये। मान्यता है कि यह मूल बोधि वृक्ष का ही अंग है।

राजगीर : पाटलीपुत्र की स्थापना से पहले यह मगध महाजनपद (राज्य) की राजधानी थी। ऐसी मान्यता है कि भगवान बुद्ध यहाँ कई वर्षों तक रहे थे। 24वें जैन तीर्थंकर भगवान महावीर, ने अपना पहला प्रवचन भी यहीं दिया था। यहाँ की पहाड़ियों पर अनेक सुन्दर एवं भव्य जैन मन्दिर बने है।

राजगीर का धार्मिक ही नहीं बल्कि स्वास्थ्य की दृष्टि से भी महत्व है। यहाँ गरम पानी के झरने हैं जिनका जल औषधि–युक्त हैं। यहाँ की वैभार पहाड़ी में सप्तपर्णी गुफा है जहाँ पहली बौद्ध परिषद हुई थी। यहाँ गृहकुटा या वल्चर्स पीक पर जापान के बुद्ध संघ ने वि व भांति स्तूप का निर्माण 1969 में करवाया था।

वैशाली : गंडक नदी के पश्चिमी तट पर बसे इस ऐतिहासिक नगर में भगवान बुद्ध ने अपने महानिर्वाण (मृत्यु) की घोषणा की थी। मान्यता है कि यह भगवान महावीर की जन्मस्थली भी है।

अशोक स्तम्भ : भगवान बुद्ध के अंतिम प्रवचन की स्मृति में इस 18.3 मीटर की ऊँचाई के शेर वाले स्तूप का निर्माण कोलहुआं में सम्राट अशोक ने करवाया था। स्तूप के ऊपर पूरी कद–काठी का शेर बना है।

हिन्दु :

गया : यह प्रसिद्ध हिन्दू तीर्थ स्थल प्रेतशिला एवं रामशिला पहाड़ियों के बीच में फल्गु नदी के किनारे स्थित है।

यहाँ प्रतिवर्ष आश्विन कृष्ण–पक्ष (श्राद्ध पक्ष) (सितम्बर अक्टूबर) में हजारों हिन्दू श्रद्धालु अपने पितरों का पिंडदान करने आते हैं।

विष्णुपद मन्दिर : गंगा किनारे बना यह प्राचीन मंदिर गया का प्रमुख आकर्षण एवं आस्था का केन्द्र है। भगवान विष्णु के चरण (पद) चिन्ह पर प्रतिष्ठित इस सुन्दर मंदिर का निर्माण 1787 में इन्दौर की महारानी अहिल्याबाई होल्कर ने करवाया था।

मंदारगिरी पर्वत : भागलपुर से 48 किमी. दक्षिण में स्थित यह 700 फीट ऊँचा पर्वत हिन्दुओं व जैनियों के आस्था का केन्द्र है। मान्यताओं के अनुसार इस पवित्र पर्वत का देवों और दानवों द्वारा किये गये 'सागर मंथन' में मथनी की तरह प्रयोग किया गया था।

सीतामढ़ी : मोतीहारी से 83 किलोमीटर दूर यह पवित्र तीर्थ स्थल माता सीता की जन्मस्थली मानी जाती है। सीतामढ़ी अपने प्राकृतिक सौन्दर्य एवं मंदिरों के लिए जाना जाता है। जानकी मंदिर, पुर्नोधाम मंदिर एवं हलेश्वर द नीय स्थल है।

जैन :

आरा : पटना से 62 किलोमीटर दूर इस प्राचीन जैन तीर्थ स्थल को ''जैन सिटी'' के नाम से भी जाना जाता है। बिसराम स्तूप में एक सुन्दर महावीर भगवान की मूर्ति स्थापित है। माना जाता है कि इस स्थान पर भगवान महावीर ने विश्राम किया था।

चम्पानगर (नाथनगर) : यह भागलपुर शहर का पश्चिमी उपनगर है। माना जाता है कि यहाँ 12वें जैन तीर्थंकर वासुपुज्य नाथ जी का जन्म हुआ है। जैन धर्मग्रन्थ 'कल्पसूत्र' के अनुसार भगवान महावीर ने अपने भ्रमण के दौरान यहाँ तीन वर्षा ऋतुऐं बिताई। यहाँ स्थित वासुपुज्य जिनालय आकर्षक नक्काशी एवं वास्तुकला के लिए जाना जाता है।

क्षत्रिय कुण्ड, वैशाली : जैन धर्म के श्वेताम्बर सम्प्रदाय के अनुसार इस पवित्र स्थल पर भगवान महावीर का जन्म ई.पूर्व 527 में हुआ एवं उन्होंने अपने जीवन के लगभग 30 वर्ष यहाँ व्यतीत किये। यहाँ पहाड़ी पर जैन मंदिर भगवान महावीर को समर्पित है।

कुण्डलपुर : दिगम्बर जैन धर्मावलम्बीयों की मान्यता है कि यह भगवान महावीर की जन्म स्थली है। यह राजगीर से 15 किलोमीटर दूर स्थित है।

मंदारगिरी पर्वत : भागलपुर से 48 कि.मी. दूर यह पर्वत श्री जैन सिद्धक्षेत्र के रूप में जाना जाता है जहाँ 12वें जैन तीर्थंकर श्री वासुपुज्यनाथजी ने कठोर तपकर केवलज्ञान एवं मोक्ष प्राप्त किया।

पावापुरी : नालन्दा जिले में राजगीर से 38 कि.मी. दूरी पर स्थित पावापुरी जैन अनुयायियों का अत्यन्त पवित्र एवं महत्वपूर्ण तीर्थ स्थान है। जैन धर्म के 24वें तीर्थंकर भगवान महावीर ने अपने 'महापरिनिर्वाण' से पूर्व अपना अंतिम उपदेश दिया था। वहाँ सफेद संगमरमर का सुन्दर मंदिर बना है जिसे जलमंदिर कहते हैं।

जल मंदिर : भगवान महावीर के निर्वाण स्थल पर सफेद संगमरमर से बना यह मंदिर बहुत ही महत्वपूर्ण है। इस मंदिर में आने वाले को विशेष शांति का अनुभव होता है।

मुस्लिम एवं सूफी :

बिहार शरीफ : 13वीं से 16वी शताब्दी के दौरान यह बिहार के मुस्लिम हाकिमों की राजधानी बना। बिहार शरीफ अब पीर पहाड़ी पर स्थित सूफी संत सय्यद इब्राहीम मलिक की मजार के लिए जाना जाता है। यह नालन्दा से 13 कि.मी. की दूरी पर स्थित है।

मनेर शरीफ : बिहार में मुस्लिम संस्कृति का सबसे पुराना स्थान पटना से 24 कि.मी. की दूरी पर स्थित है। मनेर में बड़ी और छोटी दरगाह नाम की दो दरगाहें हैं।

फूलवारी शरीफ : पटना से 7 कि.मी. दूर इस पवित्र स्थल पर कई सूफी संतों का आगमन हुआ है। खानका मुजिबिया, शीश महल, शाही सांगी मस्जिद, इमारत शरीया प्रमुख आकर्षण है।

प्राकृतिक सौंदर्य एवं वन्यजीव अभ्यारण्य

ककोलत जलप्रपात : लोहदंड पर्वत पर 150 फीट की ऊंचाई से गिरता यह शीतल पानी का झरना बिहार में विशिष्ट पहचान रखता है। यह ककोलत नवादा से 33 कि.मी. दक्षिण–पूर्व में फतेहपुर–गोविन्दपुर मार्ग पर थाली से 5 कि.मी. दूर स्थित है।

वाल्मीकी राष्ट्रीय उद्यान एवं वन्य जीव अभ्यारण्य : यह सुन्दर अभ्यारण्य नेपाल सीमा के निकट शिवालिक पर्वतमाला के मध्य स्थित है। यह पार्क उत्तर में नेपाल के रॉयल चितवन नेशनल पार्क और पश्चिम में गंडक नदी से घिरा हुआ है। बाघ, भालु, भेडिया, हिरण, नीलगाय, सांभर, चीतल, जंगली बिल्ली, जंगली कुत्ते, मोर, अजगर इत्यादि पशु एवं पक्षी यहाँ पाये जाते है। पश्चिमी चंपारण जिले में नेपाल सीमा के पास वाल्मीकी नगर से 5 किमी. एवं बेतिया से 100 किमी. की दूरी पर स्थित है।

अररिया जिला

सामान्य जानकारी

जिला मुख्यालय : अररिया

क्षेत्रफल : 2830 वर्ग किमी.

जनसंख्या : 2811569

जनसंख्या घनत्व : 751 प्रति वर्ग किमी.

साक्षरता : 53.33 %

अनुमंडल : 2 (अररिया सदर, फारबिसगंज)

प्रखंड : 9 (अररिया, जोकीहाट, कुरसाकांटा, रानीगंज, सिकटी, पलासी, फारबिसगंज, नरपतगंज, भरगामा)

पंचायत : 218

गांव : 751

नदियाँ : कोसी, सुवारा, काली, परमार एवं फीली

फसलें : धान, मक्का, और जूट

पर्यटक स्थल : रानीगंज वृक्ष वाटिका, कुसियारगाँव जैव विविधताउद्यान–प्रदेश का प्रथम कंचनजंगा पर्वत शिखर का नजारा अररिया से देखा जा सकता है

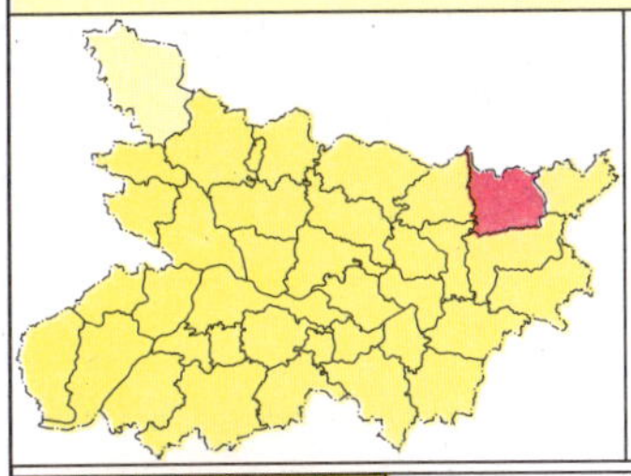

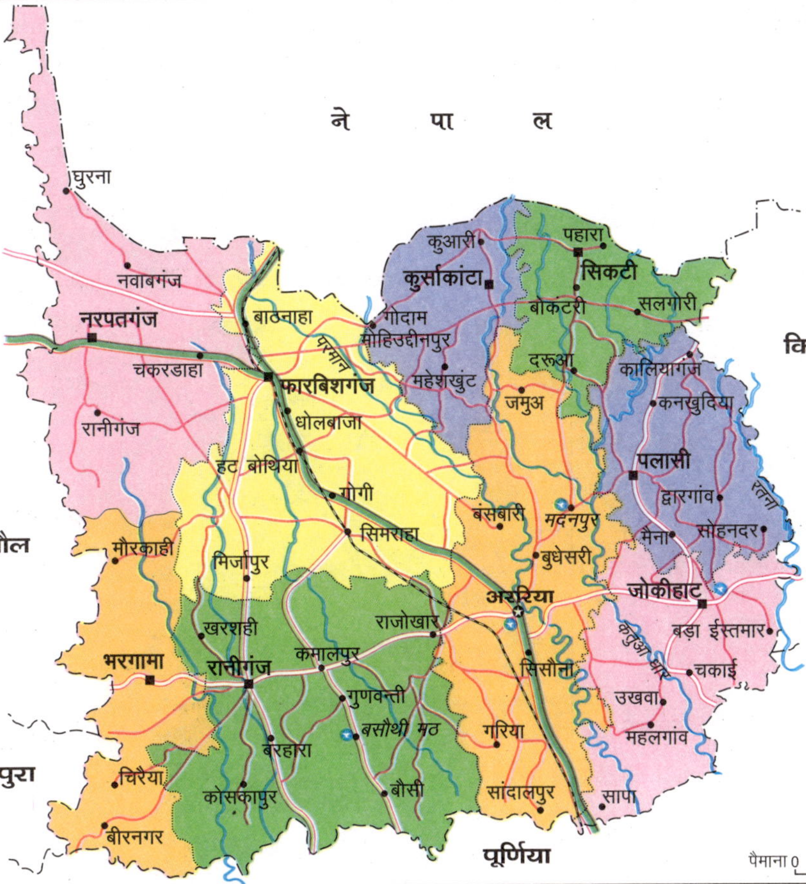

अरवल जिला

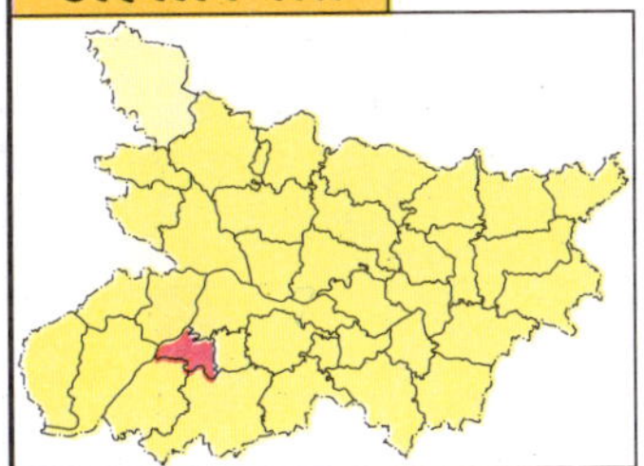

जिला मुख्यालय : अरवल

क्षेत्रफल : 634.23 वर्ग किमी.

जनसंख्या : 7,00,843

जनसंख्या घनत्व : 751 प्रति वर्ग किमी.

साक्षरता : 67.44 %

अनुमंडल : 1 (अरवल सदर)

प्रखंड : 05 (अरवल, कलेर, करपी, कुर्था, सोनभद्र बंशी, सुर्यपुर)

पंचायत : 65

गांव : 335

फसलें : धान, गेहूँ, मक्का, दालें

पर्यटक स्थल : अगनुर, जल विद्युत परियोजना, फखरपुर मंदिर, गौतम बुद्ध मंदिर, मधुस्राव आश्रम एवं मेला मेहंदिया प्राचीन शिव मंदिर, मखदूम शाह का मजार

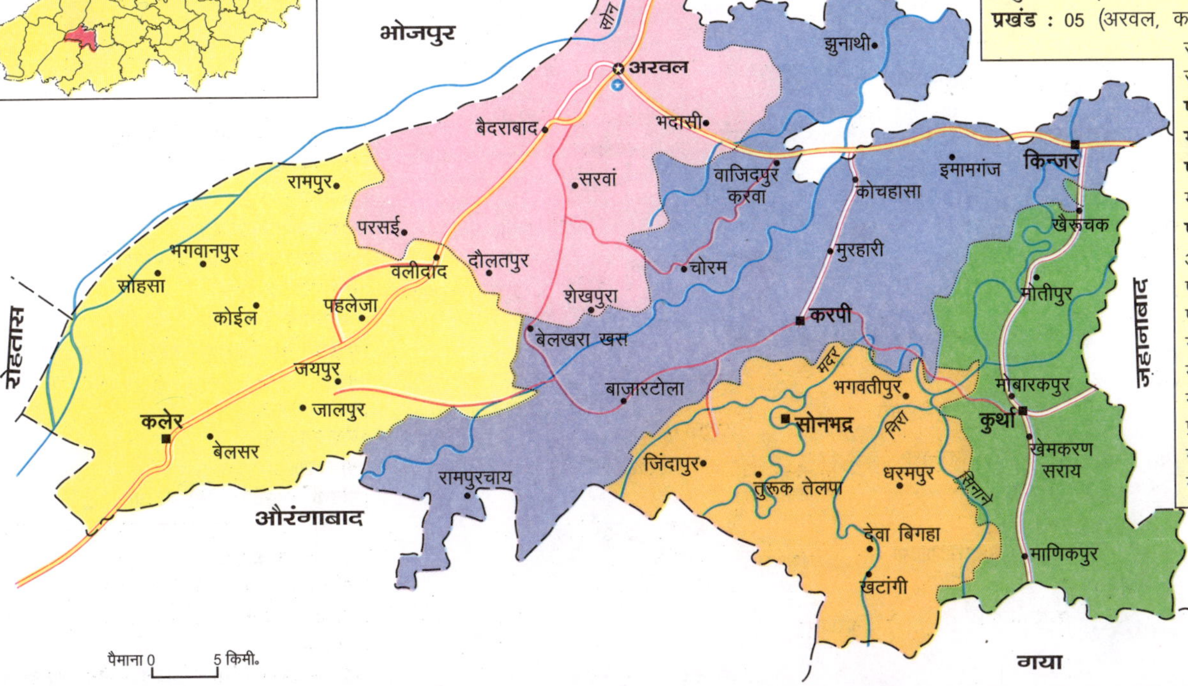

औरंगाबाद एवं बांका जिला

औरंगाबाद जिला

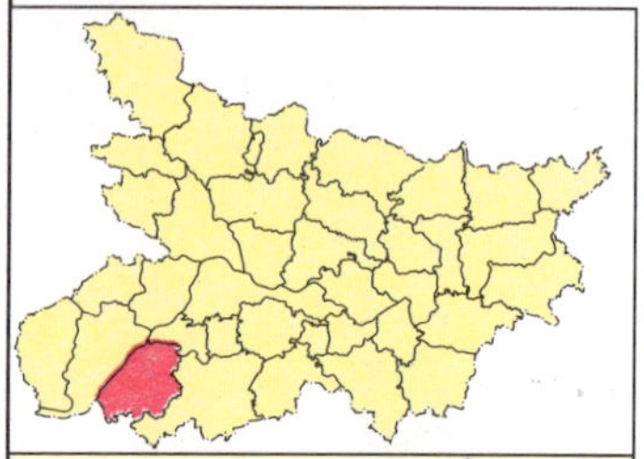

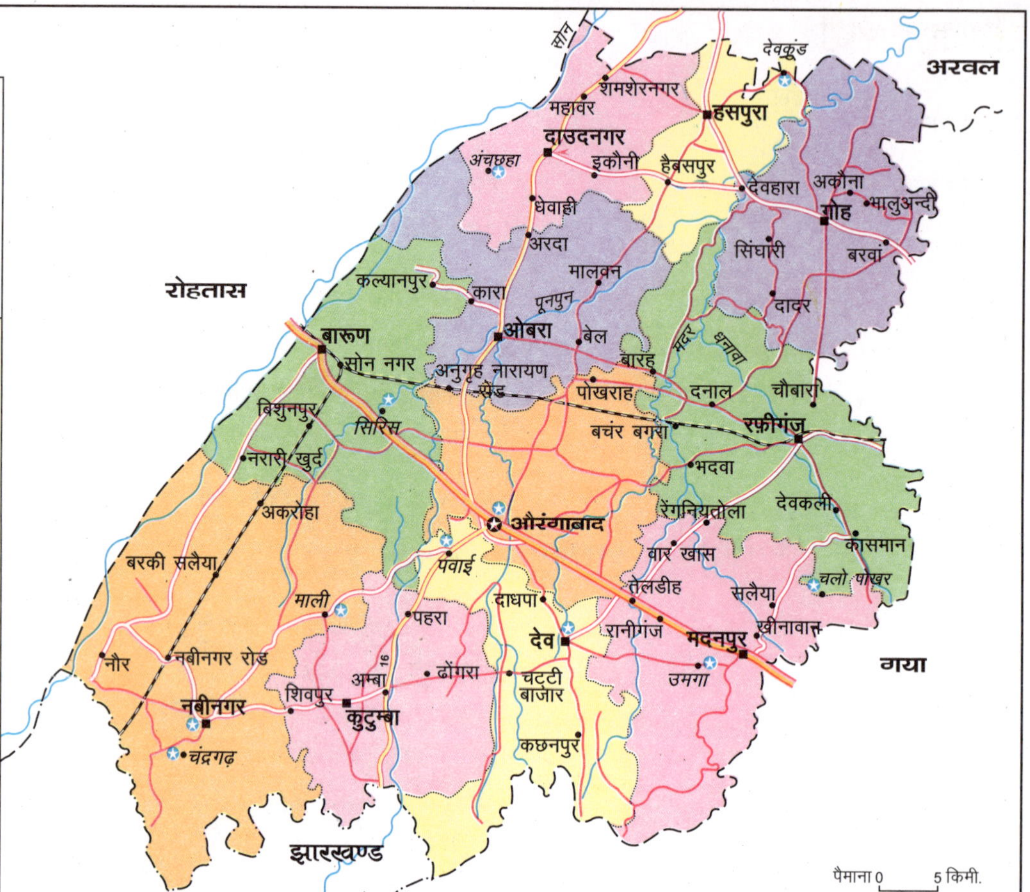

सामान्य जानकारी

जिला मुख्यालय : औरंगाबाद

क्षेत्रफल : 3303 वर्ग किमी.

जनसंख्या : 2540073

जनसंख्या घनत्व : 770 प्रति वर्ग किमी.

साक्षरता : 72.7%

लिंगानुपात : 916

अनुमंडल : 2 (औरंगाबाद, दाउदनगर)

प्रखंड : 11 (औरंगाबाद, बारून, नबीनगर, कुटुम्बा, मदनपुर, देव, रफीगंज, ओबरा, दाउदनगर, गोह, हसपुरा)

पंचायत : 202

गांव : 1884

नदियाँ : पुनपुन, सोन

फसलें : चावल, गेहूँ, दालें, रेपसीड

उद्योग : बिजली, उत्पादन, सीमेंट, कालीन, कंबल, पीतल के बर्तन, खनन

पर्यटक स्थल : देव मंदिर, उमगा मंदिर

बांका जिला

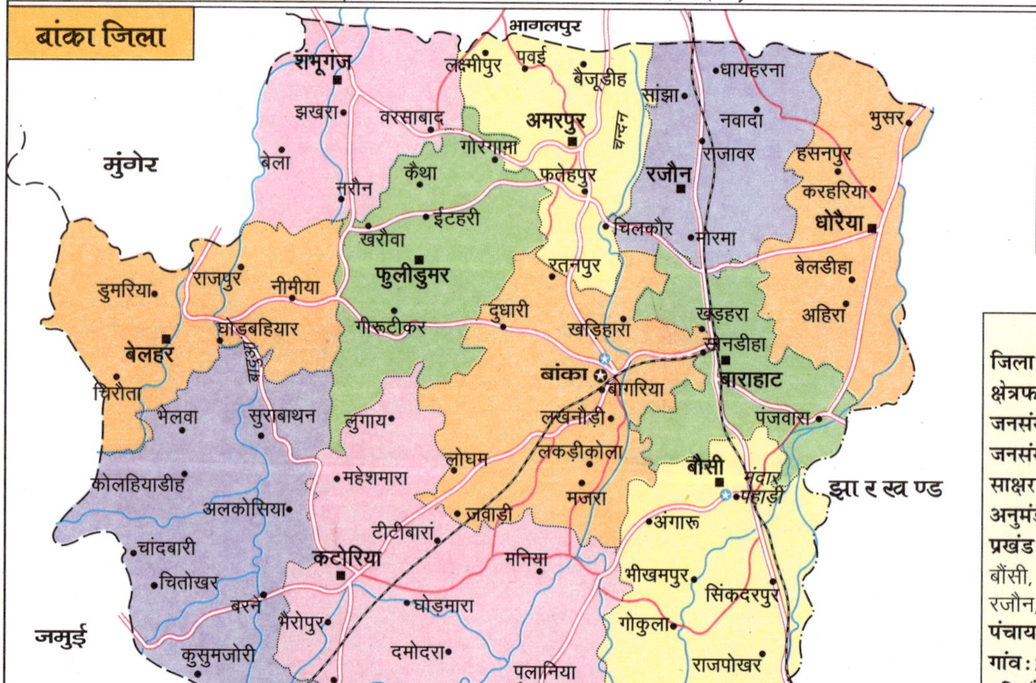

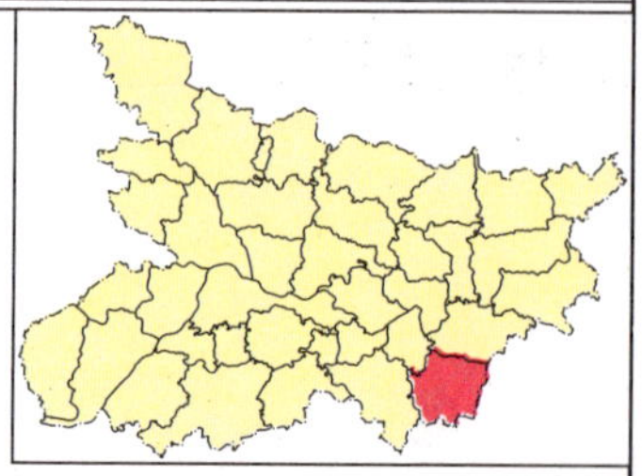

सामान्य जानकारी

जिला मुख्यालय : बांका

क्षेत्रफल : 3018 वर्ग किमी.

जनसंख्या : 2034763

जनसंख्या घनत्व : 523 प्रति वर्ग किमी.

साक्षरता : 58.17 %

अनुमंडल : 1 (बांका)

प्रखंड : 11 (अमरपुर, बांका, बाराहाट, बेलहर, बौंसी, चान्दन, धोरैया, फुल्लीडूमर, कटोरिया, रजौन, शम्भूगंज)

पंचायत : 185

गांव : 2000

नदियाँ : चानन (चांदन), बरूआ

फसलें : चावल, गेहूँ, मक्का, दालें, गन्ना, बिहार का 'धान का कटोरा'

खनिज : बालू, चीनी मिट्टी, ग्रेनाइट

उद्योग : हथकरघा, स्टोन क्रशर, गुड़ मिलें, कमिकल्स

पर्यटक स्थल : मंदागिरी पर्वत – जैन तीर्थ स्थल

बेगूसराय जिला

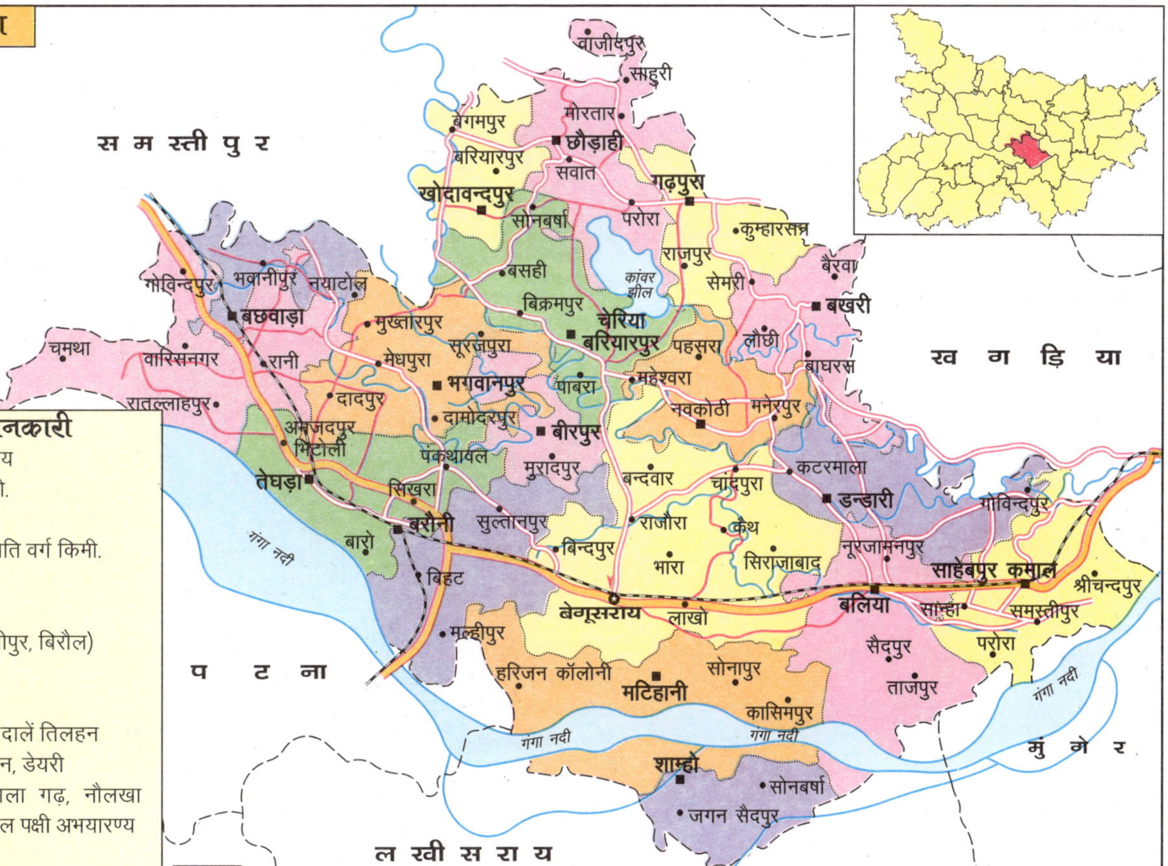

सामान्य जानकारी

जिला मुख्यालय : बेगूसराय

क्षेत्रफल : 1917 वर्ग किमी.

जनसंख्या : 2970541

जनसंख्या घनत्व : 1222 प्रति वर्ग किमी.

साक्षरता : 63.87 %

लिंगानुपात : 894

अनुमंडल : 5(दरभंगा, बेनीपुर, बिरौल)

प्रखंड : 18

गांव : 1229

फसलें : धान,गेहुँ, मक्का, दालें तिलहन

उद्योग : थर्मल पॉवर स्टेशन, डेयरी

पर्यटक स्थल : जयमंगला गढ़, नौलखा मंदिर, विशनपुर कंवर झील पक्षी अभयारण्य

भागलपुर जिला

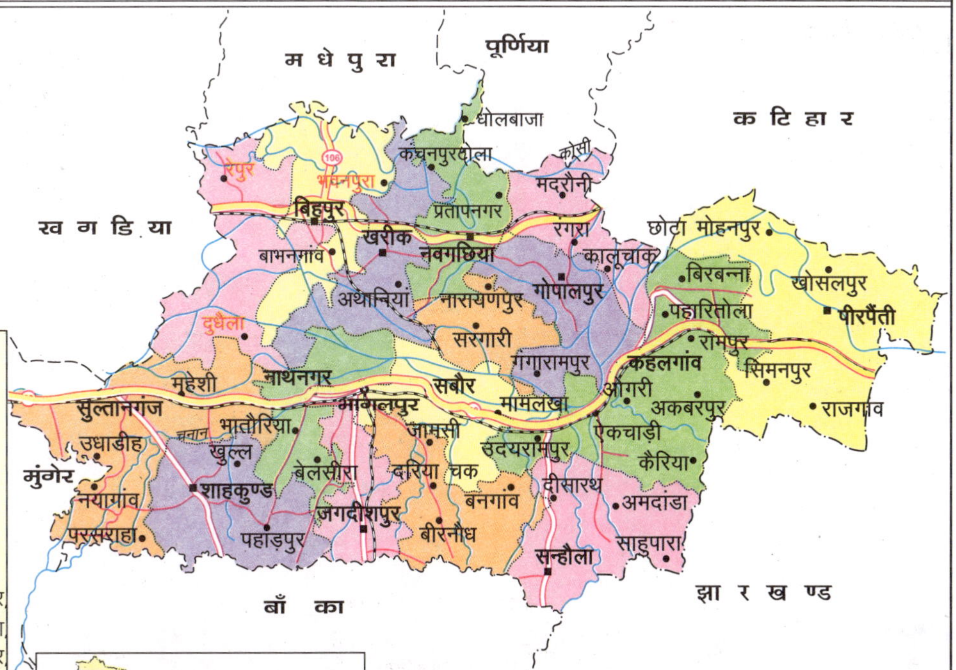

सामान्य जानकारी

जिला मुख्यालय : भागलपुर

क्षेत्रफल : 2569 वर्ग किमी.

जनसंख्या : 3037766

जनसंख्या घनत्व : 1200 प्रति वर्ग किमी.

साक्षरता : 63.14 %

लिंगानुपात : 881

अनुमंडल : 3(भागलपुर सदर,कहलगांव,नवगछिया)

प्रखंड : 16 (गोरडीह, जगदीशपुर, नाथनगर, सबौर, शाहकुंड, सुल्तानगंज, कहलगांव, पिरपैंती, सनहोला, बिहपुर, गोपालपुर, इसमाइलपुर, खरीफ, नारायणपुर, नवगछिया, डूगर चौक)

पंचायत : 242

गांव : 1515

फसलें : धान, चावल, गेहुँ, मक्का, जौ, तिलहन

उद्योग : कोयला

पर्यटक स्थल : मंदार हिल, विक्रमशिला विश्वविद्यालय, तिलका मांझी, डॉलफिन अभ्यारण्य

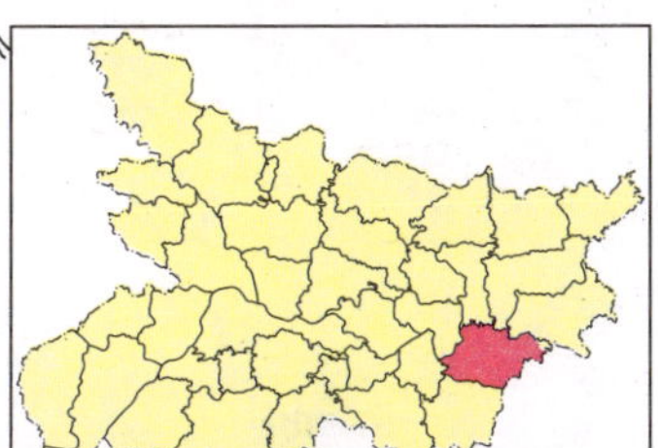

पैमाना 0 5 किमी.

भोजपुर जिला

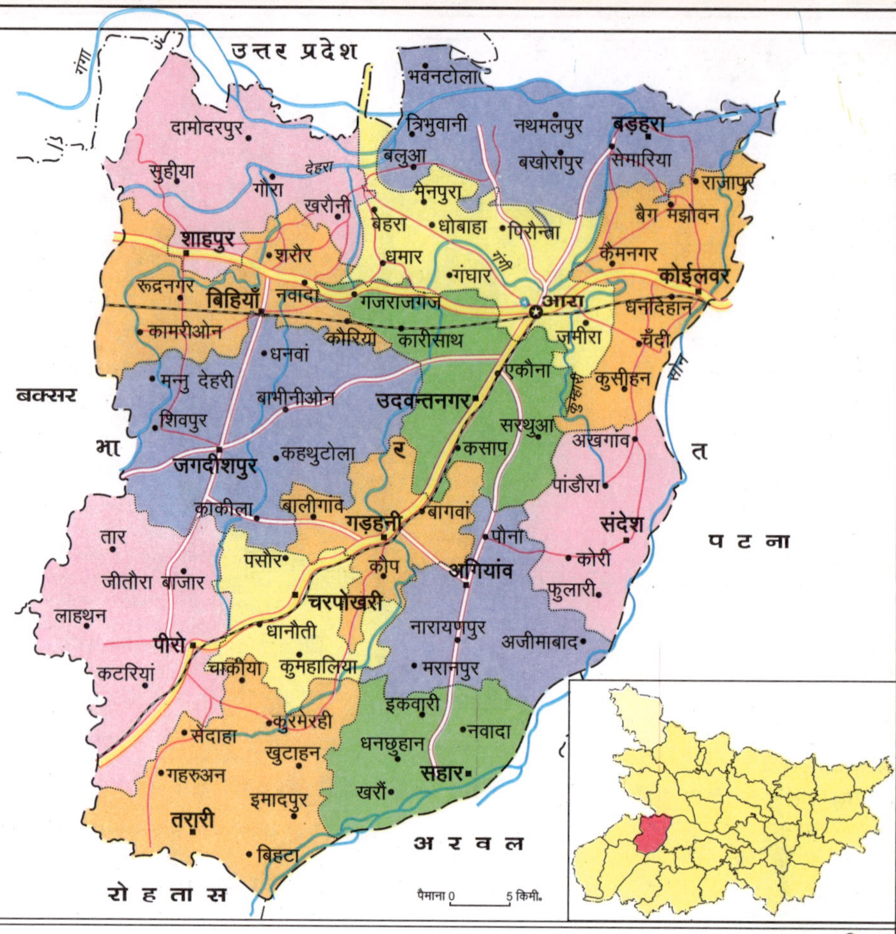

सामान्य जानकारी

जिला मुख्यालय : आरा
क्षेत्रफल : 2473 वर्ग किमी.
जनसंख्या : 2728407
जनसंख्या घनत्व : 1100 प्रति वर्ग किमी.
साक्षरता : 72.79 %

अनुमंडल : 3 (आरा सदर, पीरो, जगदीशहपुर)
प्रखंड : 14 (आरा, अगिगाँव, बडहरा, कोईलवर, उदवंत नगर, सन्देश, सहार, गडहनी, पीरो, चरपोखरी, रारी, जगदीशहपुर, बिहिया, शाहपुर)
पंचायत : 228
गांव : 1209
नदियाँ : गंगा, सोन
खनिज : बालू मिट्टी
पर्यटक स्थल : तरारी सूर्य मंदिर, जगदीशहपुर, चतुर्भज नारायण मंदिर

बक्सर जिला

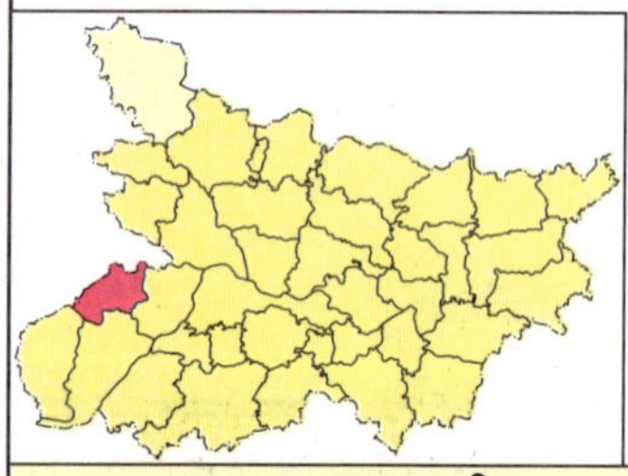

सामान्य जानकारी

जिला मुख्यालय : बक्सर
क्षेत्रफल : 1624 वर्ग किमी.
जनसंख्या : 1706352
जनसंख्या घनत्व : 1100 प्रति वर्ग किमी.
साक्षरता : 53.33 %
अनुमंडल : 2 (बक्सर, डुमराव)
प्रखंड : 11 (बक्सर, इटाढी, राजपुर, चौसा, डुमराव, नवानगर, ब्रह्मपुर, केसठ, चक्की, चौगाई, सिमरी
पंचायत : 142
गांव : 751
नदियाँ : सोन, गंगा
फसलें : चावल, गेहुँ, जौ, दालें, तिलहन, गन्ना
उद्योग : साबुन, फर्नीचर, लकड़ी एवं कास्ट, चमड़ा
पर्यटक स्थल : कतकौली का मैदान, बिहारी जी मंदिर, चौसा का युद्ध मैदान

दरभंगा जिला

सामान्य जानकारी

जिला मुख्यालय : दरभंगा
क्षेत्रफल : 2279 वर्ग किमी.
जनसंख्या : 3937385
जनसंख्या घनत्व : 1700 प्रति वर्ग किमी.
साक्षरता : 58.56 %
लिंगानुपा : 1024
अनुमंडल : 3 (दरभंगा, बेनीपुर, बिरौल)
प्रखंड : 18 (सदर दरभंगा, बहादुरपुर, केवरी, सिंधवारा, जाले, मनीगाधी, तारडीह, बहेरी, हायाघाट, हनुमाननगर, बेनीपुर, अलीनगर, बिरौल, घनश्यामपुर, किरतपुर, गौराबोरम, कुशेश्वरस्थान पश्चिम, कुशेश्वरस्थना पूर्व)
पंचायत : 401
गांव : 1378
फसलें : धान, मखाना, आम
उद्योग : कागज
पर्यटक स्थल : कुशेश्वरस्थान मंदिर, दरभंगा राज किला, अहिल्या स्थान, श्याम मंदिर

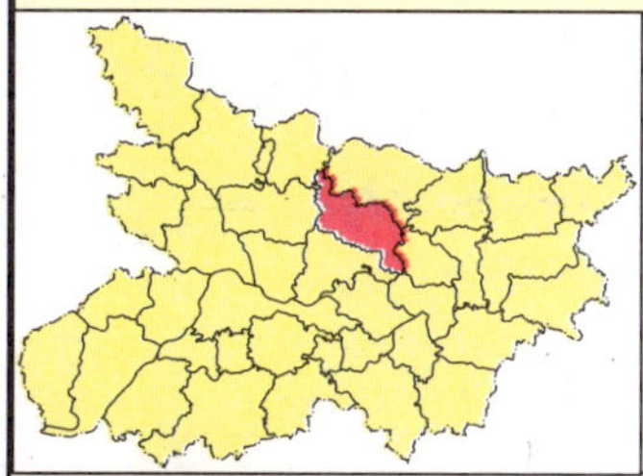

गया जिला

सामान्य जानकारी

जिला मुख्यालय : गया
क्षेत्रफल : 4978 वर्ग किमी.
जनसंख्या : 4,391,418
साक्षरता : 63.67 %
लिंगानुपात: 932
अनुमंडल : 4 (गया सदर, टेकारी, शेरघाटी, नीमचक बधानी)
प्रखंड : 24
गांव : 2886
नदियाँ : फालगु
उद्योग : सूती वस्त्र
पर्यटक स्थल : बोध गया, सुजातागढ़, टुगेश्वरी पहाड़ी व मंदिर

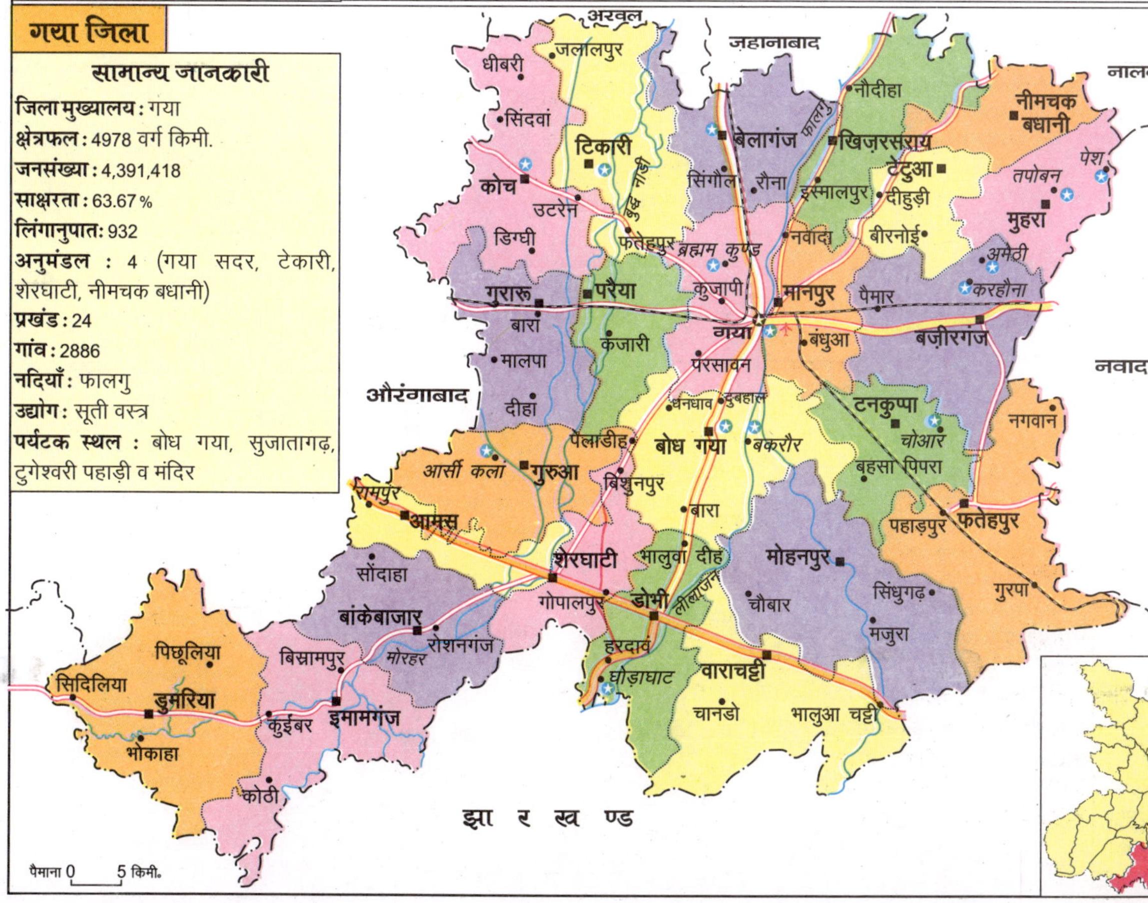

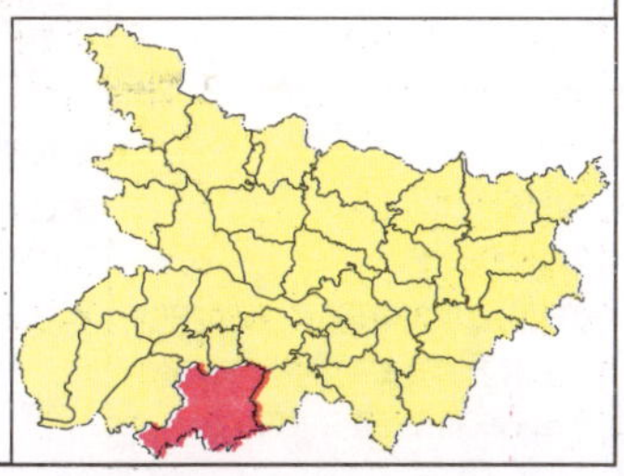

गोपालगंज जिला

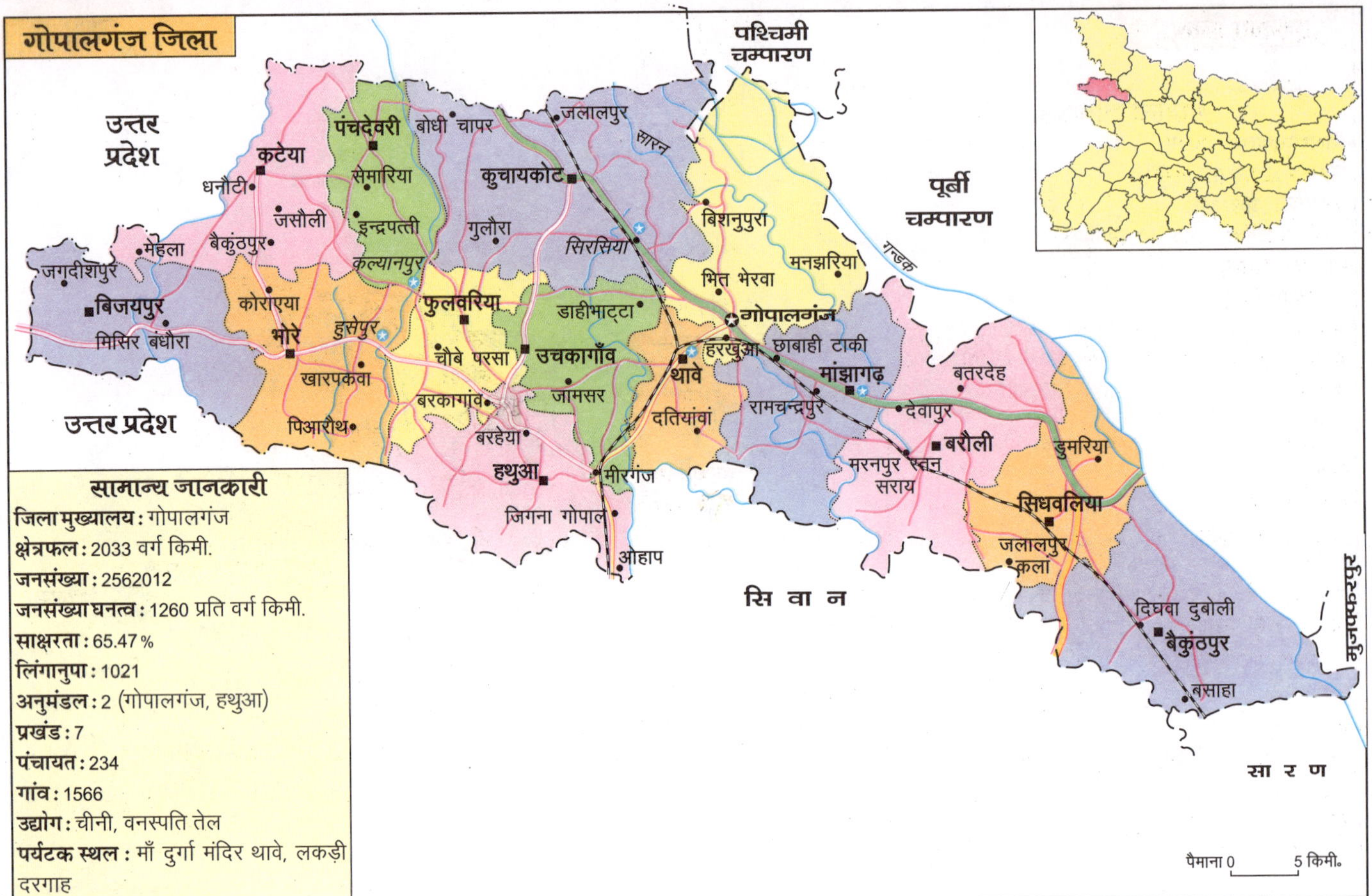

सामान्य जानकारी

जिला मुख्यालय : गोपालगंज
क्षेत्रफल : 2033 वर्ग किमी.
जनसंख्या : 2562012
जनसंख्या घनत्व : 1260 प्रति वर्ग किमी.
साक्षरता : 65.47 %
लिंगानुपा : 1021
अनुमंडल : 2 (गोपालगंज, हथुआ)
प्रखंड : 7
पंचायत : 234
गांव : 1566
उद्योग : चीनी, वनस्पति तेल
पर्यटक स्थल : माँ दुर्गा मंदिर थावे, लकड़ी दरगाह

जहानाबाद जिला

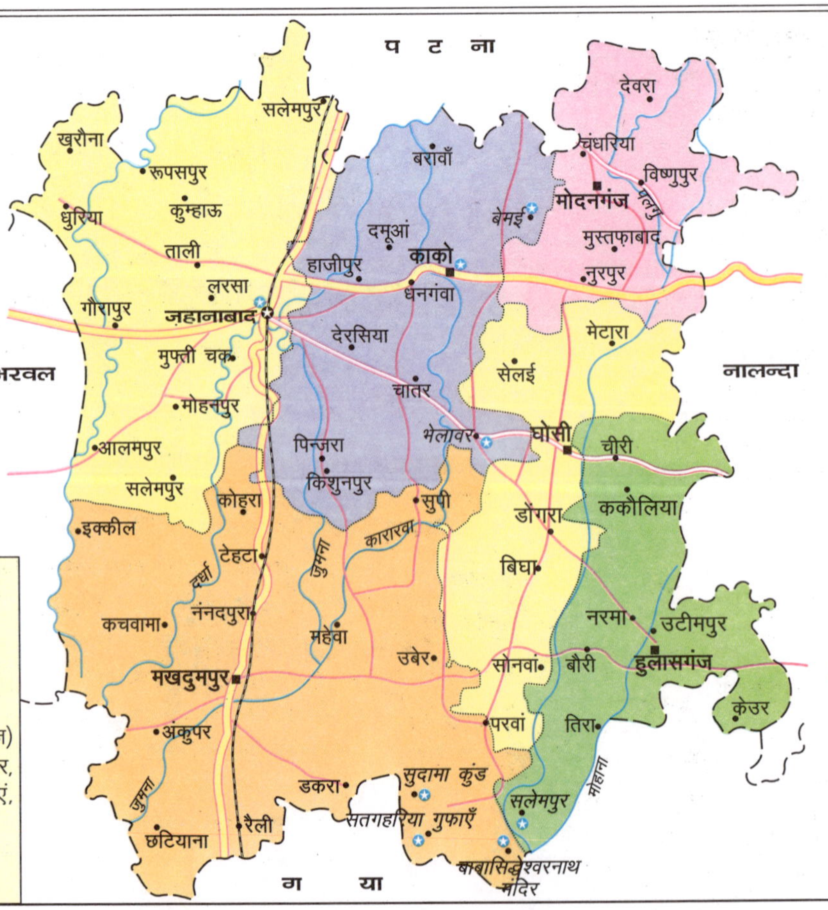

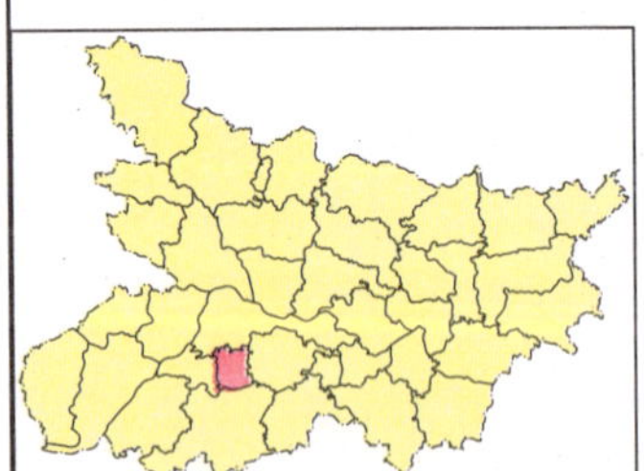

सामान्य जानकारी

जिला मुख्यालय : जहानाबाद
क्षेत्रफल : 1569 वर्ग किमी.
जनसंख्या : 1125313
जनसंख्या घनत्व : 1200 प्रति वर्ग किमी.
साक्षरता : 68.27 %
अनुमंडल : 1
प्रखंड : 7 (जहानाबाद, मखदुमपुर, घोसी, मोदनगंज, काको, हुलासगंज, रतनी फदीदपुर)
पंचायत : 93
नदियाँ : दर्धा, यमुनिया
फसलें : धान, गेहूँ, मक्का
पर्यटक स्थल : दावथू (हुलासगंज) अमथुआ शरीफ, विष्णु मंदिर, (काको), बराबर की गुफाएं, हजरत बीबी कमाल का मकबरा

कैमूर जिला

सामान्य जानकारी

जिला मुख्यालय : भभुआ
क्षेत्रफल : 3363 वर्ग किमी.
जनसंख्या : 1626384
साक्षरता : 57.04 %
लिंगानुपात : 919
अनुमंडल : 2 (भभुआ, मोहनिया)
प्रखंड : 11 (आधौरा, भभुआ)
पंचायत : 146
गांव : 1700
फसलें : धान, गेहूँ, मक्का, तिलहन, दालें, गन्ना, (बिहार का धान का कटौरा)
पर्यटक स्थल : कैमुर, वन्यजीव अभ्यारण्य, माँ मुंडेश्वरी देवी (भगवानपुर), हरसू ब्रह्मा मंदिर (चैनपुर), बैद्यनाथ मंदिर (देव हलिया, रामगढ़) कोहिरा बाँध (चैनपुर)

जमुई जिला

सामान्य जानकारी

जिला मुख्यालय : जमुई
क्षेत्रफल : 3099 वर्ग किमी.
जनसंख्या : 1760405
जनसंख्या घनत्व : 580 प्रति वर्ग किमी.
साक्षरता : 62.16 %
लिंगानुपात : 921
अनुमंडल : 1 (जमुई)
प्रखंड : 10 (जमुई, सिकन्दरा, खैरा, चकाई, सोनो, लक्ष्मीपुर, झाझा, बरहर, गिधौर, इस्लामनगर, अलीगंज)
पंचायत : 153
ांव : 1528
नदियाँ : उलाई
खनिज : सोना भारत में पाये जाने वाले सोने के भंडार का लगभग 44 बिहार में स्थित है, अभ्रक, कोयला, लोहा अयस्क
पर्यटक स्थल : काली मंदिर मलयपुर, मिन्टो टॉवर गिधौर, लछौर जैन मंदिर, झुमराज स्थान–बतिया, गिद्देश्वर मंदिर

कटिहार जिला

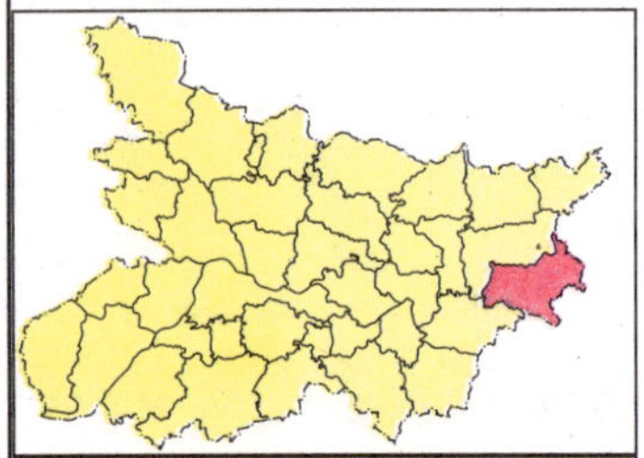

सामान्य जानकारी

जिला मुख्यालय : कटिहार
क्षेत्रफल : 3056 वर्ग किमी.
जनसंख्या : 3071029
जनसंख्या घनत्व : 1000 प्रति वर्ग किमी.
लिंगानुपात : 916
अनुमंडल : 3 (कटिहार, बरसोई, मनिहारी)
प्रखंड : 10 (कटिहार, डंडखोरा, हसनगंज, काढ़ा, समेली, फलका, कुर्सेला, बारारी, मनसाही, प्राणपुर, बरसोई, बलरामपुर, आजमनगर, कढ़वा, मनिहारी, अहमदाबाद)
नदियाँ : महानंदा, गंगा, कोसी, रिघा
फसलें : चावल, मक्का, जूट, केले
उद्योग : जूटमिल, आटामिल, मखना फोडी, कपास, और साड़ी

खगड़िया जिला

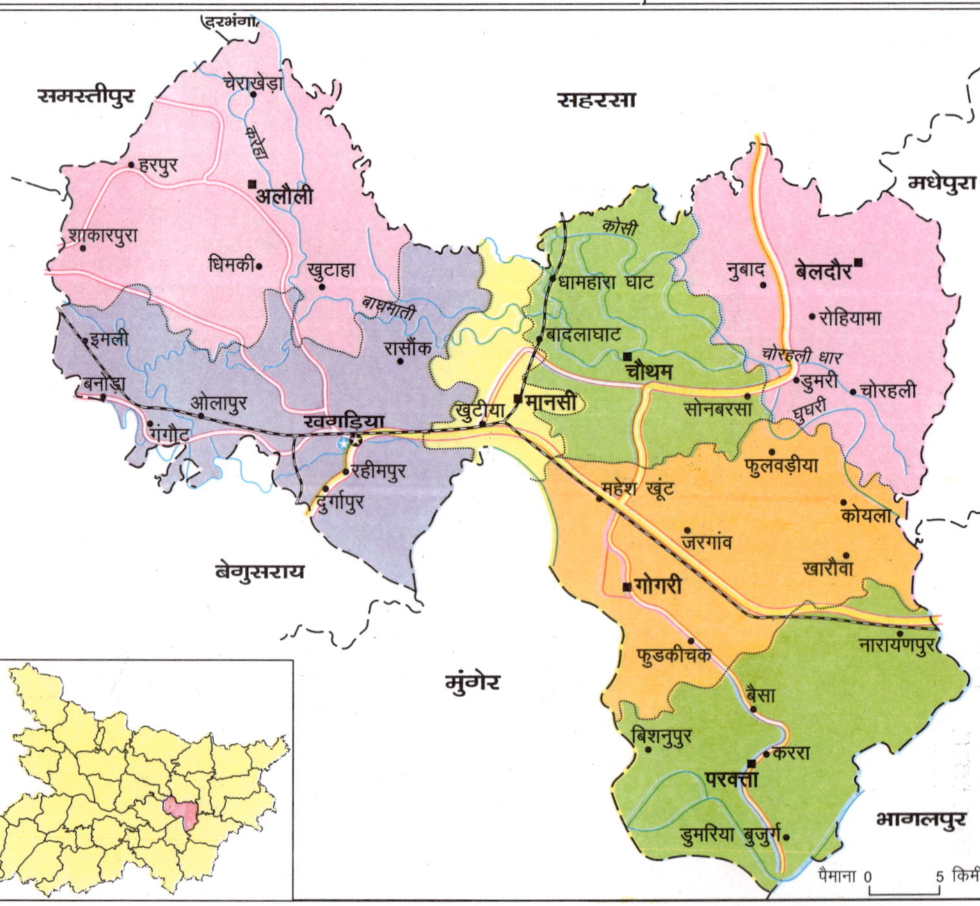

सामान्य जानकारी

जिला मुख्यालय : खगड़िया
क्षेत्रफल : 1485 वर्ग किमी.
जनसंख्या : 1666886
साक्षरता : 72.87 %
अनुमंडल : 2 (खगड़िया, गोगरी)
प्रखंड : 7 (अलौली, खगड़िया, चौथम, मानसी, गोगरी बेलदौर परबत्ता)
पंचायत : 129
गांव : 306
नदियाँ : गंगा, कमला बालां, कोसी, बुढ़ी गंडक, कारेह, काली कोसी, बागमति
पर्यटक स्थल : मां कात्यायनी मंदिर

किशनगंज जिला

सामान्य जानकारी

जिला मुख्यालय : किशनगंज
क्षेत्रफल : 1884 वर्ग किमी.
जनसंख्या : 1690400
जनसंख्या घनत्व : 900 प्रति वर्ग किमी.
साक्षरता : 57.04 %
अनुमंडल : 1 (किशनगंज)
प्रखंड : 7 (बहादुरगंज, दिघलबैंक, किशनगंज, कोचाधामन, पीठिया, टेढ़ागाछ, ठाकुरगंज)
पंचायत : 218
गांव : 751
नदियाँ : महानन्दा, कंकई, मेची, डोंक, रतुआ,
फसलें : बिहार का एकमात्र जिला जहाँ चाय का उत्पादन होता है
पर्यटक स्थल : पानिसाल, ओद्राघाट, महानंदा नदी

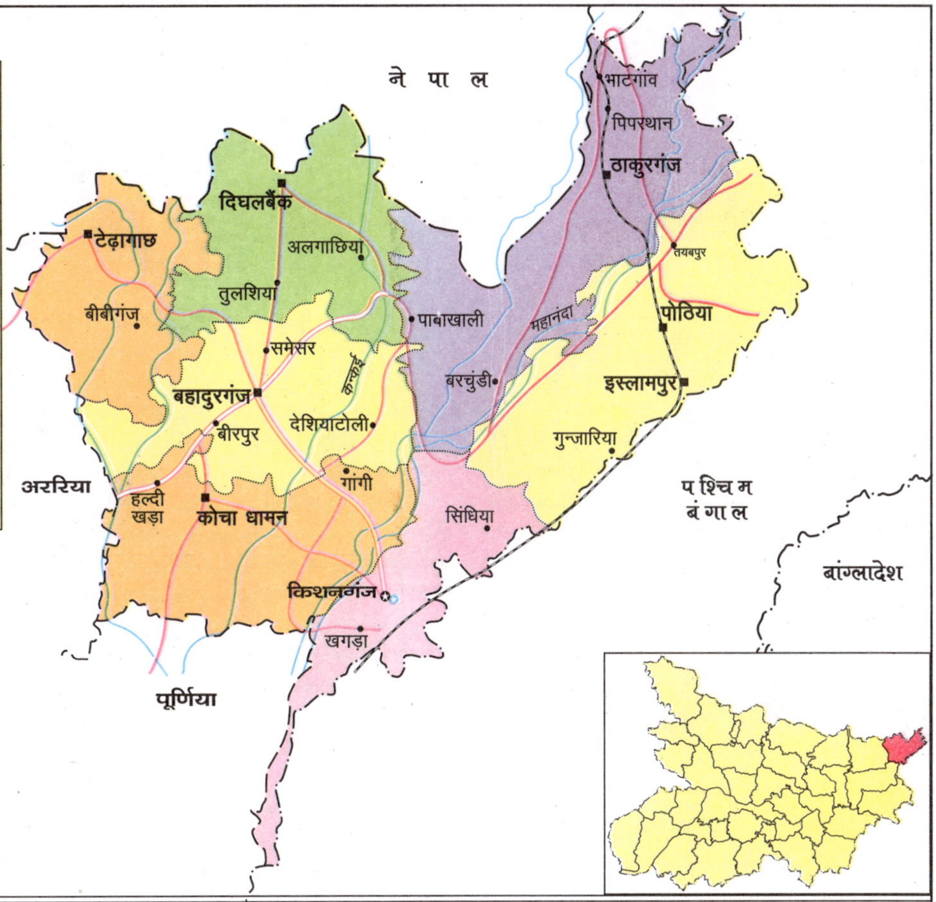

लखीसराय जिला

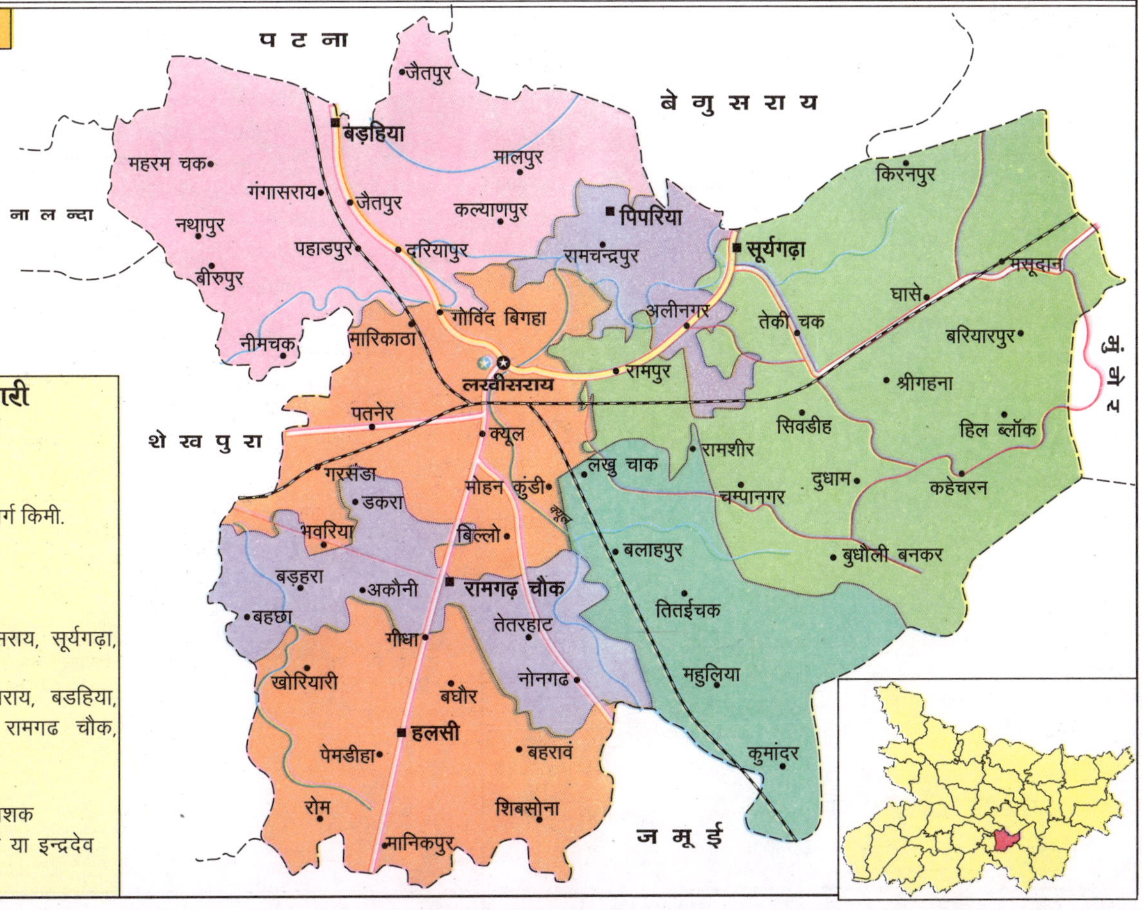

सामान्य जानकारी

जिला मुख्यालय : लखीसराय
क्षेत्रफल : 1229 वर्ग किमी.
जनसंख्या : 1000912
जनसंख्या घनत्व : 820 प्रति वर्ग किमी.
साक्षरता : 64.95 %
लिंगानुपात : 900
अनुमंडल : 1 (लखीसराय)
तहसील : 3 (सदर लखीसराय, सूर्यगढ़ा, हलसी,)
प्रखंड : 7 (सदर लखीसराय, बडहिया, पिपरिया, हलसी, चानन, रामगढ चौक, सूर्यगढ़ा)
गांव : 476
उद्योग : उर्वक और कीटनाशक
पर्यटक स्थल : अशोक स्तंभ या इन्द्रदेव स्वर महादेव मन्दिर

मधेपुरा जिला

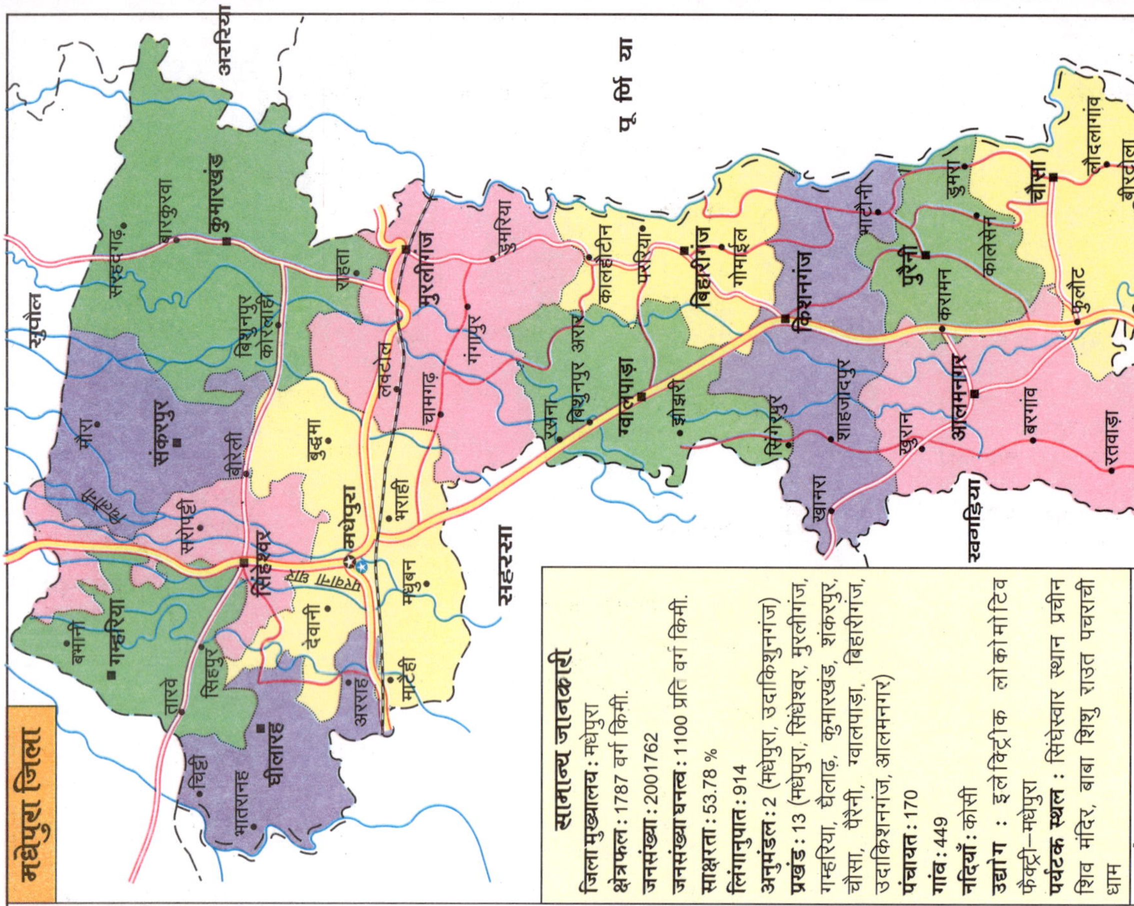

सामान्य जानकारी

जिला मुख्यालय : मधेपुरा
क्षेत्रफल : 1787 वर्ग किमी.
जनसंख्या : 2001762
जनसंख्या घनत्व : 1100 प्रति वर्ग किमी.
साक्षरता : 53.78 %
लिंगानुपात : 914
अनुमंडल : 2 (मधेपुरा, उदाकिशुनगंज)
प्रखंड : 13 (मधेपुरा, सिंघेश्वर, मुरलीगंज, गम्हरिया, घैलाढ़, कुमारखंड, शंकरपुर, चौसा, पुरैनी, ग्वालपाड़ा, बिहारीगंज, उदाकिशनगंज, आलमनगर)
पंचायत : 170
गांव : 449
नदियाँ : कोसी
उद्योग : इलेक्ट्रिक लोकोमोटिव फैक्ट्री–मधेपुरा
पर्यटक स्थल : सिंघेश्वर स्थान प्रचीन शिव मंदिर, बाबा शिशु राउत पचराही धाम

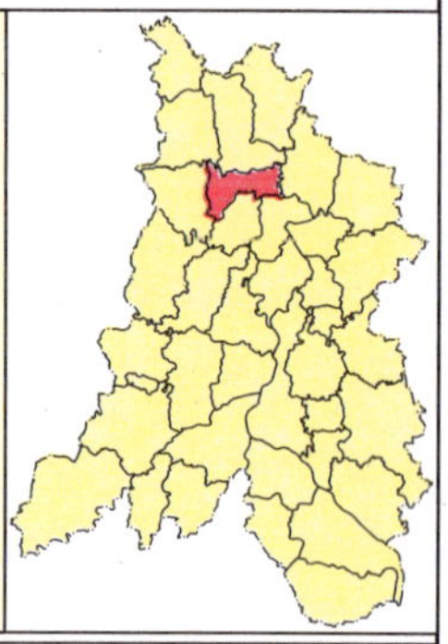

मधुबनी जिला

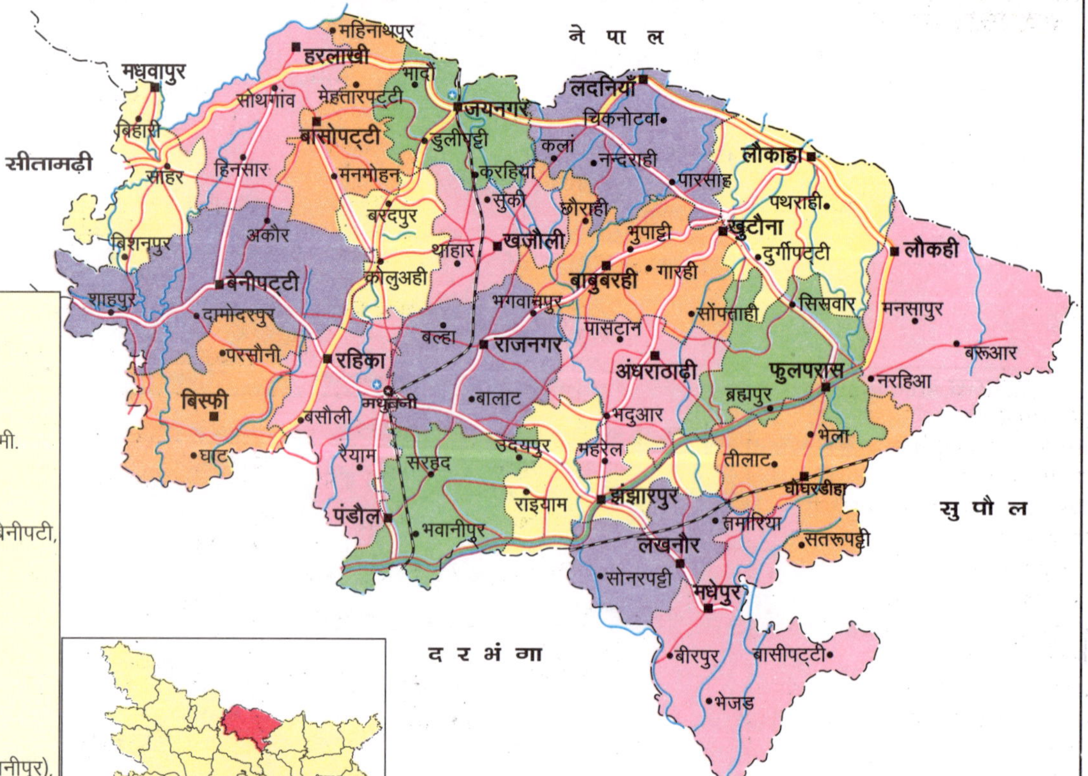

सामान्य जानकारी

जिला मुख्यालय : मधुबनी
क्षेत्रफल : 3501 वर्ग किमी.
जनसंख्या : 1187379
जनसंख्या घनत्व : 1300 प्रति वर्ग किमी.
साक्षरता : 60.9 %
लिंगानुपात : 905
अनुमंडल : 5 (मधुबनी सदर, बेनीपटी, झंझारपुर, फुलपरास, जयनगर)
प्रखंड : 21
पंचायत : 115
गांव : 1115
उद्योग : मधुबनी चित्रकारी और हस्तशिल्प

पर्यटक स्थल : अगना महादेव (भवानीपुर), सोमनाथ महादेव (सौरठ) कपिलेखरस्तान

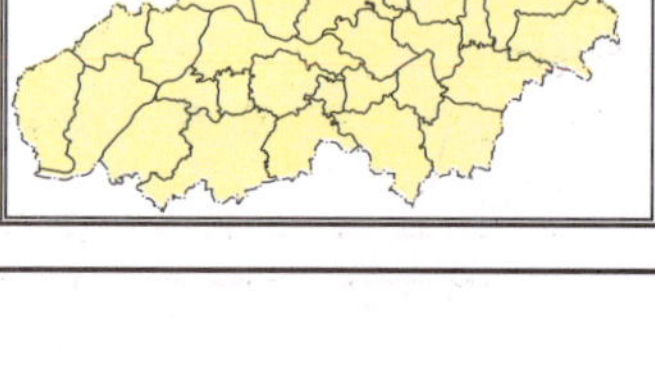

मुंगेर जिला

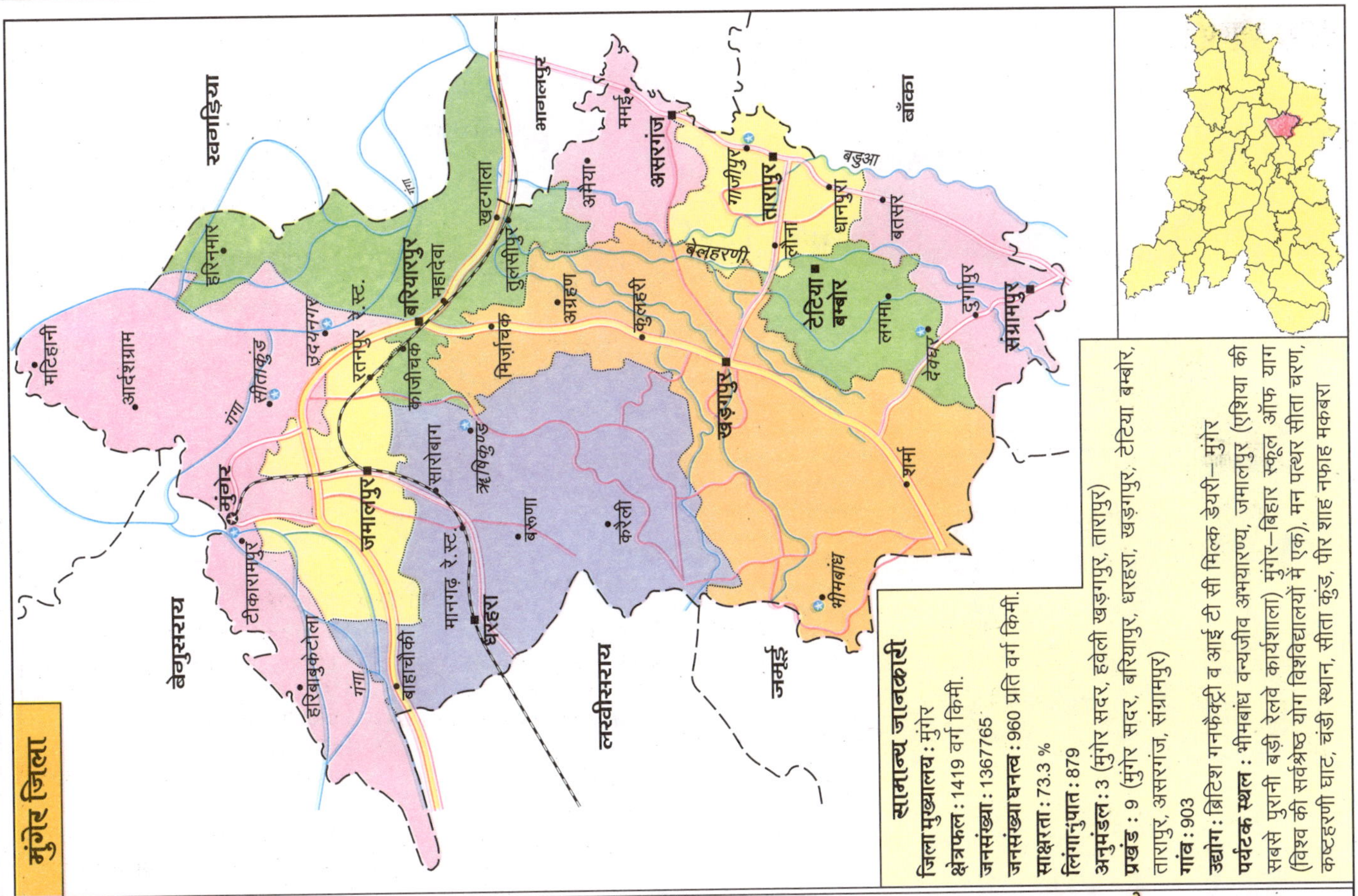

सामान्य जानकारी

जिला मुख्यालय : मुंगेर

क्षेत्रफल : 1419 वर्ग किमी.

जनसंख्या : 1367765

जनसंख्या घनत्व : 960 प्रति वर्ग किमी.

साक्षरता : 73.3 %

लिंगानुपात : 879

अनुमंडल : 3 (मुंगेर सदर, हवेली खड़गपुर, तारापुर)

प्रखंड : 9 (मुंगेर सदर, बरियापुर, धरहरा, खड़गपुर, टेटिया बम्बार, तारापुर, असरगंज, संग्रामपुर)

गांव : 903

उद्योग : ब्रिटिश गनफैक्ट्री व आई टी सी मिल्क डेयरी–मुंगेर

पर्यटक स्थल : भीमबांध वन्यजीव अभयारण्य, जमालपुर (एशिया की सबसे पुरानी बड़ी रेलवे कार्यशाला) मुंगेर–बिहार स्कूल ऑफ योग (विश्व की सर्वश्रेष्ठ योग विश्वविद्यालयों में एक), मन पत्थर सीता चरण, कष्टहरणी घाट, चंडी स्थान, सीता कुंड, पीर शाह नफाह मकबरा

मुज़फ्फरपुर जिला

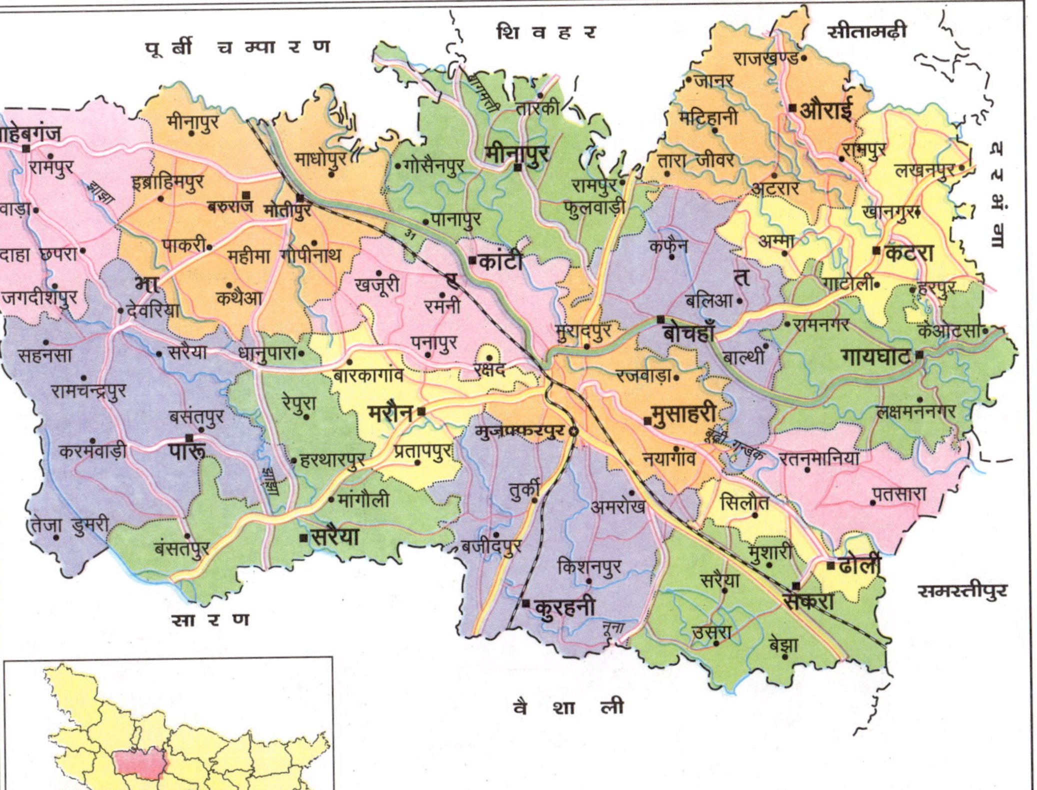

सामान्य जानकारी

जिला मुख्यालय : मुजफ्फरपुर

क्षेत्रफल : 2173 वर्ग किमी.

जनसंख्या : 4801062

जनसंख्या घनत्व : 1500 प्रति वर्ग किमी.

साक्षरता : 65 %

लिंगानुपा : 900

अनुमंडल : 2

प्रखंड : 16 (औराई, बदंरा, बोचहाँ, गाचधार, काँटी, कटरा, कुढनी, मरवन, मीनापुर, मोतीपुर, मीनापुर, मुरौल, मुशहरी, साहेबगंज, सकरा, पारू, सरैया)

पंचायत : 385

गांव : 1811

नदियाँ : गंडक, बूटी गंडक, बागपति, लखनेडइ

फसलें : नीची की भूमि

उद्योग : कागज

पर्यटक स्थल : अशोक स्तम्भ फोल हुआ

नवादा जिला

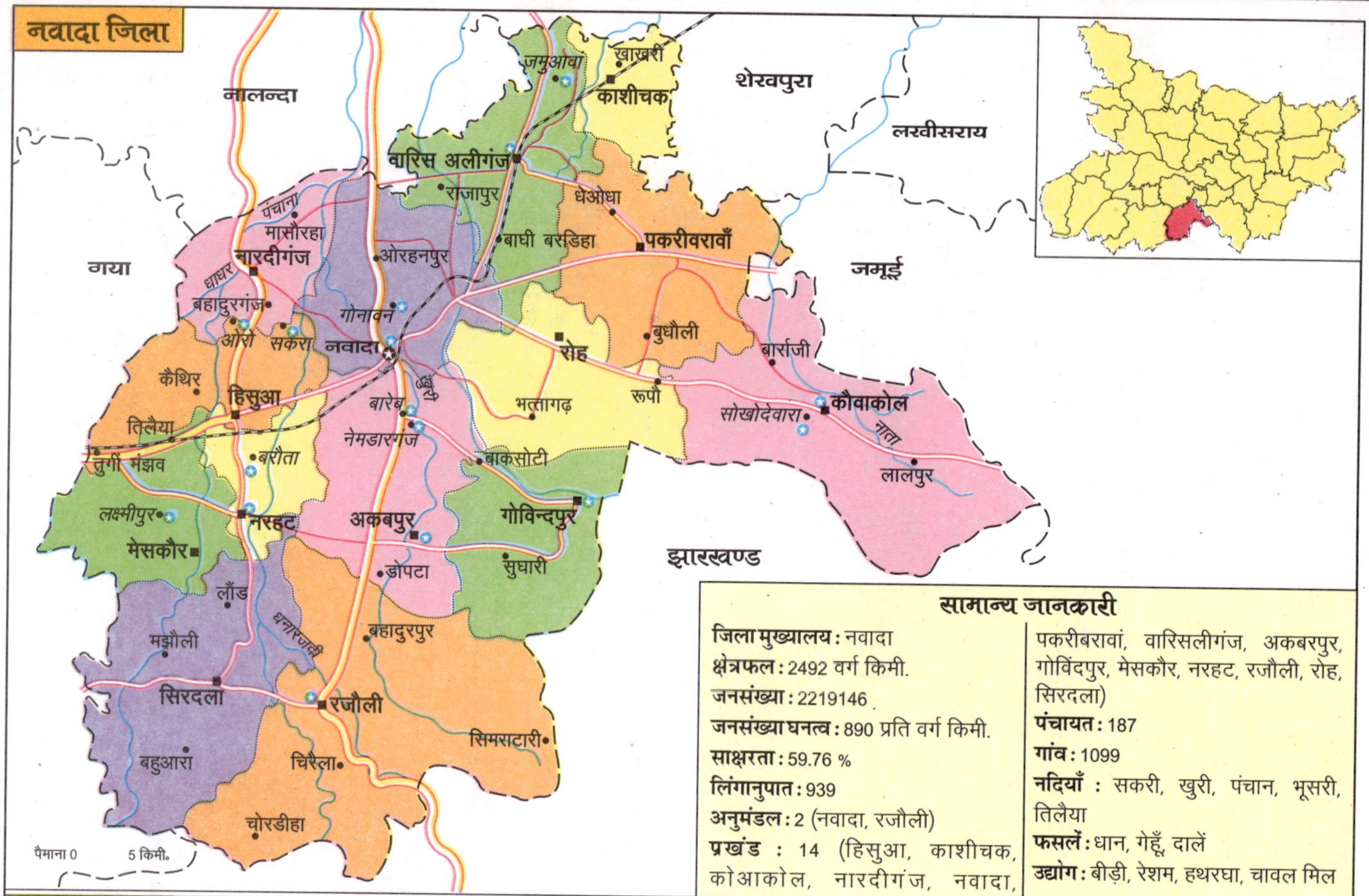

सामान्य जानकारी

जिला मुख्यालय : नवादा
क्षेत्रफल : 2492 वर्ग किमी.
जनसंख्या : 2219146
जनसंख्या घनत्व : 890 प्रति वर्ग किमी.
साक्षरता : 59.76 %
लिंगानुपात : 939
अनुमंडल : 2 (नवादा, रजौली)
प्रखंड : 14 (हिसुआ, काशीचक, कोआकोल, नारदीगंज, नवादा, पकरीबरावां, वारिसलीगंज, अकबरपुर, गोविंदपुर, मेसकौर, नरहट, रजौली, रोह, सिरदला)
पंचायत : 187
गांव : 1099
नदियाँ : सकरी, खुरी, पंचान, भूसरी, तिलैया
फसलें : धान, गेहूँ, दालें
उद्योग : बीड़ी, रेशम, हथरघा, चावल मिल

नालन्दा जिला

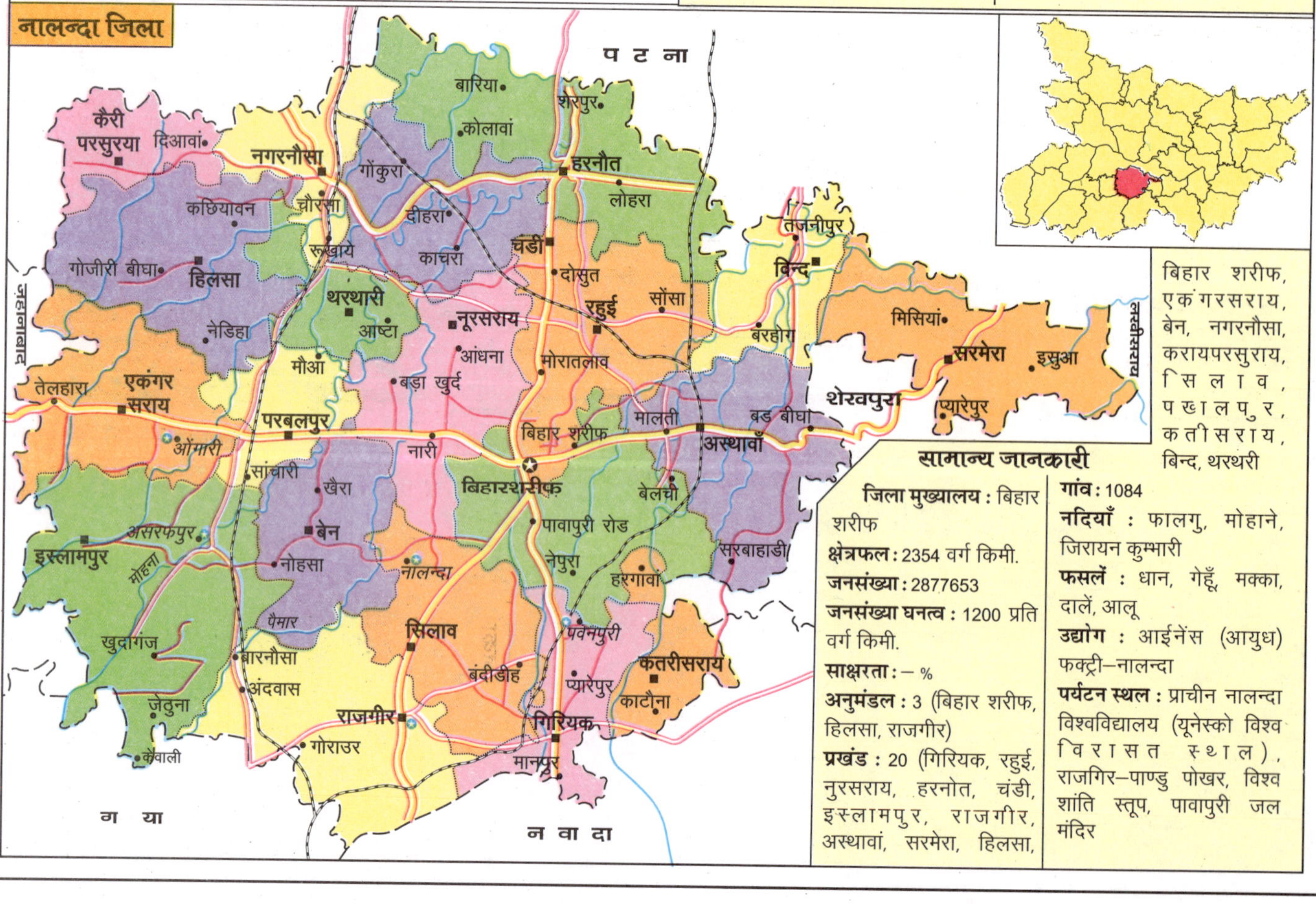

सामान्य जानकारी

जिला मुख्यालय : बिहार शरीफ
क्षेत्रफल : 2354 वर्ग किमी.
जनसंख्या : 2877653
जनसंख्या घनत्व : 1200 प्रति वर्ग किमी.
साक्षरता : – %
अनुमंडल : 3 (बिहार शरीफ, हिलसा, राजगीर)
प्रखंड : 20 (गिरियक, रहुई, नुरसराय, हरनोत, चंडी, इस्लामपुर, राजगीर, अस्थावां, सरमेरा, हिलसा, बिहार शरीफ, एकंगरसराय, बेन, नगरनौसा, करायपरसुराय, सिलाव, पखालपुर, कतीसराय, बिन्द, थरथरी
गांव : 1084
नदियाँ : फालगु, मोहाने, जिरायन कुम्भारी
फसलें : धान, गेहूँ, मक्का, दालें, आलू
उद्योग : आईनेंस (आयुध) फक्ट्री–नालन्दा
पर्यटन स्थल : प्राचीन नालन्दा विश्वविद्यालय (यूनेस्को विश्व विरासत स्थल), राजगिर–पाण्डु पोखर, विश्व शांति स्तूप, पावापुरी जल मंदिर

पश्चिमी चम्पारण जिला

Scale (1 : 6000,000 Apporx)

सामान्य जानकारी

जिला मुख्यालय : बेतिया
क्षेत्रफल : 5228 वर्ग किमी.
जनसंख्या : 3935042
जनसंख्या घनत्व : 750 प्रति वर्ग किमी.
साक्षरता : 58.06 %
अनुमंडल : 3 (बेतिया, बगहा, नरकटियागंज)
प्रखंड : 18 (गौनहा, चनपटियाँ, जोगापट्टी, ठकराहा, नरकटियागंज, नौतन, पिपरासी, बगहा–1, बगहा–2, बेतिया, बेरिया, भितहा, मधुबनी, मझौलिया, मैनटांडा, रामनगर, लौरिया, सिकटा)
पंचायत : 315
गांव : 1483
उद्योग : सुरग मिल, रस्सी, चटाई तथा गुड़
पर्यटक स्थल : बाल्मिकीनगर, राष्ट्रीय उद्यान, उदयपुर वन्यजीव अभयारण्य

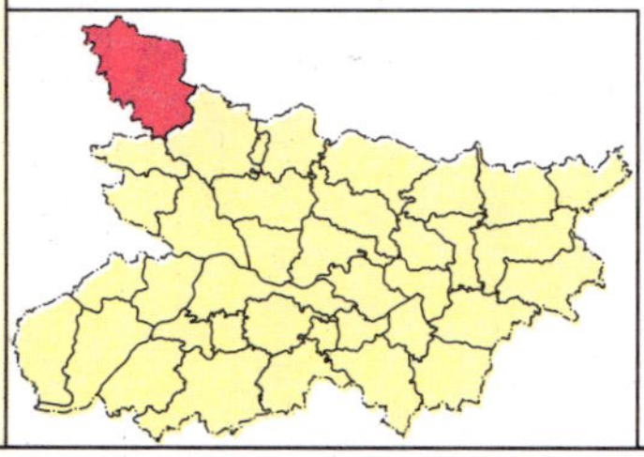

पूर्वी चम्पारण जिला

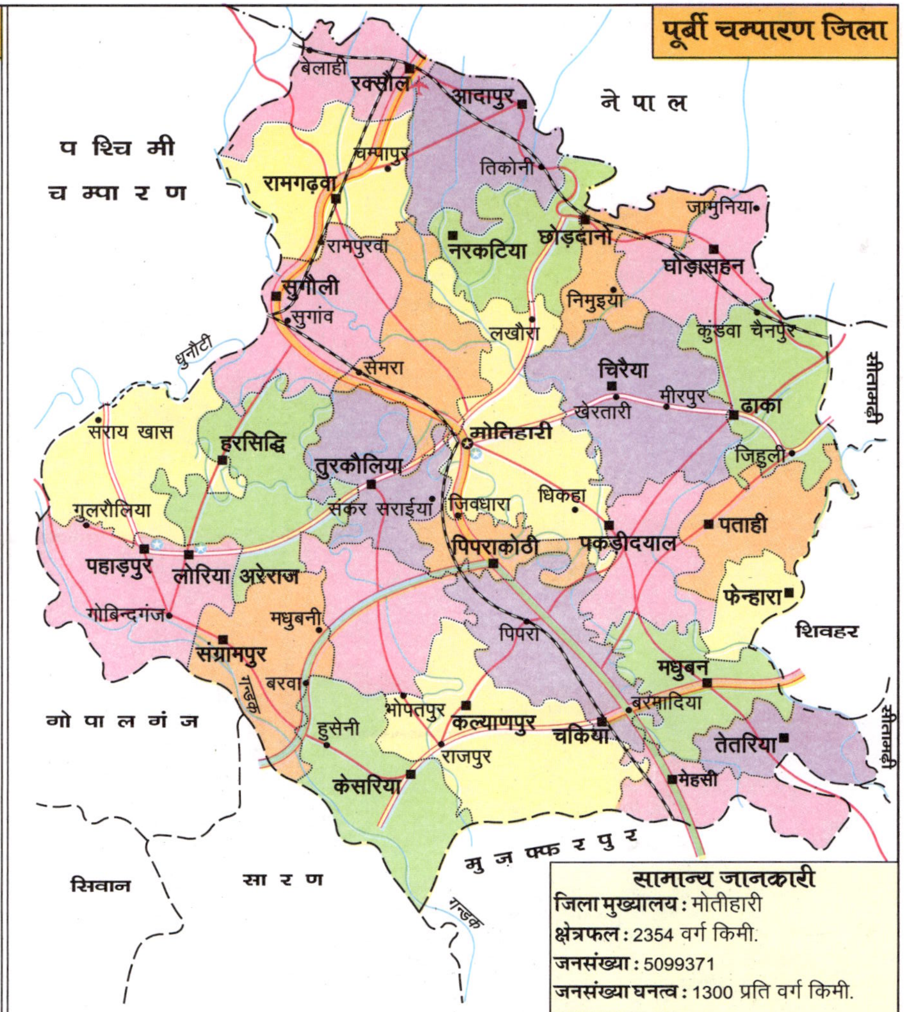

Scale (1 : 5,00,000 Apporx)

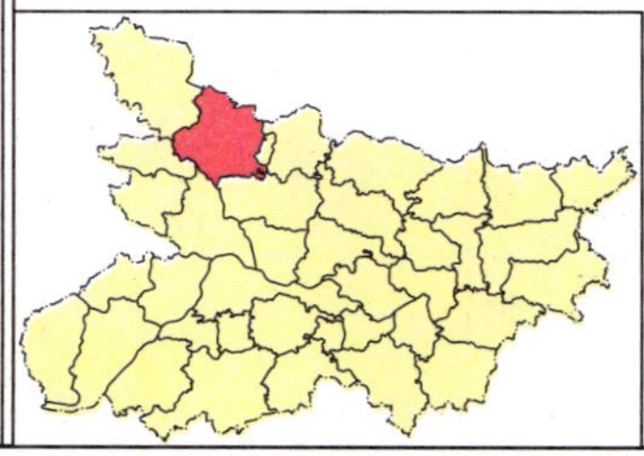

सामान्य जानकारी

जिला मुख्यालय : मोतीहारी
क्षेत्रफल : 2354 वर्ग किमी.
जनसंख्या : 5099371
जनसंख्या घनत्व : 1300 प्रति वर्ग किमी.
साक्षरता : 55.99 %
अनुमंडल : 6 (अरेराज, चकिया मोतिहारी, पकड़ीदयालण रक्सौल, सिकरहना)
प्रखंड : 27
पंचायत : 389
गांव : 1344
नदियाँ : गंडक, बूढ़ी गंडक, बाघमति
फसलें : चावल, धान, गन्ना, जूट, समूह
उद्योग : मोती बटन, मत्स्य पालन
पर्यटक स्थल : सोमेश्वर नाथ मंदिर – अरेराज, अशोक – लौरिया, केसरिया बौद्ध स्तूप, गाँधी स्मारक चन्द्रहिया, मोतिहारी

पटना जिला

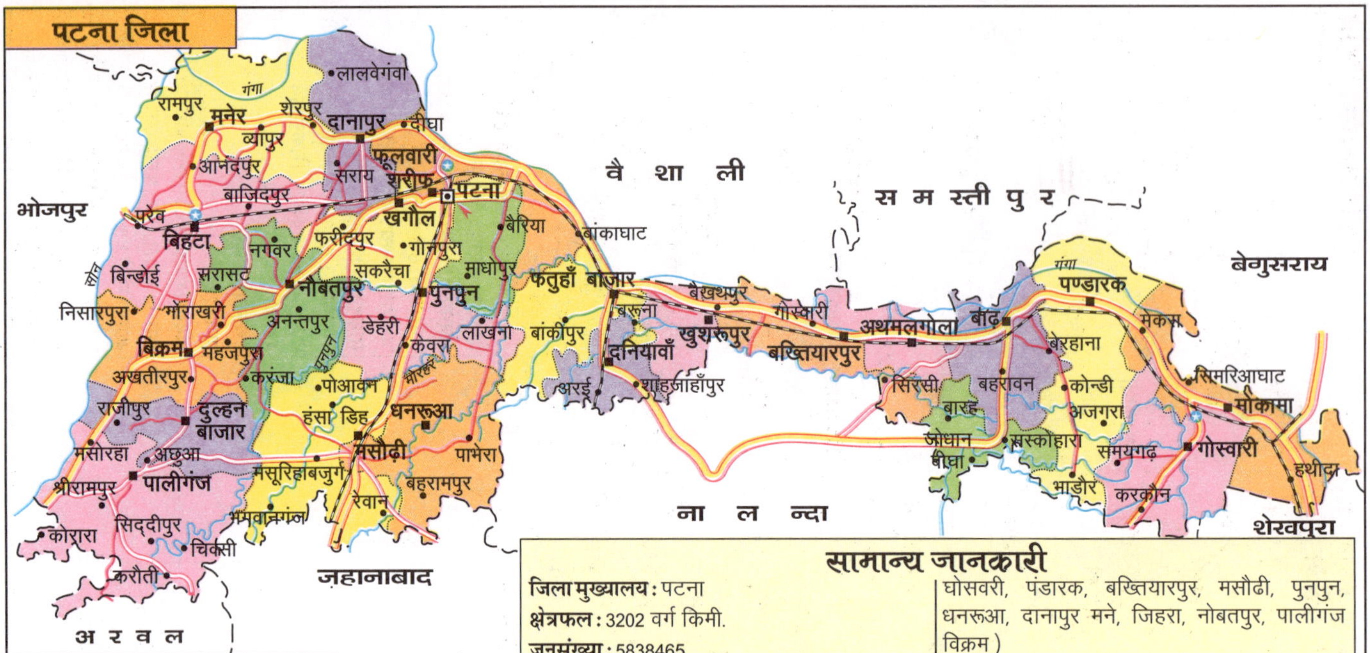

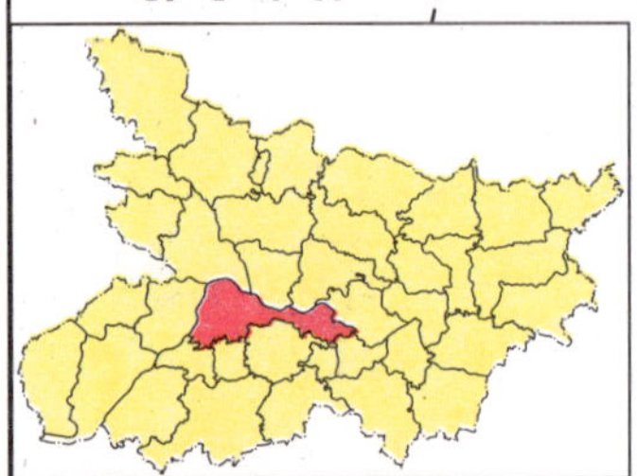

पैमाना 0 ____ 5 किमी.

सामान्य जानकारी

जिला मुख्यालय : पटना

क्षेत्रफल : 3202 वर्ग किमी.

जनसंख्या : 5838465

जनसंख्या घनत्व : 1800 प्रति वर्ग किमी.

साक्षरता : 70.68 %

लिंगानुपात : 897

अनुमंडल : 6 (पटना, पटना साहिब, बाढ, मथोढी, दानापुर पालीगंज)

प्रखंड : 23 (पटना सदर, सम्पतलक, फुलवारी शरीफ, फतुहा, दनिआवा, अथमलगोला, मोकामा, बेलछा, घोसवरी, पंडारक, बख्तियारपुर, मसौढी, पुनपुन, धनरूआ, दानापुर मने, जिहरा, नोबतपुर, पालीगंज विक्रम)

पंचायत : 321

गांव : 1395

नदियाँ : गंगा, सोन

फसलें : धान,मक्का, दालें, गेहूँ, तिलहन

उद्योग : चमड़ा, हस्तशिल्प, वटाखा

पर्यटक स्थल : कुम्हार एवं अगम कुआं, गोलधर, तख्त हरमंदिर साहिब गुरूद्वारा, तारामंडल आदि

पूर्णिया जिला

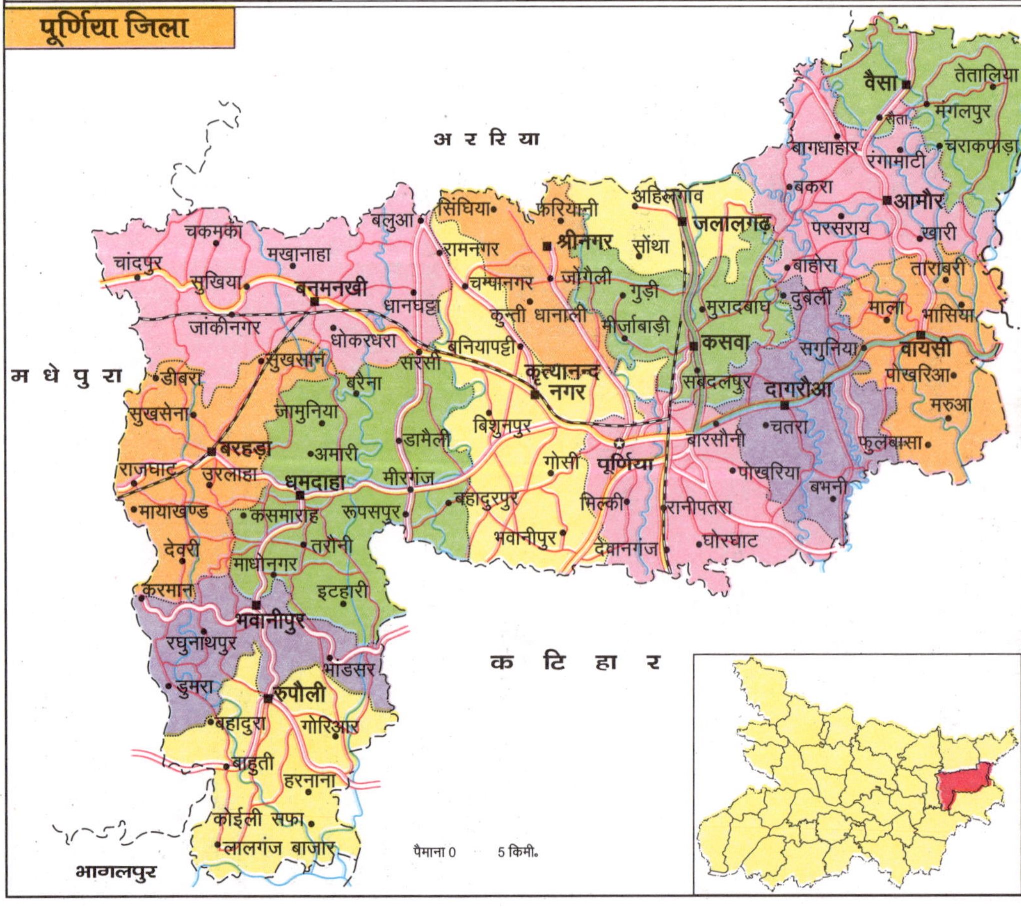

पैमाना 0 5 किमी.

सामान्य जानकारी

जिला मुख्यालय : पूर्णिया

क्षेत्रफल : 3228 वर्ग किमी.

जनसंख्या : 3264619

जनसंख्या घनत्व : 1000 प्रति वर्ग किमी.

साक्षरता : 52.09 %

लिंगानुपात : 921

अनुमंडल : 4 (पूर्णिया सदर, धमदाहा, बैसी, बनमनखी)

प्रखंड : 14 (पूर्णिया, ईस्ट, जलालगढ़, कस्बा, कृत्यानंद नगर, श्रीनगर, धमदाहा, रूपोली, भवानीपुर, बरहरा, बैसा, डगरूआ)

पंचायत : 246

गांव : 1226

नदियाँ : कोसी, महानंदा सुवारा काली

उद्योग : उर्वक और कीटनाशक

पर्यटक स्थल : अशोक स्तंभ या इन्द्रदेव स्वर महादेव मन्दिर

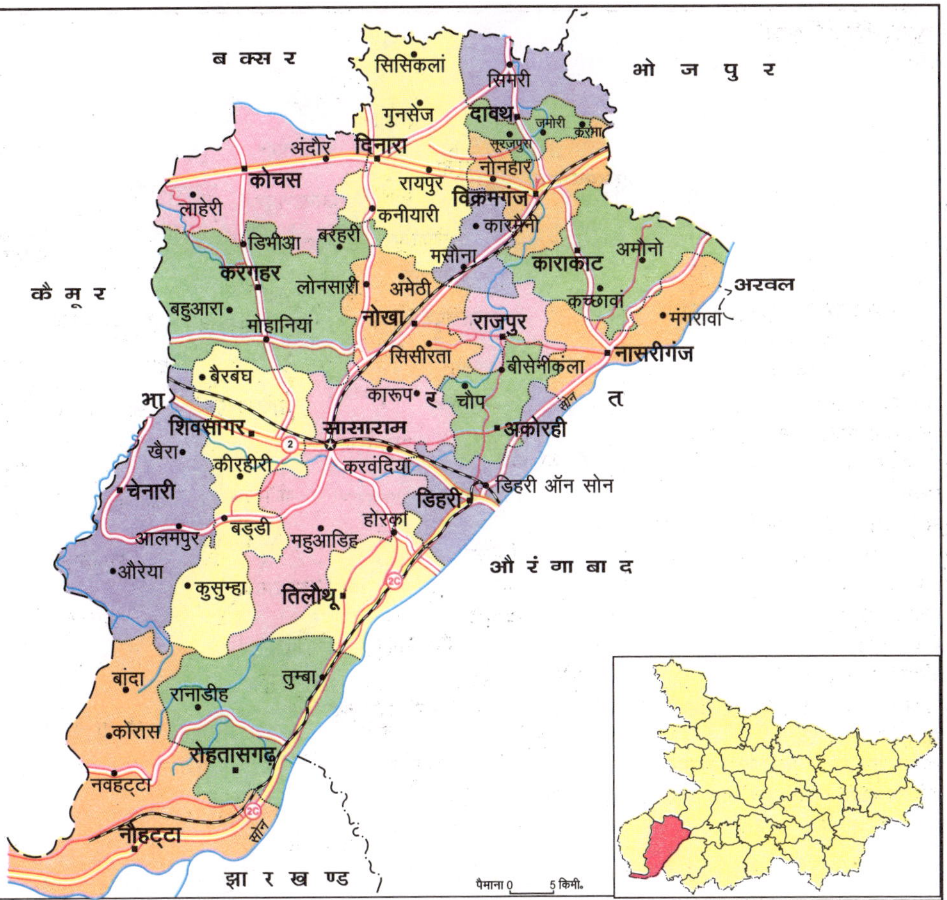

सामान्य जानकारी

जिला मुख्यालय : सासाराम
क्षेत्रफल : 3850 वर्ग किमी.
जनसंख्या : 2959918
जनसंख्या घनत्व : 770 प्रति वर्ग किमी.
साक्षरता : 73.7 % (बिहार का सबसे साक्षर जिला)
लिंगानुपात : 914
अनुमंडल : 3 (सासाराम, डेहरी–ऑन–सोन, बिक्रमगंज)
प्रखंड : 19
पंचायत : 246
नदियाँ: दुर्गावती, बजरी, कोइल, सुरा
फसलें : धान, गेहुँ, मक्का
उद्योग : चीनी, वनस्पति तेल, कागज, रसायन पत्थर खनन
पर्यटक स्थल : बाँदू का शिवलिंग, गुरूद्वारा चाचा फागूमल, कैमुर वन्यजीव अभ्यारण, गुरूद्वारा टकसाल अंधत, धूप बड़ी, चौरासन मंदिर, शेर शाह सूरी का मकबरा, माँ तारा चंडी मंदिर, पायलट बाबा का मंदिर

सहरसा जिला

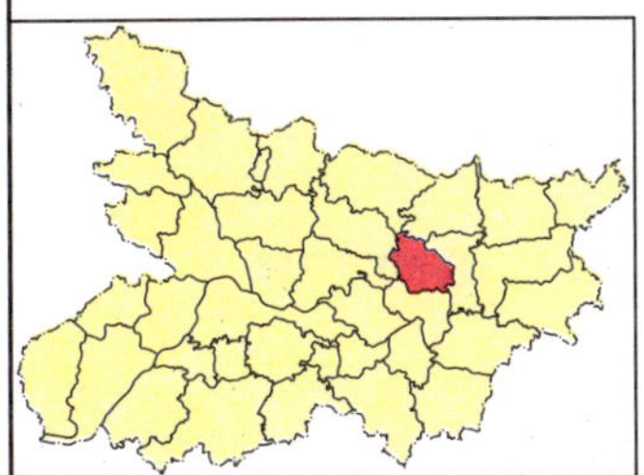

सामान्य जानकारी

जिला मुख्यालय : सहरसा
क्षेत्रफल : 1702 वर्ग किमी.
जनसंख्या : 1900661
जनसंख्या घनत्व : 1100 प्रति वर्ग किमी.
साक्षरता : 54.57 %
लिंगानुपात : 90.6
नदियाँ : कोसी
फसलें : आम, लीची, मक्का, मखाना, गेहुँ, गन्ना
उद्योग : मखाना, जूट, साबुन, बिस्किट, कागज, प्रिंटिंग
पर्यटक स्थल : संत बाबा कारू खिरहरी मंदिर (महपुरा), सूर्य मंदिर कन्दाहा, श्री अग्रतारा स्थान (महिषी), रक्तकाली मंदिर मत्स्यगंधा (सहरसा)

समस्तीपुर जिला

सामान्य जानकारी

जिला मुख्यालय : समस्तीपुर
क्षेत्रफल : 2905 वर्ग किमी.
जनसंख्या : 4261566
जनसंख्या घनत्व : 1497 प्रति वर्ग किमी.
साक्षरता : 61.86 %
लिंगानुपा : 911
अनुमंडल : 4 (समस्तीपुर, दलसिंग सराय, रोस्ड़ा पटोरी)
प्रखंड : 20)
पंचायत : 346
गांव : 1811
नदियाँ : बागमति, गंगा
फसलें : तंबाकू, मक्का, चावल, गेहु, आम, आलू, लीचल
उद्योग : जूट मिल, कोल्ड स्टोरेज चीनी
पर्यटक स्थल : विधापति धाम, बरियन, खहुटेश्वर धाम नरहन स्टेट

सारण जिला

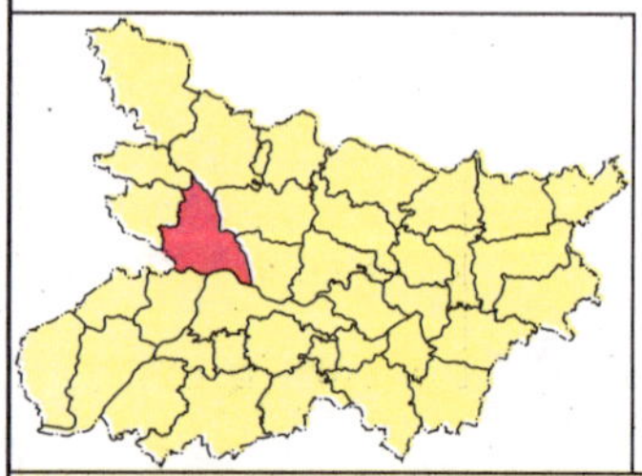

सामान्य जानकारी

जिला मुख्यालय : छपरा
क्षेत्रफल : 2641 वर्ग किमी.
जनसंख्या : 3951862
जनसंख्या घनत्व : 1500 प्रति वर्ग किमी.
साक्षरता : 72.57 %
लिंगानुपा : 949
अनुमंडल : 3 (सारण सदर, मढौरा, सोनपुरा)
प्रखंड : 20 (अमनौर, बनियापुर, छपरा सदर, दरियापुर, दिघवारा, एकमा, गरखा, इसुआपुर, जलालपुर, लहादपुर, मके, मांझी, मशरक, नगरा, पानापुर, परसा, रिविलगंज, सोनपुर, तरैया)
पंचायत : 234
गांव : 1807
पर्यटक स्थल : ढोढ आश्रम, सोनपुर पशु मेला, (सोनपुर) हरिहरनाथ क्षेत्र

शेखपुरा जिला

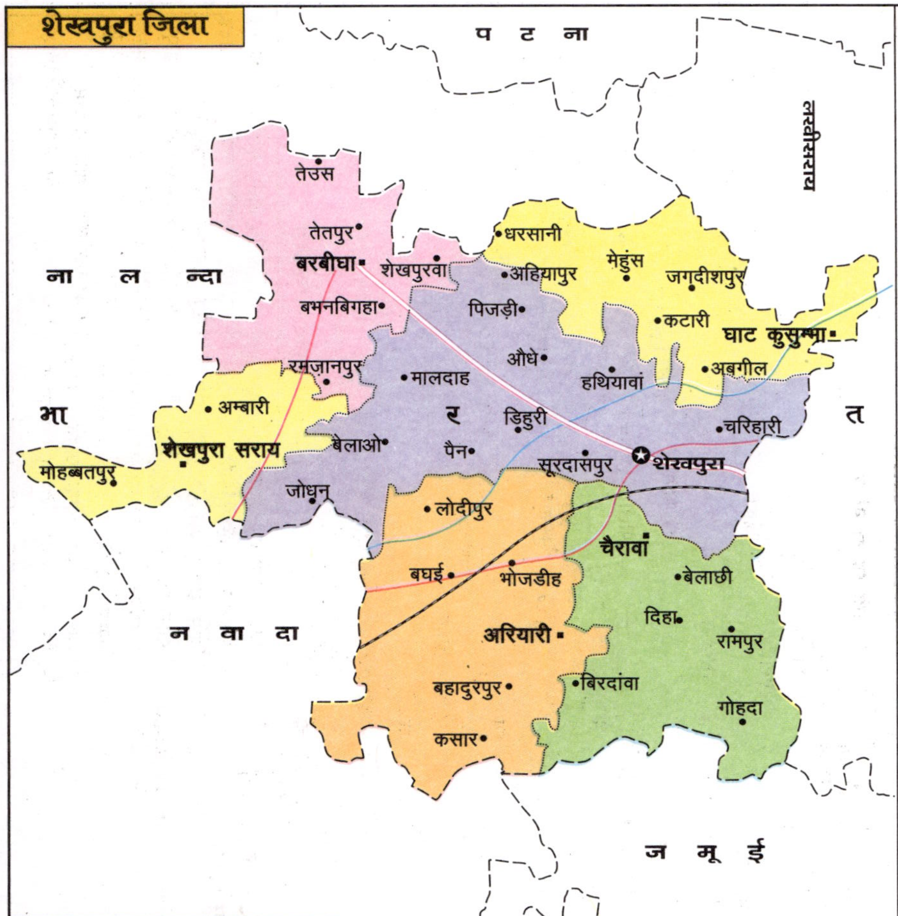

सामान्य जानकारी

जिला मुख्यालय : शेखपुरा
क्षेत्रफल : 689 वर्ग किमी.
जनसंख्या : 634927
जनसंख्या घनत्व : 920 प्रति वर्ग किमी.
साक्षरता : 65.96 %
लिंगानुपात : 926
अनुमंडल : 1(शेखपुरा)
प्रखंड : 6 (शेखपुरा, घाटकुसुम्भा, चेवाड़ा, बरबीचा, शेखोपुर सराय, अरियारी)
पंचायत : 54
गांव : 310
पर्यटक स्थल : श्री विष्णु धाम – सामस (बरबीधा) तेहरपुरा मंदिर (आखरा)

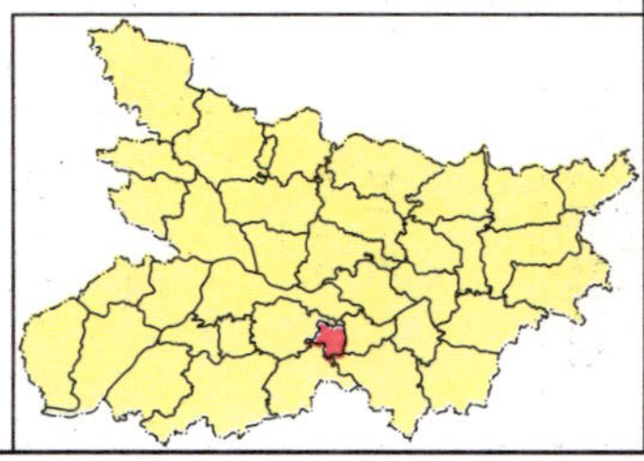

शिवहर जिला

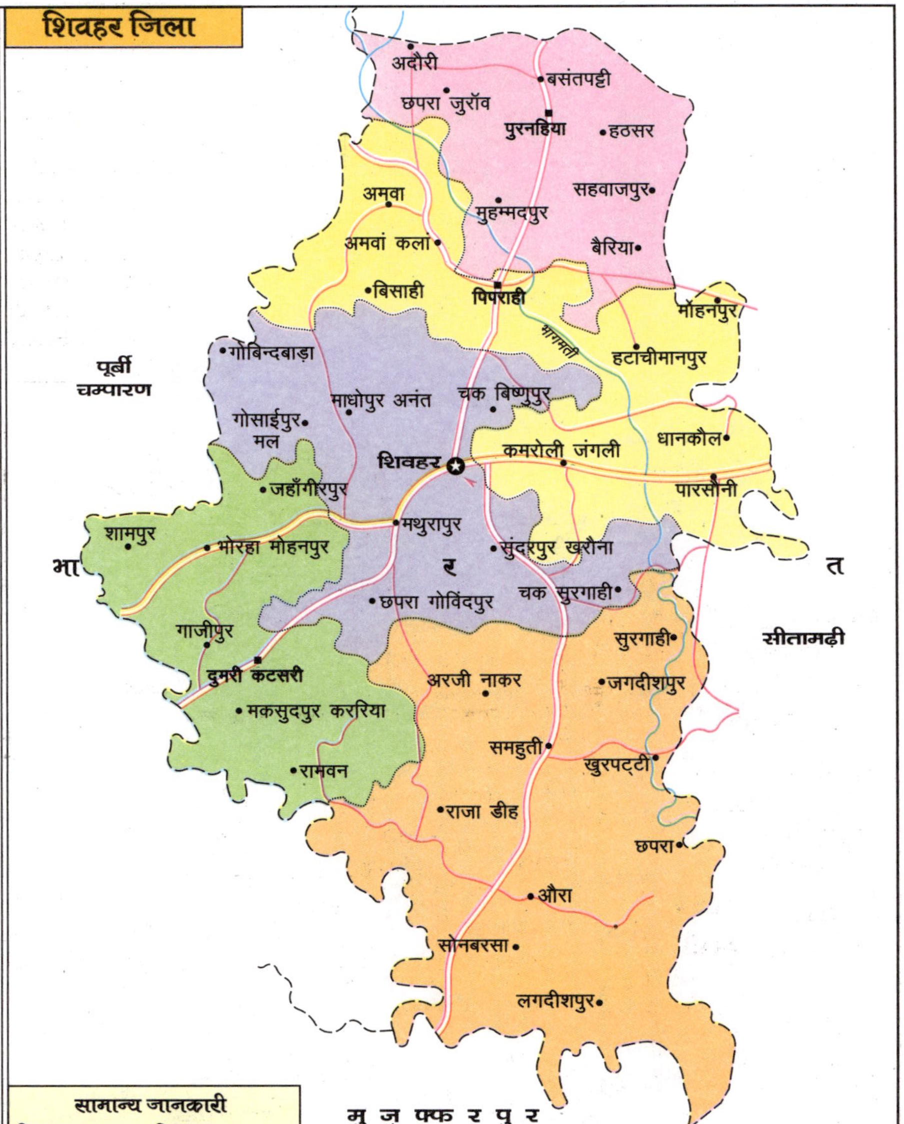

सामान्य जानकारी

जिला मुख्यालय : शिवहर
क्षेत्रफल : 443 वर्ग किमी.
जनसंख्या : 656916
साक्षरता : 79.61 %
लिंगानुपात : 988
अनुमंडल : 2

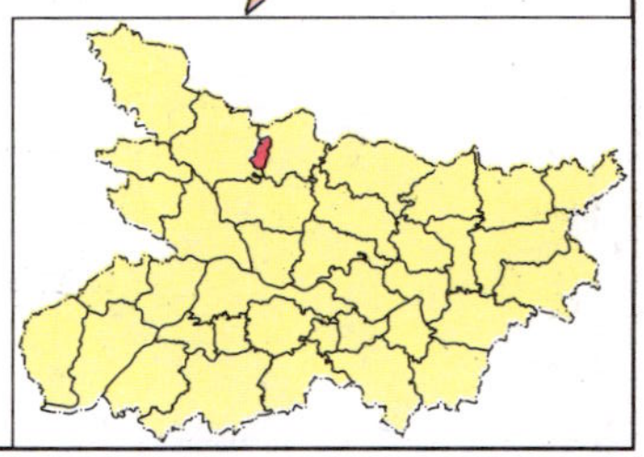

सीतामढ़ी जिला एवं सिवान जिला

सीतामढ़ी जिला

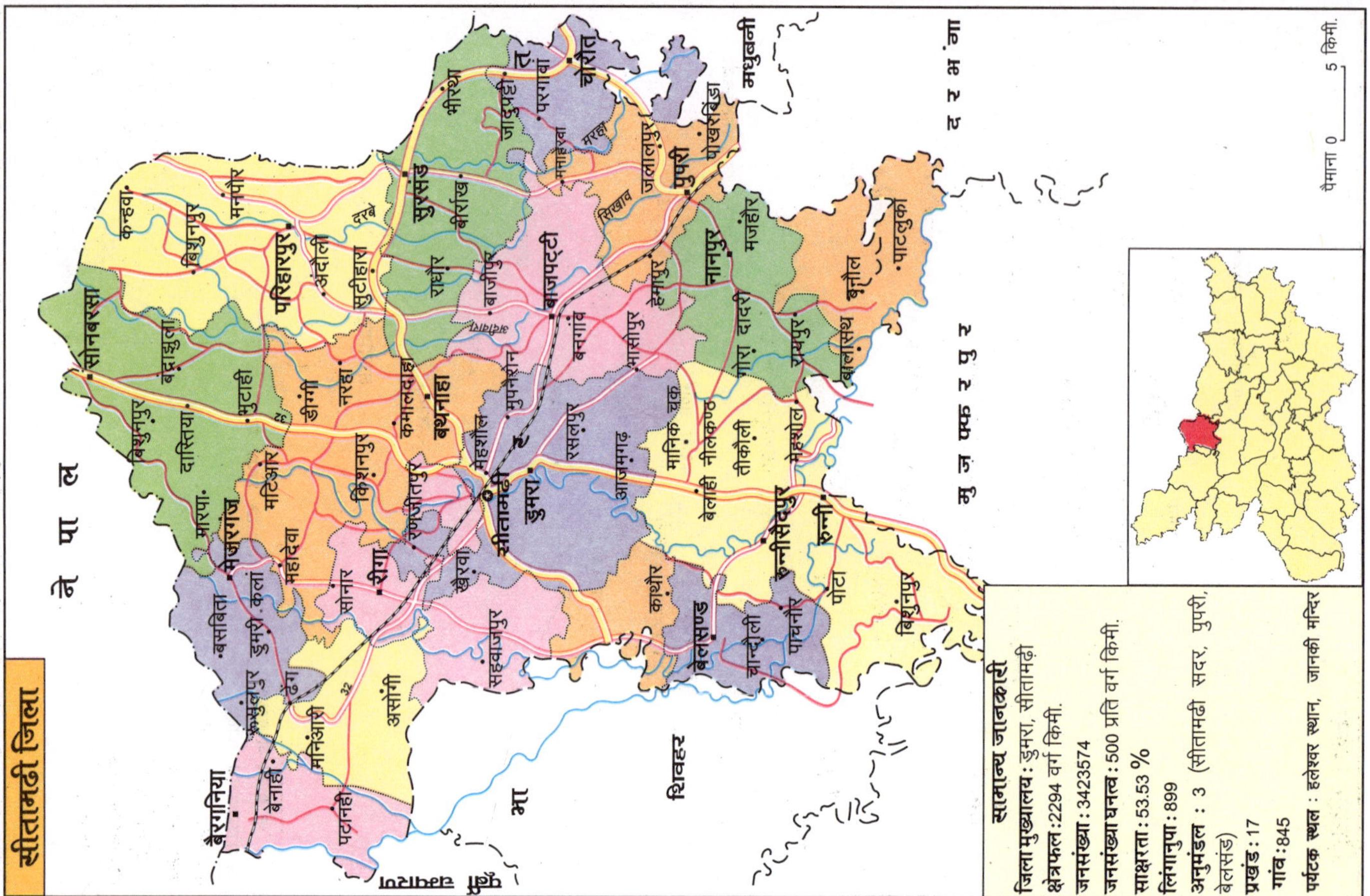

सामान्य जानकारी

जिला मुख्यालय : डुमरा, सीतामढ़ी
क्षेत्रफल : 2294 वर्ग किमी.
जनसंख्या : 3423574
जनसंख्या घनत्व : 500 प्रति वर्ग किमी.
साक्षरता : 53.53 %
लिंगानुपात : 899
अनुमंडल : 3 (सीतामढ़ी सदर, पुपरी, बेलसंड)
प्रखंड : 17
गांव : 845
पर्यटक स्थल : हलेश्वर स्थान, जानकी मन्दिर

सिवान जिला

सामान्य जानकारी

जिला मुख्यालय : सिवान
क्षेत्रफल : 2219 वर्ग किमी.
जनसंख्या : 3330464
साक्षरता : 79.61 %
अनुमंडल : 2 (सिवान एवं महाराजगंज)
प्रखंड : 22 (मैरवा, पचरुखी, रघुनाथपुर, आन्दर, गुथनी, महारजगंज, दरौली, सिसवां, दरौंदा, हुसैनागंज, भगवानपुर, हाट, गोरियाकोठी, बरहरिया, हबीबपुर, बसंतपुर, लकरी, नबीगंज, जिरादेई, नौतन, हसनपुर, जमालपुर)
नदियाँ : गंडक एवं घाघरा
फसलें : धान, गेहूँ, ईख (गन्ना), मक्का, अरहर
पर्यटक स्थल : – **सोहगरा धाम, महेन्द्रनाथ मन्दिर**

सुपौल जिला

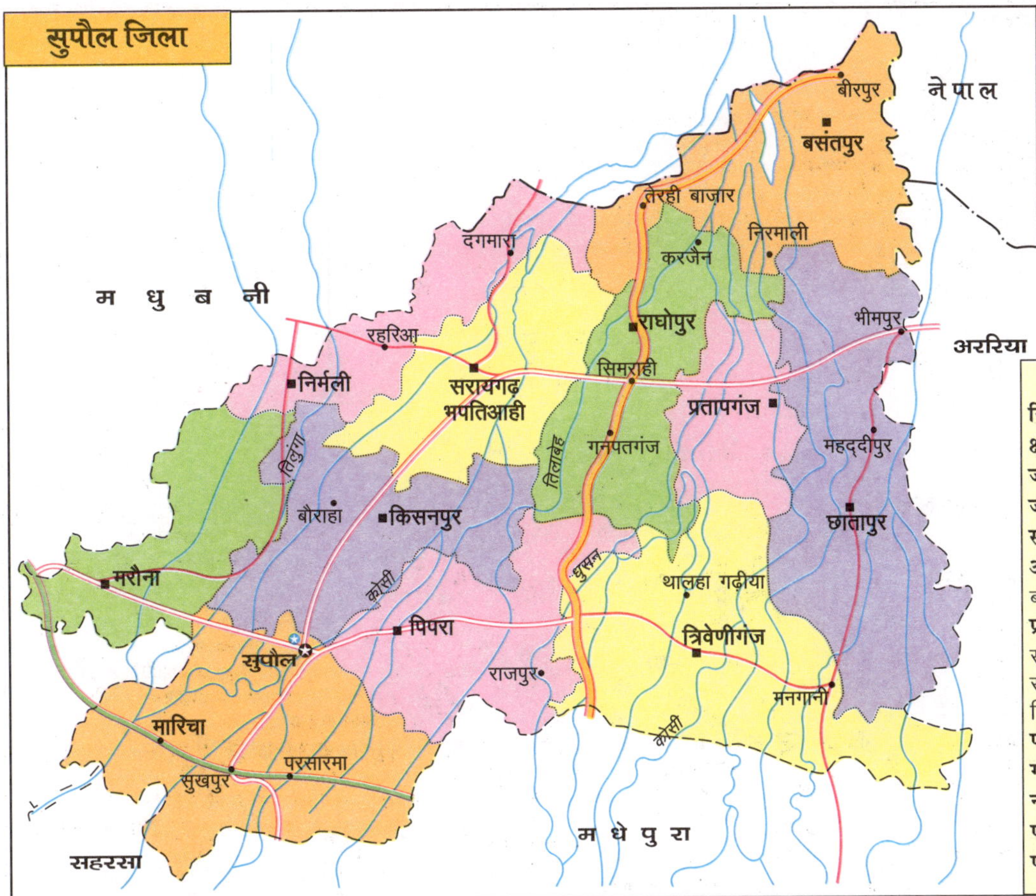

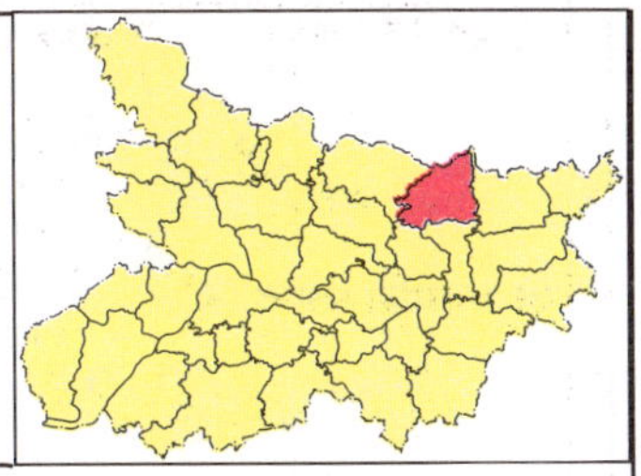

सामान्य जानकारी

जिला मुख्यालय : सुपौल
क्षेत्रफल : 2410 वर्ग किमी.
जनसंख्या : 2229076
जनसंख्या घनत्व : 920 प्रति वर्ग किमी.
साक्षरता : 72.86 %
अनुमंडल : 4 (सुपौल सदर, त्रिवेणीगंज, बरपुर, नर्मली)
प्रखंड : 11 (सुपौल, पिपरा, किशनपुर, सरायगढ़–भपटियाही, निर्मली, मरौना, राघोपुर, छातापुर, प्रतापगंज, बसंतपुर, त्रिवेणीगंज)
पंचायत : 18
गांव : 556
नदियाँ : कोसी
फसलें : धान
पर्यटक स्थल : कोशी बांध (बीरपुर)

वैशाली जिला

सामान्य जानकारी

जिला मुख्यालय : हाजीपुर
क्षेत्रफल : 2036 वर्ग किमी.
जनसंख्या : 3495021
जनसंख्या घनत्व : 1700 प्रति वर्ग किमी.
साक्षरता : 66.6 %
लिंगानुपात : 895
अनुमंडल : 3 (हाजीपुर, महनार, महुआ)
प्रखंड : 10 (महनार, वैशाली, बिदुपुर, गोरॉल, राधोपुर, लालगंज, हाजीपुर, महुआ, जन्दाहा, पातेपुर, सहदेई बुजुर्ग, भगवानपुर, चेहला कलां, राजापाकर, पटढी बेल)
नदियाँ : गंडक, गंगा
पर्यटक स्थल : अशोक स्तंभ (कोल्हू), बौद्ध मठ, इनप्रास्टैंड बूथिस्ट प्लेस

ताजिकिस्तान
तरिम अवतल
(तक्ला मकान मरुस्थल)
हिन्दु कुश
कुनलुन श्रेणी
अफगानिस्तान
मशेरब्रुम (7821)
नंगा पर्वत
(8126)
गाशेब्रुम
(8068)
श्रीनगर
चीन
तिब्बत
थांग्ला श्रेणी
शिमला
कामेट (7756)
नंदादेवी (7817)
चंडीगढ़
नंदाकोट
(6861)
अपी (7132)
धौलागिरी
(8172)
न्यान्चे थांग्ला
नमचा बरवा
(7756)
पाकिस्तान
एवरेस्ट पर्वत
(8848)
हिमालय
दिल्ली
कांचनजंगा
(7756)
भूटान
दाफला प.
ईटानगर
सिन्धु का मैदान
भारतीय महा मरुस्थल
(थार का मरुस्थल)
सांभर झील
जयपुर
गौरीशंकर
(7145)
मकालू
(8481)
गंगटोक
नागा प.
पतकाई बूम
लखनऊ
दिसपुर
खासी जयंतिया
पहाड़ियाँ
शिलांग
कोहिमा
अरावली श्रेणी
गंगा का मैदान
पटना
बुंदेलखण्ड
गांधी
सागर
राणा प्रताप
सागर
कैमूर पहाड़ियाँ
राजमहल
पहाड़ियाँ
इंफाल
कच्छ का रण
बाँग्लादेश
आइजोल
अगरतला
कर्क वृत्त
गांधीनगर
भारत
मालवा का
पठार
भोपाल
बघेलखण्ड
छोटा नागपुर
पठार
मिज़ो
पहाड़ियाँ
कच्छ की खाड़ी
विंध्याचल श्रेणी
नर्मदा
महादेव
पहाड़ियाँ
मैकाल श्रेणी
कोलकाता
म्यानमार
सतपुड़ा
गाविलगढ़
पहाड़ियाँ
गढ़जत पहाड़ियाँ
मलयगिरी
(1187)
सुन्दरवन
न्यू मूरे द्वीप
(भारत)
गंगा का मुहाना
खम्भात की खाड़ी
सिलवासा
सातमाला
पहाड़ियाँ
अजंठा श्रेणी
हीराकुड
भुबनेश्वर
अराकान योमा
कालसुबाई (1646)
मुम्बई
चिलिका झील
दंडाकारण्य
हरिश्चंद्र पर्वत श्रेणी
बालाघाट श्रेणी
महाबलेश्वर
(1438)
अरब सागर
हैदराबाद
नागार्जुन सागर
कोल्लेरु झी.
बंगाल की खाड़ी
पणजी
इरावदी के मुहाने
तुंगभद्रा
नल्लामाला पहाड़ियाँ
पेन्नेरु
कोको द्वीप
(म्यानमार)
नारकोंडम द्वीप
(भारत)
पुलिकत झील
उत्तरी अंदमान
अमिनदीवी द्वीप समूह
बेंगलूरू
जवादी
पहाड़ियाँ
चेन्नई
मध्य अंदमान
बैरन द्वीप (भारत)
दक्षिणी अंदमान
किल्तान द्वी चेटलट द्वी
अगात्ती द्वी अद्रोत द्वी
नीलगिरी
पहाड़ियाँ
शिवराय
पहाड़ियाँ
दोदा
बेट्टा
(2637)
श्री विजयपुरम (पोर्ट ब्लेअर)
कवरत्ती द्वी
कवरत्ती
अनाइमलाइ पहाड़ियाँ
अंदमान सागर
लघु अंदमान
कन्नानूर द्वी स
अनाईमुडी
(2695)
पाक जलसंधि
पाक की
खाड़ी
कार निकोबार द्वीप
मिनिकाय द्वी
कार्डमम प.
मन्नार
की खाड़ी
तिरुवनंतपुरम
कोमोरिन अंतरीप
श्रीलंका
कैटचैल्ल द्वीप
लघु निकोबार
वृहत् निकोबार
इंदिरा प्वाइंट
अंदमान और निकोबार द्वीप समूह (भारत)
मालदीव
हिंद महासागर
इंडोनेशिया
ऊँचाई पैमाना (मीटर में)
8000
6000
4500
3000
1500
1000
600
300
150
0 समुद्र सतह
75
300
1500
पैमाना 0 150 किमी.

तज़िकिस्तान
अफ़गानिस्तान
काबुल
इस्लामाबाद
पा कि स्ता न
ची न
ति ब्ब त
नै पा ल
काठमांडू
गंगटोक
सिक्किम
थिम्फू
भूटान
बाँग्लादेश
ढाका
म्यांमार
श्रीलंका
कोलम्बो
मालदीव
इंडोनेशिया
गिलगित
लद्दाख
(केन्द्रशासित प्रदेश)
लेह
गुलमर्ग
श्रीनगर
जम्मू और कश्मीर
(केन्द्रशासित प्रदेश)
जम्मू
डलहौज़ी
मनाली
हिमाचल प्रदेश
अमृतसर
लुधियाना
शिमला
पंजाब
चंडीगढ़
अंबाला
बद्रीनाथ
देहरादून
हरिद्वार
उत्तराखण्ड
नैनीताल
श्रीगंगानगर
हिसार
हरियाणा
मेरठ
रोहतक
दिल्ली
रामपुर
पिलानी
बीकानेर
नागौर
जैसलमेर
पोकरण
रा ज स्था न
जोधपुर
बाड़मेर
पाली
अजमेर
जयपुर
अलवर
भरतपुर
आबू
भीलवाड़ा
कोटा
उदयपुर
अलीगढ़
बरेली
मथुरा
आगरा
उत्तर प्रदेश
इटावा
लखनऊ
गोरखपुर
कानपुर
ग्वालियर
झाँसी
प्रयागराज
वाराणसी
खजुराहो
मिर्ज़ापुर
मोतीहारी
छपरा
पूर्णिया
बिहार
पटना
मुंगेर
गया
भुज
कांडला
गांधीनगर
गुजरात
जामनगर
अहमदाबाद
द्वारका
राजकोट
वडोदरा
जूनागढ़
भावनगर
दीव
(दीव और दमण)
दमण
(दमण और दीव)
सूरत
सिल्वासा
दादरा और नगर हवेली
भा र त
रतलाम
उज्जैन
भोपाल
इंदौर
मध्य प्रदेश
नर्मदा
खरगोन
बैतूल
कटनी
रीवा
जबलपुर
अम्बिकापुर
छत्तीसगढ़
बिलासपुर
भिलाई
रायपुर
दुर्ग
कांकेर
जगदलपुर
झारखंड
राँची
जमशेदपुर
पश्चिम बंगाल
बर्धमान
हावड़ा
कोलकाता
खड़गपुर
राउरकेला
सबलपुर
ओडिशा
कटक
बालांगीर
भुबनेश्वर
पारादीप
पुरी
कोरापुट
धुले
जलगाँव
अमरावती
नागपुर
अकोला
वर्धा
औरंगाबाद
अहमदनगर
नांदेड
मुम्बई
पिंपरी
म हा रा ष्ट्र
पुणे
सातारा
सोलापुर
सांगली
कोल्हापुर
गोदावरी
तेलंगाना
काज़ीपेठ
वारंगल
बीदर
सिकंदराबाद
हैदराबाद
कलबुर्गी
बीजापुर
बेलगावी
रायचूर
पणजी
गोवा
धारवाड़
हुब्बल्ली
बल्लारी
कर्नाटक
चित्रदुर्गा
शिवमोग्गा
मेंगलूरु
बेंगलूरु
मैसूरु
कावेरी
कृष्णा
विजयवाड़ा
गुंटूर
यानम् (पुडुचेरी)
मचिलीपट्नम्
राजमुंद्री
विशाखापट्नम्
श्रीकाकुलम्
कर्नूल
आंध्र प्रदेश
अनंतपुर
Dr. Y.S.R. कडप्पा
नेल्लूर
तिरुपति
चित्तूर
चेन्नई
वेल्लोर
सेलम
पुडुचेरी
तमिलनाडु
कोयम्बतूर
कारैकल (पुडुचेरी)
तिरुच्चिरापल्ली
मदुरई
तूतीकोरिन
रामेश्वरम
तिरुनेलवेली
कन्याकुमारी
नागरकोइल
तिरुवनंतपुरम
कोल्लम
आलप्पुझा
कोच्चि
एर्णाकुलम
थ्रिसूर
केरल
कोज़ीकोड़
माहे
(पुडुचेरी)
किल्तान द्वीप
चेटलट द्वीप
अगाती द्वीप
एंड्रोत द्वीप
कवरत्ती द्वीप
कवरत्ती
लक्षद्वीप (भारत)
मिनिकाय द्वीप
अरब सागर
बंगाल की खाड़ी
हिंद महासागर
न्यू मूर द्वीप
(भारत)
कर्क रेखा
सिक्किम
अरुणाचल प्रदेश
अनीनी
इटानगर
डिब्रूगढ़
जोरहाट
ब्रह्मपुत्र
असम
गुवाहाटी
दिसपुर
नागालैंड
कोहिमा
शिलांग
मेघालय
सिल्चर
इंफाल
मणिपुर
अगरतला
त्रिपुरा
आइज़ोल
मिज़ोरम
कोको द्वीप
(म्यांमार)
नारकोंडम द्वीप
(भारत)
उत्तरी अंडमान
मध्य अंडमान
बैरन द्वीप (भारत)
दक्षिणी अंडमान
पोर्ट ब्लेअर
अंडमान सागर
लघु अंडमान
अंडमान और निकोबार द्वीप समूह (भारत)
कार निकोबार द्वीप
कचाल द्वीप
लघु निकोबार द्वीप
वृहत् निकोबार
इंदिरा प्वाइंट
सिंधु
झेलम
रावी
चेनाब
सतलुज
लूनी
चंबल
यमुना
गंगा
ताप्ती
महानदी
पैमाना 1 : 16,000,000 किमी.

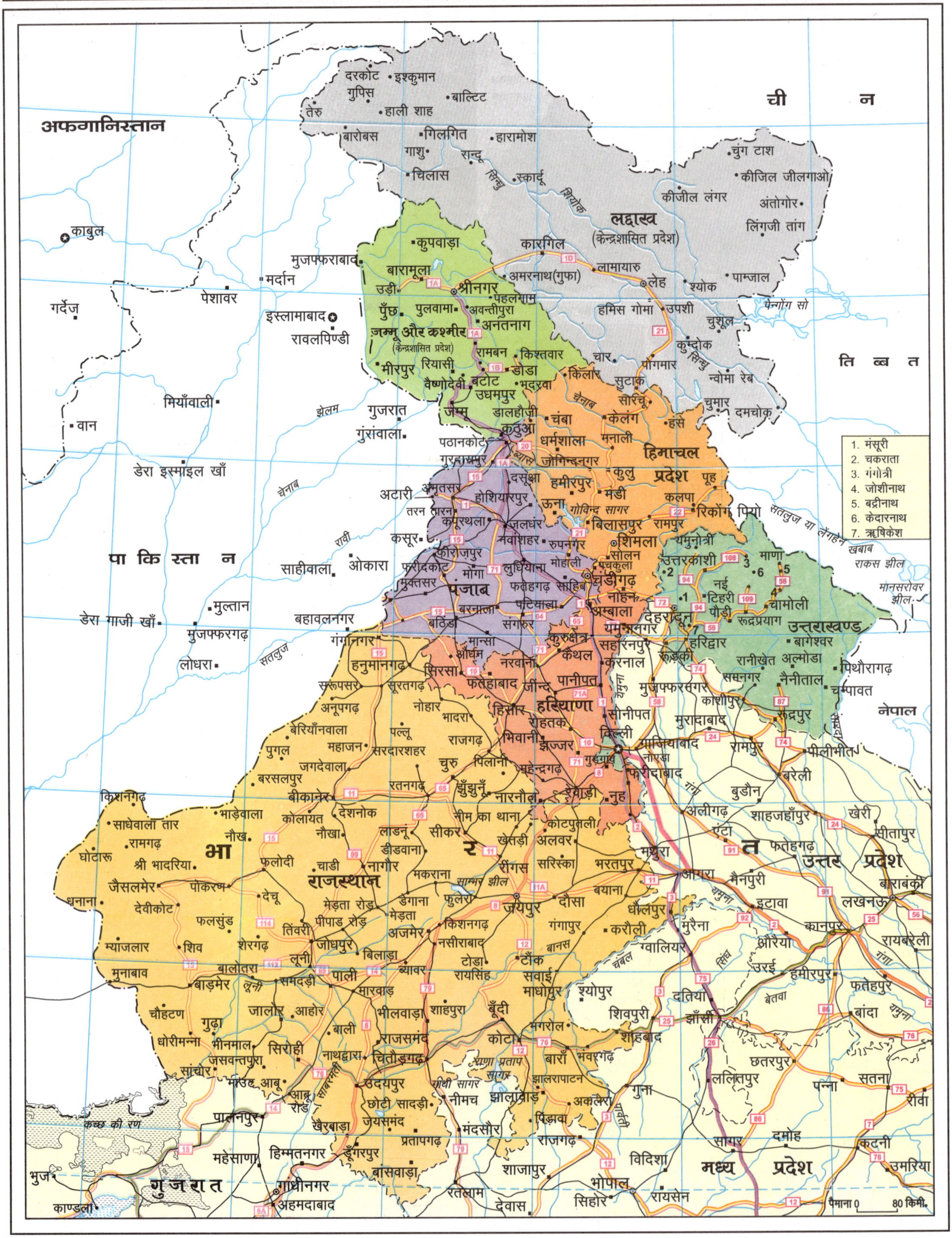

चीन
अफगानिस्तान
तिब्बत
पाकिस्तान
नेपाल
दरकोट
इश्कुमान
गुपिस
बाल्टिट
तेरु
हाली शाह
बारोबस
गिलगित
हारामोश
गाशु
रान्दू
चिलास
स्कार्दू
सिन्धु
श्योक
चुंग टाश
कीजिल जीलगाओ
कीजील लंगर
अंतोगोर
लद्दाख
(केन्द्रशासित प्रदेश)
लिंगजी तांग
काबुल
कुपवाड़ा
कारगिल
मुजफ्फराबाद
बारामूला
लामायारु
अमरनाथ(गुफा)
लेह
श्योक
पाम्जाल
मर्दान
पेशावर
श्रीनगर
उड़ी
पहलगाम
पैन्गोंग सो
गर्देज़
इस्लामाबाद
पुँछ
पुलवामा
अवन्तीपुरा
हमिस गोमा
उपशी
चुशूल
रावलपिण्डी
जम्मू और कश्मीर
(केन्द्रशासित प्रदेश)
अनतनाग
रामबन
किश्तवार
कुम्दोक
मीरपुर
रियासी
डोडा
चार
पोगमार
न्योमा
रेब
वैष्णोदेवी
बटोट
भद्रवा
किलार
सुटाक
मियाँवाली
उधमपुर
चेनाब
सोरचू
चुमार
दमचोक
झेलम
गुजरात
जम्मू
डालहौज़ी
चंबा
केलंग
हंसे
वान
गुजरांवाला
कठुआ
धर्मशाला
मनाली
पठानकोट
गुरदासपुर
ब्यास
जोगिन्दरनगर
हिमाचल प्रदेश
डेरा इस्माइल खाँ
अमृतसर
दसूआ
हमीरपुर
कुलु
पूह
अटारी
तरन तारन
होशियारपुर
ऊना
मंडी
कलपा
गोविन्द सागर
रिकोंग पियो
कपूरथला
जलधर
बिलासपुर
रामपुर
सतलुज या लंगछेन
कसूर
नवांशहर
रूपनगर
शिमला
यमुनोत्री
रावी
फ़िरोज़पुर
मोहाली
सोलन
उत्तरकाशी
माणा
खबाब
साहीवाला
ओकारा
फरीदकोट
पंचकुला
चंडीगढ़
राकस झील
मोगा
लुधियाना
नई टिहरी
मुक्तसर
पंजाब
फतेहगढ़ साहिब
पौड़ी
मानसरोवर झील
मुल्तान
नाहन
चामोली
बरनाला
पटियाला
अम्बाला
देहरादून
डेरा गाजी खाँ
मुजफ्फरगढ़
बहावलनगर
बठिंडा
संगरूर
यमुनानगर
रूद्रप्रयाग
उत्तराखण्ड
मान्सा
कुरुक्षेत्र
हरिद्वार
बागेश्वर
गंगानगर
सहारनपुर
लोधरा
सतलुज
औधम
कैथल
रुड़की
रानीखेत
अल्मोडा
हनुमानगढ़
सिरसा
नरवाना
करनाल
पिथौरागढ़
फतेहाबाद
जींद
पानीपत
मुजफ्फरनगर
ससनगर
नैनीताल
सरूपसर
सूरतगढ़
हरियाणा
चम्पावत
हिसार
काशीपुर
नोहार
सोनीपत
मुरादाबाद
रूद्रपुर
अनूपगढ़
भादरा
रोहतक
बेरियाँनवाला
पल्लू
राजगढ़
भिवानी
दिल्ली
गाजियाबाद
पीलीभीत
पुगल
महाजन
सरदारशहर
झज्जर
रामपुर
नोएडा
जगदेवाला
चुरु
पिलानी
गुरुग्राम
बरेली
बरसलपुर
महेन्द्रगढ़
फरीदाबाद
किशनगढ़
रतनगढ़
झुंझुनूँ
नारनौल
रेवाड़ी
नूह
बुडौन
बीकानेर
देशनोक
अलीगढ़
खेरी
भाड़ेवाला
कोलायत
शाहजहाँपुर
साधेवाला तार
नीम का थाना
कोटपुतली
एटा
सीतापुर
रामगढ़
नौख
लाडनूं
सीकर
खेतड़ी
अलवर
फतेहगढ़
भारत
घोटारू
श्री भादरिया
नौखा
डीडवाना
मथुरा
उत्तर प्रदेश
फलोदी
चाडी
नागौर
रींगस
सरिस्का
भरतपुर
मैनपुरी
राजस्थान
मकराना
आगरा
बाराबंकी
जैसलमेर
पोकरण
सांभर झील
बयाना
धनाना
देचू
डेगाना
देवीकोट
मेड़ता रोड
फुलेरा
जयपुर
दौसा
इटावा
लखनऊ
मेड़ता
पीपाड़ रोड
धौलपुर
फलसुंड
किशनगढ़
गंगापुर
करौली
मुरैना
कानपुर
तिंवरी
अजमेर
म्यांजलार
शिव
शेरगढ़
जोधपुर
नसीराबाद
बानस
ग्वालियर
औरैया
रायबरेली
बिलाड़ा
टोडा
टौंक
चंबल
सिंध
गंगा
बालोतरा
लूनी
ब्यावर
उरई
मुनाबाव
बाड़मेर
समदड़ी
पाली
रायसिंह
सवाई माधोपुर
हमीरपुर
फतेहपुर
मारवाड़
श्योपुर
दतिया
बेतवा
यमुना
चौहटण
गुढ़ा
जालोर
आहोर
भीलवाड़ा
शाहपुरा
बूँदी
शिवपुरी
झाँसी
बांदा
बाली
राजसमंद
मंगरोल
धोरीमन्ना
भीनमाल
सिरोही
कोटा
शाहबाद
जसवन्तपुरा
नाथद्वारा
चित्तौड़गढ़
बाराँ
छबड़ा
छतरपुर
सांचोर
राणा प्रताप सागर
माउंट आबू
उदयपुर
गांधी सागर
झालरापाटन
ललितपुर
पन्ना
सतना
आबू रोड
छोटी सादड़ी
नीमच
झालावाड़
अकलेरा
गुना
रीवा
पालनपुर
कच्छ का रण
खैरबाड़ा
जयसमंद
पिड़ावा
पार्वती
मंदसौर
सागर
दमोह
प्रतापगढ़
राजगढ़
कटनी
महेसाणा
हिम्मतनगर
डूँगरपुर
विदिशा
मध्य प्रदेश
भुज
बांसवाड़ा
शाजापुर
उमरिया
गुजरात
गांधीनगर
रतलाम
भोपाल
रायसेन
काण्डला
अहमदाबाद
देवास
सिहोर
पैमाना 0 80 किमी.
1. मंसूरी
2. चकराता
3. गंगोत्री
4. जोशीनाथ
5. बद्रीनाथ
6. केदारनाथ
7. ऋषिकेश

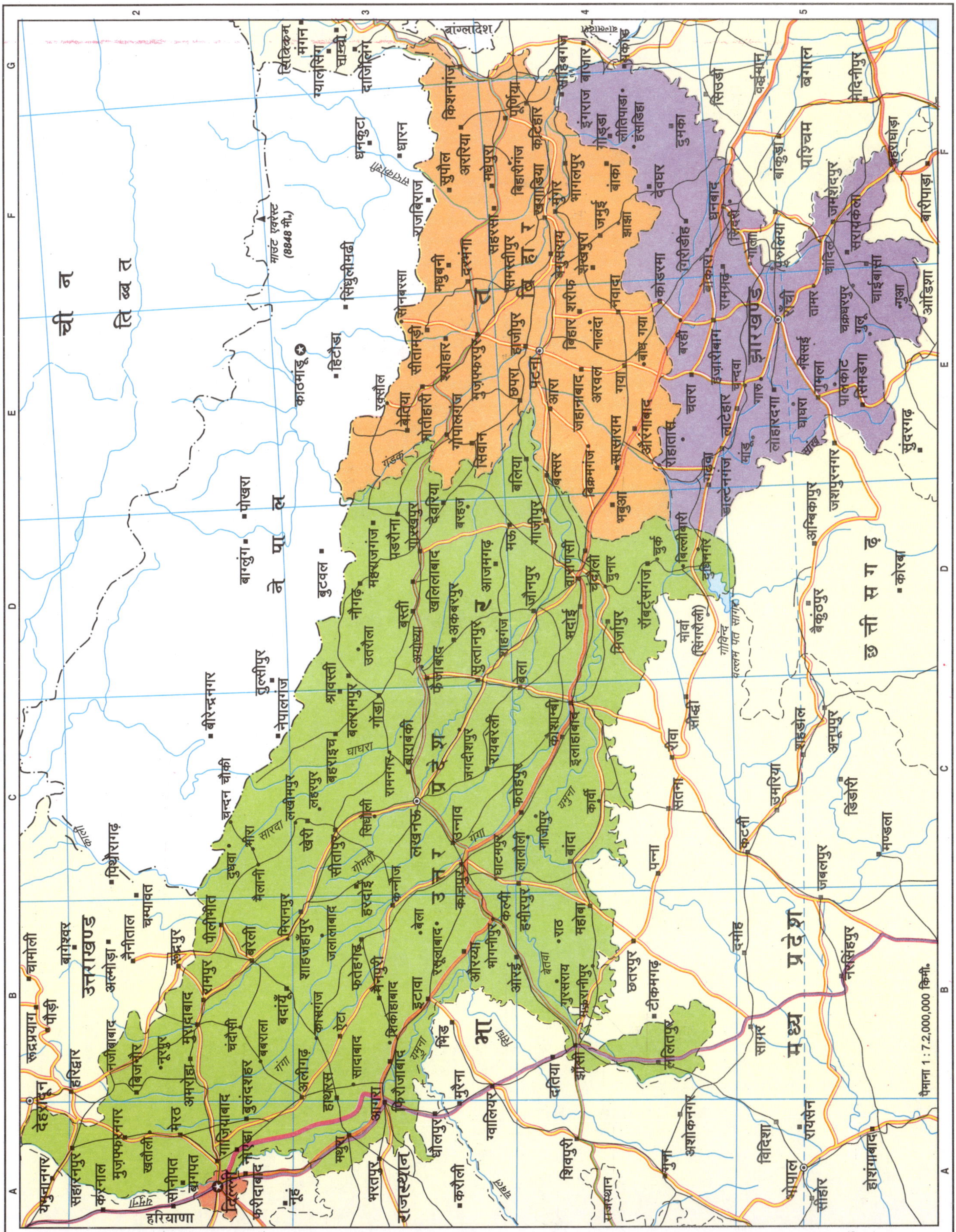
चीन
तिब्बत
नेपाल
उत्तर प्रदेश
बिहार
झारखण्ड
मध्य प्रदेश
छत्तीसगढ़
उत्तराखण्ड
हरियाणा
राजस्थान
ओडिशा
बांग्लादेश
पश्चिम बंगाल
सिक्किम
दिल्ली
लखनऊ
पटना
राँची
काठमाडू
माउंट एवरेस्ट (8848 मी.)
पैमाना 1 : 7,2,000,000 किमी.

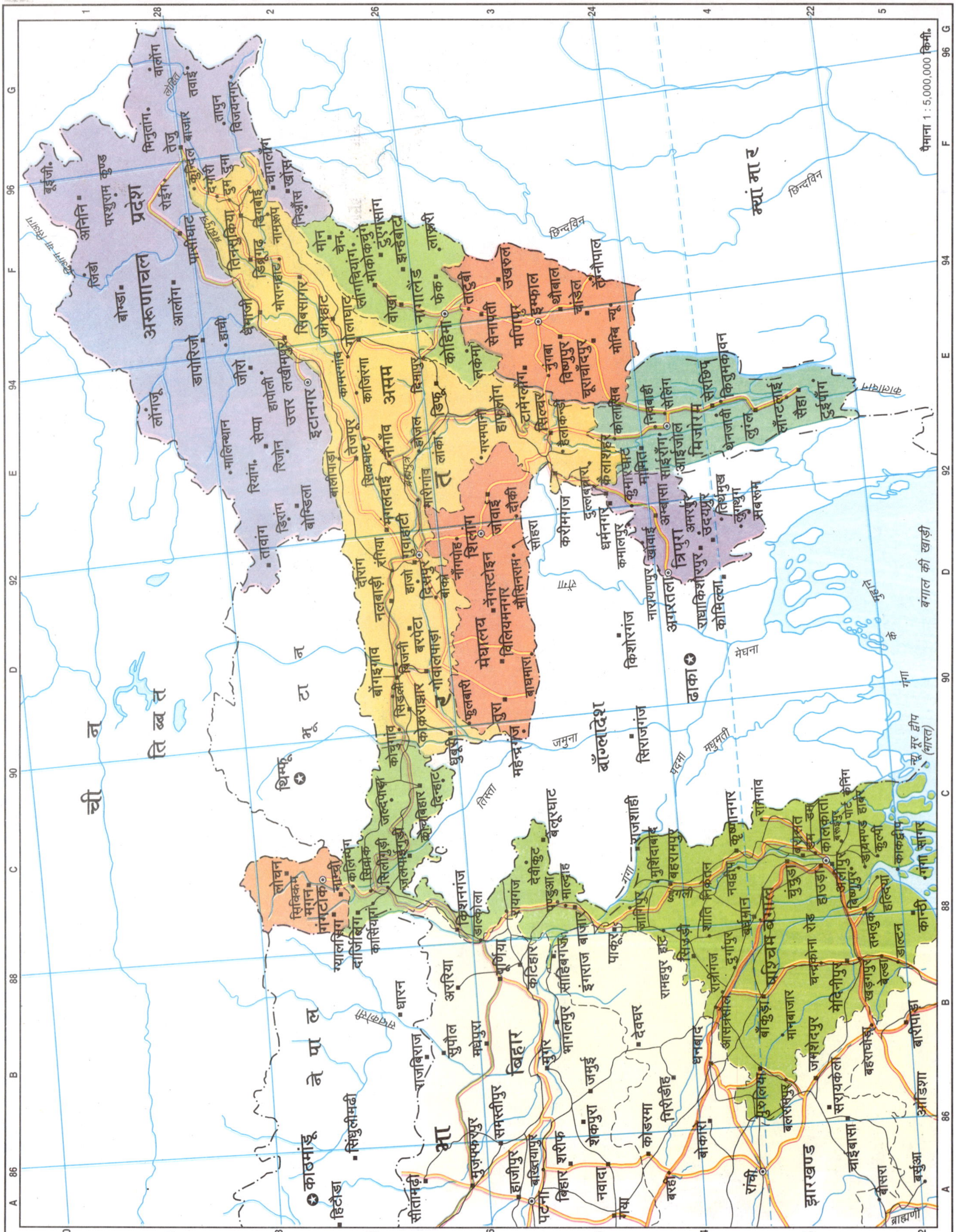

चीन
तिब्बत
भूटान
नेपाल
बाँग्लादेश
म्यांमार
बंगाल की खाड़ी
अरुणाचल प्रदेश
असम
नागालैंड
मणिपुर
मेघालय
त्रिपुरा
मिजोरम
सिक्किम
पश्चिमी बंगाल
बिहार
झारखण्ड
ओडिशा
काठमांडू
थिम्फू
ढाका
कोलकाता
गुवाहाटी
शिलांग
इम्फाल
कोहिमा
अगरतला
आइज़ोल
इटानगर
गंगटोक
दार्जिलिंग
सिलीगुड़ी
पटना
राँची
पैमाना 1 : 5,000,000 किमी.

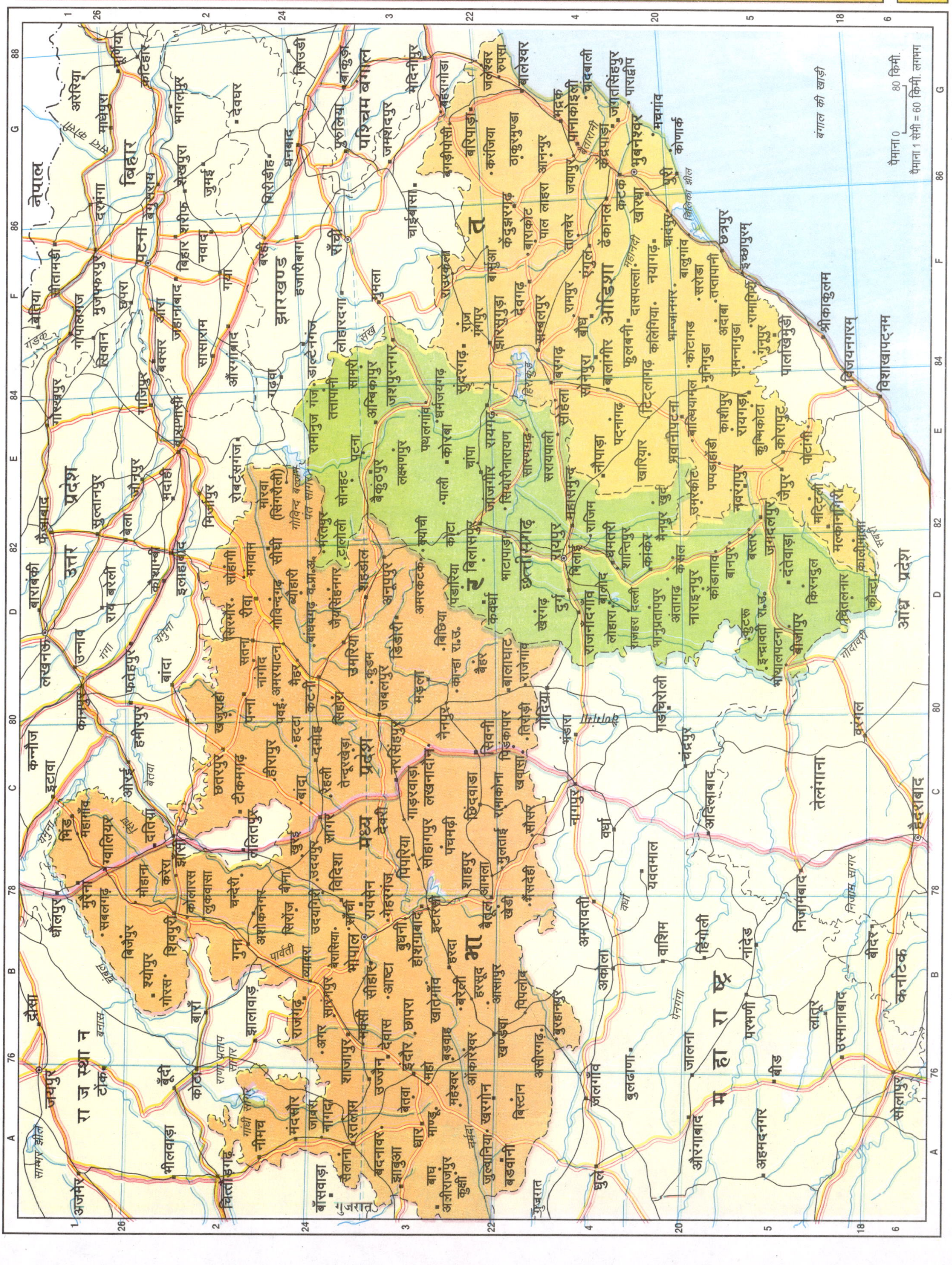
मध्य प्रदेश
छत्तीसगढ़
ओडिशा
उत्तर प्रदेश
बिहार
झारखण्ड
पश्चिम बंगाल
नेपाल
महाराष्ट्र
राजस्थान
आंध्र प्रदेश
तेलंगाना
कर्नाटक
गुजरात
बंगाल की खाड़ी
भोपाल
रायपुर
भुवनेश्वर
पटना
राँची
हैदराबाद
पैमाना 1 सेमी = 60 किमी. लगभग

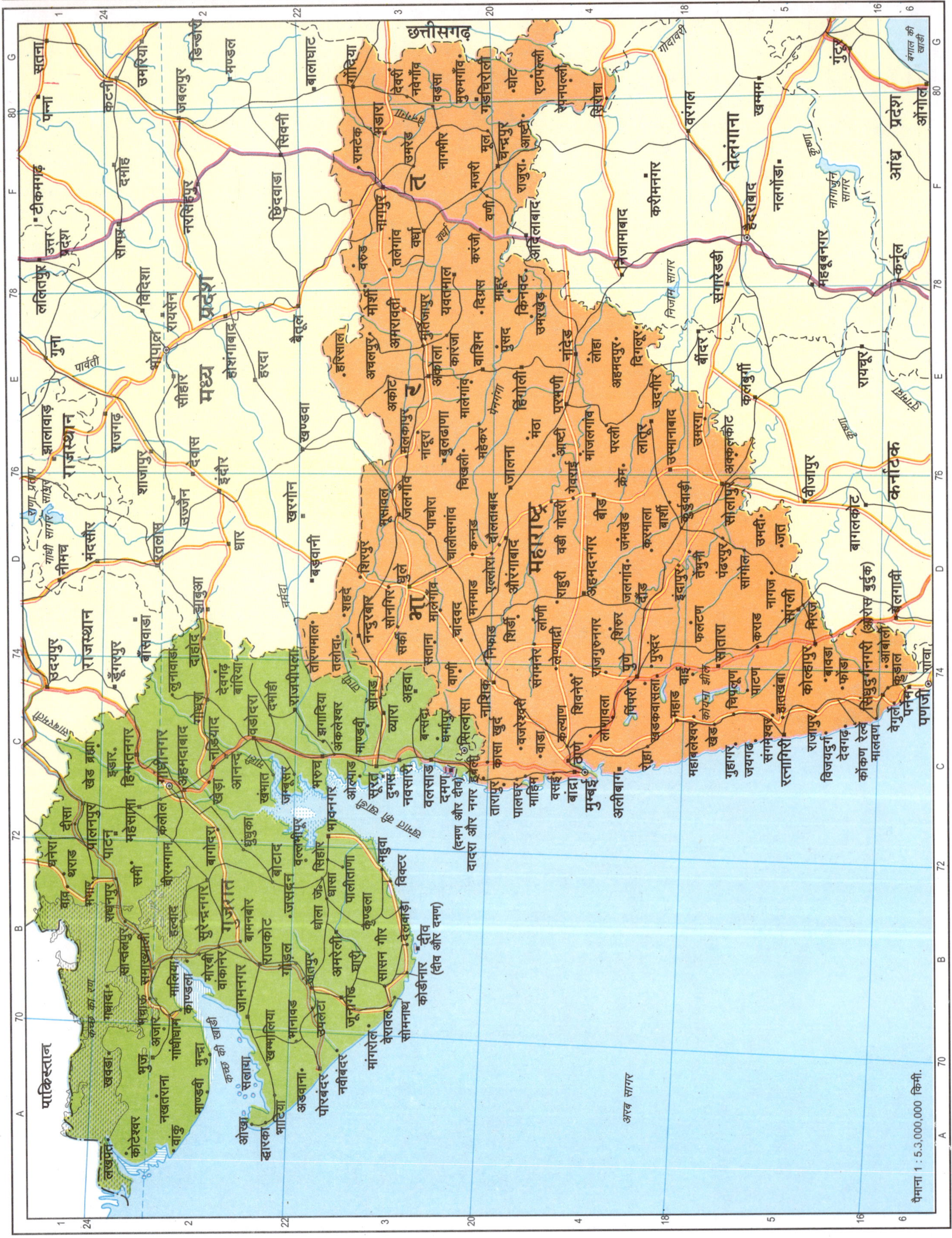
पाकिस्तान
गुजरात
महाराष्ट्र
मध्य प्रदेश
राजस्थान
छत्तीसगढ़
तेलंगाना
कर्नाटक
आंध्र प्रदेश
उत्तर प्रदेश
अरब सागर
कच्छ की खाड़ी
खंभात की खाड़ी
बंगाल की खाड़ी
कच्छ का रण
दादरा और नगर हवेली
दमण और दीव
अहमदाबाद
गांधीनगर
राजकोट
वडोदरा
सूरत
भुज
जामनगर
पोरबंदर
द्वारका
जूनागढ़
भावनगर
मुम्बई
पुणे
नागपुर
नासिक
औरंगाबाद
कोल्हापुर
सोलापुर
रत्नागिरी
भोपाल
इंदौर
जबलपुर
हैदराबाद
पणजी
सिलवासा
पैमाना 1 : 5,3,000,000 किमी.

महाराष्ट्र
छत्तीसगढ़
ओडिशा
तेलंगाना
आन्ध्र प्रदेश
कर्नाटक
गोवा
केरल
तमिलनाडु
भारत
श्रीलंका
बंगाल की खाड़ी
हिंद महासागर
लक्षद्वीप सागर
अंडमान सागर
नासिक
औरंगाबाद
जालना
वाशिम
हिंगोली
नांदेड
परभणी
अहमदनगर
बीड
पुणे
लातूर
उस्मानाबाद
सातारा
सोलापुर
सांगली
कोल्हापुर
कुडाल
गडचिरोली
चंद्रपुर
कांकेर
भवानीपटना
नवरंगपुर
रायागडा
इच्छापुरम्
सोमपेटा
जगदलपुर
दंतेवाड़ा
जैपुर
कोरापुट
कोटूरु
टेक्कली
सलूर
पालकोंडा
नौपाडा
श्रीकाकुलम
मल्कानगिरी
अनन्तगिरी
विजयनगरम्
लोटुगड्डा
वाल्टेयर
विशाखापटनम्
नरसिपटनम
एलामनचिल्ली
ज़ेडांगी
तूनी
अदिलाबाद
उत्तनूर
आसिफाबाद
सिरपुर
निर्मल
धर्मपुरी
मुधोल
निजामाबाद
मचेरल
बोधन
सिरसिल्ला
करीमनगर
एटुर्नगरम्
कामारेड्डी
पालमपेट
मेडक
दुदादा
काजीपेट
वारंगल
संगारेड्डी
गजवेल
येलांडू
सिकन्दराबाद
महबूबाबाद
हैदराबाद
भद्राचलम्
दोरनाकल
खम्मम्
पारगी
नलगोंडा
देवरकोंडा
महबूबनगर
नागार्जुन सागर
कोट्टाकोटा
श्रीसेलम
अस्वरावपेट
राजहमुन्द्री
सोमावरम
काकिनाडा
तनुकू
यानम् (पुदुचेरी)
एलूरु
गुडीवाडा
नरसापुर
जग्गैयापेटा
विजयवाडा
गुंटूर
मार्चेर्ला
तेनाली
मछलीपटनम
चिलाकालुरुपेट
चिराला
औरड़
बीदर
होम्नाबाद
आलण्ड
कलबुर्गी
शाहबाद
सेडम
सिन्दगी
वाडी
कोरंगल
यादगीर
बीजापुर
शाहपुर
एथनी
चिकोडी
जमखण्डी
बसावना बागेवाड़ी
गोकक
बागलकोट
लिंग्सूगर
रायचूर
गड़वाल
बेलगावी
बादामी
मुड्गल
कुष्टगी
पेर्नेम
पणजी
धारवाड़
गडक
कोप्पल
मारगाओ
हुबल्ली
होसपेट
डाण्डेली
बल्लारी
कारवाड़
हवेरी
कोट्टूरु
स्वामीहल्ली
अंकोला
सिरसी
रानीबेन्नूर
कुमटा
दावणगेरे
जगलुर
जोग फाल्स
चित्रदुर्ग
शिवमोग्गा
हिरियूर
मरावन्थ
भद्रावती
होसदुर्गा
कुण्डापुर
बिरूड़
हुलयार
मधुगिरी
उडुपी
चिकमगलूरु
तुमकूरु
चिकबल्लापुर
मुलकी
बेल्लूरु
किब्बानहाली
मुडबिद्री
मेंगलूरु
हसन
बेंगलूरु
कोलार
कासरगोड
सुब्रहमन्या
रामनगरम
होसदुर्ग
मेडिकेरी
मांडया
पय्यन्नूर
नागरहोले
मैसूरु
कन्नूर
कलपेट्टा
चामराजनगर
माहे (पुदुचेरी)
निलम्बूर
उदगमंडलम
कोज़िकोड़
मलाप्पुरम
कोयम्बतूर
पालाक्काड
गुरुवायूर
त्रिशूर
पोल्लाची
कोडुन्गलूर
एर्णाकुलम
कोची
वेम्बनाड झील
पैनावू
कोट्टयम
इडुक्की
आलप्पुजा
पथनमथिट्टा
कायमकुलम
अडूर
कोल्लम
तिरुवनंतपुरम
नागरकोविल
कन्याकुमारी
केप कोमोरिन
मंत्रालयम
आदोनी
कर्नूल
पानम
बुम्बुम
अंदाकी
गिडीलूर
बेंगनपल्ले
पोडिले
ओंगोल
कानि गिरी
गुट्कल
गूठी
पोरुमामिल्ला
सिंगारयाकोंडा
कावली
नंदीपाडु
अनन्तपुर
ताडपत्री
Dr. Y.S.R कडप्पा
संगम
पोटी श्रीरामलू नेल्लूर
वेमपल्ले
मुदूकुरु
राजमपेट
गुडूर
पेनुकोंडा
रायचोटी
श्री कालाहस्ती
नायडुपेटा
रेनीगुंटा
पुलिकट झील
चिन्तामणी
पलमनेर
चित्तूर
तिरुवल्लूर
चेन्नई
कोलार गोल्ड फील्ड्स
वेल्लोर
आरनी
कांचीपुरम
होसूर
जोलरपेट्टई
चैटपट
मामल्लपुरम
कृष्णागिरी
तिंडीवनम
धर्मपुरी
तिरुवन्नामलै
विल्लुपुरम
पुडुच्चेरी
स्टेनले
येर्काड
कडलूर
भवानी
सेलम
नैवेली
ईरोड
नामक्कल
पेरम्बलूर
चिदाम्बरम
कुम्बकोनम
करूर
कारैकल (पुदुचेरी)
तिरुच्चिराप्पल्लि
तिरुवारूर
नागपट्टिनम
पुदुक्कोट्टई
थन्जावूर
तिरुतुरैप्पुण्डी
नट्टम
पुदुक्कोट्टई
डिण्डीगल
कोडिक्करई
देवीकुलम
कारक्कुड़ी
पाक जलसंयोजक
तेनि
मदुरई
शिवगंगा
पाक की खाड़ी
कम्बम
मानमदुरई
जाफना
श्रीविलिपुत्तूर
विरुदुनगर
सिवकासी
रामानाथपुरम्
कोविलपट्टी
किजाक्कराई
धनुषकोडी
तेन्कासी
तिरुनेलवेली
टूटीकोरिन
मन्नार
मन्नार की खाड़ी
तिरुच्चेंदूर
नंगूनेरी
त्रिंकोमली
अनुराधापुर
पोलोन्नारूथ
कान्डी
कोलम्बो
बित्रा द्वी
चेटलट्ट द्वीप
किल्टान द्वीप
अमीन द्वीप दीवी
कडमाट द्वीप
अमिनी द्वीप
अन्द्रोथ द्वीप
लक्षद्वीप (भारत)
अगत्ती द्वी
कवरत्ती द्वी
कवरत्ती
कन्नानूर द्वीप
चेरियम द्वीप
सुहेली द्वीप
काल्पेनी द्वीप
नवाँश जलमार्ग
हिंद महासागर
मिनीकाय द्वीप
पैमाना 1 सेमी. : 95 किमी. लगभग
पैमाना 1 : 6.5,000,000 किमी.
कोको चैनल
नरकोन्डम द्वीप (भारत)
अंडमान और निकोबार द्वीप समूह (भारत)
उत्तरी अंडमान
मध्य अंडमान
बेरेन द्वीप (भारत)
रिचीस द्वी स. (अंडमान)
दक्षिणी अंडमान
पोर्ट ब्लेअर
डैकन पैसेज
लघु अंडमान
10 डिग्री चैनल
कार निकोबार द्वी.
तिल्लनचोग द्वीप
कमोर्टा द्वीप
कैचार द्वीप
नानकौरी द्वीप
सोम्बेरो जलमार्ग
लघु निकोबार
वृहत निकोबार
इन्द्रा पॉइंट
पैमाना 1 सेमी. = 70 किमी.

दिल्ली
पानीपत को
अम्बाला को
यमुना
नारेला
नारेला रे. स्टे.
कुरूनी
पाल्ला
घोघा
टिग्गीपुर
उत्तर प्रदेश
बाजितपुर
ठकुरां
पश्चिम यमुना नहर
उत्तर पश्चिम
खोर पंजाब
लिबासपुर
उत्तर
हरियाणा
पहलादपुर बांगड़
उत्तर दक्षिण
बेगमपुर
सौडा
निठारी
अजादपुर रे. स्टे.
वाजिराबाद
खाजुरी
नंद नगरी
मांगोलपुर कलां
तीस हजारी
सौहदारा
बाकारावाला
पश्चिम बिहार
दिल्ली
दक्षिण
शफीपुर
पश्चिम
करौल बाग
नई दिल्ली
मध्य
घिराऊँ कलां
गणेश नगर
नजफगढ़
डाबरी
खरगी पैलेस
नई दिल्ली
कल्याणपुरी
मुण्डेला कलां
सुरहरा
चाणक्यपुरी
दक्षिण पश्चिम
पालाम
सफदरजंग
ऊज्वा
खानपुर
मेहराम नगर
आकोला रे. स्टे.
आकोला
बाडू सराय
सोहल सराय
गालिबपुर
ब्रजासान
तुगलहकाबाद रे.स्टे.
कुतुबुद्दीन मकबरा
गुरूग्राम
दक्षिण
गढ़ी धामिना
आसोला
फरीदाबाद टाऊन
मंडी
डेरा मण्डी
हरियाणा

चडीगढ़
सेक्टर 12
सेक्टर 14
सेक्टर 11
सेक्टर 1
पंजाब विश्वविद्यालय
सेक्टर 14
सेक्टर 41
रॉक गार्डन
सेक्टर 39
सेक्टर 35
सुखना झील
सेक्टर 21
सुखना चोला झील
चंडीगढ़ स्कार्ट्स् सेवा
बस टर्मिनल
ज्ञानम् कॉलेज
सेक्टर 28
सेक्टर 43
सेक्टर 29
सुखना चोला
सेक्टर 31
पी.डब्ल्यू.डी. ऑफिस
पंजाब
सेक्टर 47
एस.ए.एस. नगर (मोहाली)
हरियाणा
पी.सी.ए. स्टेडियम (मोहाली)

दामण
अरब सागर
जानिवांकड
भीमपुर
कडैया
गुजरात
दमन
मारवद
दुनेथा
दमण
नैनी दमण
रिंगनवाडा
वरकुण्ड
मोती दमण
दमणवाड़ा
केचिगम
भा र त
नैला पार्डि
थानी पार्डि
मानचित्र पैमाने पर नहीं

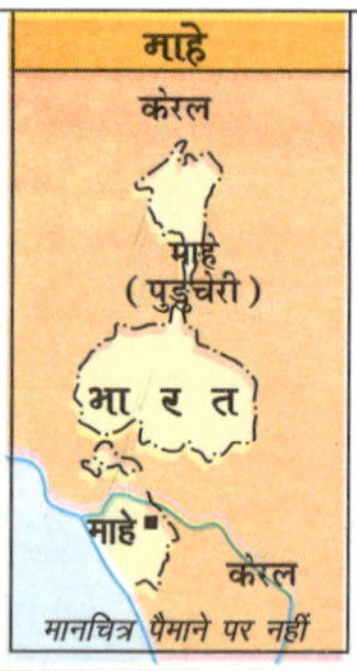
माहे
केरल
माहे (पुडुचेरी)
भा र त
माहे
केरल
मानचित्र पैमाने पर नहीं

कारैकल
तमिलनाडु
कोट्टुचेरी
नेदुंगाडु
भा र त
तिरूनाल्लार
कारैकल
कारैकल (पुडुचेरी)
नार्वे
तिरूमलैरियम पट्टिनम
तमिलनाडु
मानचित्र पैमाने पर नहीं

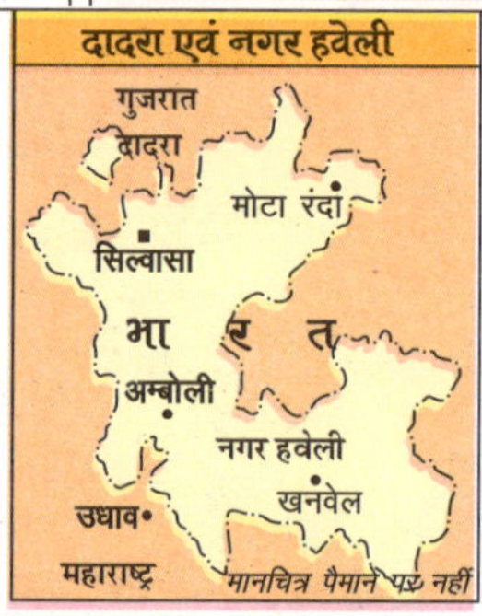
दादरा एवं नगर हवेली
गुजरात
दादरा
मोटा रंदा
सिल्वासा
भा र त
अम्बोली
नगर हवेली
खनवेल
उधाव
महाराष्ट्र
मानचित्र पैमाने पर नहीं

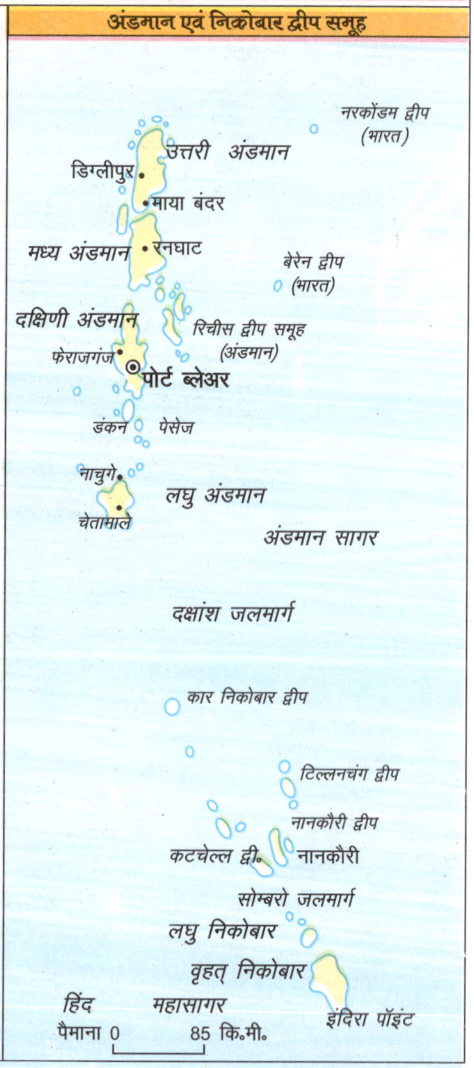
अंडमान एवं निकोबार द्वीप समूह
नरकोंडम द्वीप (भारत)
उत्तरी अंडमान
डिग्लीपुर
माया बंदर
मध्य अंडमान
रनघाट
बेरेन द्वीप (भारत)
दक्षिणी अंडमान
रिचीस द्वीप समूह (अंडमान)
फेराजगंज
पोर्ट ब्लेअर
डंकन
पेसेज
नाचुगे
लघु अंडमान
चेतामाले
अंडमान सागर
दक्षांश जलमार्ग
कार निकोबार द्वीप
टिल्लनचंग द्वीप
नानकौरी द्वीप
कटचेल्ल द्वी.
नानकौरी
सोम्बरो जलमार्ग
लघु निकोबार
वृहत् निकोबार
हिंद महासागर
इंदिरा पॉइंट
पैमाना 0 85 कि.मी.

दीव
गु ज रा त
भा र त
बुचरवाड़ा
घोघला
दीव
फुदम
दीव
वानकबाड़ा
मलाला
जालांधर
चक्रतीर्थ
अरब सागर
मानचित्र पैमाने पर नहीं

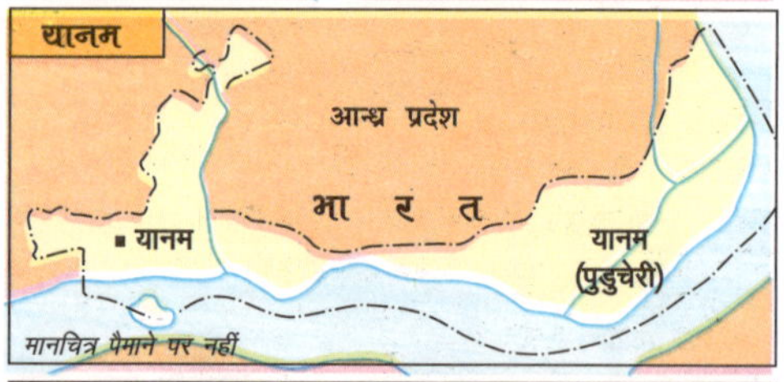
यानम
आन्ध्र प्रदेश
भा र त
यानम
यानम (पुडुचेरी)
मानचित्र पैमाने पर नहीं

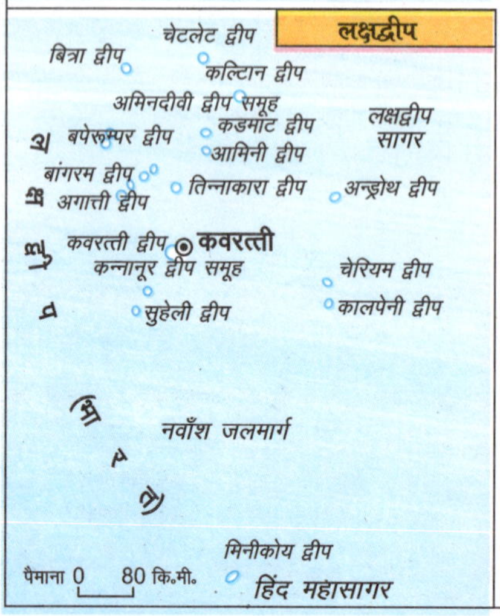
लक्षद्वीप
चेटलेट द्वीप
बित्रा द्वीप
कल्टिन द्वीप
अमिनदीवी द्वीप समूह
कडमाट द्वीप
लक्षद्वीप सागर
बपेरूम्पर द्वीप
आमिनी द्वीप
बांगरम द्वीप
तिन्नाकारा द्वीप
अन्ड्रोथ द्वीप
अगात्ती द्वीप
कवरत्ती द्वीप
कवरत्ती
कन्नानूर द्वीप समूह
चेरियम द्वीप
कालपेनी द्वीप
सुहेली द्वीप
अरब सागर
नवाँश जलमार्ग
मिनीकोय द्वीप
हिंद महासागर
पैमाना 0 80 कि.मी.

पुडुचेरी
तमिलनाडु
कालापेट्टई
भा र त
पुडुचेरी
विल्लयानुर
अरियांकुप्पम
बंगाल की खाड़ी
मडुकेरे
चुन्नाम्बर
कारैमनीक्कम
थवालकुप्पम
करयानपुत्तूर
किरूम्मबाक्कम
बोहर
तमिलनाडु
मानचित्र पैमाने पर नहीं

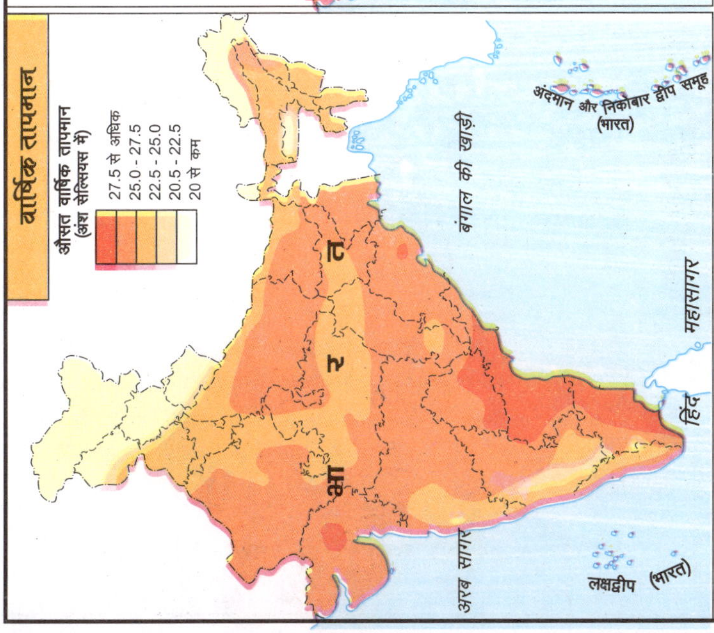
वार्षिक तापमान
औसत वार्षिक तापमान (अंश सेल्सियस में)
27.5 से अधिक
25.0 - 27.5
22.5 - 25.0
20.5 - 22.5
20 से कम
भारत
अरब सागर
बंगाल की खाड़ी
हिंद महासागर
लक्षद्वीप (भारत)
अंडमान और निकोबार द्वीप समूह (भारत)

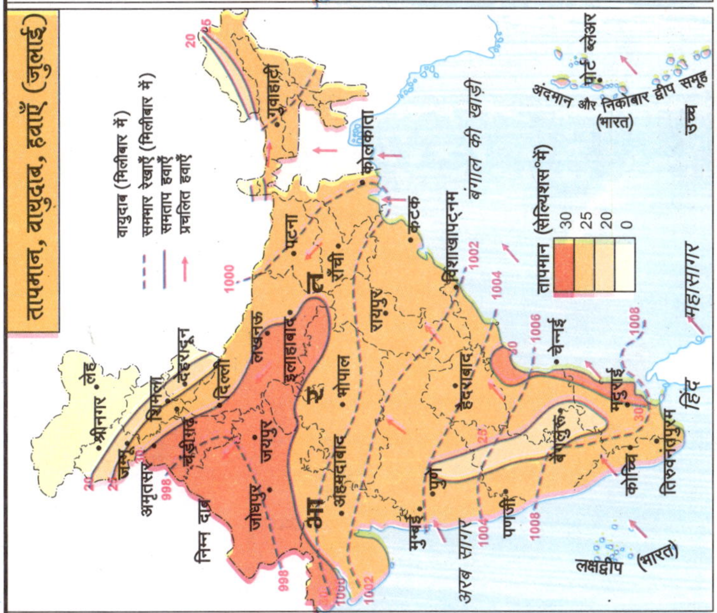
तापमान, वायुदाब, हवाएँ (जुलाई)
वायुदाब (मिलीबार में)
समभार रेखाएँ (मिलीबार में)
समताप रेखाएँ
प्रचलित हवाएँ
तापमान (सेल्सियस° में)
30
25
20
0
निम्न दाब
उच्च दाब
अरब सागर
बंगाल की खाड़ी
हिंद महासागर
लक्षद्वीप (भारत)
अंडमान और निकोबार द्वीप समूह (भारत)
पोर्ट ब्लेयर

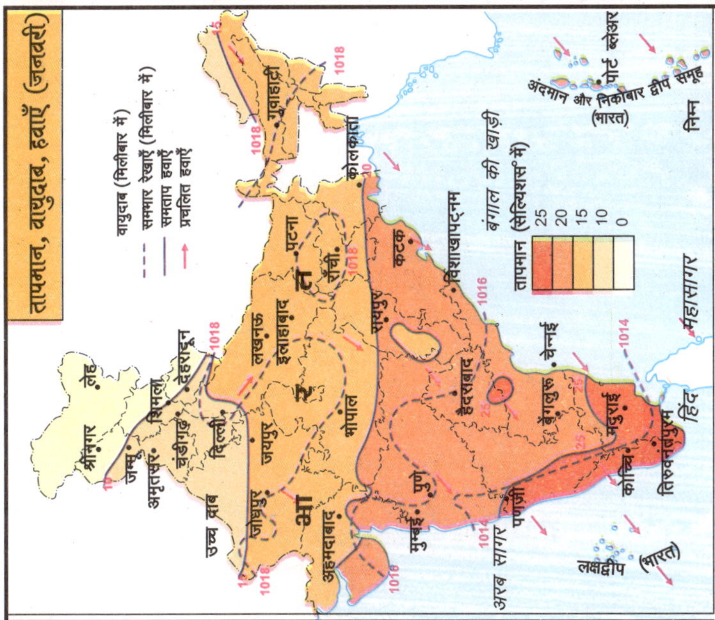
तापमान, वायुदाब, हवाएँ (जनवरी)
वायुदाब (मिलीबार में)
समभार रेखाएँ (मिलीबार में)
समताप रेखाएँ
प्रचलित हवाएँ
तापमान (सेल्सियस° में)
25
20
15
10
0
उच्च दाब
निम्न
अरब सागर
बंगाल की खाड़ी
हिंद महासागर
लक्षद्वीप (भारत)
अंडमान और निकोबार द्वीप समूह (भारत)
पोर्ट ब्लेयर

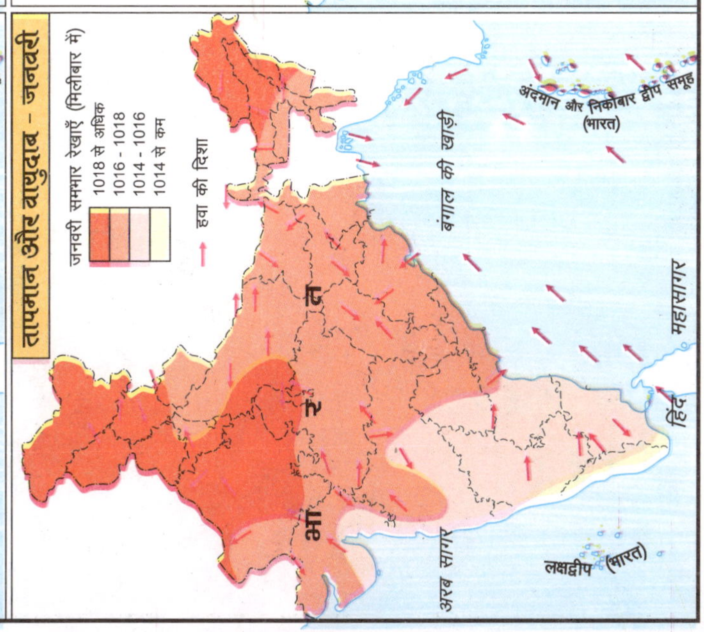
तापमान और वायुदाब - जनवरी
जनवरी समभार रेखाएँ (मिलीबार में)
1018 से अधिक
1016 - 1018
1014 - 1016
1014 से कम
हवा की दिशा
अरब सागर
बंगाल की खाड़ी
हिंद महासागर
लक्षद्वीप (भारत)
अंडमान और निकोबार द्वीप समूह (भारत)

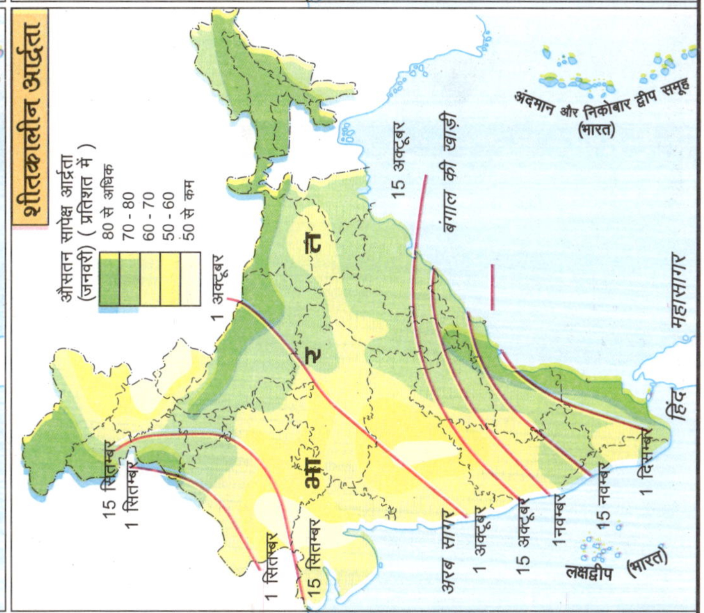
शीतकालीन आर्द्रता
औसतन सापेक्ष आर्द्रता (जनवरी) (प्रतिशत में)
80 से अधिक
70 - 80
60 - 70
50 - 60
50 से कम
1 सितम्बर
15 सितम्बर
1 अक्टूबर
15 अक्टूबर
1 नवम्बर
15 नवम्बर
1 दिसम्बर
अरब सागर
बंगाल की खाड़ी
हिंद महासागर
लक्षद्वीप (भारत)
अंडमान और निकोबार द्वीप समूह (भारत)

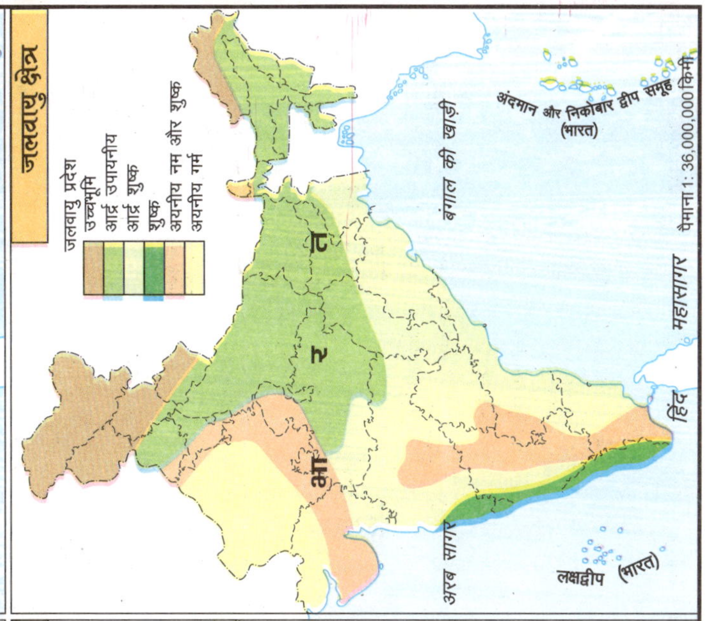
जलवायु क्षेत्र
जलवायु प्रदेश
उच्चभूमि
आर्द्र उपायनीय
आर्द्र शुष्क
शुष्क
अयनीय नम और शुष्क
अयनीय गर्म
अरब सागर
बंगाल की खाड़ी
हिंद महासागर
लक्षद्वीप (भारत)
अंडमान और निकोबार द्वीप समूह (भारत)
पैमाना 1: 36,000,000 किमी

वार्षिक औसत वर्षा

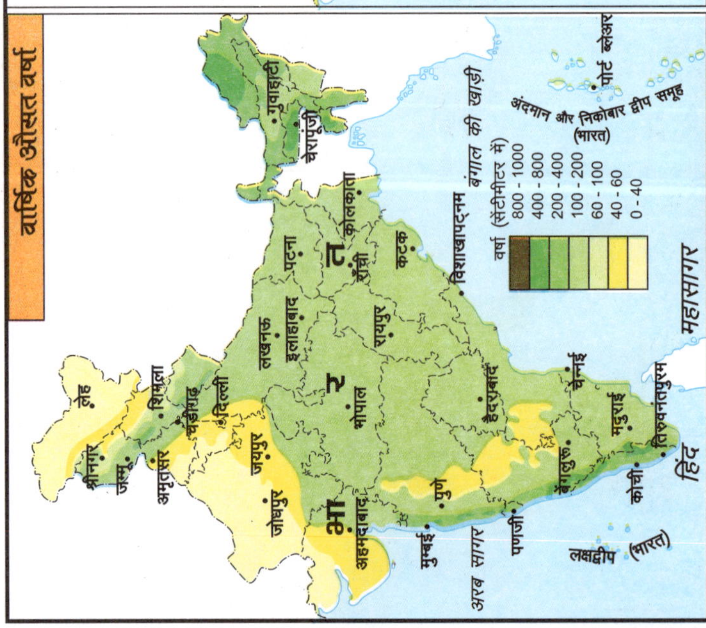

ग्रीष्मकालीन वर्षा

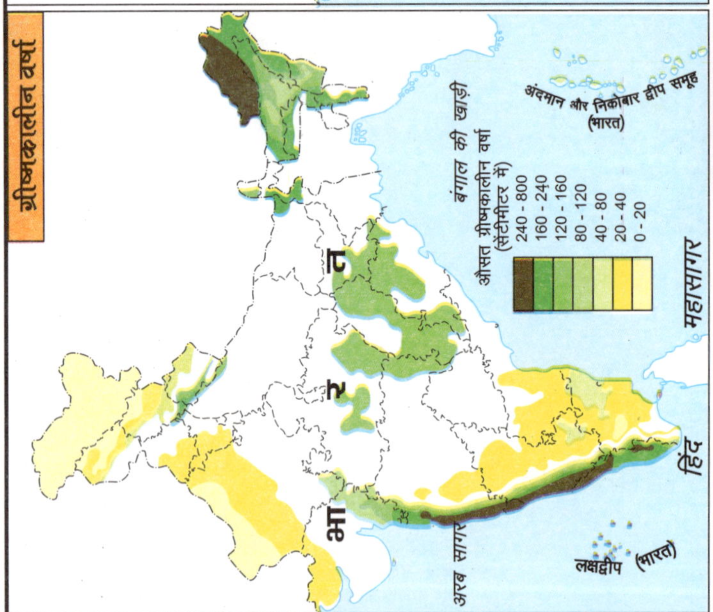

शीतकालीन वर्षा

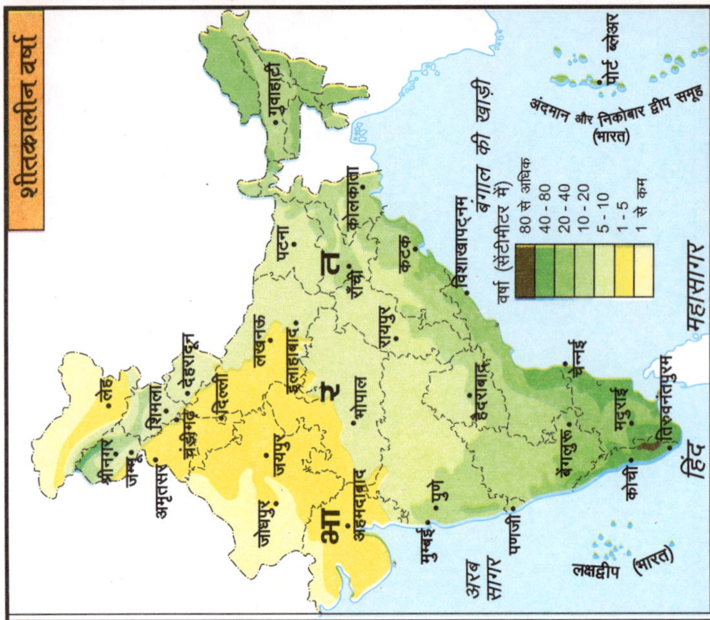

वायुदाब और हवाएँ (जुलाई)

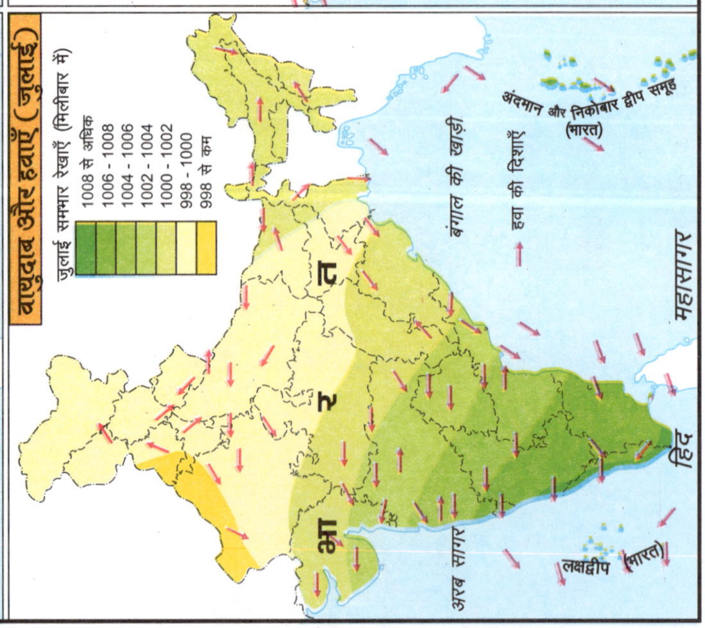

ग्रीष्मकालीन नमी

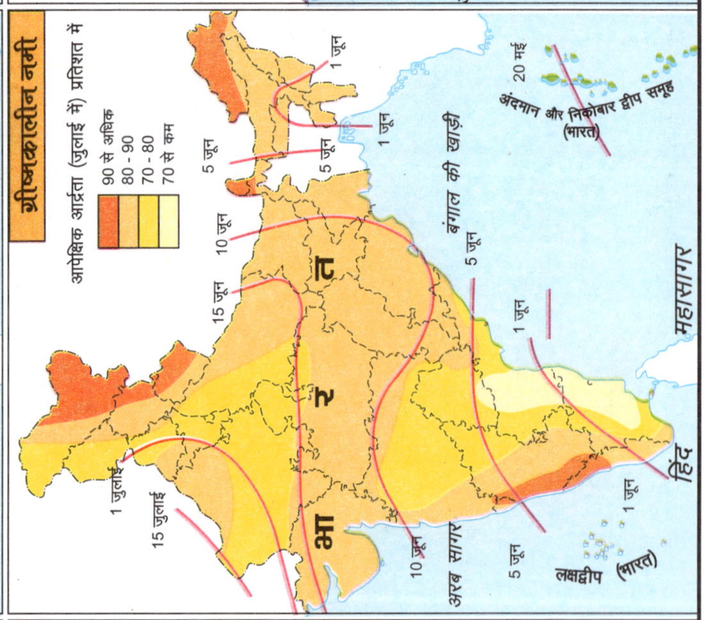

प्राकृतिक प्रदेश

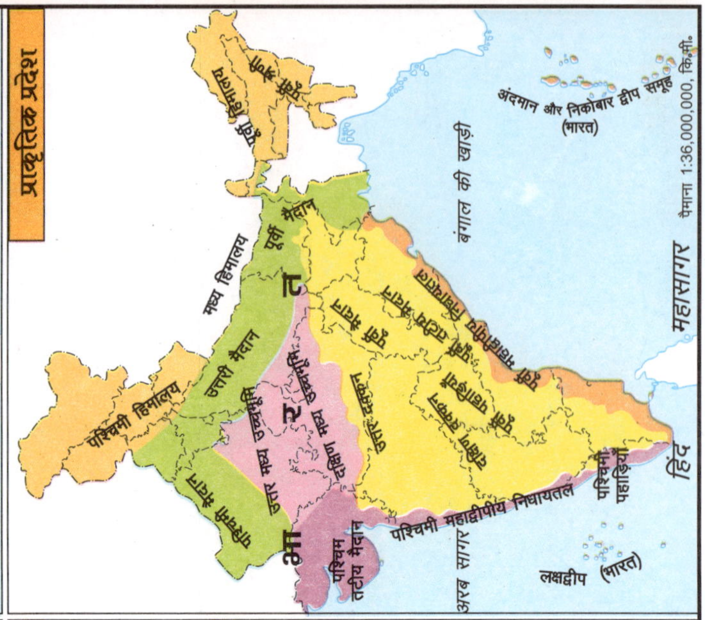

मृदा

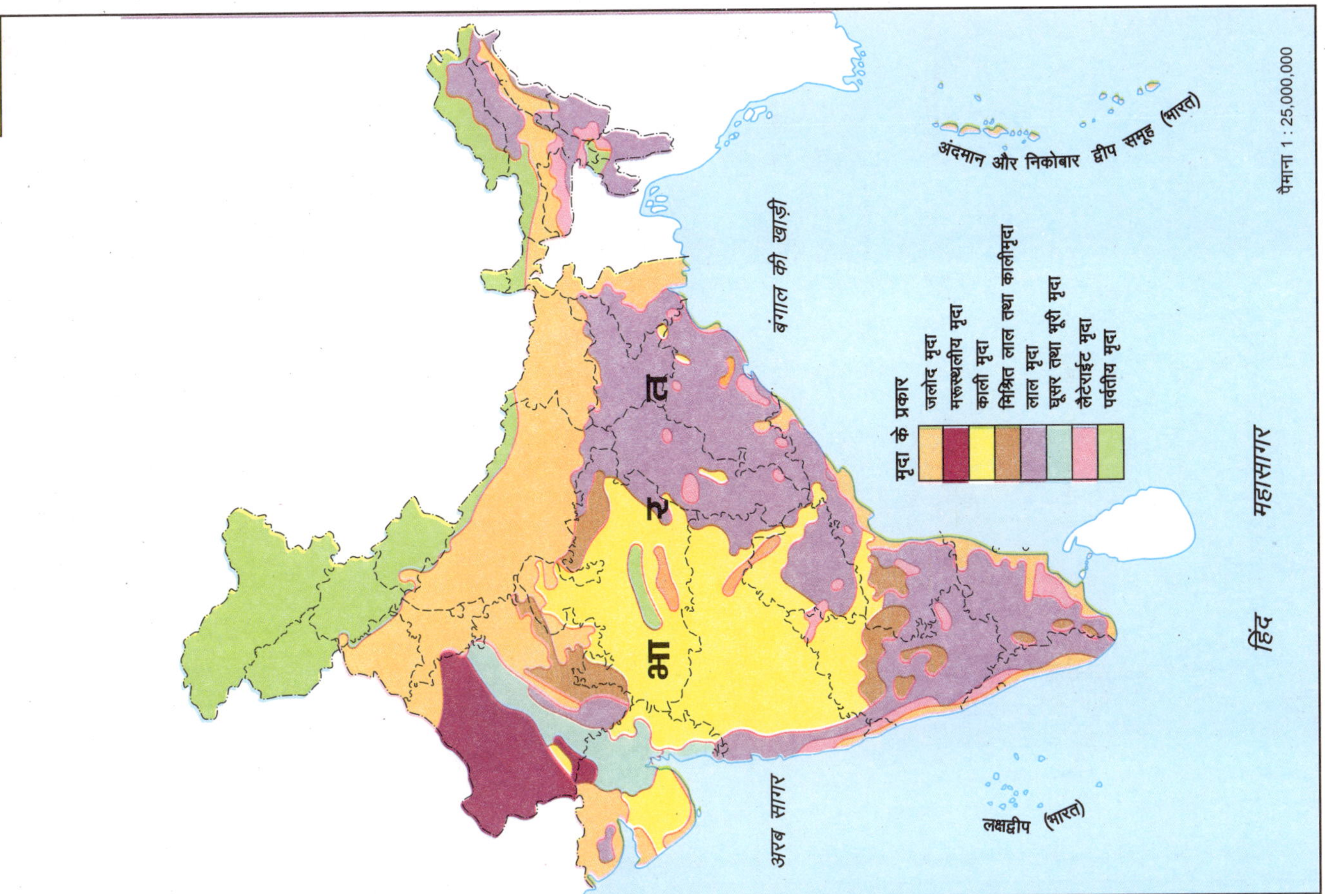

भूतत्त्वीय संरचना

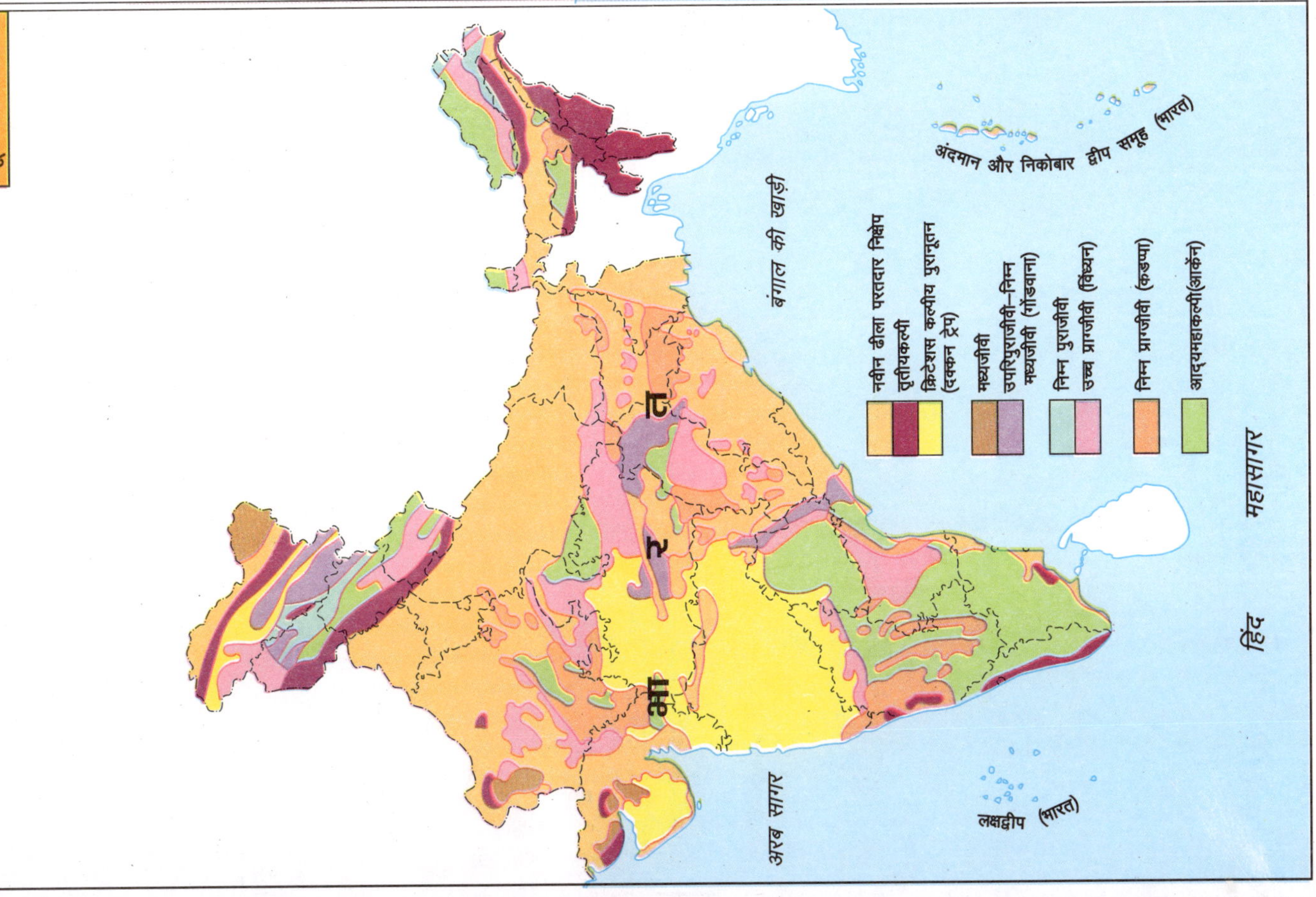

खनिज

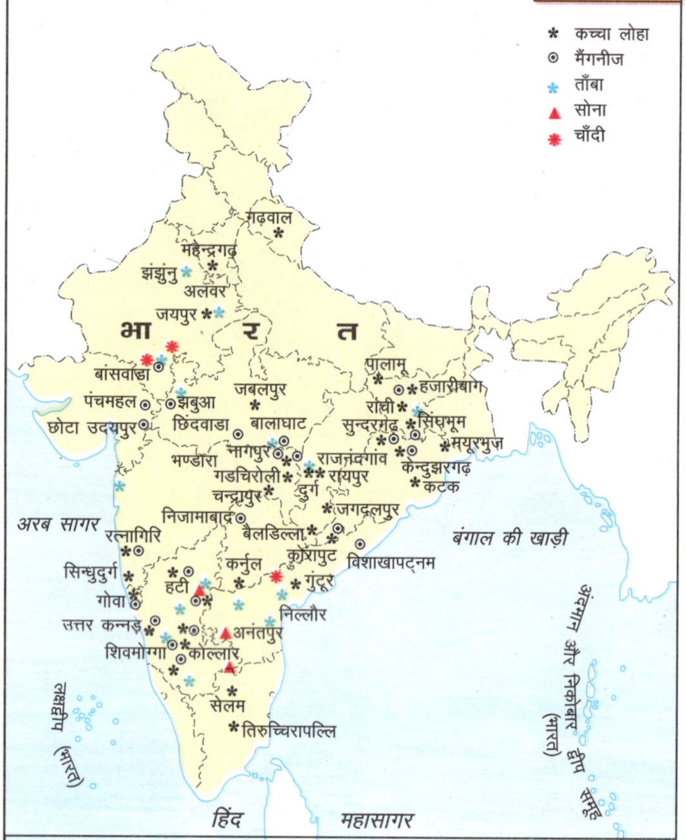

खनिज

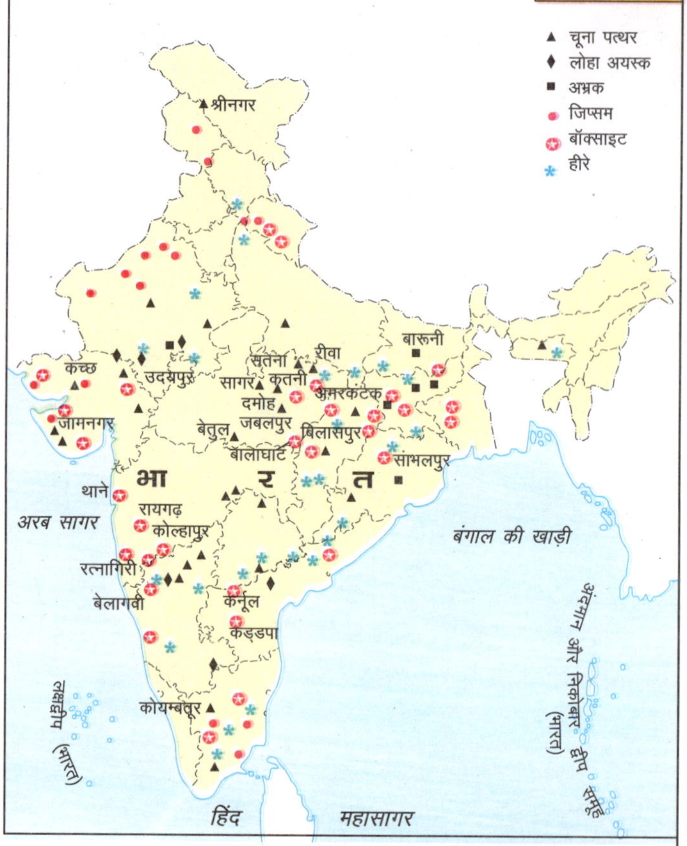

खनिज ईंधन

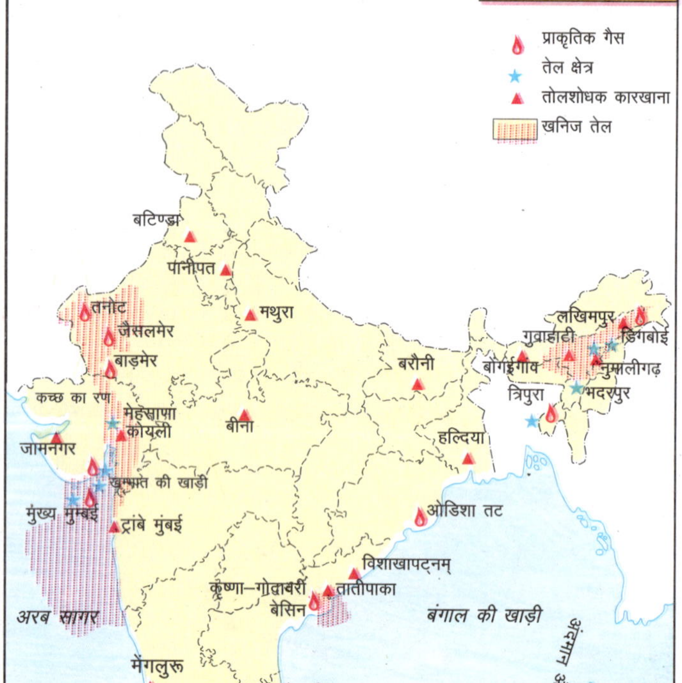

कोयला, लिग्नाइट और गैर ऊर्जा संसाधन केंद्र

वनस्पति

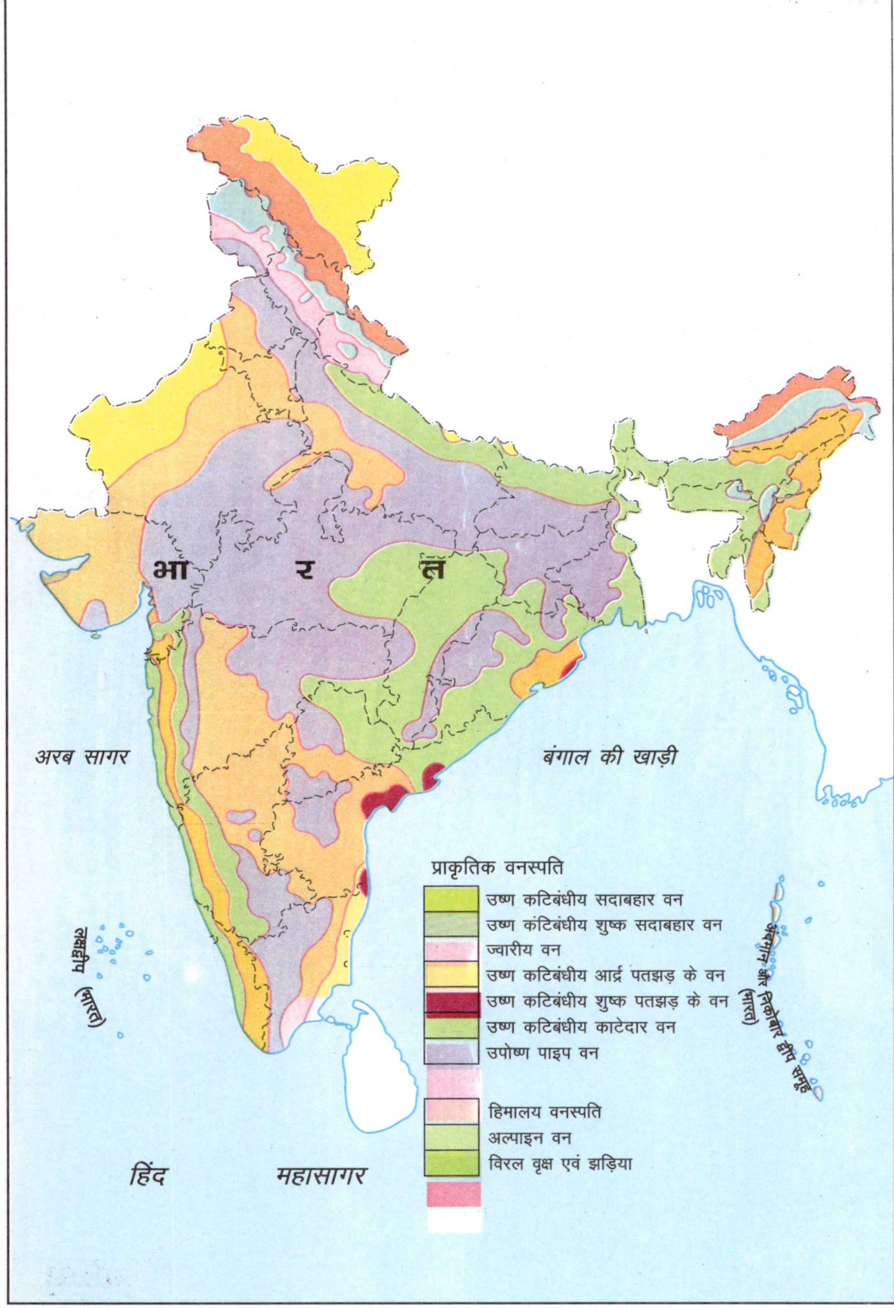

जंगली क्षेत्र

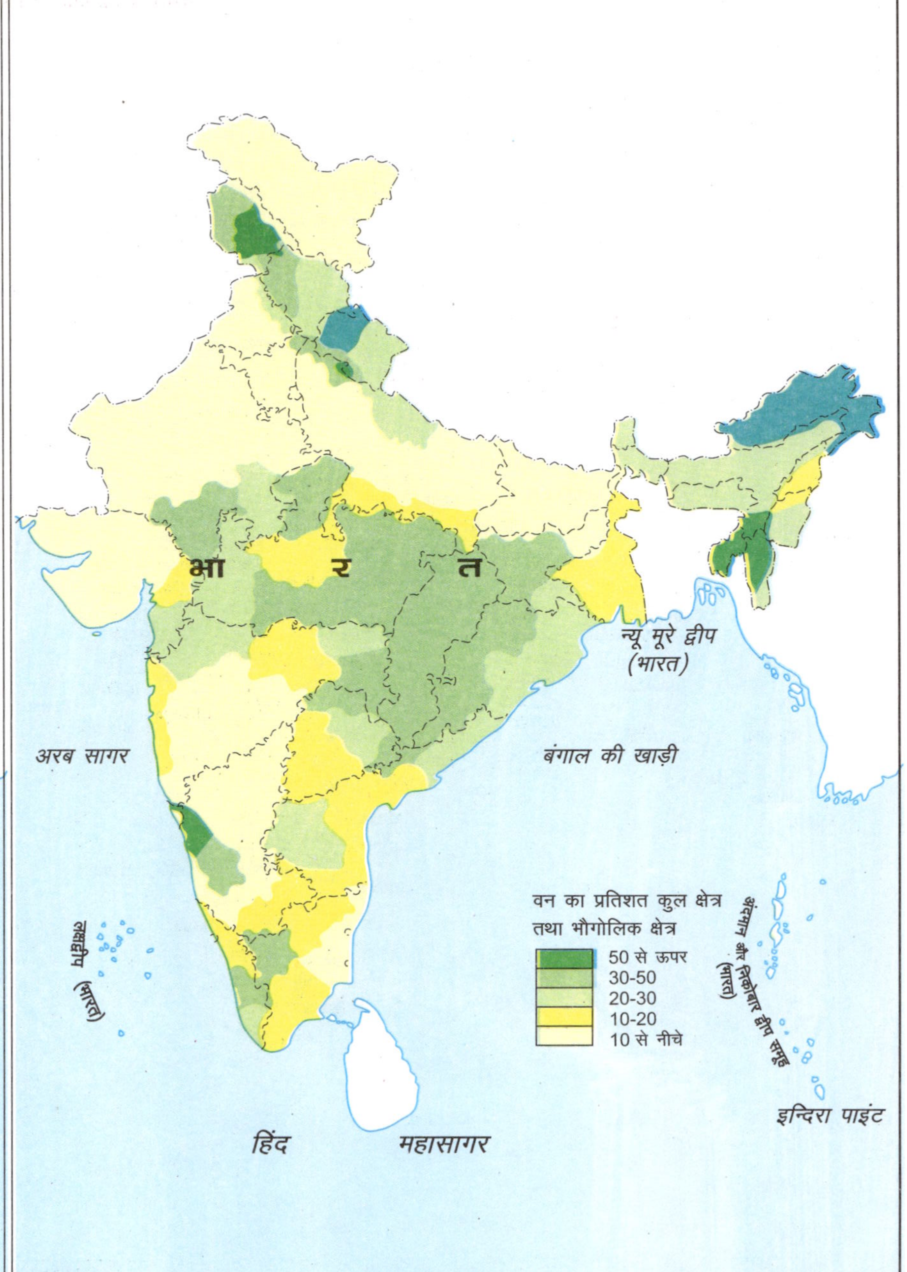

पैमाना 1 : 25,000,000 लगभग

सिंचाई

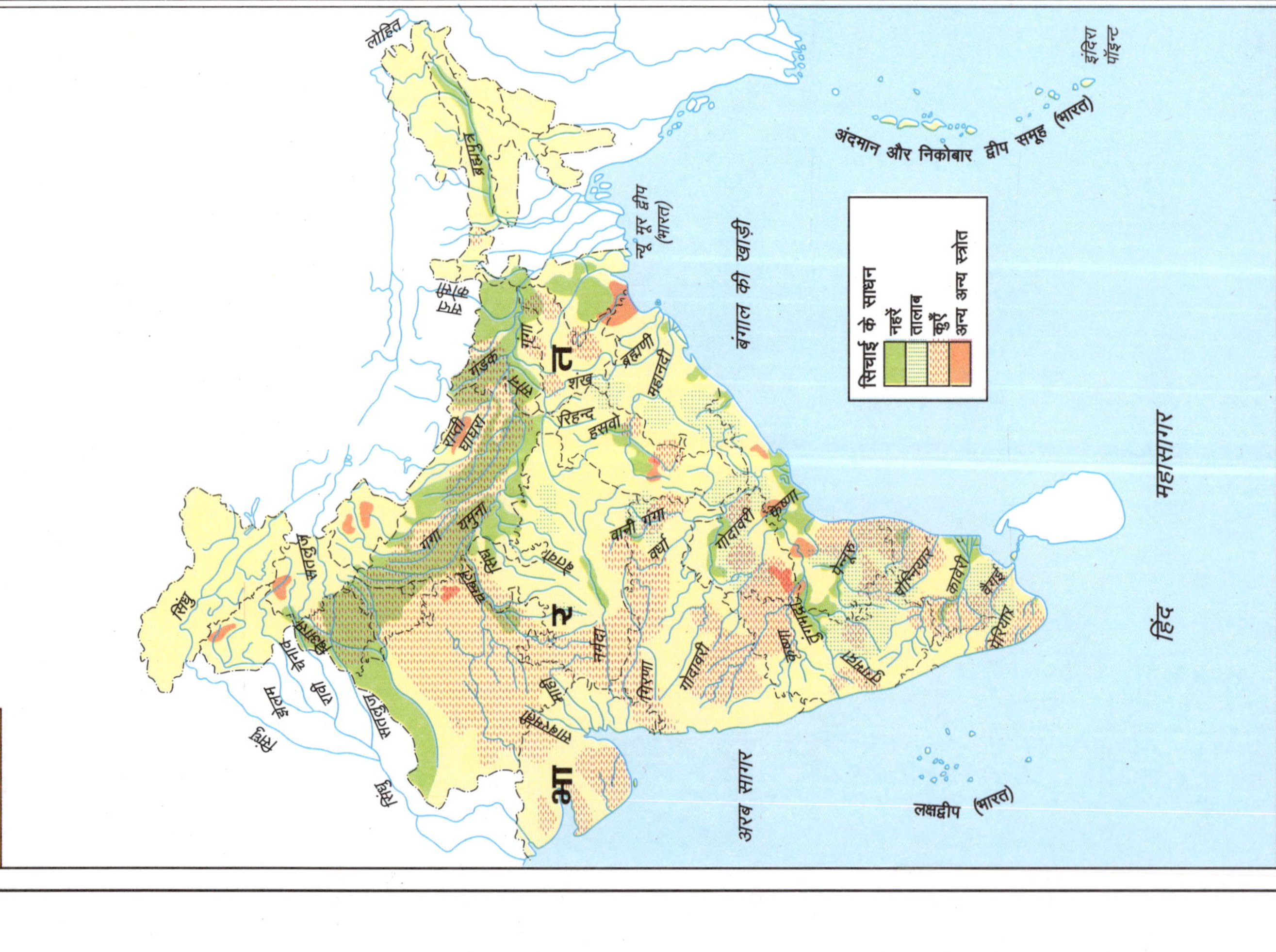
सिंचाई के साधन
नहरें
तालाब
कुँएँ
अन्य अन्य स्रोत
अरब सागर
बंगाल की खाड़ी
हिंद महासागर
लक्षद्वीप (भारत)
अंदमान और निकोबार द्वीप समूह (भारत)
न्यू मूर द्वीप (भारत)
इंदिरा पॉइन्ट
सिंधु
झेलम
रावी
व्यास
सतलुज
यमुना
गंगा
घाघरा
गंडक
कोसी
ब्रह्मपुत्र
लोहित
चम्बल
बेतवा
सोन
रिहन्द
नर्मदा
ताप्ती
साबरमती
वर्धा
गोदावरी
कृष्णा
तुंगभद्रा
पेन्नार
कावेरी
महानदी
ब्राह्मणी
पेरियार
वैगई

शक्ति

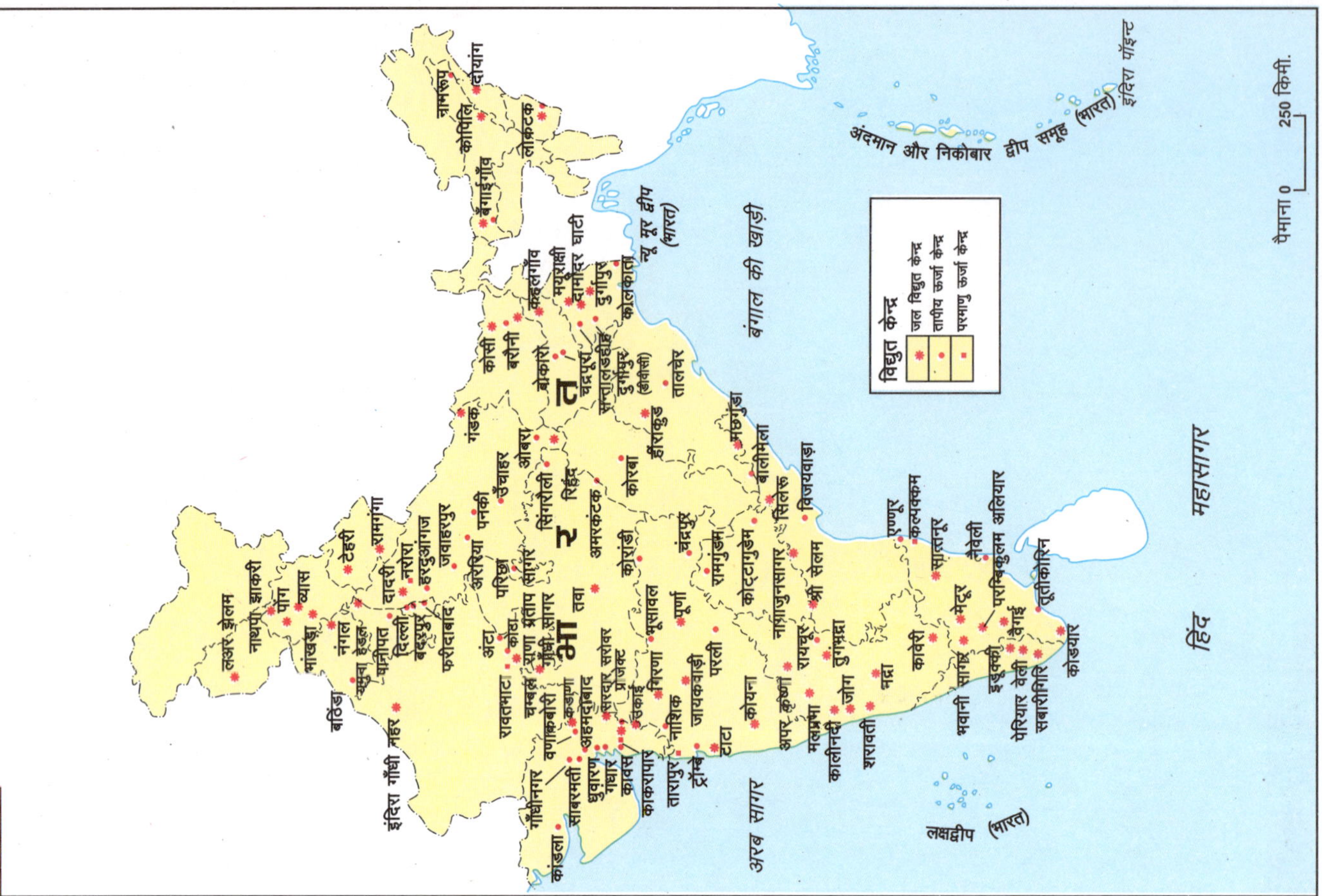
विद्युत केन्द्र
जल विद्युत केन्द्र
तापीय ऊर्जा केन्द्र
परमाणु ऊर्जा केन्द्र
पैमाना 0 250 किमी.
अरब सागर
बंगाल की खाड़ी
हिंद महासागर
लक्षद्वीप (भारत)
अंदमान और निकोबार द्वीप समूह (भारत)
न्यू मूर द्वीप (भारत)
इंदिरा पॉइन्ट
लोअर झेलम
नाथपा झाकरी
पोंग
ब्यास
भाखड़ा
नंगल
टेहरी
रामगंगा
पानीपत
दिल्ली
नरोरा
बदरपुर
हरदुआगंज
फरीदाबाद
जवाहरपुर
बठिंडा
इंदिरा गाँधी नहर
कोटा
राणा प्रताप सागर
गांधी सागर
सिंगरौली
रिहंद
ओबरा
पनकी
ऊँचाहार
गंडक
कोसी
बरौनी
बोकारो
चंद्रपुरा
दुर्गापुर
कोलकाता
फरक्का
मयूराक्षी
कोरबा
तालचेर
हीराकुड
बालीमेला
विजयवाड़ा
सिलेरु
नागार्जुनसागर
रामागुंडम
कोयना
तारापुर
ट्रॉम्बे
नासिक
उकाई
काकरापार
साबरमती
गांधीनगर
कांडला
शरावती
कालीनदी
रायचूर
तुंगभद्रा
मेट्टूर
नेवेली
कावेरी
इडुक्की
पेरियार
सबरीगिरि
कोडयार
तूतीकोरिन
कलपक्कम
चेन्नई
बोंगाईगाँव
कोपिलि
लोकटक
नामरूप
दोयांग

गेहूँ

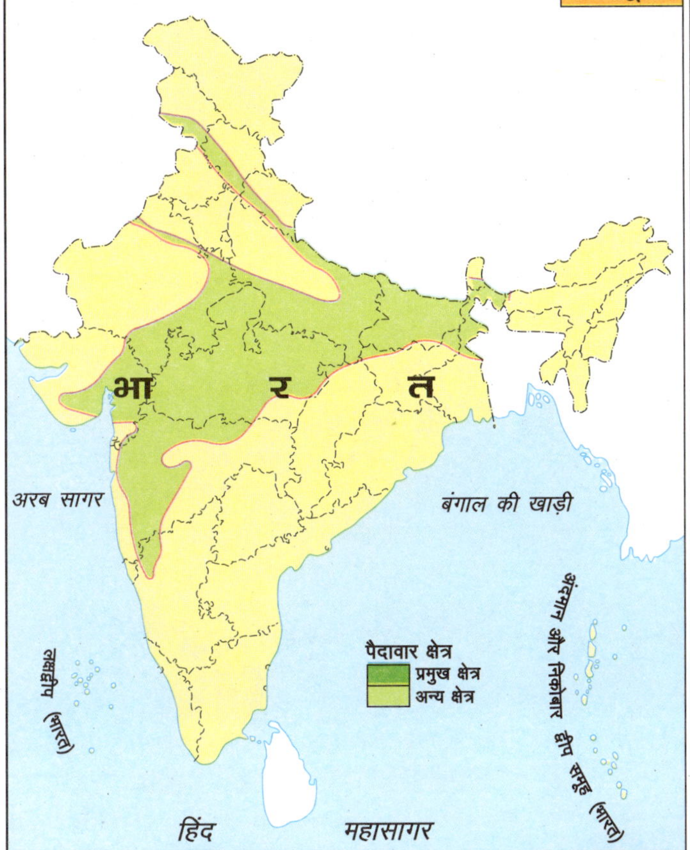

चावल

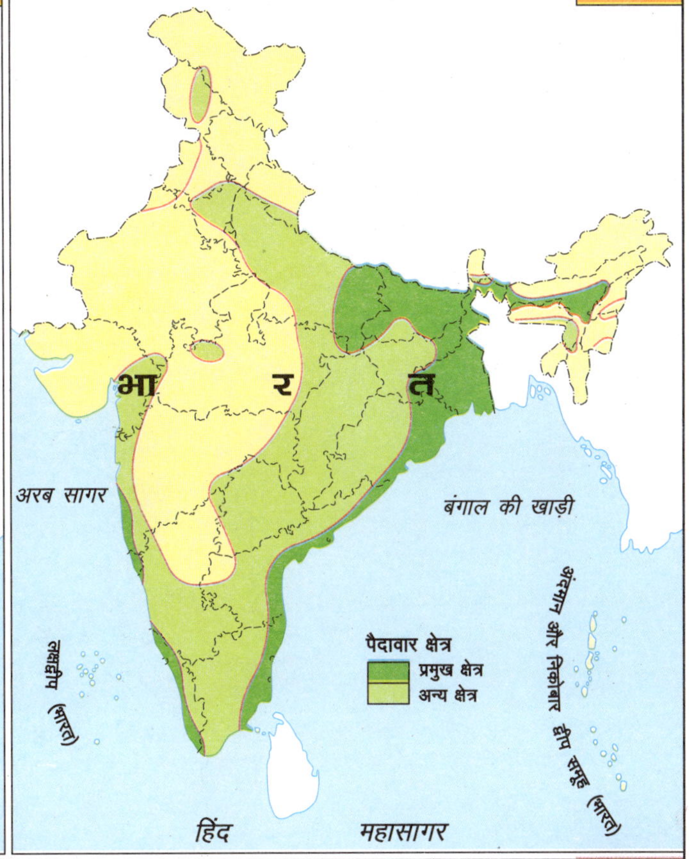

ज्वार

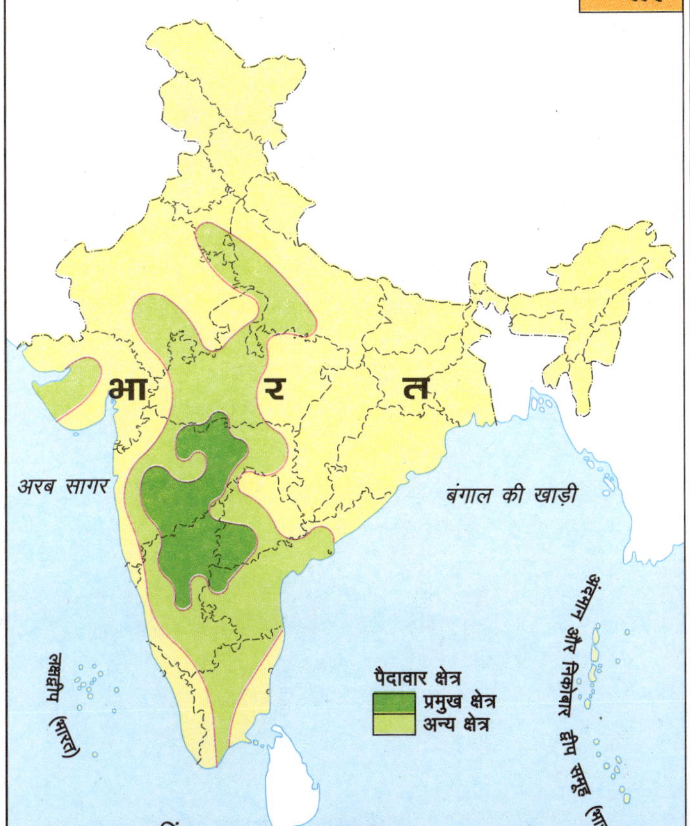

बाजरा

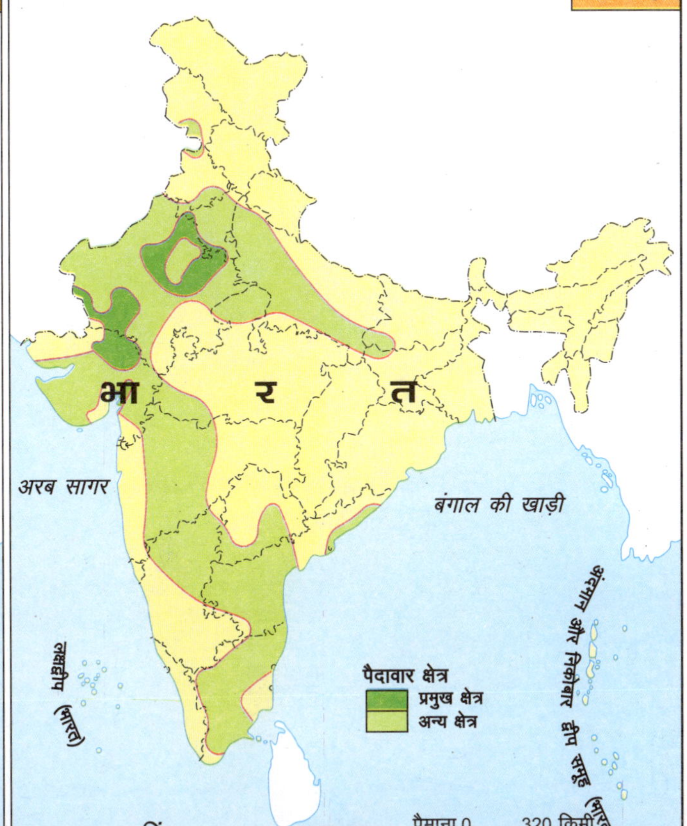

गन्ना

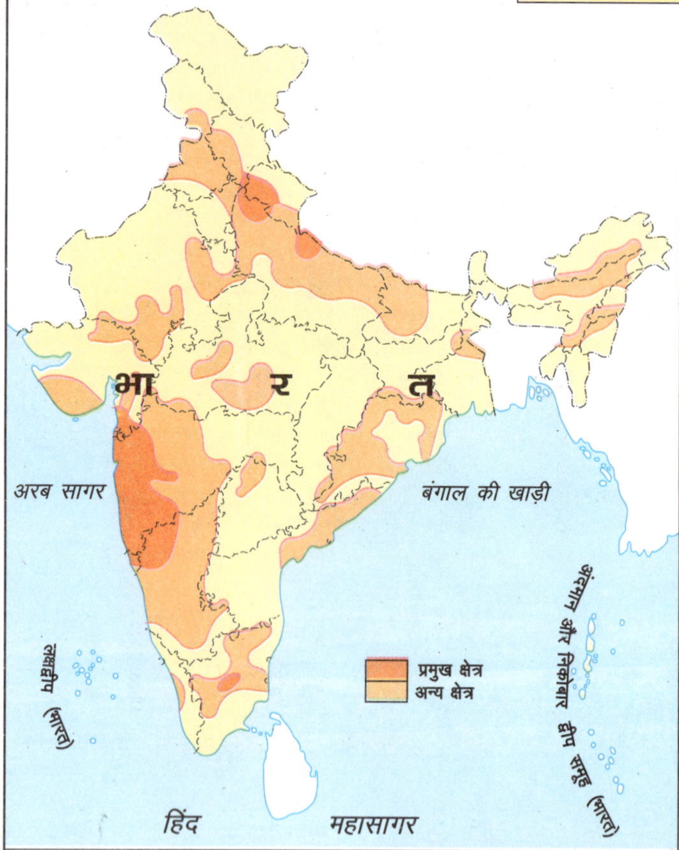

तिलहन

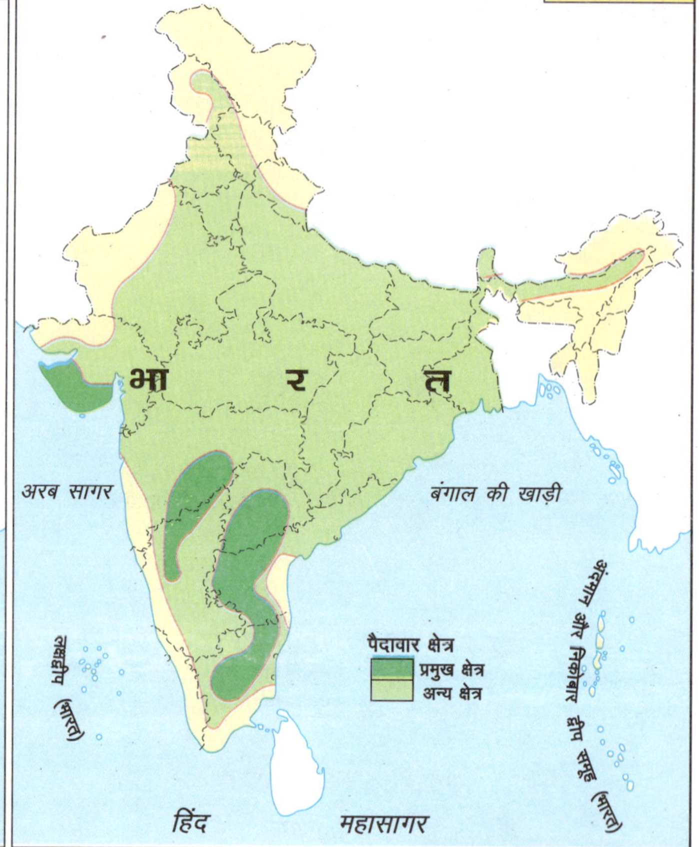

कॉफी, कपास और चाय

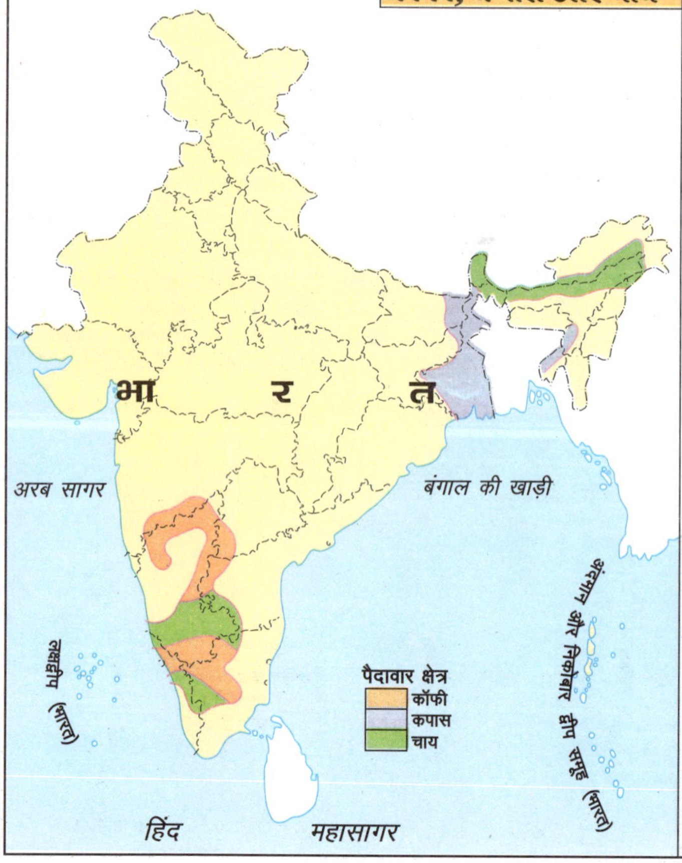

रबर और तंबाकू

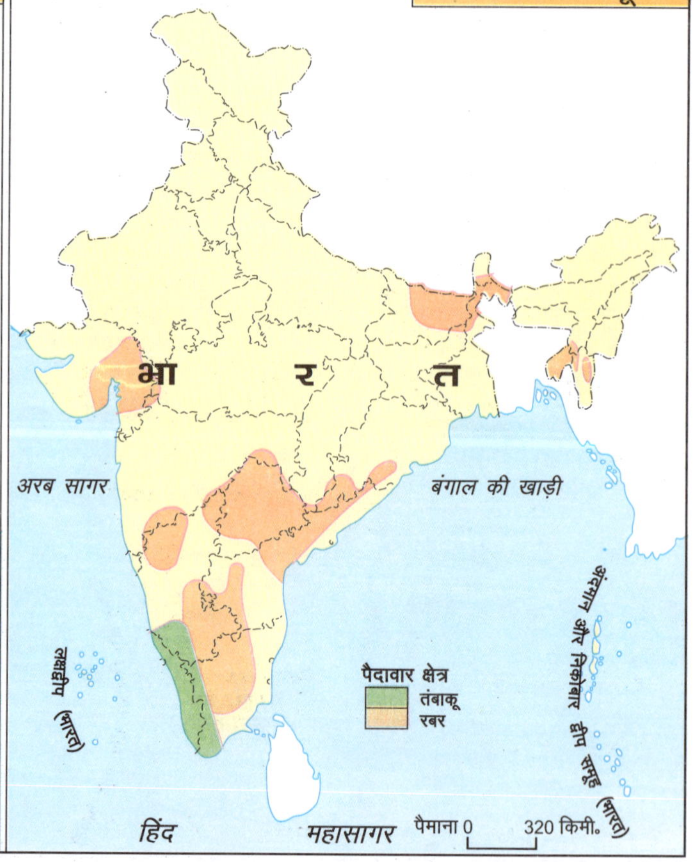

टेक्सटाइल

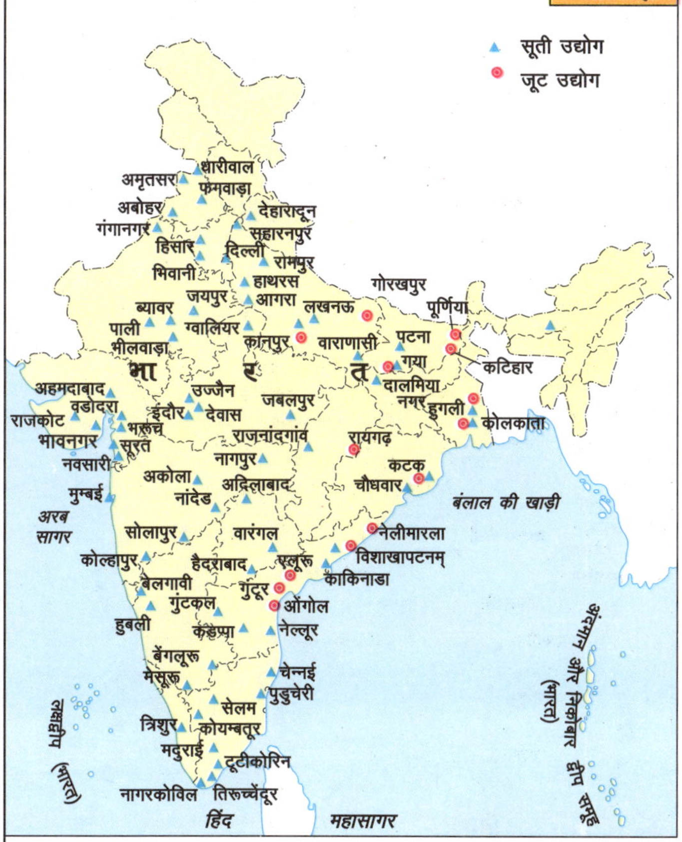

शक्कर

खनिज आधारित

अभियांत्रिकी आधारित

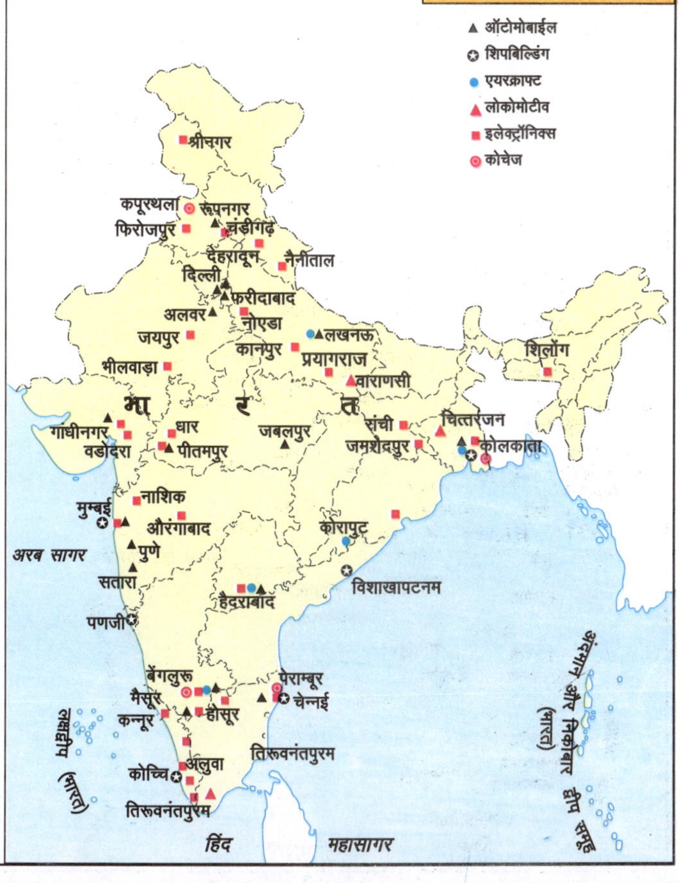

पेय पदार्थ
खाद्य उत्पादक
तम्बाकू
सूचना तकनीकी केन्द्र
श्रीनगर
जालंधर
मोहाली
दिल्ली
नोएडा
जयपुर
दार्जीलिंग
सिबसागर
जोरहाट
गुवाहाटी
सिल्चर
गया
गांधीनगर
होसंगाबाद
जबलपुर
कोलकता
भा र त
भुबनेश्वर
मुम्बई
पुणे
हैदराबाद
अरब सागर
बंगाल की खाड़ी
विशाखापट्नम
गंटूर
पणजी
कड़प्पा
हासन
चित्तूर
तिरूपति
मेंगलूरू
मेसूरू
बेंगलूरू
चेन्नई
कोजीकोड
कोयम्बूतर
त्रिसूर
पालक्कड़
कोची
तिरूवनंतपुरूम
लक्षद्वीप (भारत)
अंडमान और निकोबार द्वीप समूह (भारत)
हिंद महासागर

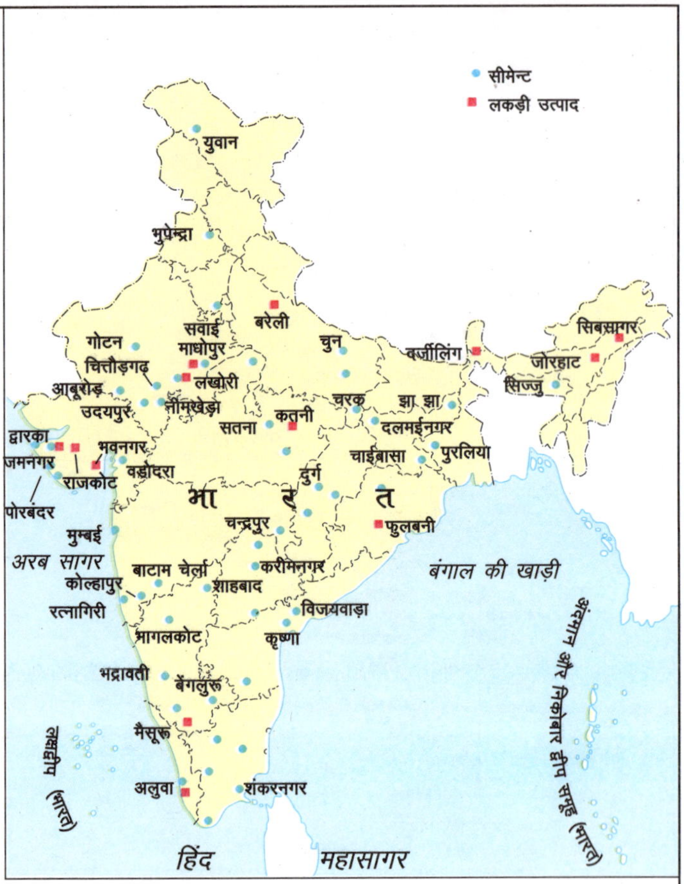
सीमेन्ट
लकड़ी उत्पाद
युवान
भुपेन्द्रा
बरेली
सवाई माधोपुर
गोटन
चित्तौड़गढ़
लखोरी
चुन
दार्जीलिंग
सिबसागर
जोरहाट
सिल्जु
आबूरोड़
उदयपुर
नीमखेड़ा
सतना
कतनी
चरक
झा झा
दलमईनगर
द्वारका
जमनगर
भवनगर
राजकोट
वडोदरा
चाईबासा
पुरलिया
पोरबंदर
दुर्ग
भा र त
मुम्बई
चन्द्रपुर
फुलबनी
अरब सागर
बाटाम
चेर्ला
करीमनगर
कोल्हापुर
शाहबाद
बंगाल की खाड़ी
रत्नागिरी
विजयवाड़ा
बागलकोट
कृष्णा
भद्रावती
बेंगलुरू
मैसूरू
अलुवा
शंकरनगर
लक्षद्वीप (भारत)
अंडमान और निकोबार द्वीप समूह (भारत)
हिंद महासागर

चमड़ा
रबड़ उद्योग
प्लास्टिक उद्योग
पेपर उद्योग
जगाधरी
सहारनपुर
फतेहबाद
दिल्ली
मथुरा
गोरखपुर
जोधपुर
आगरा
लखनऊ
सिलीगुड़ी
कोटा
कालपी
कटिहार
गुवाहाटी
नैणी
उदयपुर
रीवा
सरक
पटना
शिलोंग
धनबाद
रानीगंज
खण्डाला
अहमदाबाद
भोपाल
दलमाईनगर
अगरतला
भरूच
नेपानगर
तीतागढ़
नावसारी
सोनेगढ़
रायगढ़
बिसालपुर
कोलकाता
हल्दिया
बिलमौरा
ठाणे
नागपुर
मुम्बई
बल्लारपुर
चौंदवड़
भुवनेश्वर
भा नांदेड़ र सिरपुर त
अरब सागर
पुणे
मेढक
बंगाल की खाड़ी
श्रीकाकुलम
मद्राचलम
राजामुंद्री
हासपेटे
काकीनाडा
ड्डिोली
अनंतपुर
मद्रावती
शिवमोग्गा
बेंगलुरू
चेन्नई
कोजीकोड
एर्णाकुलम
कोट्टायम
मदुराई
चरणमहादेवी
लक्षद्वीप (भारत)
अंडमान और निकोबार द्वीप समूह (भारत)
हिंद महासागर

रासायनिक उत्पाद और फार्मास्यूटिकल्स
नागल
जालंधर
देहरादून
यमुनानगर
ऋषिकेश
सहारनपुर
गुडगाँव
खेतड़ी
लाखिमपुर
गोरखपुर
बरेली
तिनसुखिया
मथुरा
बाराबांकी
सवाई माधोपुर
राय बरेली
गुवाहाटी
फूलपुर
नैणी
कडला
कलोल
सातना
रेणुकूट
आसनसोल
रतलाम
सिंदरी
रानीगंज
पोरबंदर
वडोदरा
इन्दौर
दुर्गापुर
भवनगर
भा र त
जमशेदपुर
उधना
अंतुल
नेपानगर
दुर्ग
रायपुर
हल्दिया
औरंगाबाद
कटक
पारादीप
मुम्बई
कल्याण
चन्द्रपुर
नांदेड़
आदिलाबाद
गंजम
भुवनेश्वर
अरब सागर
बंगाल की खाड़ी
करीमनगर
श्रीकाकुलम
रत्नागिरी
काकीनाडा
पणजी
मछलीपट्टनम
हरिहार
कोजीकोड
पालक्काड़
अलुवा
कोल्लम
लक्षद्वीप (भारत)
अंडमान और निकोबार द्वीप समूह (भारत)
हिंद महासागर

स्वर्णिम राष्ट्रीय राजमार्ग
उत्तर – दक्षिण गलियारा राजमार्ग
पूर्व – पश्चिम गलियारा राजमार्ग
महत्वपूर्ण राष्ट्रीय राजमार्ग और नम्बर
74
वायु मार्ग
न्यूटकल मिल्स
श्रीनगर
करगिल
लेह
अन्तांग
किश्तवार
बाटोट
जम्मू
पठानकोट
मनाली
कल्पा
यमुनोत्री
गंगोत्री
बद्रीनाथ
अमृतसर
जलंधर
फिरोजपुर
लुधियाना
शिमला
चंडीगढ़
भटिण्डा
गंगानगर
अम्बाला
देहरादून
हरिद्वार
कैथल
हिसार
रोहतक
नैनीताल
दिल्ली
बीकानेर
फतेहपुर
झुंझुनू
बरेली
अलीगढ़
जैसलमेर
नागौर
सीकर
आगरा
मैनपुरी
जोधपुर
अजमेर
जयपुर
फैज़ाबाद
गोरखपुर
रक्सौल
दार्जीलिंग
गंगटोक
रंगपा
लखनऊ
सोनबरसा
बोंगईगांव
इटानगर
डिब्रूगढ़
जोरहाट
लिखापानी
पुसीघाट
तेज़ू
बाड़मेर
पाली
ब्यावर
ग्वालियर
कानपुर
सुल्तानपुर
सिलीगुड़ी
कोचबिहार
गुवाहाटी
दिसपुर
नागांव
कोहिमा
सिरोही
भीलवाड़ा
बूंदी
शिवपुरी
छापरा
डिब्रूगढ़
शिलांग
चित्तौड़गढ़
कोटा
झाँसी
प्रयागराज
वाराणसी
पटना
पूर्णिया
तुरा
बाघमारा
इम्फाल
राधनपुर
पालनपुर
उदयपुर
छत्तरपुर
सासाराम
औरंगाबाद
इंगराज बाजार
सिल्चर
मेरह
भुज
गाँधीनगर
रीवां
मगवान
बहरामपुर
मडण्वी
रतलाम
बिलौरा
सागर
कटनी
बरही
धनाबाद
अगरतला
आईज़ोल
राजकोट
अहमदाबाद
भोपाल
जबलपुर
मीहरानगढ़
राँची
वर्धमान
पोरबंदर
भवनगर
वडोदरा
इन्दौर
नरसिम्हापुर
जमशेदपुर
हावड़ा
बनगांव
जुनागढ़
लखनादौन
पथलगांव
राउरकेला
खड़गपुर
कोलकाता
लुंगले
सेहा
वरवल
भा
र
त
बेतुल
बिलासपुर
सम्बलपुर
हल्दिया
दीव
सूरत
दमन
(दमन व दीव)
दादरा व
नगर हवेली
धुले
अमरावती
रायपुर
बोरागढ़
केन्दुरझरगढ़
न्यू मूरे द्वीप
(भारत)
सिलवासा
नागपुर
बौड़ा
नाशिक
आकोला
धमतरी
कटक
भुवनेश्वर
पारादीप
अदन से मुंबई
1660 स.मी.
ठाणे
औरंगाबाद
पुरी
मुम्बई
पनवेल
आदिलाबाद
जगदलपुर
कोरापुट
छत्तरपुर
कोलकाता से यांगोन 790 स. मी.
पुणे
बीड
इंदापुर
उस्मानाबाद
निजामाबाद
भोपालपटनम
श्रीकाकुलम
अरब सागर
सातारा
सोल्हापुर
वारंगल
विजयनगरम
बंगाल की खाड़ी
कोलकाता से पेनांग 1350 स. मी.
रत्नागिरी
हैदराबाद
विशाखापटनम
कोल्हापुर
बीजापुर
सुरियापेट
जंजीबार से मुंबई
2550 स.मी.
कुडल
भागलकोट
महबूबनगर
विजयवाड़ा
एलुरू
रायचूर
मछलीपट्टनम
केप टाउन
से मुंबई 4600 स. मी.
पणजी
बेलगावी
हुब्बली
कर्नूल
गंटूर
हासपेटे
गुटी
आंगले
चेन्नई से कोलकाता 780 स. मी.
कोलंबो से कोलकाता
1250 स. मी.
अंनतपुर
चित्रदुर्ग
निल्लौर
चेन्नई से यांगोन 1020 स. मी.
कडप्पा
शिमोगा
चिकमंगलूरू
टुमकूरू
तिरुपति
चेन्नई से यांगोन 390 स. मी.
मेंगलूरू
हासन
चित्तूर
चेन्नई
बेंगलूरू
विल्लौर
चेन्नई से पोर्ट ब्लेअर 700 स. मी.
मेसूरू
कृष्णागिरी
पोर्ट ब्लेअर से यांगोन
लक्षद्वीप (भारत)
सेलम
पुडुचेरी
कोजीकोड
कोयम्बतूर
विल्लुपुरम
कोलंबो से यांगोन
पोर्ट ब्लेअर
कवरत्ती
त्रिसूर
पालक्कड
कारूर
नागपट्टिनम
एणार्कुलम
डिंडीगुल
तिरुचिल्लपल्लि
कोच्चि
कोट्टयम
आलप्पूजा
रामनाथपुरम्
मुम्बई से कोलंबो
चेन्नई से 1300 स. मी.
अंडमान और निकोबार द्वीप समूह (भारत)
कोल्लम
तूतीकोरिन
रामेश्वरम्
तिरुवनंतपुरम
तिरुनेलवेलि
नागपट्टिनम से 1270 स. मी.
कन्याकुमारी
कोलम्बो
इंदिरा प्वाइंट
कोलंबो से पेनांग 1280 स. मी.
हिन्द महासागर

महत्वपूर्ण रेलमार्ग
हवाई मार्ग
काबुल
श्रीनगर
लेह
उधमपुर
जम्मू तवी
कठुआ
पठानकोट
जोगिन्दरनगर
अमृतसर
जलंधर
शिमला
फिरोज़पुर
लुधियाना
चंडीगढ़
लंदन से
हिन्दुमालकोट
भटिण्डा
अम्बाला
देहरादून
हनुमानगढ़
कुरुक्षेत्र
अनूपगढ़
पानीपत
काठगोदाम
हिसार
मेरठ
टनकपुर
सरदारशहर
रोहतक
मुरादाबाद
दिल्ली
बीकानेर
चूरु
बरेली
दुधावा
कोलायत
रेवाड़ी
रतनगढ़
अलीगढ़
शाहजहाँपुर
काठमाण्डू
गंगटोक
मुरकोंगसेलेक
डांगोसी
जैसलमेर
फलौदी
रींगस
अलवर
मथुरा
सीतापुर
डिब्रूगढ़
इटानगर
सिमालगिरी
शारजाह को
जयपुर
गोण्डा
रक्सौल
दार्जिलिंग
जोरहाट
नमिनीमरा
जोधपुर
आगरा
फरूखाबाद
गोरखपुर
सिलीगुड़ी
रंगिया
तेजपुर
कराची को
मुनाबा
लूणी
फुलेरा
सवाई माधोपुर
लखनऊ
कानपुर
सुल्तानपुर
मुजफ्फरपुर
पूर्णिया
गुवाहाटी
दिसपुर
दिमपुर
समदड़ी
मारवाड़
ग्वालियर
श्योपुर
झाँसी
प्रयागराज
वाराणसी
हाजीपुर
कटिहार
बालूरघाट
शिलांग
लमडिंग
कोहिमा
चित्तौड़गढ़
कोटा
पटना
भीलड़ी जं.
उदयपुर
डेहरी ऑन सोन
भागलपुर
इंग्राज बाजार
करीमगंज
इम्फाल
राधानपुर
पालनपुर
गया
आजिमगंज
कुमारघाट
जिरीबम
गांधीधाम
महेसाणा
बीना
कटनी
भैरबी
भुज
गाँधीनगर
रतलाम
चन्द्रपुरा
आसनसोल
ढाका
अगरतला
आइज़ोल
ओखा
जामनगर
अहमदाबाद
उज्जैन
भोपाल
जबलपुर
राँची
पुरुलिया
आणंद
गोधरा
अनूपपुर
कारोंजी
द्वारका
राजकोट
जेटलसर जं.
वडोदरा
इन्दौर
इटारसी
नैनीपुर
टाटानगर
हावड़ा
कोलकाता
पोरबंदर
धोला जं.
भरूच
खण्डवा
अमाला
बालाघाट
बिलासपुर
सतरकेला
खड़गपुर
वेरावल
भावनगर
सूरत
झारसुगुडा
राहुजा से. माहुवा
भुसावल
जलगाँव
नागपुर
गोंदिया
दुर्ग
रायपुर
सम्बलपुर
न्यू मूरे द्वीप (भारत)
कराची से
सिल्वासा
आकोला
वर्धा
तालचेर
मनमाड
औरंगाबाद
दाली राजहारा
भुवनेश्वर
कटक
बैंकॉक को
ठाणे
कल्याण
टिटलागढ़
पाराद्वीप
परभणी
नांदेड
चन्द्रपुर
खोरधा रोड
मुंबई
अहमदनगर
पूर्णा
भा
र
त
पुरी
रोहा
बीड
जगदलपुर
पुणे
लातूर
किरंडुल
कोरापुट
नौपाड़ा
कुर्दुवाडी
सोलापुर
काजीपेट
वरंगल
अरब सागर
बंगाल की खाड़ी
विजयनगरम्
रत्नागिरी
मिरज
विकाराबाद
सिकन्दराबाद
विशाखापटनम्
हैदराबाद
वाडी
कोल्हापुर
नलगोंडा
विजयवाड़ा
राजमुन्द्री
सिंधुदुर्ग
गडग
रायचूर
गुंटूर
पणजी
लोंडा
गिडालूर
तेनाली
मछलीपटनम
मड़गाँव
बेल्लारी
रीपल्ले
हुबली
होसपेट
गूटी
गुंतकल
तलगुप्पा
चित्रदुर्ग
धरमावरम
शारजाह को
चिक्कजाजूर
गुडूर
बिरूर
पकाला
रेनीगुंटा
मेंगलूरू
अर्सिकरी
बंगलूरू
बंगारपेट
चेन्नई
हासन
मैसूरू
आरक्कोणम
जोलारपेट्टै
कन्नूर
चामराजनगर
विल्लुपुरम्
पुडुचेरी
उदगमण्डलम
ईरोड
सेलम
अंडमान और निकोबार द्वीप समूह (भारत)
पोर्ट ब्लेयर
कोझिकोड
वृद्धाचलम
अगात्ती द्वीप
लक्षद्वीप (भारत)
शोरनूर
कोयम्बतूर
कारैकल
करवत्ती
पाल्लकाड
एर्णाकुलम
तिरुच्चिरापल्लि
डिंडीगुल
कोच्चि
करईकुडी
चेन्नई से सिंगापुर
क्वालालंपुर को
विरुदुनगर
मदुरै
रामेश्वरम
कोल्लम
तेन्कासी
तूतीकोरिन
तिरुवनंतपुरम
तिरुनेलवेलि
नागरकोविल
तिरुच्चेंदर
कन्याकुमारी
कोलम्बो
इंदिरा प्वाइंट
हिंद
महासागर

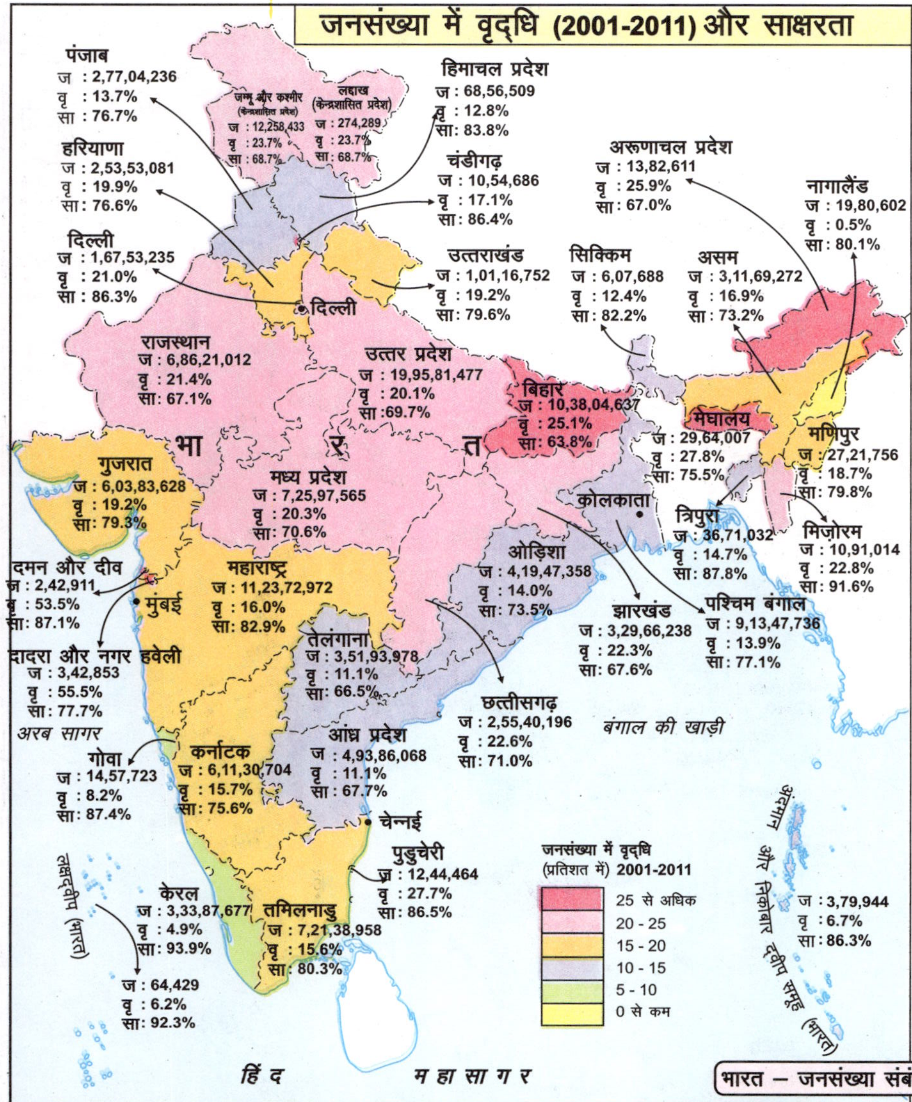

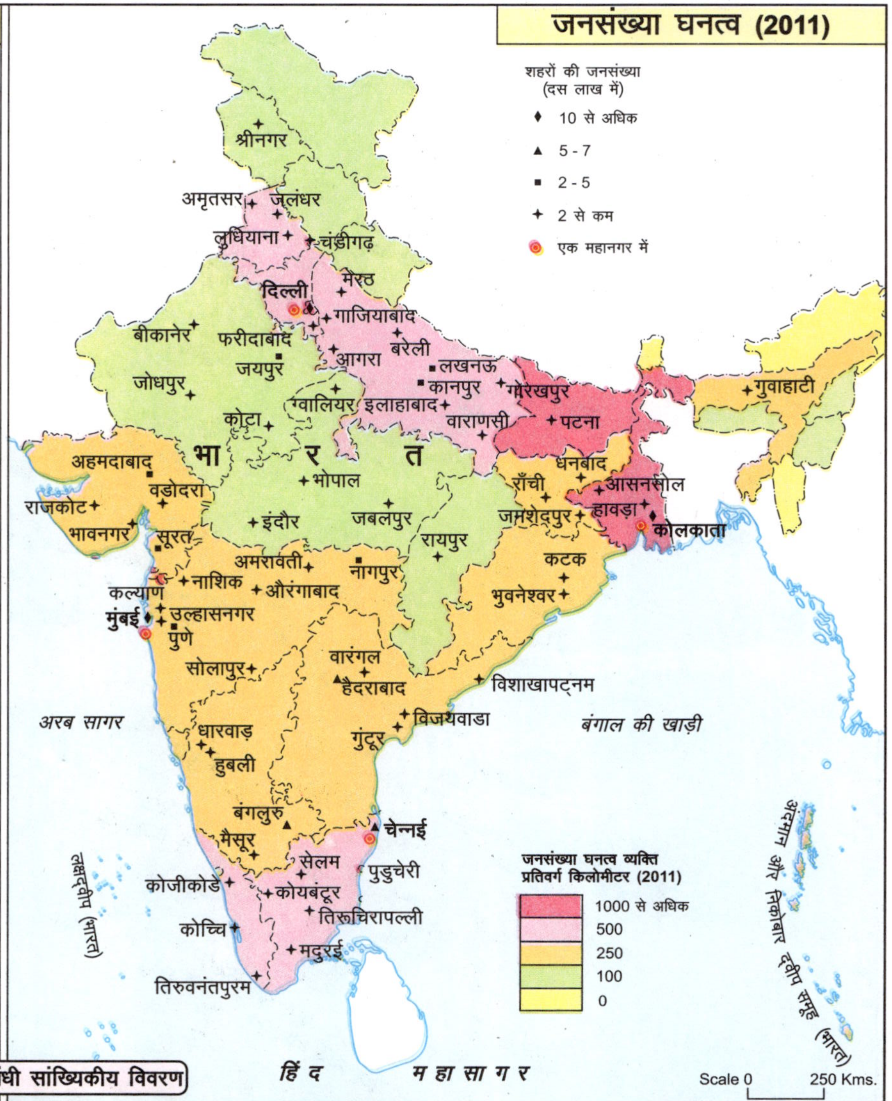

भारत – जनसंख्या संबंधी सांख्यिकीय विवरण

		जनसंख्या वृद्धि दर %	जनसंख्या घनत्व व्यक्ति प्रति वर्ग किमी	साक्षरता दर %	स्त्रियों की संख्या प्रति 1000 पुरुषों पर	जनसंख्या
भारत		17.64	382	74.04	940	1,21,01,93,422
राज्यों में	सबसे अधिक	27.8 मेघालय	1,102 बिहार	93.9 केरल	1084 केरल	19,95,81,477 उत्तर प्रदेश
	सबसे कम	0.5 नागालैंड	17 अरुणाचल प्रदेश	63.8 बिहार	877 हरियाणा	6,07,688 सिक्किम
केन्द्रशासित प्रदेशों में	सबसे अधिक	59.20 दादरा और नगर हवेली	11,297 दिल्ली	92.3 लक्षद्वीप	1038 पुडुचेरी	1,67,53,235 दिल्ली
	सबसे कम	17.19 लक्षद्वीप	46 अंडमान और निकोबार द्वीप स.	77.7 दादरा और नगर हवेली	618 दमन और दीव	64,429 लक्षद्वीप

भारत

ज : 1,21,01,93,422
वृ : 17.64%
सा : 74.04%

ज = जनसंख्या
वृ = जनसंख्या वृद्धि दर%
सा = साक्षरता दर %

ऊँचाई मीटर में
6000
4000
2000
1000
500
200
0 समुद्र सतह
200
2000
4000
6000
8000
पैमाना 0 465 किमी
आर्कटिक महासागर
उत्तर प्रशांत महासागर
हिंद महासागर
बंगाल की खाड़ी
अरब सागर
लाल सागर
काला सागर
कैस्पियन सागर
पश्चिमी साइबेरिया मैदान
मध्य साइबेरिया पठार
मंगोलिया का पठार
तिब्बत का पठार
ईरान का पठार
दक्कन
माउंट एवरेस्ट (8848)
कंचनजंगा (8598)
के2 (8611)
मॉस्को
दिल्ली
ढाका
बीजिंग
टोक्यो
मनीला
सिंगापुर
जकार्ता
कोलंबो
माले
काबुल
तेहरान
बगदाद
रियाध
दोहा
मस्कट
ताशकंद
इस्लामाबाद
बैंकॉक
यांगोन
हनोई
हाँगकाँग
ऑस्ट्रेलिया

आर्कटिक महासागर
उत्तर प्रशांत महासागर
हिंद महासागर
अरब सागर
बंगाल की खाड़ी
भूमध्य सागर
लाल सागर
कैस्पियन सागर
काला सागर
अरल सागर
दक्षिणी चीन सागर
पूर्वी चीन सागर
पीला सागर
जापान सागर
जावा सागर
यूरोप
अ फ्री का
रू स
ची न
मंगोलिया
कज़ाकिस्तान
उज़्बेकिस्तान
तुर्कमेनिस्तान
किरगिज़स्तान
ताजिकिस्तान
अफ़गानिस्तान
पाकिस्तान
ईरान
इराक
सीरिया
तुर्की
जार्डन
सऊदी अरब
भारत
नेपाल
भूटान
बांग्लादेश
श्रीलंका
मालदीव
म्यांमार
थाईलैंड
लाओस
वियतनाम
कंबोडिया
मलेशिया
इंडोनेशिया
फिलिपीन्स
जापान
दक्षिणी कोरिया
उत्तरी कोरिया
ताइवान
पूर्वी तिमोर
मॉस्को
तेहरान
काबुल
इस्लामाबाद
दिल्ली
काठमांडू
ढाका
कोलकाता
मुम्बई
चेन्नई
कोलंबो
माले
बीजिंग
शंघाई
टोकियो
सियोल
मनीला
बैंकॉक
हनोई
जकार्ता
सिंगापुर
उलान बाटोर
ताशकंद
अस्ताना
बगदाद
रियाद
अंकारा
यरूशलम
कराची
विषुवत रेखा
उत्तर ध्रुव रेखा
पैमाना 0 465 किमी

प्राकृतिक वनस्पति, प्राकृतिक खण्ड एवं कृषि

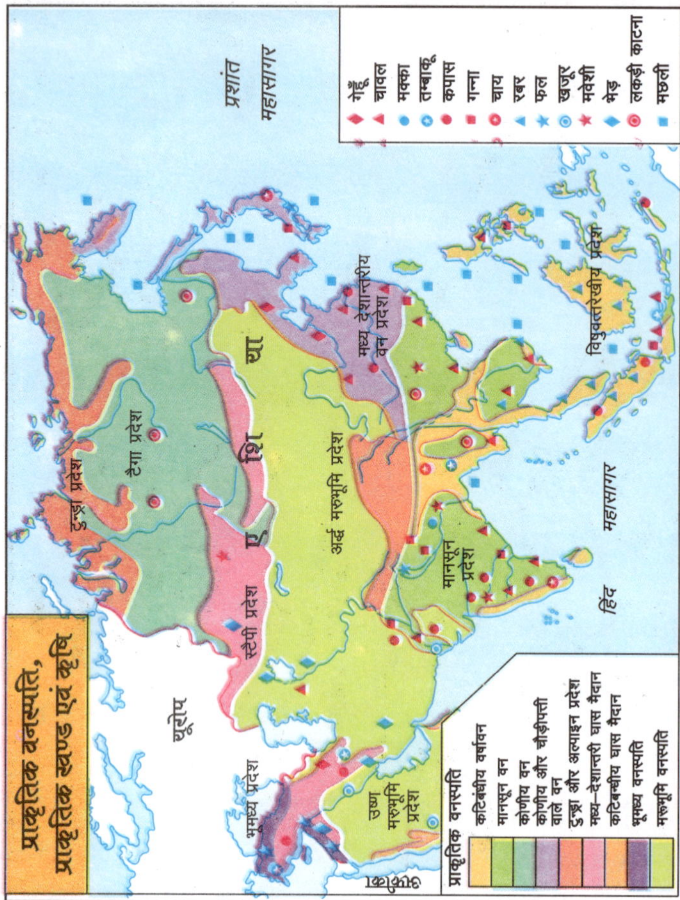

वार्षिक वर्षा एवं तापमान

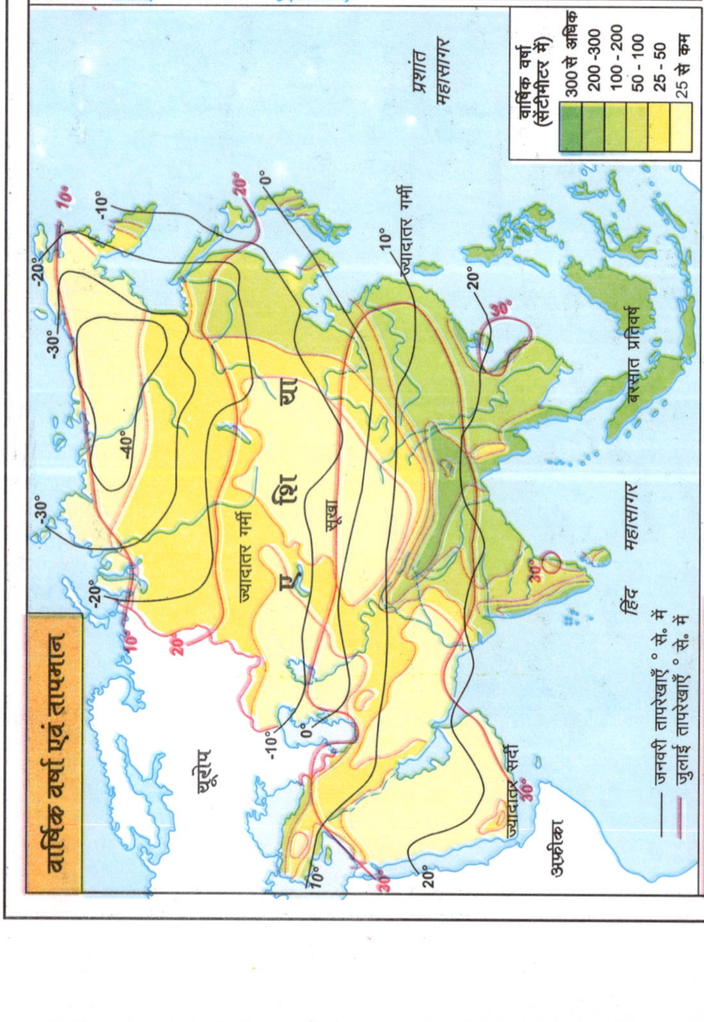

जनसंख्या घनत्व

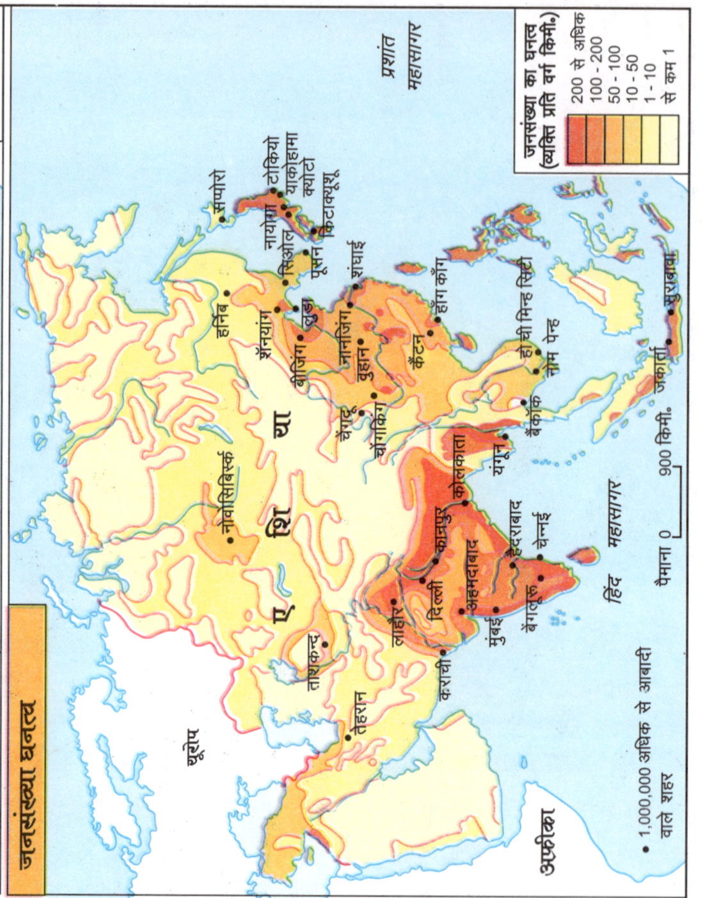

भूमि उपयोग, खनिज एवं औद्योगिक नगर

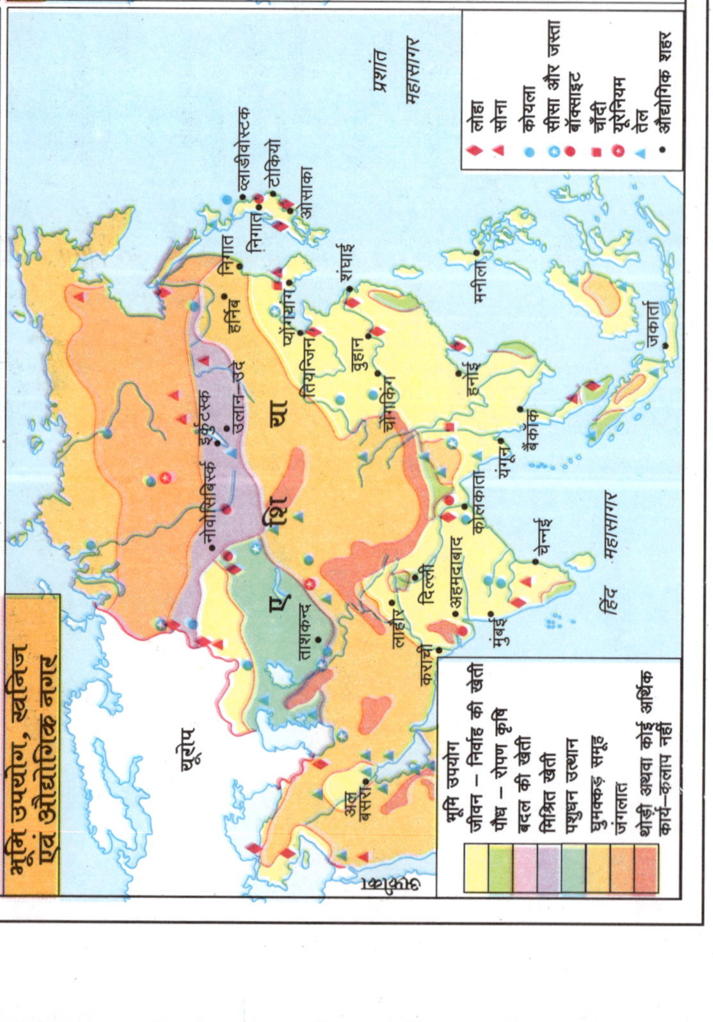

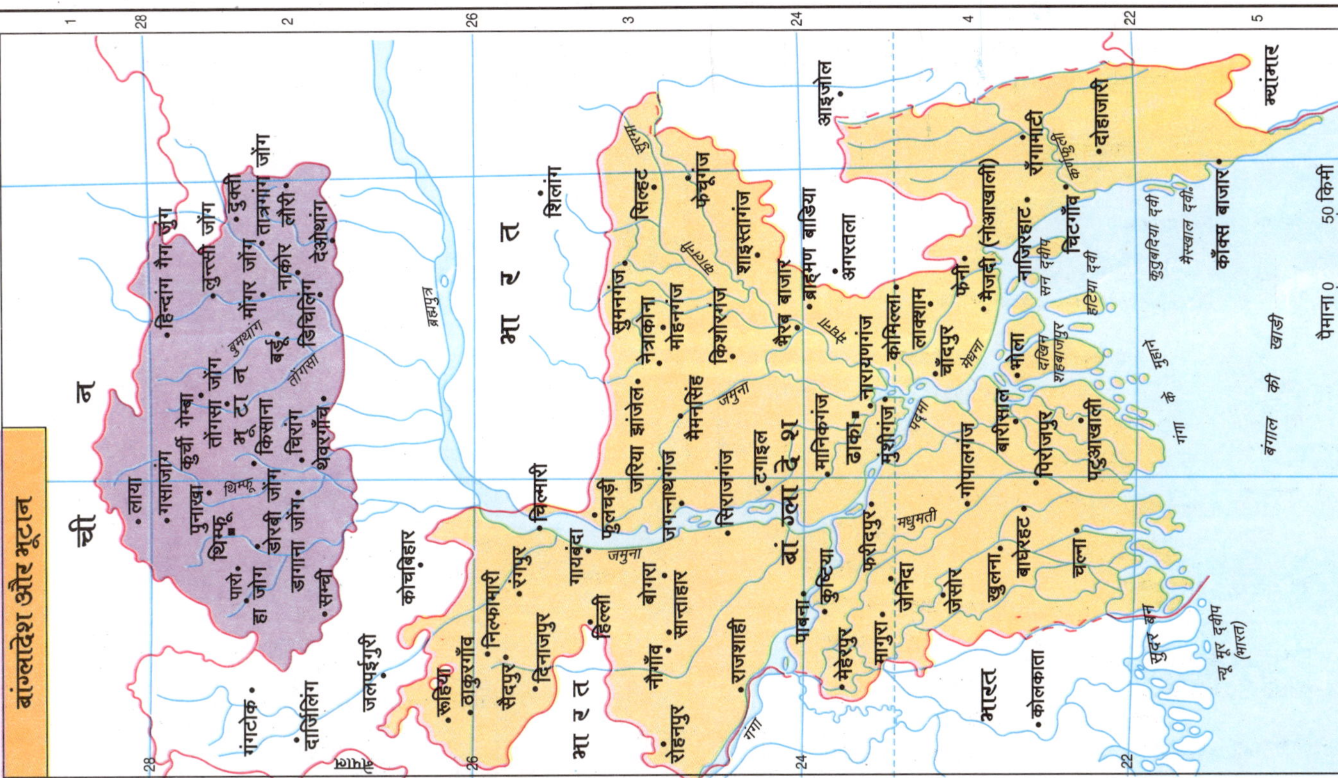

बांग्लादेश और भूटान
चीन
भारत
बांग्लादेश
बंगाल की खाड़ी
म्यांमार
थिम्पू
ढाका
पैमाना 0 50 किमी

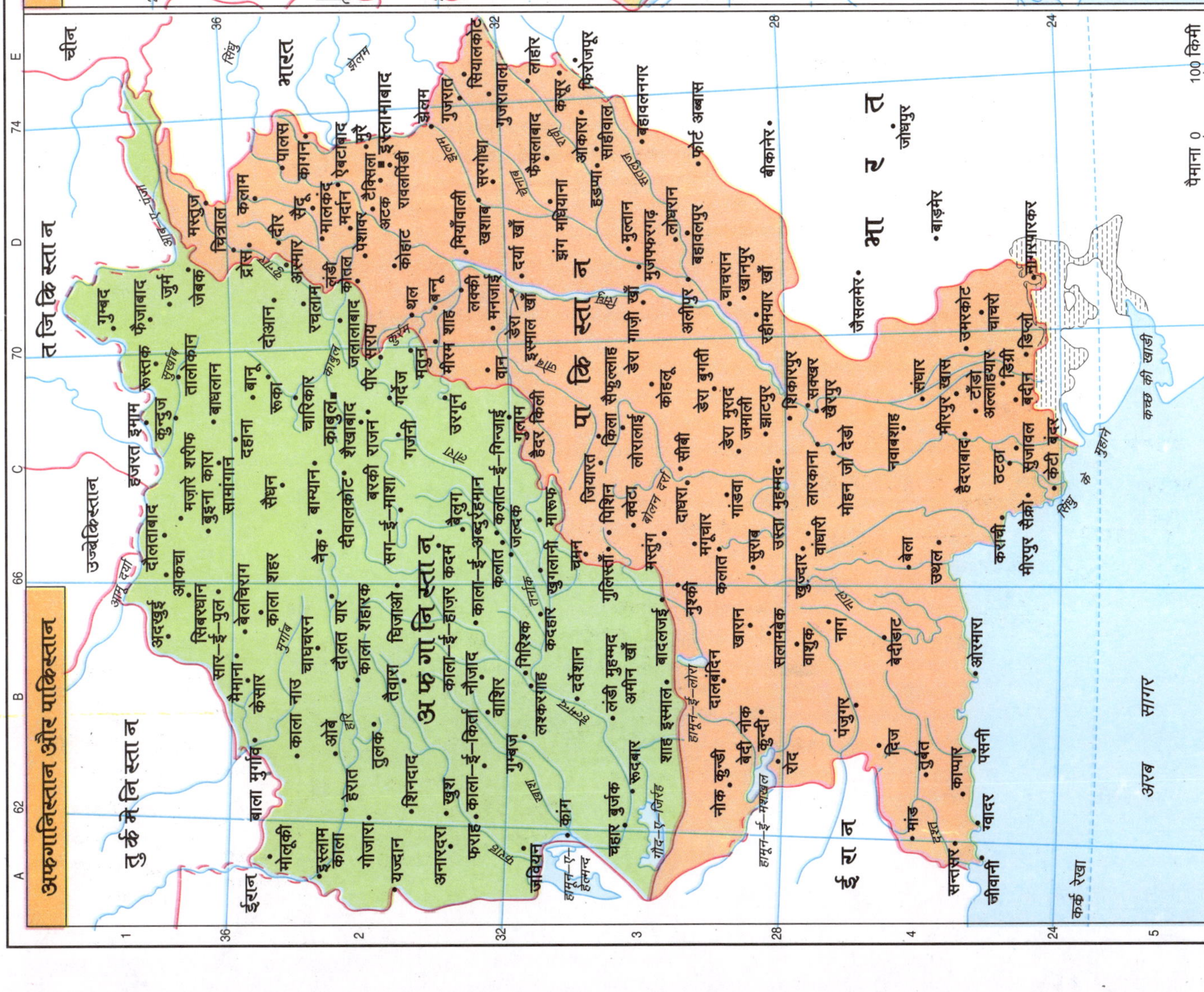

अफगानिस्तान और पाकिस्तान
तुर्कमेनिस्तान
उज्बेकिस्तान
ताजिकिस्तान
चीन
भारत
ईरान
अफगानिस्तान
पाकिस्तान
अरब सागर
कर्क रेखा
काबुल
इस्लामाबाद
कराची
पैमाना 0 100 किमी

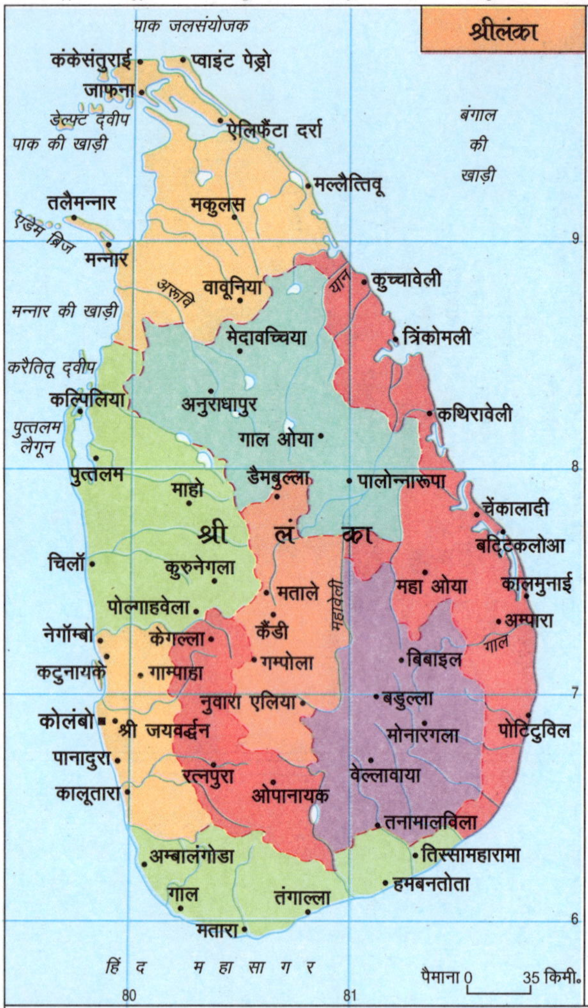
श्रीलंका
पाक जलसंयोजक
कंकेसंतुराई
प्वाइंट पेड्रो
जाफना
डेल्फ्ट द्वीप
पाक की खाड़ी
ऐलिफैंटा दर्रा
बंगाल की खाड़ी
मल्लैत्तिवू
तलैमन्नार
मकुलस
एडम ब्रिज
मन्नार
वावूनिया
अरुवी
कुच्चावेली
यान
मन्नार की खाड़ी
मेदावच्चिया
त्रिंकोमली
करैतिवू द्वीप
कल्पिलिया
अनुराधापुर
कथिरावेली
पुत्तलम लैगून
गाल ओया
पुत्तलम
माहो
डैमबुल्ला
पालोन्नारूपा
चेंकालादी
श्री
लं
का
बदिट्टिकलोआ
चिलों
कुरुनेगला
मताले
महा ओया
कालमुनाई
पोल्गाहवेला
महावेली
अम्पारा
नेगॉम्बो
केगल्ला
कैंडी
गाल
कटुनायके
गाम्पाहा
गम्पोला
बिबाइल
नुवारा एलिया
बडुल्ला
कोलंबो
श्री जयवर्द्धन
मोनारंगला
पोट्टिटुविल
पानादुरा
रत्नपुरा
वेल्लावाया
कालूतारा
ओपानायक
तनामालविला
अम्बालंगोडा
तिस्सामहारामा
हमबनतोता
गाल
तंगाल्ला
मतारा
हिंद महासागर
पैमाना 0 35 किमी॰

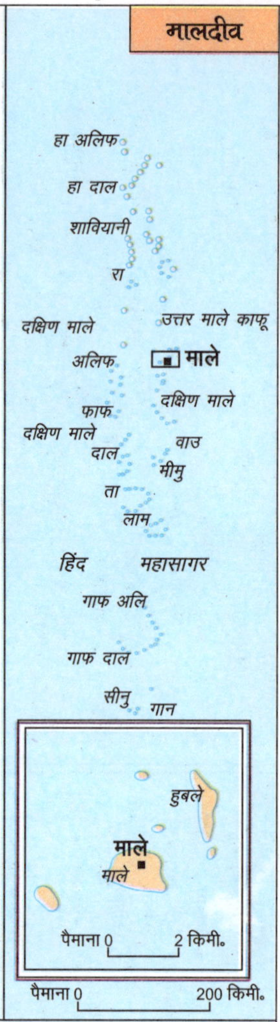
मालदीव
हा अलिफ
हा दाल
शावियानी
रा
दक्षिण माले
उत्तर माले काफू
अलिफ
माले
फाफ
दक्षिण माले
दक्षिण माले
वाउ
दाल
मीमु
ता
लाम
हिंद महासागर
गाफ अलि
गाफ दाल
सीनु
गान
हुबले
माले
माले
पैमाना 0 2 किमी॰
पैमाना 0 200 किमी॰

म्यांमार
अडुंग लांग
माली
भारत
रैंग्सी
कोंगलू
शिन्बीयांग
चीन
चिन्दविन
मितकिना
इरावदी
होमालिन
थाउंगदुत
भामो
टिडिम
बुन्था
फलाम
कानबालू
नामतू
हाका
श्वेबो
लाशियो
मोन्यावा
मांडले
बांग्लादेश
कलादान
सगाइंग
म्यिन्जान
कैंगतुंग
पलेट्वा
पौक
मेकटिला
मौगडॉ
म्यांमार
मोंग टान
लाओस
सिटवी (अक्याब)
माग्वे
यामेदिन
साल्वीन
नाए प्यी ताव
तउंग्दविंजी
लोई-की
थिमानाला
लेटपाडान
थायेटम्यो
बालेक
ताउगुप
प्रोम
ताउंग्गू
रामरी द्वीप
सैन्डोवे
म्यानाउंग
थाईलैंड
पापुन
हेन्ज़ादा
ग्वा
पेगू
बंगाल की खाड़ी
यांदून
बासेन
इनसें
थाटोन
पयापोन
यांगोन
मोलमाइन
पिन्कायैंग
मर्तबान की खाड़ी
एम्हर्स्ट
इरावदी के मुहाने
ताउंग्जुन
ये
मिग्याउनग्लाउंग
बैंकॉक
टवाय
अंडमान और निकोबार द्वीप समूह (भारत)
अंडमान सागर
पाला
मर्गुई द्वीप समूह
मर्वी
थाईलैंड की खाड़ी
मालिवुन
पैमाना 0 160 किमी॰

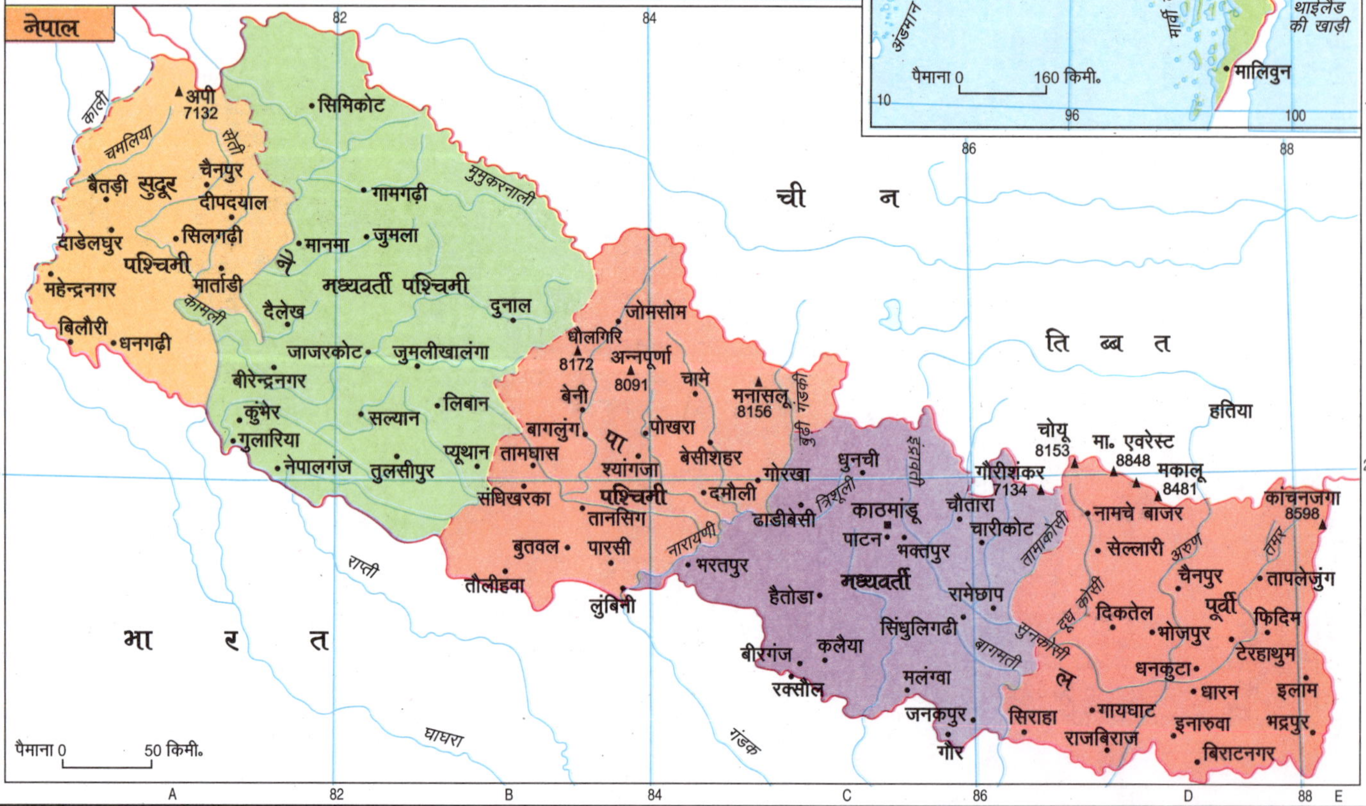
नेपाल
काली
अपी 7132
सिमिकोट
चमलिया
सेती
चैनपुर
बैतड़ी
सुदूर
दीपदयाल
मुगुकरनाली
गामगढ़ी
डाडेलधुरा
सिलगढ़ी
मानमा
जुमला
पश्चिमी
महेन्द्रनगर
मार्तडी
मध्यवर्ती पश्चिमी
कर्नाली
दैलेख
दुनाल
बिलौरी
धनगढ़ी
जाजरकोट
जुमलीखालंगा
बीरेन्द्रनगर
कुंभेर
लिबान
सल्यान
गुलारिया
नेपालगंज
तुलसीपुर
प्यूथान
चीन
जोमसोम
धौलगिरि 8172
अन्नपूर्णा 8091
चामे
मनासलू 8156
बेनी
बुढी गंडकी
बागलुंग
पा
पोखरा
तामघास
श्यांगजा
बेसीशहर
संधिखरका
पश्चिमी
दमौली
गोरखा
तानसिंग
धुनची
इन्द्रावती
तिब्बत
हतिया
चोयू 8153
मा॰ एवरेस्ट 8848
मकालू 8481
गौरीशंकर 7134
कांचनजंगा 8598
त्रिशूली
काठमांडू
चौतारा
चारीकोट
नामचे बाजार
तामाकोसी
ढाडीबेसी
पाटन
भक्तपुर
सेल्लारी
अरुण
तमर
बुतवल
पारसी
नारायणी
भरतपुर
चैनपुर
तापलेजुंग
राप्ती
तौलीहवा
मध्यवर्ती
रामेछाप
पूर्वी
लुंबिनी
हैतोडा
दूध कोसी
दिकतेल
फिदिम
सुनकोसी
भोजपुर
भारत
सिंधुलिगढी
बागमती
टेरहाथुम
कलैया
धनकुटा
बीरगंज
मलंगवा
धारन
इलाम
रक्सौल
जनकपुर
सिराहा
गायघाट
इनारुवा
भद्रपुर
राजबिराज
गौर
बिराटनगर
घाघरा
गंडक
पैमाना 0 50 किमी॰

चीन
म्यांमार
थाईलैंड
कंबोडिया
मलेशिया
टांकिन की खाड़ी
दक्षिण चीन सागर
हैनान
थाईलैंड की खाड़ी
मार्ताबान की खाड़ी
तवॉय द्वीप
कदान क्यून
तनासरिम
किस्सेरांइग
लेम्पी
कूट द्वीप
क्रा स्थल सं.
को सामुई
को टाराटाउ
लांकावी
टोन्ले सैप
मेकांग के मुहाने
बाओ लक
हा जियांग
लाओ काई
क्यूबांग
टैन क्वांग
बो हा
लाइ चाउ
मुओंग टोंग
आउट नुआ
फोंगसाली
बैन नुआ
बैन ताइ
तिआन गिओ
येन बाइ
टुयेन क्वांग
लांग सन
थाई नुआ
पाइ थो
विएट ट्री
बाक जिंग
मौंग काइ
तिएन येन
हौंग गाइ
हनोई
हाई पोंग
बा डीह
नाम डीन
थाई बिन्ह
होआ बिन्ह
सान ला
डयेन ब्यन फू
म्वांग खो
म्वांग सिंग
कोंग तुंग
वैन पाउ खो
म्वांग नागोई
झाम नुआ
म्वांग काइ
म्वांग बेंग
म्वांग कोन
म्वांग होउंग
क्यून हो
निन्ह बिन्ह
थान्ह होआ
साम सोन
हो तिन्ह
बैन हो आयक्षय
म्वांग होऊन
पाक बेंग
वांग वियांग
म्वांग सोहू
जिग्नाबौरी
कायो को आहू
म्वांग जिग्नाबुरी
कोन कुआंग
दिन्ह चाउ
कोन कुओग
विन्ह
वांग वियांग
म्वांग पाक-ले
व्येंत्यान
पाक्ज़ान
कोम कुट
हुआंग खो
हा तिन्ह
कैम क्येन
तुएन हो
बा डोन
म्वांग गुनामुराहाट
डॉङ्ग होइ
फॉन फिसाई
नांगखाई
चिआंग कान
लोई
ऊडान थानी
कुम्फवापी
नाखेन फानोम
म्वांग खम्मोन
साखेन नाखेन
थाट पुनोम
थो
हो एक्स
क्वांग ट्री
सिफोन
डॉग हिने
हुआंग हो
म्वांग फिन
पियाईमाना
नाएपाइडो मॉगडो
फेंग
बैंग फ्रैन
चिआंग राइ
पाइ
नान
पान
बान डोंग
मे हौंग सेन
चिआंग डाओ
पांग
पुआ
चिआंग माइ
म्यांग उग
नान
सा
मो चिन्ह
लामपुन
लाम्पांग
फिरे
मो सारींग
डेन चाउ
थोन
उत्तरादित
था सांग योंग
विचयान बुरी
प्रोम पिराम
टाक
सुकाटाइ
पित्सानुलोक
लोम साक
खोन केन
मे सॉट
कम्पांग फेट
प्रान कराताई
यांगोन
येन्ही
प्राछीत
हिन
कालासिन
सवन्नाखेत
बान ले काटे
महा सारखाम
रोई ऐट
बांग मुन नाक
बान फेट
यॉस्थोन
खेममरात
म्वांग तहोई
नाखोन सावान
विचयान बुरी
पुथाईसाग
सवन्नापुम
म्वांग खोंग्जेडोन
सरावन
सुवन्नाखाली
उथाई थानी
चाउ नाट
नाखोन
राम बुरी
रातचिथानी
वरिन
पाक्से
अट्टापू
सेंखिया बुरी
सिंग बुरी
राचासीमा
सिसकेत
फिहाफाई
लोप बुरी
सुरिन
नाम टोक
सुपान बुरी
सारा बुरी
सिखलू
लहान साई
नाखेन फानोम
यू थॉंग
अयुथ्या
सेमराँग
सर्वे चेर्क
चोंग कल
विराचेई
फुमी नेरुग
प्राचीन बुरी
काराताम्हा
ऐंकॉर
लामफॉट
थोन बुरी
बैंकॉक
तालाबारीवट
स्टुंग ट्रेंग
सिसोफोन
स्लिम रिआप
रात बुरी
चोन बुरी
रोवियांग
कोहानिहा
फेट बुरी
सांगराम
बैटम्बॉग
काम्पांग
कम्पांग चाम
हुआ हिन
पुलिन
राहैंग
फुरसत
क्रियात्ये
सेनमोनोराम
प्रान बुरी
सत्ताहिप
चन्थो बुरी
लिच्छ
क्रोकार
प्रे कॉक
ट्राट
काम्पांग छनांग
काम्पांग चाम
बो डाक
काई बुरी
प्रचौप
ताग पालाचे
खिरि खान
नोमपेन्ह
पाहु रिआंग
ता ला
क्रॉङ्ग/को क्रॉङ्ग
काम्पांग सॉम
प्रे वेंग
टे निन्ह
थाप सकये
से आम्बेल
स्वे रिंग
बीन होआ
टेकेओ
कम्पोट
चाउ डेक
कैमपॉड्.ग सोम
हो ची मिन्ह सिटी (सौगोन)
चुम्फोन
रीम
लांग क्योन
मी तो
बा रिआ
क्रा बुरी
फू कॉक
हा तेन
सा डेक
वुंग ताउ
विक्टोरिया पाइंट
राश गिआ
केन थो
राइगं
बा ढोंग
साक ट्रोंग
बन बांग हिन
छैया
क्वान लौंग
के माउ
बेक ल्यू
फुनफिन
सुरत थानी
डाम डोई
नाम केन
नाखोन सी थाम्मराट
टकुआ पा
थुंग सोंग
पाक पोनांग
को पुकेत
क्राबी
फुकेत
फट्टालुंग
कान्ताम
सोंखला
सिको
ट्रांग
हात याई
पट्टानी
सातुन
साल बुरी
याला
नाराथिवट
बेतांग
पाहु लॉक
दा नांग
होलान
क्वे सोन
टॉम के
क्वांग नागाई
सान हा
मो डाक
टेम क्यून
अट्टापू
पाहु मे
प्लेकू
बीन खे
कुइ न्होन
छियो रिओ
सौंग काउ
सन हो
ताये होआ
बेस डौन
फान रौंग थोयूट
न्हा त्रांग
दा लात
कामरान्ह
दी लिन्ह
फान रौंग
एन पुआक का ना
तिन्ह लिन्ह
फान ले
फान थिएत
लाओस
वियतनाम
सलवीन
मेकांग
सांग हा
मेनाम
मुन
पैमाना 0 125 किमी.
A B C D
100 104 108
1 2 3 4 5
20 16 12 8 5

नॉर्वे
स्वीडन
फिनलैंड
बॉथनिया की खाड़ी
बाल्टिक सागर
जर्मनी
पोलैंड
स्टॉकहोम
हेलसिंकी
तालिन
एस्टोनिया
लात्विया
रीगा
लिथुएनिया
विलनियस
बेलारूस
मिंस्क
यूक्रेन
कीव
मॉल्डोवा
किशिनेव
हंगरी
स्लोवाकिया
काला सागर
तुर्की
जॉर्जिया
त्बिलिसी
आर्मेनिया
येरेवान
अज़रबैजान
बाकू
कैस्पियन सागर
ईराक
ईरान
तुर्कमेनिस्तान
अश्खाबाद
उज्बेकिस्तान
ताशकंद
किरगिस्तान
बिश्केक
तजिकिस्तान
दुशाम्बे
अफ़गानिस्तान
क़ज़ाकस्तान
अस्ताना
अरल सागर
बाल्खश
श्वेत सागर
बैरेंट्स सागर
कारा सागर
आर्कटिक
फ्रांज जोसेफ लैंड
मॉस्को
सेंट पीटर्सबर्ग
मुर्मान्स्क
आर्केंजल्स्क
वोल्गा
समारा
सारातोव
वोल्गोग्राड
अस्त्राखान
ओरेनबर्ग
ऊफ़ा
पर्म
येकातेरिनबर्ग
चेल्याबिंस्क
ओम्स्क
नोवोसिबिर्स्क
टॉमस्क
बर्नोल
सुर्गुट

देश	राजधानी
1. एस्टोनिया	टालिन
2. लटविया	रीगा
3. लिथुएनिया	विलनिउस
4. बेलारुस	मिंस्क
5. यूक्रेन	कियेफ
6. मॉल्डोवा	किशिनेव
7. जॉर्जिया	तिबलिसि
8. आर्मेनिया	येरेवान
9. अज़रबैजान	बाकू
10. उज्बेकिस्तान	ताशकंद
11. तुर्कमेनिस्तान	अश्खाबाद
12. तज़ाकिस्तान	दुशाम्बे
13. किरगिस्तान	बिशकेक
14. कज़ाकिस्तान	अस्ताना
15. रूस	मॉस्को

सिंगापुर
मलेशिया
पैमाना 0 12 किमी.
प्रशांत महासागर
दक्षिण चीन सागर
हिंद महासागर
फिलिपीन सागर
सेलेबीज सागर
जावा सागर
बांदा सागर
अराफुरा सागर
म्यांमार
थाईलैंड
वियतनाम
कम्बोडिया
चीन
ताइवान
हैनान
यांगोन
बैंकॉक
हनोई
नोमपेन्ह
वियेंतियान
मनीला
क्वालालुम्पुर
जकार्ता
बंदर सेरी बगावान
पापुआ न्यूगिनी
पूर्व तिमोर
डिली
कैरोलाइन द्वीप समूह
विषुवत वृत्त
पैमाना 0 200 किमी.

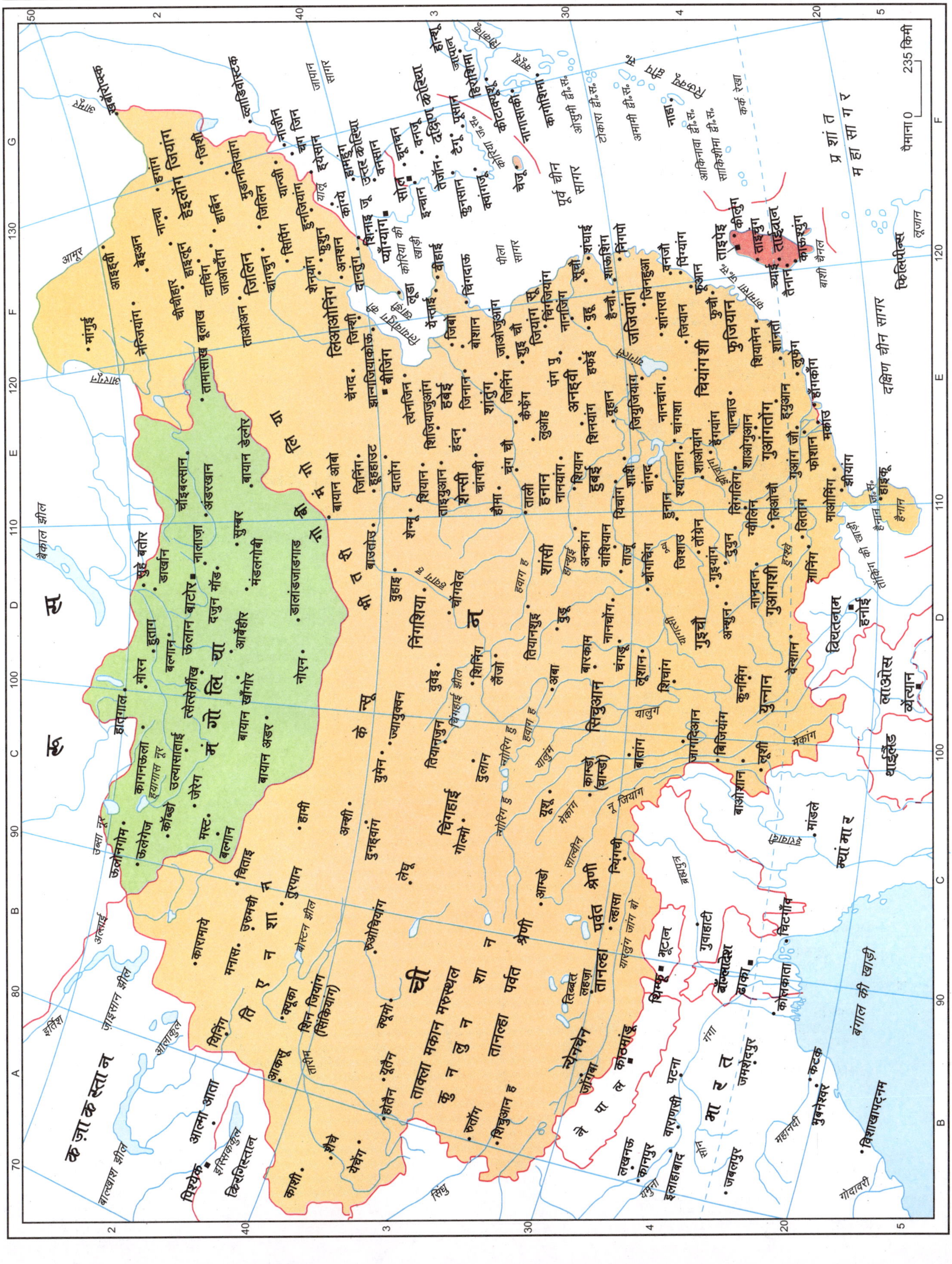
रूस
मंगोलिया
चीन
कज़ाकस्तान
भारत
नेपाल
भूटान
बांग्लादेश
म्यांमार
थाईलैंड
लाओस
वियतनाम
फिलिपीन्स
ताइवान
उत्तर कोरिया
दक्षिण कोरिया
जापान
बैकाल झील
जापान सागर
पीला सागर
पूर्व चीन सागर
दक्षिण चीन सागर
प्रशांत महासागर
बंगाल की खाड़ी
बीजिंग
उलान बाटोर
शंघाई
प्योंगयांग
सोल
ताइपेइ
हनोई
ढाका
काठमांडू
थिम्फू
ल्हासा
कोलकाता
हांगकांग
मकाओ
वियंतियान
कर्क रेखा
पैमाना 0 235 किमी

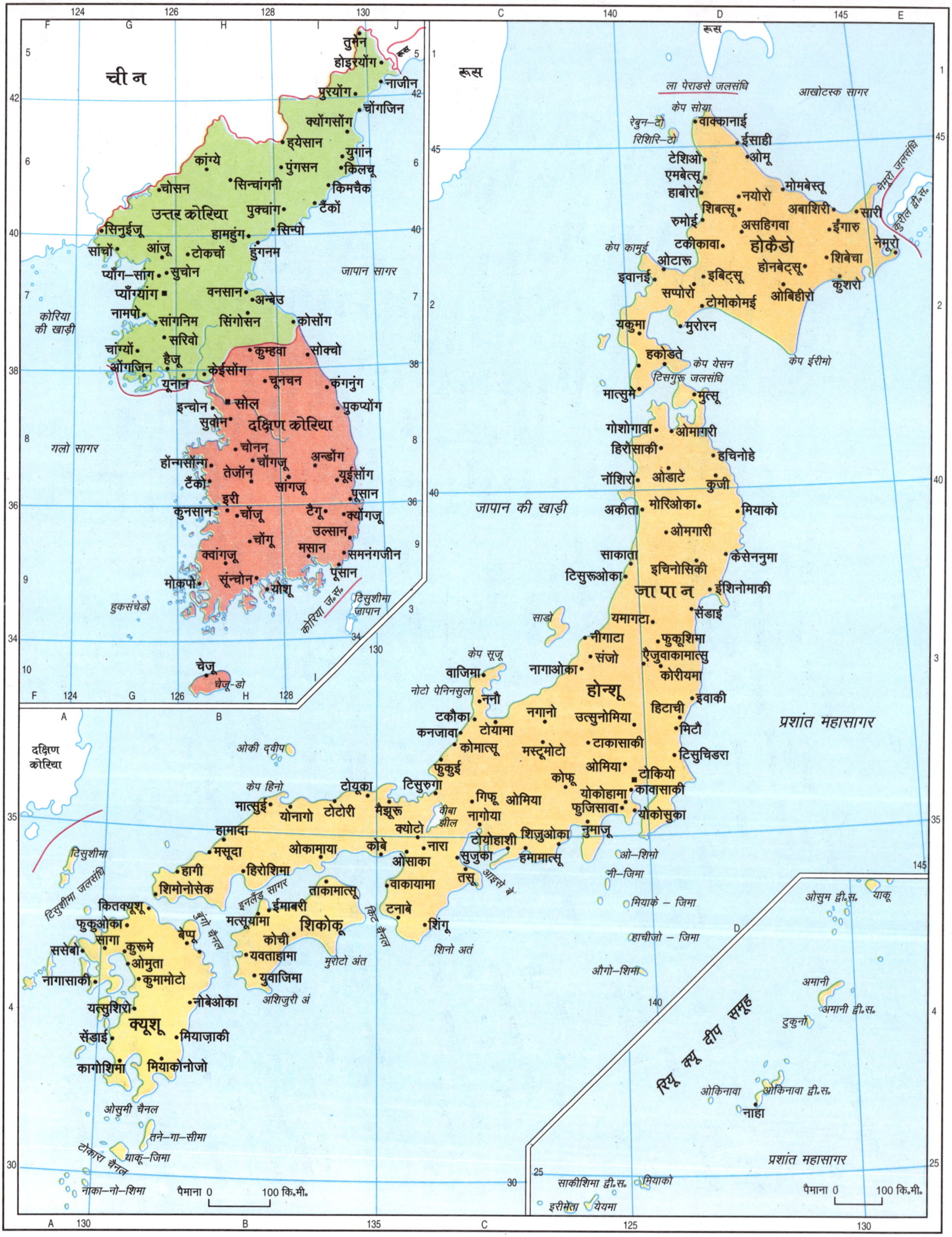

चीन
रूस
उत्तर कोरिया
दक्षिण कोरिया
तुमेन
होइरयोंग
नाजीन
पुरयोंग
चोंगजिन
क्योंगसोंग
हयेसान
युगांन
कांग्ये
पुंगसन
किलचू
सिन्चांगनी
किमचैक
चोसन
टैंकों
पुक्चांग
सिनुईजू
सिन्पो
हामहुंग
सांचों
आंजू
टोकचों
हुंगनम
प्यॉंग-सांग
सुचोन
प्योंगयांग
वनसान
अन्बेउ
नामपो
सांगनिम
सिंगोसन
कोसोंग
चांग्यों
सरिवो
हैजू
ओंगजिन
केईसोंग
यूनान
कुम्हवा
सोक्चो
चूनचन
कंगनुंग
इन्चोन
सोल
पुकप्योंग
सुवोन
चोनन
अन्डोंग
होंन्गसोंग
चोंगजू
तेजॉन
यूईसोंग
टैंको
सांगजू
इरी
पूसान
कुनसान
चोंजू
टैगू
क्योंगजू
उल्सान
चोंगू
क्वांगजू
मसान
समनंगजीन
मोकपो
सूंचोन
योशू
पूसान
हुकसंचेडो
कोरिया ज.सं.
त्सुशीमा जापान
चेजू
चेजू-डो
कोरिया की खाड़ी
पीला सागर
जापान सागर
ला पेराउसे जलसंधि
आखोटस्क सागर
केप सोया
रेबुन-टो
रिशिरि-टो
वाक्कानाई
ईसाही
टेशिओ
ओमू
एमबेत्सू
मोमबेस्तू
हाबोरो
नयोरो
शिबत्सू
अबाशिरी
सारी
नेमूरो जलसंधि
कुरील द्वी.स.
रुमोई
असहिगवा
ईंगारु
केप कामुई
टकीकावा
होकैडो
नेमूरो
ओटारू
होनबेट्सू
शिबेचा
इवानई
इबिट्सू
सप्पोरो
टोमोकोमई
ओबिहीरो
कुशरो
यकुमा
मुरोरन
केप ईरीमो
हकोडते
केप येसन
टिसगुरू जलसंधि
मात्सुमे
मुत्सू
गोशोगावा
ओमागरी
हिरोसाकी
हचिनोहे
नॉशिरो
ओडाटे
कुजी
जापान की खाड़ी
अकीता
मोरिओका
मियाको
ओमगारी
साकाता
कसेननुमा
इचिनोसिकी
टिसुरुओका
जापान
ईशिनोमाकी
सैंडाई
साडो
यमागटा
नीगाटा
फुकूशिमा
केप सूजू
संजो
ऐजुवाकामात्सु
वाजिमा
नागाओका
कोरीयमा
नोटो पेनिनसुला
नन्नौ
होन्शू
इवाकी
टकौका
नगानो
हिटाची
उत्सुनोमिया
मिटो
कनजावा
टोयामा
प्रशांत महासागर
कोमात्सू
मस्टूमोटो
टाकासाकी
ओकी द्वीप
फुकुई
ओमिया
टिसुचिडरा
टिसुरुगा
टोकियो
केप हिनो
टोयूका
कोफू
गिफू
ओमिया
योकोहामा
कावासाकी
मात्सुई
योनागो
टोटोरी
मैझूरू
बीबा झील
नागोया
फुजिसावा
योकोसुका
हामादा
क्योटो
टोयोहाशी
शिजुओका
नुमाजू
मसूदा
ओकामाया
कोबे
नारा
हमामात्सु
ओ-शिमो
त्सुशीमा
हागी
हिरोशिमा
ओसाका
सुजुका
नी-जिमा
त्सुशीमा जलसंधि
शिमोनोसेक
इनलैंड सागर
ताकामात्सू
तंसू
आइसे बे
वाकायामा
कितक्यूशू
इमाबरी
मियाके - जिमा
फुकुओका
बुंगो चैनल
मत्सुयामा
शिकोकू
टनाबे
किई चैनल
ससेबो
सागा
बैप्पू
कोची
शिंगू
हाचीजो - जिमा
कुरूमे
यवताहामा
शिनो अंत
ओमुता
मुरोटो अंत
नागासाकी
कुमामोटो
युवाजिमा
औगो-शिमा
नोबेओका
अशिजुरी अं
यत्सुशिरो
क्यूशू
सैंडाई
मियाज़ाकी
कागोशिमा
मियांकोनोजो
ओसुमी चैनल
तने-गा-सीमा
टोकारा चैनल
याकू-जिमा
नाका-नो-शिमा
पैमाना 0 100 कि.मी.
रियू क्यू द्वीप समूह
ओसुम द्वी.स.
याकू
अमानी
अमानी द्वी.स.
टुकुनो
ओकिनावा
ओकिनावा द्वी.स.
नाहा
प्रशांत महासागर
साकीशिमा द्वी.स.
मियाको
इरीमोते
येयमा
पैमाना 0 100 कि.मी.

बल्गेरिया
ग्रीस
एड्रिने
इस्ताम्बुल
मारमरा सागर
काला सागर
रूस
जॉर्जिया
कैस्पियन सागर
कज़ाकस्तान
उज़्बेकिस्तान
तुर्कमेनिस्तान
अजरबैजान
आर्मीनिया
जांगुलडाक
बुर्सा
कुताया
अंकारा
सामसून
ट्राबज़ॉन
इज़्मीर
तुर्की
करिक्काले
सिवास
आइदिन
इस्पार्टा
कोन्या
कायसेरी
एर्ज़ुरुम
मुग्ला
आंताल्या
मालात्या
एलाज़
फेथिये
करामान
गाज़ीआन्तेप
दियारबाकिर
वान झील
वान
रोथोस (रोड्ज़)
आंताल्या की खाड़ी
आडाना
ऊर्फा
खोई
तैब्रीज
अर्दाबिल
निकोसिया
लैटकिया
साइप्रस
लिमासोल
अलेप्पो
हासेके
भूमध्य सागर
हामा
देर एज़ ज़ोर
मोसूल
अर्बिल
मारागे
ज़न्जान
रैश्त
पहलवी
लहीजन
बंदर ए शाह
औचन
हॉम्स
सीरिया
सुलेमानिया
काज़्वीन
शाहसवार
बाबोल
शाहरुद
सैब्जेवार
मशाद
बैरुत
लेबनान
दमस्कस
किर्कूक
सनंदाज
कराज
तेहरान
सेमनान
हैफा
तेल अवीव-जाफा
समारा
करमनशाह
हमादान
येरुसलेम
अज़् जरका
रामादी
बाकूबा
बुरुजिर्द
कुम
दर्या ए नमक
बेजेस्तान
गाज़ा पट्टी
अम्मान
इराक
बगदाद
मृत सागर
कर्बला
खुर्रमाबाद
ईरान
फिरदौस
जॉर्डन
तुरेफ
ऐन नजफ
हिल्ला
देज़फूल
इस्फहान
तबास
मान
अमारा
एलात
अकाबा
बदाना
ऐद दीवानिया
शारकोर्द
बिर्जद
अफगानिस्तान
अल जउफ
अद डुवेद
ऐन नासीरिया
अहवाज़
येज़्द
सकाका
अल बसरा
खुर्रमशहर
नेहबदान
अबादान
ईजिप्त
तबूक
राफा
करमान
कुवैत
शिराज़
दर्याचेह ए ताश्क
जाहिदान
हफर अल बातिन
शाहीदाबाद
बुशहर
नेरीज़
बाम
अलूला
हाइल
अल वरिआ
जाहरुम
अल वाज़
करियत अल उल्या
ईरान की खाड़ी
लार
हामून ए जाज़ मुरियान
बुरेदा
वादी अर रमाल
अल कातिफ
बंदर अब्बास
पाकिस्तान
कर्क रेखा
उम लाज
उनेजा
दम्मान
मनामा
बंदर ए लिंगे
होरमुज़ की खाड़ी
ज़हेरान शहर
बहरीन
ओमान
ओमान की खाड़ी
यानबू
मदीना
सऊदी अरब
कातार
जास्क
अल हुफूफ
शारजाह
चाह बहार
रियाद
दोहा
दुबई
अल के ईयाह
अल फुजेरा
यमामा
अबू धाबी
एज़ सुहार
हराध
हबशान
सूडान
लाल सागर
संयुक्त अरब अमीरात
अल खाबुरा
जिद्दा
तैफ
मस्कट
मक्का
लैला
अल ईद
हुमर
ईब्रा
अल बडी
आदम
सुवई
अल उबेला
वादी बिशा
वादी दवासर
अल कुनफुथा
खालुफ
अल मसीरा द्वीप
मर्साहली
मसीरा की खाड़ी
फारासैन द्वी.स.
जाहरान
अबा साऊद
मादिर
किज़ान
कुरिया मुरिया द्वी.स.
मेदी
सना
यमन
तारी
शिबाम
तबुर्कम
सलाला
मिरबात
होदेदा
किशन
धमार
तईज़
इब
मुकाला
सैहूत
ऐश शीर
अरब सागर
बाबलमंदब
मोचा
शुक्रा
जिबूती
अदन
अदन की खाड़ी
सोकोत्रा द्वी. (यमन)
सोमालिया
इथियोपिया
पैमाना 0 160 किमी
इज़राइल
लेबनान
बानयस
सीरिया
सेडे नीमेया
नहरिय्या
जेफात
गोलान हाइट्स
आभ्यंतरिक समुद्र
टिबेरियस
हैफा
नेज़ेरथ
योकनीम
अफूला
पारडेस हन्न-कंकुर
जनीन
टुलकर्म
अराबा
केफै सबा
नबलुस
तेल अवीव जाफा
पेटाह टिक्वा
शिलोह
नेस झिय्योना
वेस्ट बैंक
अशडोड
येरुसलम
अश्केलोन
बेट लहम
मृत सागर
सिवा
किर्यट गट
गाजा
नहल ओज़
अल खालिल
शोवल
गाजा स्ट्रीप
बीर शेबा
अराड
कारेम शलोम
इज़्राइल
रेविविम
डिमोना
हज़ेवा
इन यहाव
जोफर
पारन
जॉर्डन
बीर मेनूहा
ईजिप्त
क्वीटूरा
बीर मिहान
बीर ओरा
इलाट

यू रो प
उत्तर अटलांटिक महासागर
मडीरा द्वीप (पुर्तगाल)
जिब्राल्टर ज.स.
अल्जियर्स
समुद्र तटवर्ती एटलस
ट्यूनिस
रबात
मध्य एटलस
सहारा का एटलस
भू म ध्य सा ग र
त्रिपोली
सिद्रा की खाड़ी
ए शि या
टूबकल 4165
ग्रेट एटलस
वृहत पूर्वी अर्ग
वृहत पश्चिमी अर्ग
कनेरी द्वीप (स्पेन)
काहिरा
स्वेज नहर
सिनाई
टडेमैट का पठार
सीवा मरुद्यान
अल् आयून
फेज़ान
स
हा
रा
कुफ़्रा मरुद्यान
लिबिया का मरुस्थल
कार्गा मरुद्यान
नासेर झील
कर्क रेखा
ब्लांको अं.
तहात 2918
अहग्गर का पठार
तिबेस्ती प.मा.
एमी कूसी 3415
नूबिया का मरुस्थल
लाल सागर
आद्रार
नॉकचाट
बोडोली
एअर या अज़्बीन का पठार
खार्तूम
अस्मारा
वर्ड अत
डाकर
बांजूल
बमाको
नाइजर
निआमे
चाड झील
मार्रा पर्वत
गिम्बाला 3070
डारफुर
कोर्दोफान
रास दाशान 4620
टाना झील
अदन की खाड़ी
गार्डाफूई अंत
जिबूती
बिसाऊ
वागादूगू
एन जामेना
फूटा जालौन
सू डा न
इथियोपिया का पठार
सोमाली प्रायद्वीप
कोनाक्री
फ्रीटाउन
बहर एल अरब
आदिस अबाबा
सोमाली प्राय
पोर्टो नोवो
अबुजा
ऐदमावा उच्च भूमि
मोनरोविया
लोमे
लागोस
उबांगी पठार
अबिदजान
अक्रा
कैमरुन 4070
याउंडे
बंगई
पाल्मास अं.
बेनिन ज.स.
बाइओको
मलाबो
उइले
अलबर्ट झील
तुर्काना झील
मोगदिशु
गिनी की खाड़ी
बीआफ्रा की खाड़ी
ज़ायर
क्योगा झील
केन्या 5199
विषुवत रेखा
प्रिंसिपे
साऊ टोमे
लीब्रविल
कम्पाला
एल्गन 4321
रुवन्ज़ोरी 5120
बोयोमा (स्टेन्ली) प्रपात
विक्टोरिया झील
नैरोबी
पूर्वी अफ्रीका का पठार
लोपेज अं.
पगालू (ईंची)
काँ गो बे सि न
किगाली
किलिमंजारो 5895
ब्राजाविल्ले
कासाई
बुजुम्बुरा
किन्शासा
डोडोमा
पेंबा
जंजीबार
मध्य टांगानीका का पठार
टांगानीका झील
रुफीजी
माफीया
असेन्शन
लुआंडा
रुंग्वे 2959
म्वेरु झील
मलावी झील
डेल्गाडो अं.
कोमोरो द्वीप
मॉरोनी
अम्बर अं.
मयोटे
बैंग्वेऊलू झील
मुचिंगा पर्वत
लिलोंग्वे
दक्षिण अटलांटिक महासागर
लूसाका
विक्टोरिया प्रपात
करीबा बांध
करीबा झील
हरारे
कुनिने
मोज़ाम्बीक का तटीय मैदान
मोज़ाम्बीक चैनल
अंतानानारिवो
एन्गामी झील
मॉटोपो हिल्स
अंकरात्रा प.
दमारा लैंड
विन्डहॉक
वाल्फिश की खाड़ी
मकर रेखा
मड़ागास्कर
गैबरोन
प्रिटोरिया
मापूतो
कैलाहारी मरुस्थल
उच्च वेल्ड
एम्बाबाने
सेंट मेरी अं.
बड़ा नमाक्वालैंड
कॉप पठार
ऑरेंज
मौंतो सुर्स 3298
बड़ा कारु
हिंद महासागर
उत्तम आशा अं.
ऊँचाई मीटर में
5400
3600
1800
900
450
180
0
समुद्र सतह
200
2000
4000
6000
ग्रेट रिफ्ट घाटी
पैमाना 0 370 किमी

यू रो प
उत्तर अटलांटिक महासागर
मैडीरा (पुर्तगाल)
कनेरी द्वीप स. (स्पेन)
टैंजियर
रबात
कासाब्लांका
फेज़
मेक्नेस
मैराकिश
मोरक्को
ओरान
अल्जियर्स
अन्नाबा
कॉन्स्तन्तीन
सीदी बेल अबेस
ट्यूनिस
ट्यूनीशिया
स्फैक्स
त्रिपोली
बेशार
तूगूर्त
औरगला
हस्सी मेसौद
गदामस
बेनी अब्बेस
सीदीइफ्नी
अल्जीरिया
तिन्दूफ
आदार
इन सलाह
एदजेले
रेगाने
जौड़या अल कहला
जानेट
टैमन्रैसेट
अल आयून
सहारवी गणतंत्र
दखला
एफडेरिक
टेरहज़ा
टौडेनी
न्वादिबू
मोरिटेनिया
नॉकचाट
तिशलीत
माली
टिंबक्टू
बौरेम
गाओ
नाईजर
सेनीगॉल
डाकर
गैम्बिया
बाजुल
गिनी बिसाऊ
बिसाऊ
कायेस
सेगू
मोप्टी
बैमाको
टिल्लाबेरी
गिनी
कनकन
कोनाक्री
सियेरा लिओन
फ्री टाउन
मोनोरोविया
लाइबेरिया
बौके
आइवरी कोस्ट
यमौउससोउकरो
आबिदजान
वागादूगू
बुरकिना फासो
तामेल
घाना
अकरा
टकोराडी
टोगो
बेनिन
पोर्टो नोवा
लोमे
कोटोनोउ
लागोस
इबादान
औग्बोमोशो
अबुजा
नाइजीरिया
इनूगू
पोर्ट हारकोर्ट
गिनी की खाड़ी
नियामे
नाइजर
अगादस
तानौट
जिन्दर
कानो
मैडूगुरी
सेगूडिन
बिल्मा
त्रिपोली
अलबिदा
बिन्गाज़ी
तोब्रूक
एस सिदर
हुन
जेल्टेन
वाहा
सेब्हा
लीबिया
मार्जुक
गत
अल्जउफ
सिवा
अलेक्ज़ेंड्रिया
टान्टा
पोर्ट सईद
काहिरा
अल गिज़ा
स्वेज़
अस्यूत
पोर्ट सफागा
मिस्र अरब गणराज्य
कीना
आस्वान
नास्सेर झील
वादी हल्फा
पोर्ट सूडान
अत्बारा
सूडान
आमदर्मान
कसाला
खार्तूम
सेन्नार
वाद मेदानी
अल फशर
अल ओबेद
न्याला
रोजीरेस
मलाकल
चाड
चाड झील
एन् जामेना
सार
मध्य अफ्रीका गणतंत्र
बोस्सनगोवा
बैंग्गासू
बंगई
बेरबेराटी
वाऊ
दक्षिण सूडान
जुबा
इरीट्रिया
मसावा
अस्मारा
जिबूती
अदन की खाड़ी
टाना झील
इथियोपिया
आदिस अबाबा
हरेर
बरबरा
हरगीसा
जिम्मा
नेघेल्ली
सोमालिया
मोगदिशु
किस्मायू
तुर्काना झील
केन्या
कम्पाला
युगांडा
एनटेबी
किसूमू
नकूरू
नैरोबी
विक्टोरिया झील
मोम्बासा
कैमरून
याउंडे
दौआला
मलाबो
इक्वै गिनी
रियोमुनी
बेटा
साऊ टोमे प्रिंसिपे
साऊ टोमे
लीब्रवील
गाबाँ
फ्रांसविल
पोर्ट जन्टिल
काँगो
ब्राज़ावील
पोांन्वार
कबिंडा (अंगोला)
बोमा
मातादी
किन्शासा
एम बांडाका
किसनगंकी
बोन्डो
ऊबुडी
किगाली
रुआंडा
बुरुंडी
बुजुम्बुरा
कांगो गणतंत्र (जायर)
बुकाबू
किन्डू
कनंगा
इलेबो
मुजि मायी
कमीना
कलेमी
टांगानीका झील
लिकासी
लुबुम्बाशी
किटवे
एनडोला
जाम्बिया
लूसाका
अरुशा
तंज़ानिया
किगोमा
डोडोमा
तांगा
पेंबा
जंजीबार
दार-अस-सलाम
माफिया
इरिंगा
एमबेया
मलावी
मलावी झील
लिलोंग्वे
जोम्बा
ब्लान्टायर
नामपूला
मोज़म्बीक
लुआंडा
मलैन्जे
अंगोला
लोबिटो
बेंग्वेला
वाम्बो
लुबांगो
मोसैमडीज़
मनोन्गुई
असेन्शन (स.रा.)
दक्षिण अटलांटिक महासागर
विषुवत रेखा
कर्क रेखा
मकर रेखा
कोमोरो
मॉरोनी
मयोट (फ्रांस)
महाजंगा
टोआमासिना
अंतानानारीवो
मेडागास्कर
टोलिआरा
हरारे
ज़िम्बाब्वे
ग्वेरु
बुलावायो
फ्रांसिसटाउन
बोट्सवाना
महालपेई
गैबरोन
बाइटब्रिज
सोफाला (बीरा)
इन्यैमबैने
मापूतो
त्सूमेब
नामीबिया
स्फाकॉपमुंट
विन्डहॉक
वाल्फिश की खाड़ी
लुडरित्स
कैटमान्त्सहोप
प्रिटोरिया
जोहान्सबर्ग
स्वाज़ीलैंड
एम्बाबाने
किम्बर्ले
ब्लूमफॉन्टेन
मज़ेरु
लेसोटो
डर्बन
दक्षिण अफ्रीका
वूस्टर
ब्यूफोर्ट
केपटाऊन
पोर्ट एलिज़ाबेथ
ईस्ट लंदन
हिंद महासागर
ए शि या
पैमाना 0 370 किमी

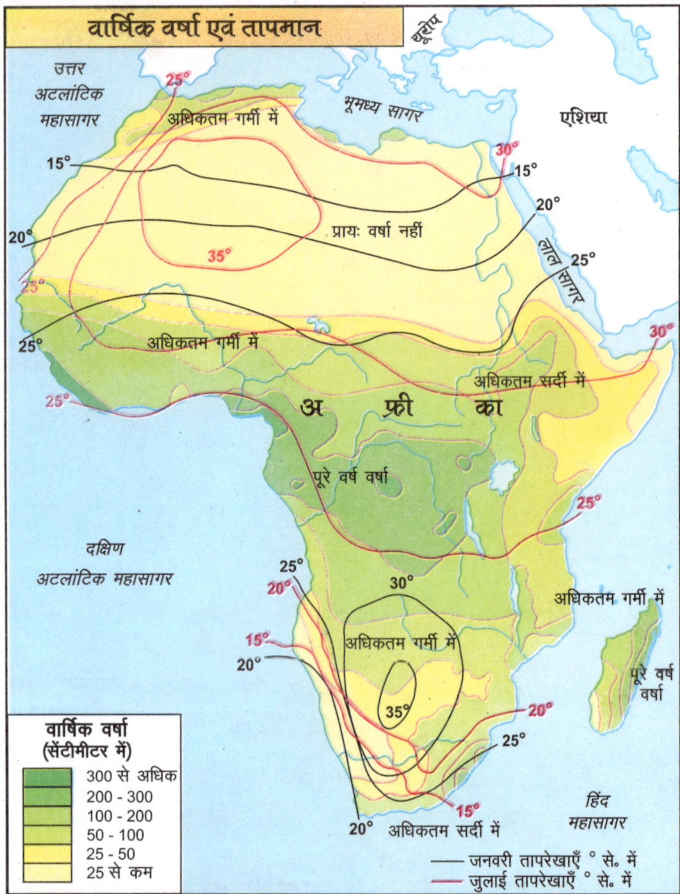
वार्षिक वर्षा एवं तापमान
यूरोप
उत्तर अटलांटिक महासागर
भूमध्य सागर
एशिया
अधिकतम गर्मी में
प्रायः वर्षा नहीं
लाल सागर
अधिकतम गर्मी में
अधिकतम सर्दी में
अ फ्री का
पूरे वर्ष वर्षा
दक्षिण अटलांटिक महासागर
अधिकतम गर्मी में
पूरे वर्ष वर्षा
अधिकतम गर्मी में
हिंद महासागर
अधिकतम सर्दी में
15°
20°
25°
30°
35°
वार्षिक वर्षा (सेंटीमीटर में)
300 से अधिक
200 - 300
100 - 200
50 - 100
25 - 50
25 से कम
जनवरी तापरेखाएँ ° से. में
जुलाई तापरेखाएँ ° से. में

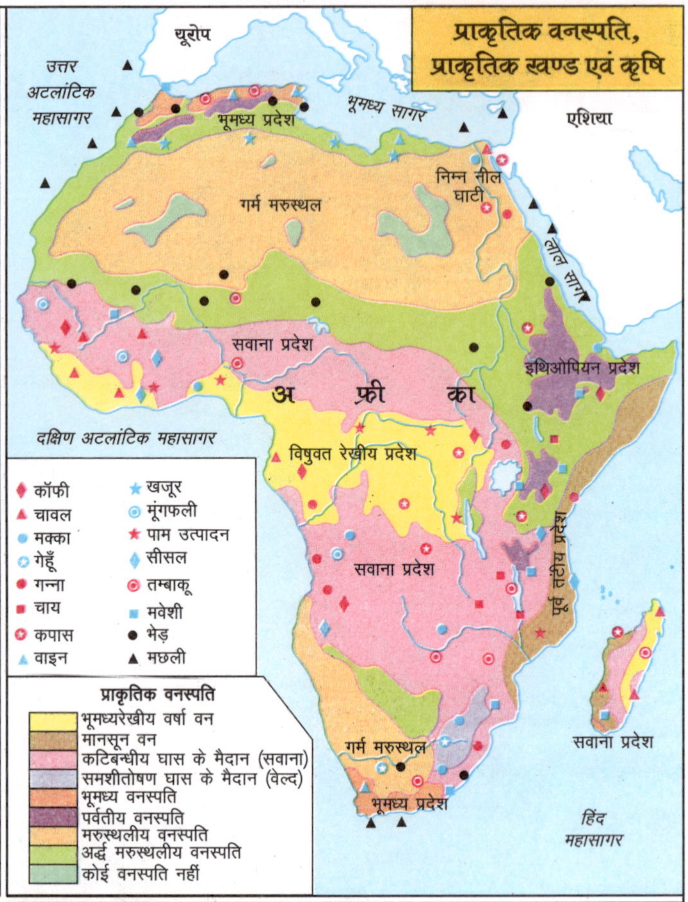
प्राकृतिक वनस्पति, प्राकृतिक खण्ड एवं कृषि
यूरोप
उत्तर अटलांटिक महासागर
भूमध्य सागर
एशिया
भूमध्य प्रदेश
निम्न नील घाटी
गर्म मरुस्थल
लाल सागर
सवाना प्रदेश
इथिओपियन प्रदेश
अ फ्री का
दक्षिण अटलांटिक महासागर
विषुवत रेखीय प्रदेश
सवाना प्रदेश
पूर्व पठारीय प्रदेश
गर्म मरुस्थल
भूमध्य प्रदेश
सवाना प्रदेश
हिंद महासागर
कॉफी
चावल
मक्का
गेहूँ
गन्ना
चाय
कपास
वाइन
खजूर
मूंगफली
पाम उत्पादन
सीसल
तम्बाकू
मवेशी
भेड़
मछली
प्राकृतिक वनस्पति
भूमध्यरेखीय वर्षा वन
मानसून वन
कटिबन्धीय घास के मैदान (सवाना)
समशीतोष्ण घास के मैदान (वेल्ड)
भूमध्य वनस्पति
पर्वतीय वनस्पति
मरुस्थलीय वनस्पति
अर्द्ध मरुस्थलीय वनस्पति
कोई वनस्पति नहीं

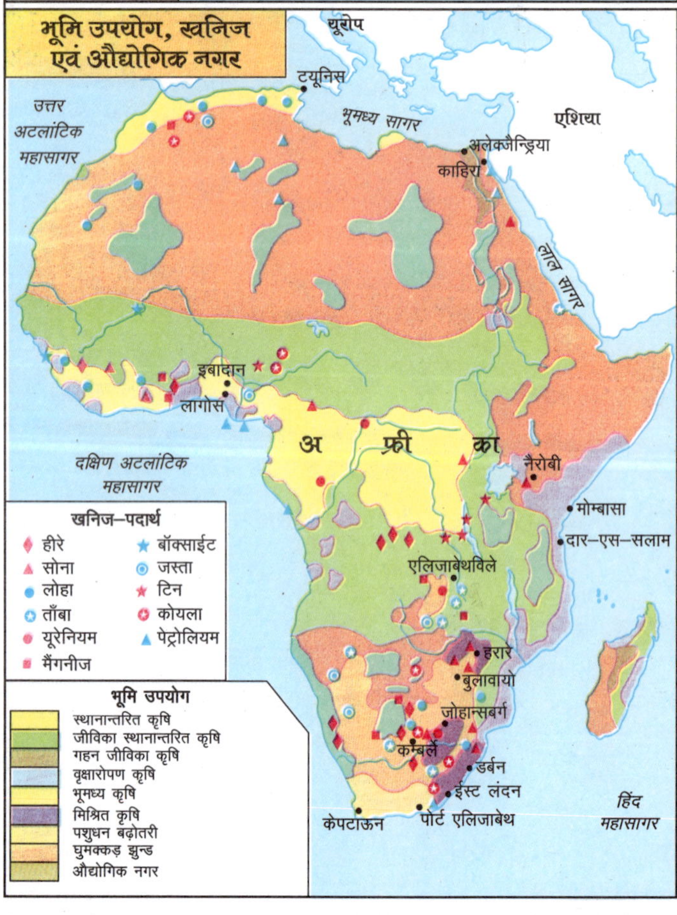
भूमि उपयोग, खनिज एवं औद्योगिक नगर
यूरोप
ट्यूनिस
उत्तर अटलांटिक महासागर
भूमध्य सागर
एशिया
अलेक्जैन्ड्रिया
काहिरा
लाल सागर
इबादान
लागोस
अ फ्री का
नैरोबी
दक्षिण अटलांटिक महासागर
मोम्बासा
दार-एस-सलाम
एलिजाबेथविले
हरारे
बुलावायो
जोहान्सबर्ग
किम्बर्ले
डर्बन
ईस्ट लंदन
केपटाऊन
पोर्ट एलिजाबेथ
हिंद महासागर
खनिज-पदार्थ
हीरे
सोना
लोहा
ताँबा
यूरेनियम
मैंगनीज
बॉक्साईट
जस्ता
टिन
कोयला
पेट्रोलियम
भूमि उपयोग
स्थानान्तरित कृषि
जीविका स्थानान्तरित कृषि
गहन जीविका कृषि
वृक्षारोपण कृषि
भूमध्य कृषि
मिश्रित कृषि
पशुधन बढ़ोतरी
घुमक्कड़ झुन्ड
औद्योगिक नगर

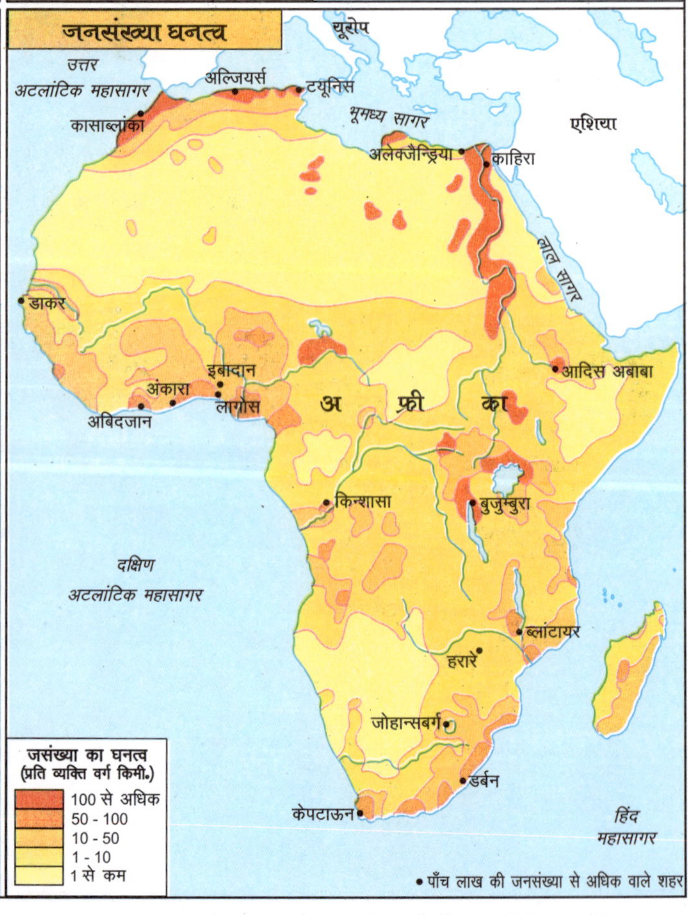
जनसंख्या घनत्व
यूरोप
उत्तर अटलांटिक महासागर
अल्जियर्स
ट्यूनिस
कासाब्लांका
भूमध्य सागर
एशिया
अलेक्जैन्ड्रिया
काहिरा
लाल सागर
डाकर
इबादान
अंकारा
लागोस
अबिदजान
अ फ्री का
आदिस अबाबा
किन्शासा
बुजुम्बुरा
दक्षिण अटलांटिक महासागर
ब्लांटायर
हरारे
जोहान्सबर्ग
डर्बन
केपटाऊन
हिंद महासागर
जनसंख्या का घनत्व (प्रति व्यक्ति वर्ग किमी.)
100 से अधिक
50 - 100
10 - 50
1 - 10
1 से कम
• पाँच लाख की जनसंख्या से अधिक वाले शहर

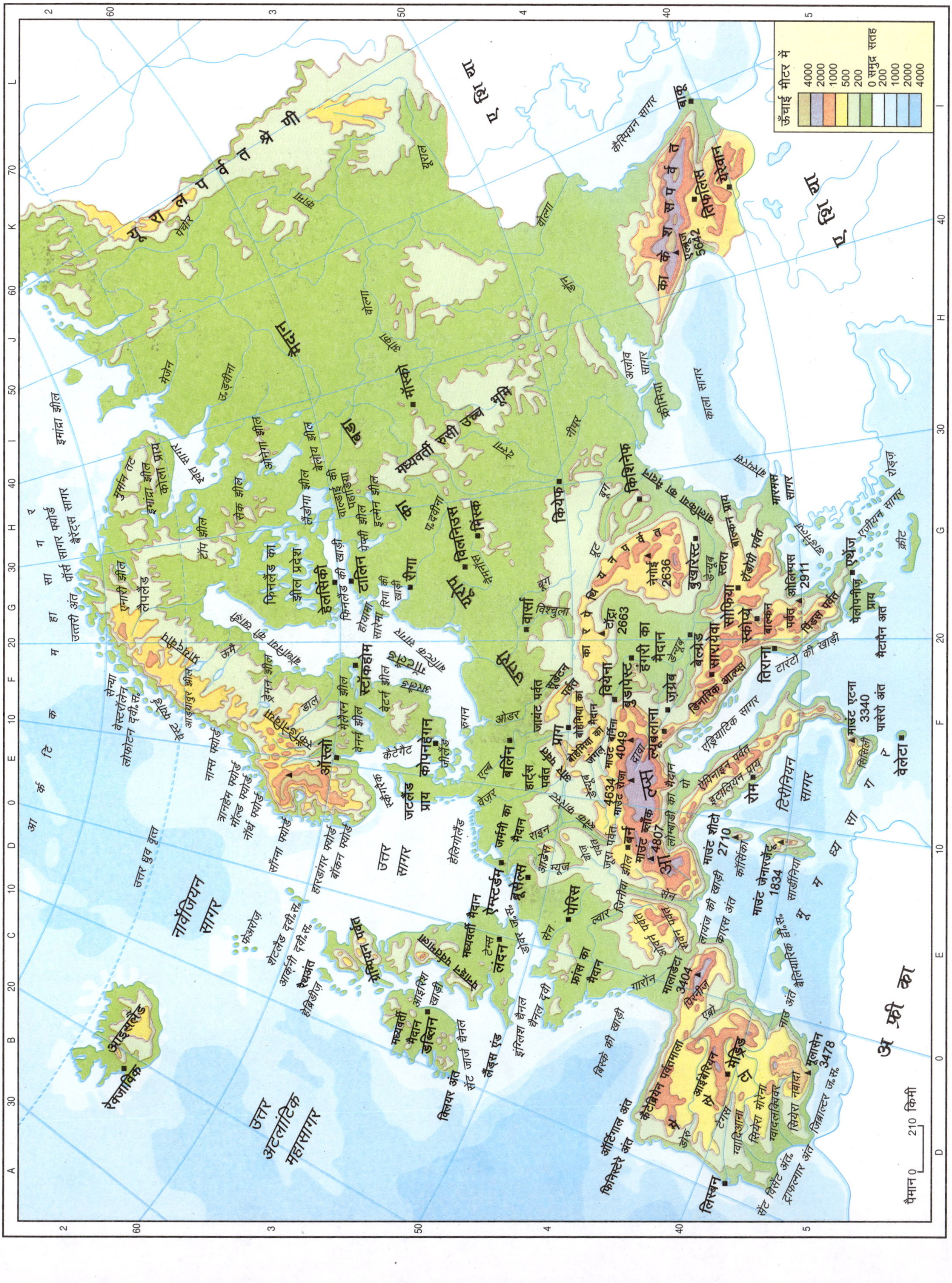
ऊँचाई मीटर में
4000
2000
1000
500
200
0 समुद्र सतह
200
1000
2000
4000
पैमाना 0 210 किमी
उत्तर अटलांटिक महासागर
नार्वेजियन सागर
उत्तर सागर
आर्कटिक महासागर
उत्तर ध्रुव वृत्त
आइसलैंड
रेक्जाविक
फिनिस्टेरे अंत
लिस्बन
मैड्रिड
मुलासेन 3478
जिब्राल्टर ज.सं.
पिरेनीज
बिस्के की खाड़ी
लंदन
डब्लिन
इंग्लिश चैनल
पेरिस
फ्रांस का मैदान
आल्प्स
मांट ब्लांक 4807
बर्न
ब्रुसेल्स
ऐम्स्टर्डम
जर्मनी का मैदान
बर्लिन
प्राग
वियना
बुडापेस्ट
हंगरी का मैदान
बेलग्रेड
सारायेवो
डिनारिक आल्प्स
तिराना
स्कोप्ये
सोफिया
बाल्कन पर्वत
पिंडस पर्वत
एथेन्स
ओलिम्पस 2911
क्रीट
एजियन सागर
एड्रियाटिक सागर
टिरीनियन सागर
रोम
एपिनाइन पर्वत
सिसिली
माउंट एटना 3340
वेलेटा
सार्डिनिया
कोर्सिका
भूमध्य सागर
अफ्रीका
बुखारेस्ट
कार्पेथियन पर्वत
किशिनेव
कीव
मिन्स्क
विलनियस
रीगा
टालिन
हेलसिंकी
स्टॉकहोम
ओस्लो
कोपनहेगन
वारसॉ
बाल्टिक सागर
फिनलैंड की खाड़ी
मास्को
मध्यवर्ती रूसी उच्च भूमि
काला सागर
क्रीमिया
अजोव सागर
कैस्पियन सागर
काकेशस पर्वत
एलब्रुस 5642
तिफ्लिस
येरेवान
बाकू
यूराल पर्वत श्रेणी
एशिया
वोल्गा
श्वेत सागर
बेरेंट्स सागर
लाडोगा झील
ओनेगा झील

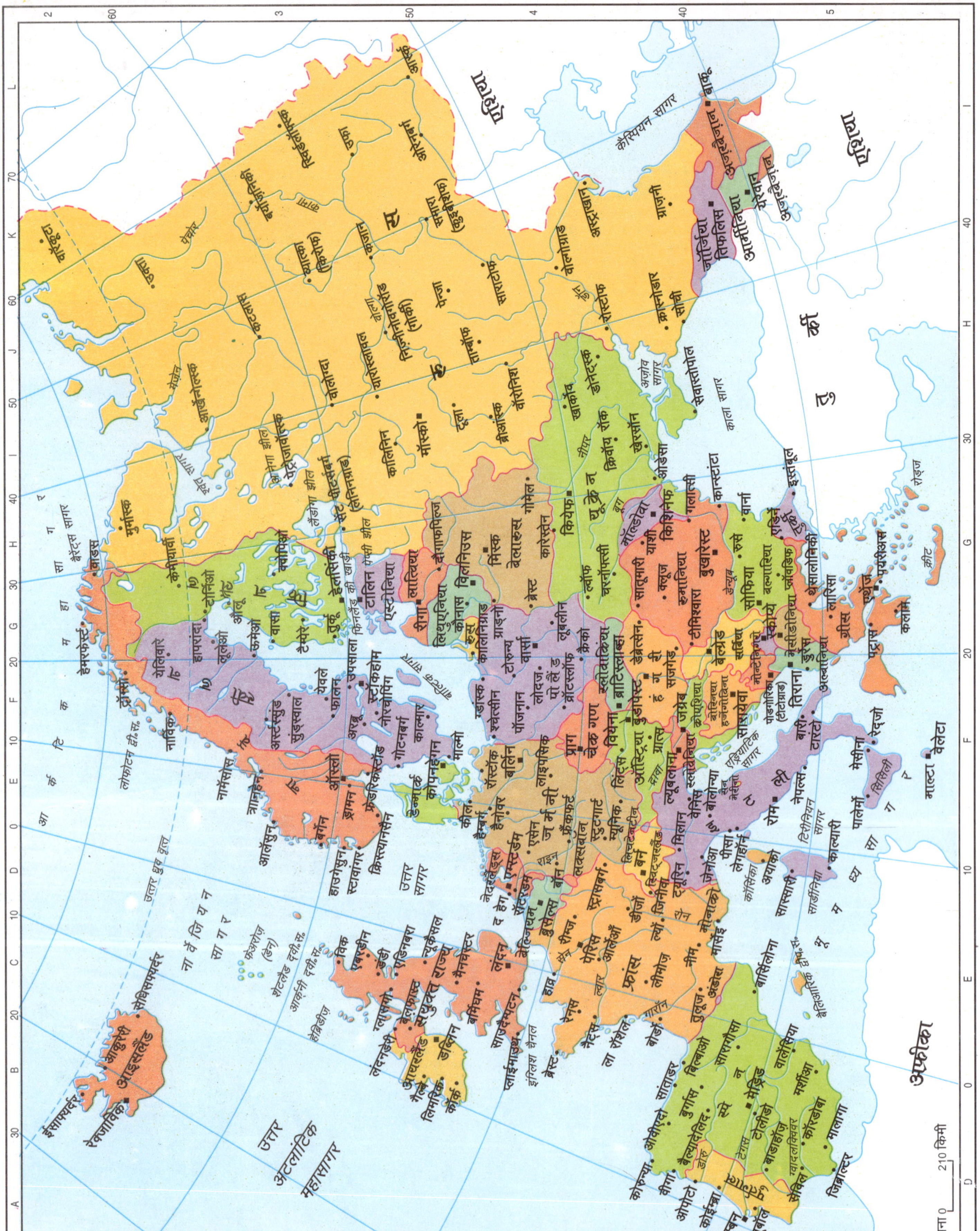
उत्तर अटलांटिक महासागर
नार्वेजियन सागर
उत्तर सागर
बाल्टिक सागर
बैरेंट्स सागर
आर्कटिक महासागर
काला सागर
कैस्पियन सागर
एड्रियाटिक सागर
टिरीनियन सागर
भूमध्य सागर
एशिया
अफ्रीका
तुर्की
आइसलैंड
रेक्जाविक
आयरलैंड
डब्लिन
संयुक्त राज्य
लंदन
फ्रांस
पेरिस
स्पेन
मैड्रिड
पुर्तगाल
लिस्बन
बर्लिन
रोम
वियना
प्राग
वार्सा
मॉस्को
कीयेव
स्टॉकहोम
ओस्लो
हेलसिंकी
कोपनहेगन
बुडापेस्ट
बुखारेस्ट
सोफिया
एथेन्स
अंकारा
माल्टा
वेलेटा
पैमाना 0 210 किमी

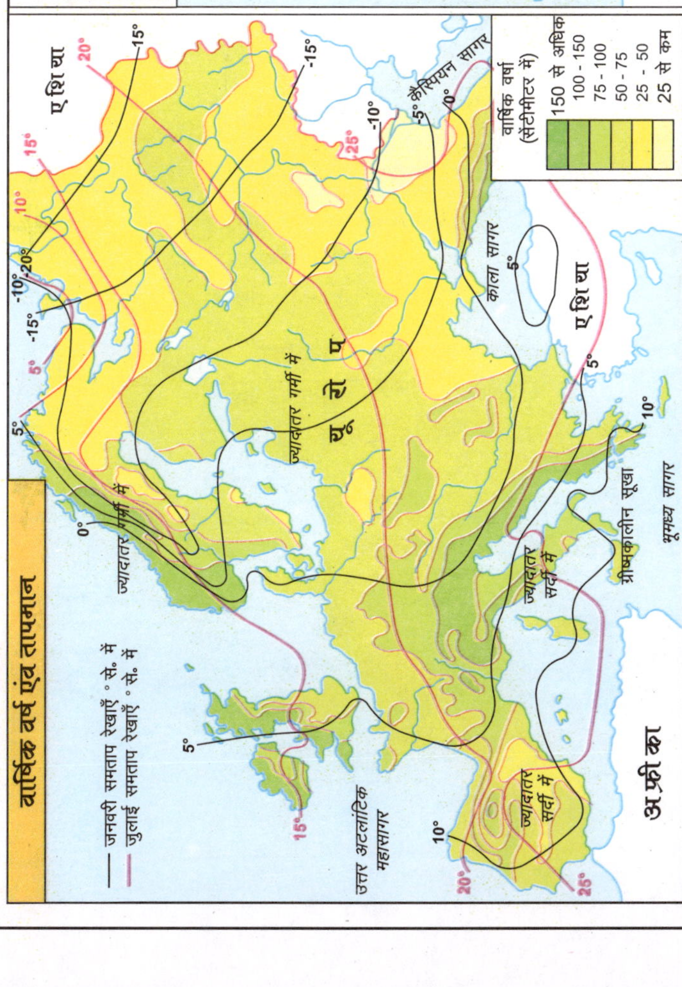
वार्षिक वर्षा एवं तापमान
जनवरी समताप रेखाएँ °से. में
जुलाई समताप रेखाएँ °से. में
वार्षिक वर्षा (सेंटीमीटर में)
150 से अधिक
100 - 150
75 - 100
50 - 75
25 - 50
25 से कम
यू रो प
ए शि या
अ फ़्री का
उत्तर अटलांटिक महासागर
भूमध्य सागर
काला सागर
कैस्पियन सागर
ज्यादातर गर्मी में
ज्यादातर सर्दी में
ग्रीष्मकालीन सूखा

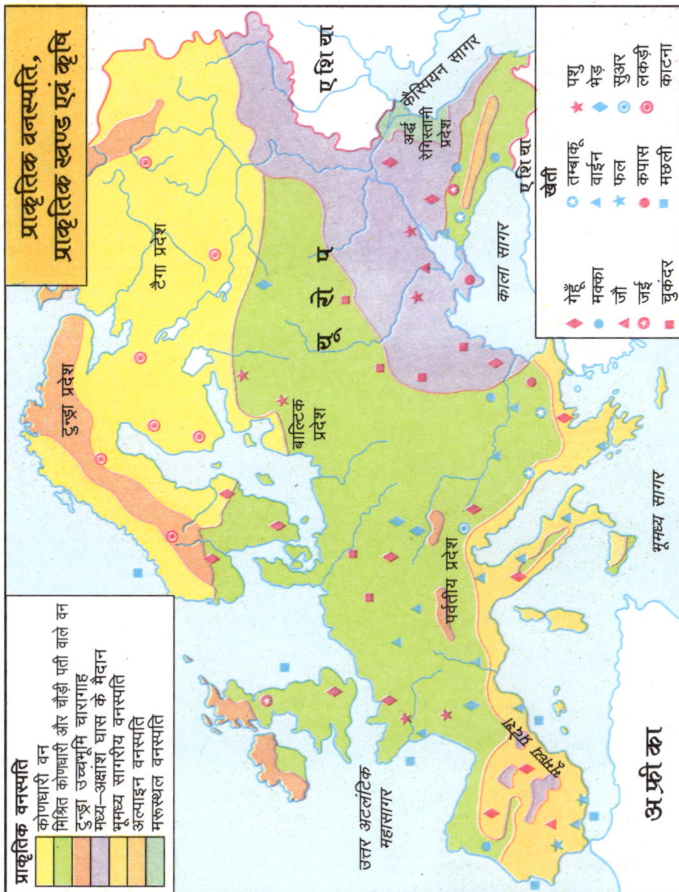
प्राकृतिक वनस्पति, प्राकृतिक खण्ड एवं कृषि
प्राकृतिक वनस्पति
कोणधारी वन
मिश्रित कोणधारी और चौड़ी पत्ती वाले वन
टुन्ड्रा उच्चभूमि चारागाह
मध्य-अक्षांश घास के मैदान
भूमध्य सागरीय वनस्पति
अल्पाइन वनस्पति
मरुस्थल वनस्पति
खेती
गेहूँ
मक्का
जौ
जई
चुकंदर
तम्बाकू
वाईन
फल
कपास
मछली
पशु
भेड़
सुअर
लकड़ी
काटना
टुन्ड्रा प्रदेश
टैगा प्रदेश
बाल्टिक प्रदेश
पर्वतीय प्रदेश
अर्द्ध रेगिस्तानी प्रदेश
यू रो प
ए शि या
अ फ़्री का
उत्तर अटलांटिक महासागर
भूमध्य सागर
काला सागर
कैस्पियन सागर

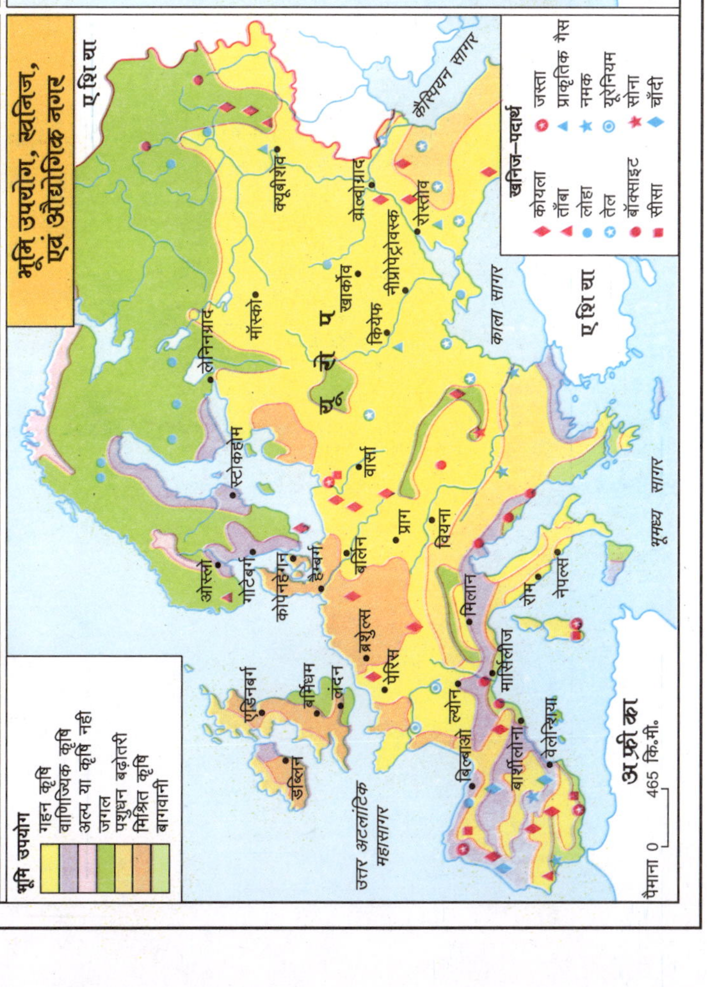
भूमि उपयोग, खनिज, एवं औद्योगिक नगर
भूमि उपयोग
गहन कृषि
वाणिज्यिक कृषि
अल्प या कृषि नहीं
जंगल
पशुधन बढ़ोतरी
मिश्रित कृषि
बागवानी
खनिज-पदार्थ
कोयला
ताँबा
लोहा
तेल
बॉक्साइट
सीसा
जस्ता
प्राकृतिक गैस
नमक
यूरेनियम
सोना
चाँदी
पैमाना 0 465 कि.मी.
ओस्लो
स्टाकहोम
लेनिनग्राद
मॉस्को
गोटबर्ग
कोपनहेगन
हैम्बर्ग
बर्लिन
वार्सा
एडिनबर्ग
बर्मिंघम
लंदन
डब्लिन
ब्रुसेल्स
पेरिस
प्राग
वियना
मिलान
ल्योन
मार्सिलीज
बिलबाओ
बार्सीलोना
वेलेंशिया
रोम
नेपल्स
खार्कोव
कियेफ
नीप्रोपेट्रोवस्क
वोल्गोग्राद
क्यूबिशेव
रोस्तोव
यू रो प
ए शि या
अ फ़्री का
उत्तर अटलांटिक महासागर
भूमध्य सागर
काला सागर
कैस्पियन सागर

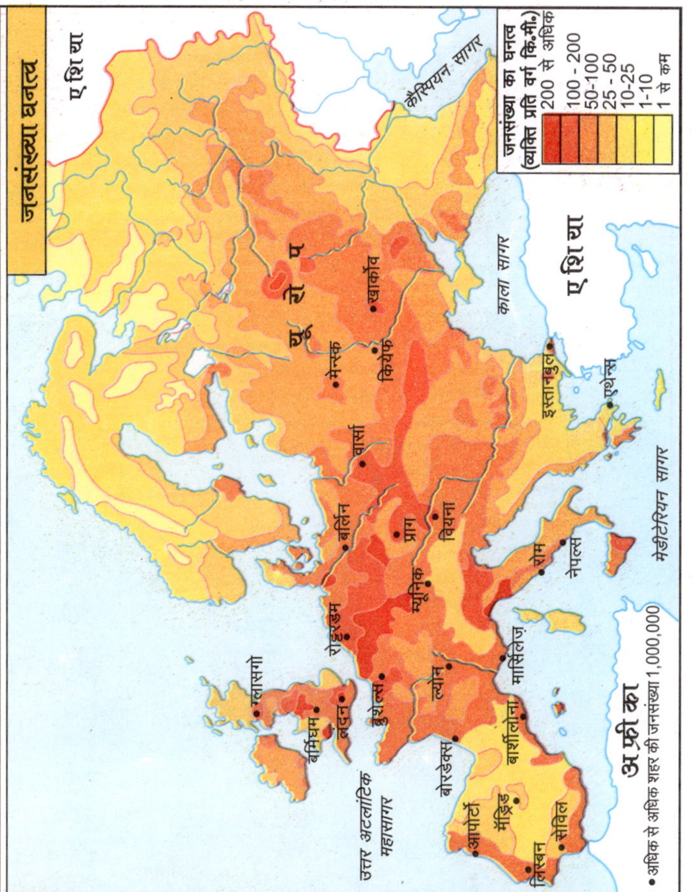
जनसंख्या घनत्व
जनसंख्या का घनत्व (व्यक्ति प्रति वर्ग कि.मी.)
200 से अधिक
100 - 200
50-100
25 - 50
10-25
1-10
1 से कम
• अधिक से अधिक शहर की जनसंख्या 1,000,000
ग्लासगो
बर्मिंघम
लंदन
ब्रुसेल्स
रोटरडम
बर्लिन
वार्सा
मिन्स्क
कियेफ
खार्कोव
प्राग
वियना
म्यूनिक
ल्योन
मार्सिलीज
बोरडेक्स
बार्सीलोना
मैड्रिड
ओपोर्टो
लिस्बन
सेविल
रोम
नेपल्स
इस्ताम्बुल
एथेन्स
यू रो प
ए शि या
अ फ़्री का
उत्तर अटलांटिक महासागर
मेडीटेरियन सागर
काला सागर
कैस्पियन सागर

शैटलैंड द्वी.स.
उंस्ट
यैल
फैदर
लेरविक
मेनलैंड
फैर द्वीप
वेस्ट्रे
सेंडे
ओकनी द्वी.स.
स्ट्रोंसे
मेनलैंड
क्रिकवॉल
किरकवाल
दक्षिण रोनाल्डसे
होय
कैप व्राथ
जोनोग्रोट्स
थुर्सो
विक
स्टोर्नोवे
लेविस
नार्थ हेब्रिड्स
सेंट किल्डा
उत्तर उईस्ट
दक्षिण उईस्ट
बारा
लोईरग
हेल्म्सडोले
उल्लापूल
गोलस्प्ये
तोइन
मोरे फिर्थ
इनवरगोर्डोन
बुकी
बेन्फ
फ्रेसरबर्ग
डिंगवाल
नैर्न
इल्गिन
हुन्टले
पीटरहेड
पोर्टी
इंवेरनेस
स्काये
स्पे
इन्वेरूरी
एबरडीन
एवीमोरे
डी
मलैंग
स्टोनहोवेन
रूम
स्कॉटलैण्ड
बेल्लाटर
इग्जी
फोर्ट विलियम
मोन्ट्रोसे
कोल
फॉरफॉर
एरबॉथ
टिरी
टोबेरमोरे
डुंडी
उत्तर अटलांटिक महासागर
उत्तर सागर
ओबन
पर्थ
सेंट एंड्रयूस
किरकाल्डे
जुरा
ग्रीनॉक
स्टिरलिंग
डुनफर्मलीन
फिर्थ व फोथ
डुंबर
इसले
ग्लासगो
एडिनबर्ग
बेरविक
गोलशील्ड
ईस्ट किलब्राइड
आरेन द्वी
फिर्थ आफ क्लाइड
मलिन हेड
फेदबर्ग
एलविक
एयर
उत्तर चैनल
बेनक्रेना
कोलेराइने
हाविक
लंदनडेरी
डुमफ्रिस
न्यूकेसल
बल्लीमाने
लेटरकेनी
उत्तरी ऑयरलैण्ड
सं यु क्त
रा ज्य
लार्ने
साउथ शील्ड्स
अरैन द्वी
डोनेगल
कार्लिस्ले
बेंगोर
सुदरलैंड
ओरनघ
लूसे की खाड़ी
सॉल्वे फिर्थ
बुन्डोरो
बेलफास्ट
मिड्ल्सबर्ग
पोर्टाडोन
वाईटहबेन
इन्सिकिले
लुरगन
स्कनथोर्प
ओमेघ
इसले ऑफ मेन
केंडल
स्लिगो
न्यूरी
हरोगेट
स्कॉरबर्ग
बल्लिना
केसलब्लोनी
डगलस
कास्टलेबर
लेत्रिम
केवोन
डुंडलक
लंकास्टर
मोरेकम्बे खाड़ी
ब्रैडफोर्ड
यॉर्क
वेस्टपोर्ट
लॉगफोर्ड
मार
ड्रोघेड़ा
ब्लैकपूल
प्रेस्टन
लीड्स
हुल
रॉस्कोमॉन
आईरिस सागर
हुडर्सफील्ड
इस्पुम हेड
गाल्वे
एथलोने
मुल्लीनगर
डबलिन
लीवरपूल
मेनचेस्टर
डोनकास्टर
ग्रीम्सबे
बल्लिनोलोई
तुलमोर
होलीहेड
चेस्टर
शेफील्ड
लिंकन
ऑयरलैण्ड
ब्रे
द वास बे
इनिस
पोर्ट लाओसे
आथे
कोन्वे
क्रोमर
कार्लो
स्टोक ऑन ट्रेन्ट
डर्बी
नाटिंघम
किलरश
लेलट्रिम
नेनघ
आर्कलो
किंग्स लेन
ग्रेट यॉरमाउथ
किलकेनी
टेलफोर्ड
स्टेफोर्ड
लीसेस्टर
पीटरबर्ग
नॉरविच
लिस्टोवल
थुरलेस
कार्डिगन की खाड़ी
लोवेस्टोफ्ट
ट्रेली
टिप्पेरारी
केरिक-ऑन-सुरे
बर्मिंघम
वेक्सफोर्ड
सेवर्न
कोवेंट्री
इंग्लैण्ड
डिंगले
मैलो
अबेरिट्वीट
वाटरफोर्ड
रॉसलारे
बेडफोर्ड
कैम्ब्रिज
इप्सविच
किल्लरने
वेल्स
वोरसेस्टर
नॉर्थम्प्टन
सेंट जॉर्ज चैनल
फिशगार्ड
हेरेफोर्ड
मिल्टन कींस
यूघल
कोलचेस्टर
बेरीडोन
कॉर्क
करनार्थन
ब्रेकन
चेलटेनहॉम
लूटॉन
बेंट्री
ग्लोक्स्टर
थेम
ऑक्सफोर्ड
चैम्सफोर्ड
न्यूपोर्ट
साउथएण्ड
स्वीडन
स्लो
लंदन
स्वानसी
कार्डिफ
ब्रिस्टल
रीडिंग
मारगेट
ग्रीनविच
ब्रिस्टल चैनल
बाथ
गिल्डफोर्ड
कैंटरबरी
डोवर
क्राडले
बर्नास्टोपी
टौनटोन
सेलिसबरी
विंचेस्टर
फोल्केस्टोन
बूघटॉन
साउथेम्पटन
हेस्टिंग्स
बुडे
बॉर्नमाउथ
पॉले
पोर्ट्समाउथ
एक्सेटर
प्लाईमाउथ
टॉरक्ये
वीमाउथ
ट्रूरो
पैंज़ास
इंग्लिश चैनल
इसले ऑफ सिसिली
पैमाना 0 50 कि.मी.

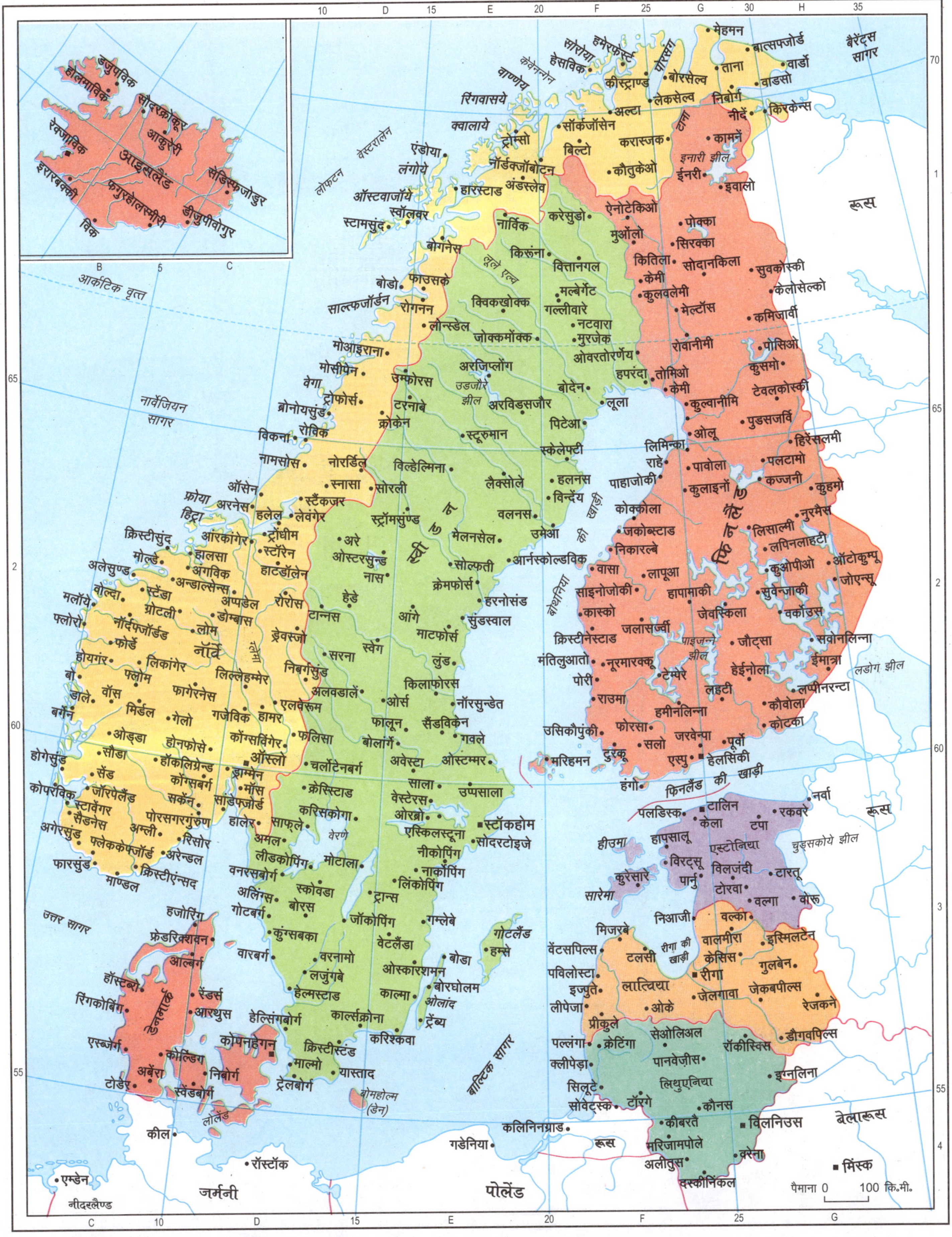
आइसलैंड
रेक्जाविक
अकुरेरी
हुसाविक
सौदरक्रोकुर
सेडिसफजोडुर
फगुरहोलस्मीरी
डीजुपीवोगुर
विक
नॉर्वे
स्वीडन
फिनलैंड
एस्टोनिया
लाटविया
लिथुएनिया
डेनमार्क
रूस
बेलारूस
पोलेंड
जर्मनी
नीदरलैण्ड
आर्कटिक वृत्त
नार्वेजियन सागर
उत्तर सागर
बाल्टिक सागर
बैरेंट्स सागर
बोथनिया की खाड़ी
फिनलैंड की खाड़ी
रीगा की खाड़ी
लडोग झील
चुड्सकोये झील
इनारी झील
पाइजन्ने झील
लोफटन
वेस्टरालेन
गोटलैंड
ओलांड
बोर्नहोल्म (डेन)
लोलैंड
सारेमा
हीउमा
ओस्लो
स्टॉकहोम
हेलसिंकी
टालिन
रीगा
विलनिउस
कोपनहेगन
मिंस्क
बर्गेन
ट्रोंधीम
स्टावेंगर
ट्रोम्सो
नार्विक
बोडो
हैमरफेस्ट
किरुना
लूला
उमेआ
सुंडस्वाल
उप्पसाला
गोटबर्ग
माल्मो
ओलू
टम्पेरे
तुर्कू
पोरी
वासा
रोवानीमी
कौनस
कलिनिनग्राड
गडेनिया
रॉस्टॉक
कील
एम्डेन
आर्हुस
ओडेन्स
आल्बर्ग
टारतू
पार्नु
नर्वा
डौगवपिल्स
लीपेजा
वेंटसपिल्स
क्लीपेड़ा
पैमाना 0 100 कि.मी.

पश्चिमी यूरोप

नॉर्वे
एबरडीन
ओबन
ग्लासगो
एडिनबर्ग
उत्तर सागर
लंदनडेरी
स्लीगो
बेलफास्ट
वेस्टपोर्ट
एलनविक
न्यूकेसल
गॉल्वे
ड्रोघेडा
आयरिश सागर
कार्लिस्ले
डार्लिंगटन
आयरलैण्ड
डब्लिन
ट्रेली
लिमरिक
कॉर्क
वेक्सफोर्ड
लीवरपूल
लीड्स
शेफील्ड
डेनमार्क
उत्तर
अटलांटिक महासागर
सेंट जॉर्ज चैनल
ओबरिट्वीथ
संयुक्त राज्य
नॉटिंघम
स्वॉनसी
ग्रोनिंगन
नीदरलैंड्स
ऑक्सफोर्ड
कैम्ब्रिज
ब्रिस्टल चैनल
बार्नस्टेपल
ब्रिस्टल
चैम्सफर्ड
हार्लेम
हेग
एम्स्टर्डम
मेप्पल
पेनजोस
साउथहैम्पटन
लंदन
रॉटरडम
ड्रुरडेरेन्ट
ब्रेडा
अर्न्हेम
टॉर्बे
प्लाईमाउथ
डोवर
ब्रुगे
ऐंटवर्प
निजमेगन
इंग्लिश चैनल
कैलेस
घेंट
ब्रसेल्ज़
आइंधोवेन
वेनलो
केप डेल हेग
चैनल द्वी॰ (सं.रा.)
बैरक
लिल्ले
बेल्जियम
नामुर
डिप्पे
लेंस
चार्लेरोई
लिएगे
ब्रेस्ट
ली हावे
रोएन
अमीन्स
अरास
जर्मनी
रेन्नीस
सेंट मालो
विरे
साइन
क्रील
लाओं
लक्समबर्ग
लोरिएंट
वान्नेस
ली मेन्स
एवरेक्स
पेरिस
रीम्स
सेंट॰ नजिरे
लावल
मेलूंन
चलोंस
मेट्ज़
ब्लोईस
ओर्लिन्स
स्ट्रासबर्ग
नान्टेस
अंगिरस
टूर्स
बोर्गेस
ट्रोयेस
एपिनल
चौमोंट
पोइट्यिर्स
फ्राँस
मुलहाउस
मुल्हीम
लॉ रोशैल्ले
डिजों
बसेल
ज़ुरिच
बिस्के की खाड़ी
निओरत
चटोरोक्स
बेसनकों
लिचटेनटीन
अंगोलेमे
लिमोगेस
गुएरेट
मौलिंस
बर्न
ऑस्ट्रिया
लेसपारे
लौसाने
ला कोरूनाया
फेरोल
क्लेरमोंट फेरांड
रोएन्ने
जिनेवा
स्विट्ज़रलैण्ड
सैंटिआगो
गिजोन
पेरिगुएक्स
बोर्डेओक्स
ल्योंन
सेंट एस्टीने
लूगो
ओवीएदो
सैन्टैन्डर
मिमिज़ान
ब्रीवे
चेम्बेरी
वीगो
बिल्बाओ
मारमांडे
औरिलोक
वालेंस
ग्रेनोबल
ओरेंसे
लीओन
बारासाल्दो
सन सेबेस्टियन
बायोने
अगेन
ब्रागा
पेलैसिआ
विटोरिया
मेंडे
रोहोन
अल्बी
इ ट ली
पोर्टो
ज़मोरा
बुरगोस
पाऊ
नीस
एविग्नों
मोंत्पेल्लियर
वल्लाडोलिड
पैम्प्लैना
बेजियर्स
कोईम्ब्रा
सालामांका
टोरडेसिला
लोग्रोनो
परपिगनन
मार्सेल्ले
नाइस
मोनाको
मेडिना
अन्डोरा
लायन्स की खाड़ी
केनेस
फातिमा
पुर्तगाल
अविला
स्पेन
मेदिनकिले
टौलों
लीगुरियन सागर
सोब्रिल्हा
केप कोर्स
लिर्वोमो
संतारिम
जारागोज़ा
लेईडा
फिगुएरेस
गरोना
बास्टिया
लिस्बन
बडाज़ोज़
केसेरेस
मेड्रिड
अलकाला
बार्सिलोना
हॉस्पिटलेट
टेरेसा
कोर्सिका (फ्रांस)
ईबा
सेटूबल
एवोरा
मेरीडा
गेटाफे
टोलेडो
टोरटोसा
टेर्रागोना
अजासिओ
गुआडियाना
विनारोस
सिनेस
बेजा
पुएरटोलानों
कस्टेलो
बेनिफेसिओं
बेनिफसिओं जलसंधि
लागोस
फारो
वैलेंशिया
मेनोरका
कोडोबा
अल्बासटे
सस्सारी
हुइलवा
लिनारेस
डेनिया
पाल्मा
मलोरका
केडीज़ की खाड़ी
सेविला
इबिज़ा
न्योरो
जाइन
मुर्सीया
इल्चे
अलिकान्ते
सार्डिनिया (इटली)
केडीज़
बैलिआरिक द्वीप.स.
जेरेज़
ग्रेनाडा
लोरका
सन फर्नाडो
मलागा
कार्टागेना
कैगलरी
टिरीनियन सागर
ला लीना
अलमेरिया
जिब्राल्टर ज.सं.
जिब्राल्टर
केबो द गाटा
मेडीटिरीनियन सागर
पैमाना 0 100 कि.मी.
अफ्रीका
C
5
D
0
E
5
F
10
G
3
4
5
6
50
45
40
55
2

दक्षिण - मध्य यूरोप

डेनमार्क
फिनलैंड
एस्बजेर्ग
ओडन्से
कोपनहेगेन
माल्मो
बाल्टिक सागर
बोमहोल्म
पालांगा
टेल्सीआई
क्लीपेड़ा
रेडविलिस्क्स
पानवेज़ीस
लात्विया
टॉरंगे
लिथुएनिया
इनलिना
पोलॉस्क
हियबोकये
सोवेटस्क
नेमन
कोनस
कालनिनग्राड
रूस
विलनिउस
ओर्शा
समरहो
महिल्यो
बाल्टियस्क
सुवालकी
मिंस्क
क्रीचाव
लिडा
बे ला रू स
ग्रोडनो
इल्क
सोकोलका
बरनविचे
बब्रुयस्क
स्लूटस्क
लोम्ज़ा
बिआलिटस्क
सलोनिम
हंस्टाविचे
ब्रेस्ट
पिंस्क
मज़्येर
फ्लेंसबर्ग
कील
अल्टेफेर
रॉस्टॉक
लूबैक
ब्रेमरहवेन
हेमबर्ग
ओल्डेनबर्ग
ब्रेमेन
नेदरलैण्ड्स
एम्स्टर्डम
लोहने
ओस्नाबुर्क
मुंस्टर
हनोवर
बिलेफील्ड
गुटरस्लोह
बोचूम
डॉर्टमुंड
पडरबोर्न
डुसलडॉर्फ
कोलोन
बोन
कसेल
सीगेन
जर्मनी
बर्लिन
पॉट्सडैम
मग्डेबर्ग
विट्टेनबर्ग
स्टेनडेल
स्लेज़वेडेल
डिस्साएं
कोटबुस
लाइपजिग
एरफर्ट
गेरा
जेना
गोर्लिट्ज़
ड्रेसडेन
बेल्जियम
कोब्लेंज
फुलडा
झीकाओ
बीसबडेन
फ्रेंकफर्ट
लक्जमबर्ग
डार्मस्टड
बुजबर्ग
मैनहीम
हाईडलबर्ग
एलेरगेन
नूरनबर्ग
कार्ल्सरूहे
स्टुटगार्ड
रेगेन्सबर्ग
फ्रांस
ऑग्सबर्ग
पसाउ
मुल्हाउस
फ्रीबर्ग
बिबेरच
म्यूनिक
बासेल
डोरबिन
ज़ुरिच
बर्न
लिचटेनटीन
स्विट्ज़रलैण्ड
लुसाने
इन्सबुर्क
कोस्ज़लिन
सजक्ज़ेसनेक
सजक्सेज़न
तक्जेव
इल्बेग
ग्रुडजिआड्ज
ओल्ज़्टयने
गोरजो
पिला
विलकोपोल्स्की
तोरुन
आइनोरूलो
क्लोक्लाजस्क
पुलटुस्क
पोज़ान
कोनिन
प्लॉक
वार्सा
गुबेन
लेस्ज़नो
केलिस्ज
पो ले ण्ड
ग्रोजेक
ऑस्ट्रो
लोड्ज़
लेग्निका
केप्नो
पिओटकोव
राडॉम
चेल्म
व्रोक्लॉव
सजेस्टोकोवा
कील्स
लुबलिन
बीटोम
स्टालोवा वोला
प्राग
हराडेक क्रालोवे
ग्लिइस
सोस्नावीस
रज़ेसजोव
पल्ज़ेन
परडुबिसे
ऑस्ट्रावा
क्रैको
टर्नोव
चेक गणराज्य
ओलोमोस
परजेमिस्ल
केस्की बुडेजेविक्से
बरनो
ज़िलीना
बंस्का बिस्ट्रिका
स्लोवाकिया
कोसिसे
हॉर्न
लिंज़
क्रीम्स
वियेना
ब्राटिस्लावा
मिसकोल्क
नरेजीहाज़ा
वेल्स
से.पाल्टेन
बडेन
एगेर
सोल्ज़बर्ग
ग्योर
बुडापेस्ट
डेब्रीकेन
ऑस्ट्रिया
हंगरी
ग्रेज़
सेजकफसेवार
सेगलेड
से.वीट
कपोसवार
बेकेसकसेबा
पेक्स
स्जिगेड
लुटस्क
कियेफ
जिटोमीर
यू क्रे न
आईवानो-फ्रेंकिवस्क
सोरोका
मोल्डोवा
रिबनिटा
सातू मारे
बोटोसनी
बाल्टी
आरही
बिस्ट्रीटा
ओरेड़ा
जलाउ
पिआट्रा नीम्ट
किशिनेफ
क्लूज नापोसा
टिरगु मुरेस
बकाऊ
कोमरट
अरड
रोमानिया
कहल
टिमिसोरा
सीबयू
फोक्सानी
ब्रासोव
इज़मैल
रेसिता
टिरगु जियू
प्लोइस्टी
बुझाउ
पिटेस्टी
बुखारेस्ट
ट्रुनू सेवेरिन
क्राइओवा
स्लाटिना
कालरसी
सिलिस्ट्रा
बोल्ज़ानो
उदीने
ब्रिग
लुगानो
ट्रेन्टो
मोन्ज़ा
बेर्गमो
ट्रेविसो
मिलान
ब्रेसिआ
वेरोना
वेनेज़िया
टोरिनो
प्यासेंजा
रोविगो
क्यूनेओ
जिनोवा
मोडेना
बोलोग्ना
रवेन्ना
इम्पीरिया
ला स्पेजिआ
फोर्ली
मोनाको
पिसा
प्रॉटो
सॅन मरीनो
रिमीनी
लिगुरियन सागर
लेघॉर्न
इ ट ली
एनकोना
पोबिनो
इल्बा
पेरुगिआ
कैमेरिनों
कोर्सिका (फ्रांस)
ग्रोसेटो
टेरनी
अस्कोली पिकेनो
कैल्वी
अजेसिओ
विटरबो
पेस्करा
बोनिफेसिओ ज. सं.
वेटीकन सिटी
रोम
वास्टो
ससारी
ओल्बिया
टिरेनियन सागर
लटिना
कसिनो
फॉगिओ
विस्टे
सार्डिनिया (इटली)
गइटा
बर्लेटा
बारी
नेपल्स
सलेर्नो
एन्ड्रीआ
ब्रिंडिसी
पोटेंजा
टारान्टो
विलासिद्रो
टॉर्टोली
लिस्से
सप्री
टरान्टो की खाड़ी
कैग्लरी
कोरीगोलिनो
कालाब्रो
कोसेंज़ा
क्रोस्टोने
वैटिकानो केप
कटंजरो
ट्रैपानी
पालेर्मो
मेस्सीना
रोसर्नो
मरसाला
निकोसिया
रेगिओ-डी-केलाब्रिआ
मेसीना ज. सं.
ट्यूनिस की खाड़ी
सिसिली ज. सं.
सिआका
सिसिली
केटनिया
गेला
सिरकासा
मोडिका
अफ्रीका
माल्टा
वेलेटा
भू म ध्य सा ग र
स्लोवेनिया
ल्यूबलाना
वराज़दीन
ज़ग्रेब
ट्राईस्टे
करलौवे
क्रोएशिया
ओसिजेक
किकिंदा
सुबोटिका
रिजेका
पूला
क्रेस
लोसिन्ज़
बान्जा लुका
बोस्निया हर्जेगोविना
गोसपिओ
ट्रज्ला
डुगी ओटक
जदार
कनिन
जेनिका
स्पिट
सारायेवा
सोल्टा
होवर
मॉस्टर
कोरकुला
डुब्रोवनिक
एड्रियाटिक सागर
नोवी साड
बेलग्रेड
सर्बिया
कसक
निस
विडिन
नोवीपाज़ार
मोन्टेनेग्रो
प्रेस्टिना
कोसोवो
प्रेक
पोडगोरिका
प्रिज़रेन
लेस्कोवाक
स्कोडेर
स्कोप्ज़
कुमानोवो
मेसीडोनिया
तिराना
प्रिलेप
एल्बासान
अल्बानिया
बिटोला
बेरात
वलोरे
कोर्स
गजिरॉकस्टर
एलेक्जेंड्रिया
रूसे
प्लेविन
गबरोवो
बुल्गारिया
शुमेन
वार्ना
काला सागर
सोफिया
पर्निक
पाज़ाडजहिक
स्तारा
बर्गस
प्लोव्दिव
खासकोवा
किरकलारेली
किएकोय
बोस्पोरस
पेट्रिच
ड्रामा
कोमोटिनी
तुर्की
इस्तान्बुल
सेरेस
केवाला
केसान
मरमरा सागर
थेस्सलोनिकी
एमरोज़
लेमनोस
लोनीना
लारिसा
कर्फू
वोलोस
परगा
ग्री स
उ.स्पोडर्स
लेस्बोज
एशिया
एग्रीनिओ
लमिया
अरकित्सा
आयोनियन सागर
थीवे
सेफेलेनिया
आर्गोस्टोलिन
एथेन्स
एंड्रोस
सामोस
पेट्रा
ट्रिपोली
जकिंथोस
आईकारिआ
कलामटा
स्पार्टी
साइक्लाडेस
पीलोस
मिलोस
आईओस
मोनेमवासिआ
कीथीरा
थिरा
अनाफी
कारपेथोस
क्रीट सागर
हानिया
क्रीट
पैमाना 0 100 कि.मी.

एशिया
आर्कटिक महासागर
आइसलैंड
बर्फीला प्रदेश ग्रीनलैंड
नूक (गॉट हॉब)
फेअरवेल अंत.
डेविस ज.स.
उत्तर ध्रुव वृत्त
बैफिन की खाड़ी
बैफिन द्वीप
डेवन द्वीप
पैरी द्वी.स.
क्वीन एलिज़ाबेथ द्वी.स.
प्वाइंट बैरो
लिज़्बर्न अं.
बेरिंग ज.स.
ब्रुक्स श्रेणी
अलास्का
यूकॉन
बोफर्ट सागर
बैंक्स द्वी
मैक्लुअर ज.स.
प्रिंस ऑफ वेल्स द्वी.
बाथर्स्ट अं.
विक्टोरिया द्वी
फॉक्स बेसिन
अलास्का श्रेणी
6193 मकिन्ली
अलास्का प्राय.
अलास्का की खाड़ी
6050 लोगन शिखर
मैकेंजी पर्वत
ग्रेट बेअर झील
ग्रेट स्लाव झील
डुबॉट झील
वेजर की खाड़ी
साउदैम्पटन द्वी
हडसन ज.स.
चिडली अं.
लैब्राडोर सागर
अंगावा प्राय
अंगावा की खाड़ी
लैब्राडोर
हडसन की खाड़ी
अलेक्जेंडर द्वी.स.
क्वीन शार्लोट द्वी.स.
तटीय श्रेणी
एथाबेस्का झील
रेंडियर झील
नेल्सन
बेल्चेर द्वी.स.
लोरेन्शियन पठार
न्यूफाउंडलैंड
मिस्तासीनी झील
जेम्स की खाड़ी
वैंकूवर द्वीप
रॉकी
कनाडियन शील्ड
चर्चिल
सैस्केचिवान
विनिपेगोसिस झील
विनीपेग झील
मैनिटाबा झील
संबसन 3954
मध्य का
मिज़ुरी
वुड्स झील
निपिगॉन झील
सुपीरियर झील
ह्यूरन झील
ओटावा
ऑन्टारियो झील
सेंट लारेंस की खाड़ी
प्रिंस एडवर्ड द्वीप
ब्रेटन अं.
कॉड अं.
रेनियर 4392
कोलंबिया
कोलंबिया का पठार
येलोस्टोन
बड़ा मैदान
मैंडोसीनो अंत.
ग्रेट बेसिन
ग्रेट साल्ट लेक
फ्रीमांट 4185
सिएरा नेवादा
मध्यवर्ती मैदान
शिकागो
मिशिगन झील
ईअरी झील
न्यूयॉर्क
लॉन्ग द्वी.
वाशिंगटन
सॉन फ्रांसिस्को
कोलोरेडो
एल्बर्ट 4398
पोवेल की
आर्कन्सास
ओहायओ
केंटकी
मिचेल 2037
हैट्टेरस अंत.
बर्मूडा (स.रा.)
लॉस एंजिल्स
ह्विटनी 4418
कोलोरेडो का पठार
ओज़ार्क पठार
टेनिसी
पीडमांट पठार
अप्लेशियन पर्वतमाला
हीला
लानो ईस्टकॉडो
रेड
डैलस
मिसीसिपी
उत्तर अटलांटिक महासागर
कर्क रेखा
ग्वादलूप द्वी
कैलिफोर्निया प्राय
सोनोरा का मरु
यूजीन्या अंत
कैलिफोर्निया की खाड़ी
मैक्सिको का पठार
पूर्वी सियेरा माद्रे
मैदान
ह्यूस्टन
खाड़ी
फ्लोरिडा प्राय
केनेडी अंत.
बहामा द्वी. स.
नासॉ
मेक्सिको की खाड़ी
सेबल अं.
हवाना
क्यूबा
वेस्टइंडीज
पोर्टो रीको
हिस्पैन्योला
सैंटो डोमिंगो
पोर्ट ओ प्रिंस
ग्रेटर ऐंटिलीज़
जमैका
किंग्स्टन
सॉन लूकस अंत.
कॉरीएंटेस अंत
मेक्सिको
पोपकटपटल 5452
ओरिज़ाबा 5572
दक्षिणी सियेरा माद्रे
कैम्पीची की खाड़ी
यूकाटान प्राय
काटोचे अंत.
बेल्मोपैन
हांडूरास की खाड़ी
ग्रास्यास आद्यास अंत.
कैरिबियन सागर
प्वाइंट गायीनास
उत्तर प्रशांत महासागर
टवांटपेक की खाड़ी
ऑकटेनांगो 3960
ग्वाटेमाला
टेगूसिगाल्पा
सॉन साल्वाडोर
मध्य अमेरिका
निकारागुआ झील
मानागुआ
चिरिपो 3832
सैन होज़े
पनामा स्थल सं.
पनामा
पनामा की खाड़ी
दक्षिण अमेरिका
ऊँचाई मीटर में
5400
3600
1800
900
450
180
0
100
1000
पैमाना 0 320 किमी

एशिया
आर्कटिक सागर
ग्रीनलैंड (डेनमार्क)
आइसलैंड
अलास्का (स.रा.अ.)
नोम
फेयर बैंक्स
ऐंकरिज
कोर्डोबा
जूनो
सिटका
फोर्ट यूकॉन
इनूविक
अक्लाविक
डॉसन
नार्मन वेल
मेयो
व्हाइटहॉर्स
फोर्ट सिंपसन
येलोनाइफ
ग्रेट स्लाव झील
फोर्ट रिज़ोल्यूशन
हे रिवर
पाइन प्वाइंट
फोर्ट चिपेयन
यूरेनियम सिटी
चर्चिल
पीस रिवर
ग्रांड प्रेरी
प्रिंस जार्ज
ब्रिटिश कोलंबिया
जैस्पर
एडमंटन
सैस्केचिवान
सैस्केटून
प्रिंस अल्बर्ट
मनीटोबा
कामलूप्स
कलगरी
मूसजॉ
रिजाइना
विनिपेग
लेथब्रिज
मेडिसिन हैट
वैंकूवर
विक्टोरिया
कनाडा
कोपरमाइन
कैंब्रिज बे
पेलीबे
बेकर झील
कोरल हार्बर
फ्राबिशर बे
पोवुंगनिटक
नैअन
न्यूफाउंडलैंड
गूज़ बे
बैटल हार्बर
शेफरविल
फोर्ट जार्ज
क्वीबेक
सेटील
पोर्ट ओ बास्क
सैंट जॉन्स
सिडनी
हैलीफैक्स
फ्रेडरिक्टन
मांट्रियाल
ओटावा
टोरांटो
हैमिल्टन
आंटेरियो
मूसोनी
नकीना
टिमिंज
सडबरी
थंडर बे
यॉर्क फैक्टरी
हडसन की खाड़ी
हडसन ज.स.
बैफिन की खाड़ी
बैफिन द्वीप
डैवीज़ ज.स.
लैब्राडॉर सागर
उपेरनाविक
नूक (गॉटहॉब)
सिएटल
टकोमा
ओलिम्पिया
पोर्टलैंड
सेलम
यूजीन
स्पोकेन
हेलेना
ग्रेट फॉल्स
बिस्मार्क
डलूथ
बिलिंग्ज
बूट
बोइज़ी
पिएर
मिनिएपोलिस
सेंट पॉल
मैडिसन
मिल्वाकी
शिकागो
डिट्राइट
क्लीवलैंड
कोलम्बस
पिट्सबर्ग
बफेलो
न्यूयार्क
बॉस्टन
फिलाडेल्फिया
बाल्टीमोर
वाशिंगटन
रिचमंड
नॉरफॉक
सैक्रामेंटो
सॉन फ्रांसिस्को
ओकलैंड
फ्रेज़्नो
लॉस एंजिल्स
सैन डीएगो
रीनो
कारसन सिटी
साल्ट लेक सिटी
ग्रांड जंक्शन
डेन्वर
लिंकन
ओहामा
कैंज़स सिटी
टोपेका
सैंट लुईस
इंडियानेपोलिस
सिनसिनेटी
लुईसविल
नैशविल
मेंफिस
टल्सा
ओक्लाहोमा सिटी
लिटिल रॉक
संयुक्त राज्य अमेरिका
फ्लैगस्टॉफ
फीनिक्स
अल्बुकर्क
टूसान
एल पासो
आल्बनी
डैलस
फोर्ट वर्थ
ऑस्टिन
ह्यूस्टन
सैन ऐंटोनियो
गैल्वस्टन
न्यू ऑर्लियंज़
जैक्सन
बर्मिंगहैम
मॉंटगोमरी
मोबील
ऐटलैंटा
कोलम्बिया
चार्ल्सटन
सावेना
जैक्सनविल
डेटोना बीच
टैम्पा
मायऐमी
विल्मिंगटन
राली
बर्मुडा (स.रा.)
उत्तर अटलांटिक महासागर
मेक्सिकाली
एर्मोसीयो
चिवॉवॉ
टॉरिओन
मांटेरे
लारैडो
माटामोरोस
ड्यूरैंगो
मैज़ाटलान
सान ल्वीस पोटोसी
ग्वादलहारा
मेक्सिको
पाचूका
प्यूएब्ला
वेराक्रूज़
अकापुल्को
वहाका
मेरीदा
बेलीज़ सिटी
बेलीज़
ग्वाटेमाला
सॉन सल्वाडोर
एल सल्वाडोर
होंडुरास
टेगूसिगाल्पा
निकारागुआ
मानाग्वा
कोस्टारिका
सैन होज़े
पनामा
कोलोन
मेक्सिको की खाड़ी
क्यूबा
हवाना
बहामा द्वीप स.
नासौ
वेस्ट इंडीज़
हैटी
पोर्ट ओ प्रिंस
जमैका
किंग्स्टन
सैंटो डोमिंगो
प्वेर्टो रीको (स.रा.अ.)
कैरीबियन सागर
कर्क रेखा
उत्तर प्रशांत महासागर
दक्षिण अमेरिका
पैमाना 0 320 किमी

वार्षिक वर्षा एवं तापमान

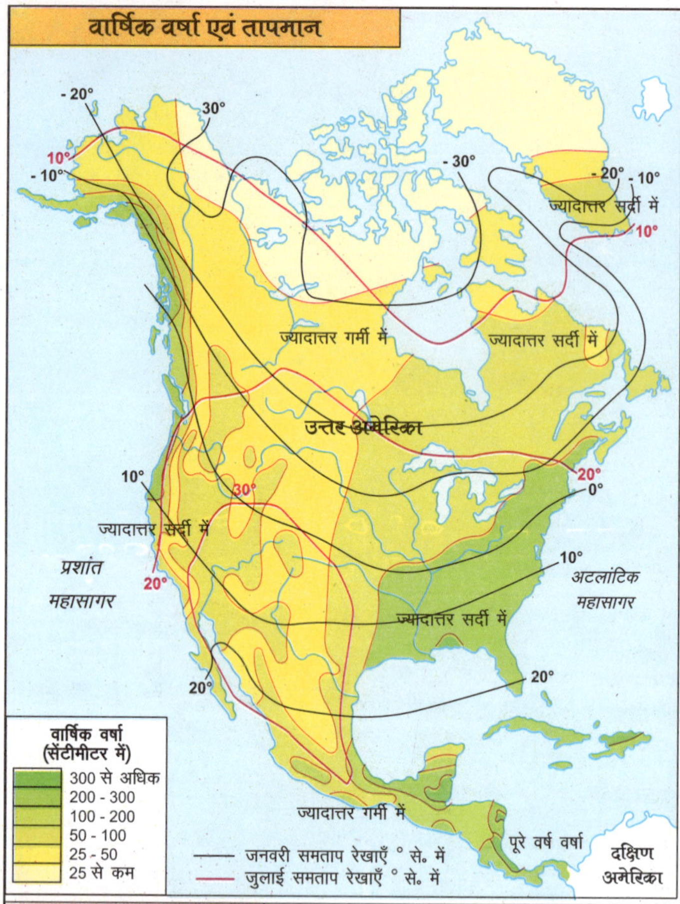

प्राकृतिक वनस्पति, प्राकृतिक खण्ड एवं कृषि

भूमि उपयोग, खनिज एवं औद्योगिक नगर

जनसंख्या घनत्व

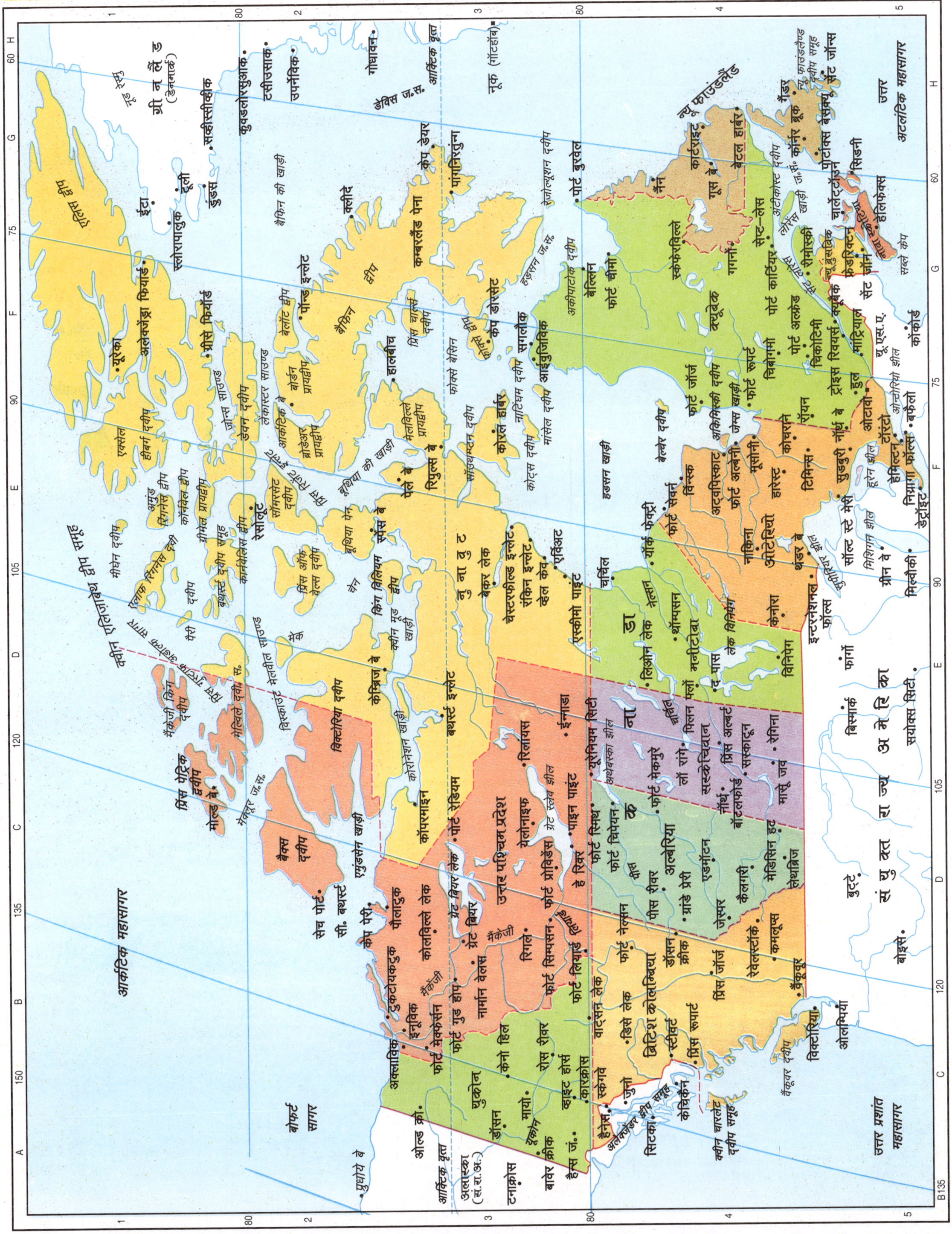
आर्कटिक महासागर
ब्यूफोर्ट सागर
उत्तर प्रशांत महासागर
उत्तर अटलांटिक महासागर
हडसन खाड़ी
बैफिन की खाड़ी
ग्री न लैं ड
(डेनमार्क)
एलिस्मियर द्वीप
बैफिन द्वीप
विक्टोरिया द्वीप
बैंक्स द्वीप
न्यू फाउंडलैंड
अलास्का
(सं.रा.अ.)
सं यु क्त रा ज्य अ मे रि का
यूकोन
उत्तर पश्चिम प्रदेश
नु ना वु ट
ब्रिटिश कोलम्बिया
अल्बर्टा
सस्केचिवान
मनीटोबा
ओंटेरियो
क्यूबेक
आर्कटिक वृत्त
ह्वाइट हॉर्स
येलोनाइफ
एडमॉन्टन
कैलगरी
वैंकूवर
विक्टोरिया
रेजिना
विनिपेग
टोरंटो
ओटावा
मॉन्ट्रियाल
क्यूबेक
सेंट जॉन्स
हैलिफैक्स
इकालुइट
चर्चिल
ग्रेट बियर लेक
ग्रेट स्लेव झील
लेक विनिपेग
सेंट–लॉरेंस
न्यू फाउंडलैंड

संयुक्त राज्य अमेरिका - राजनैतिक

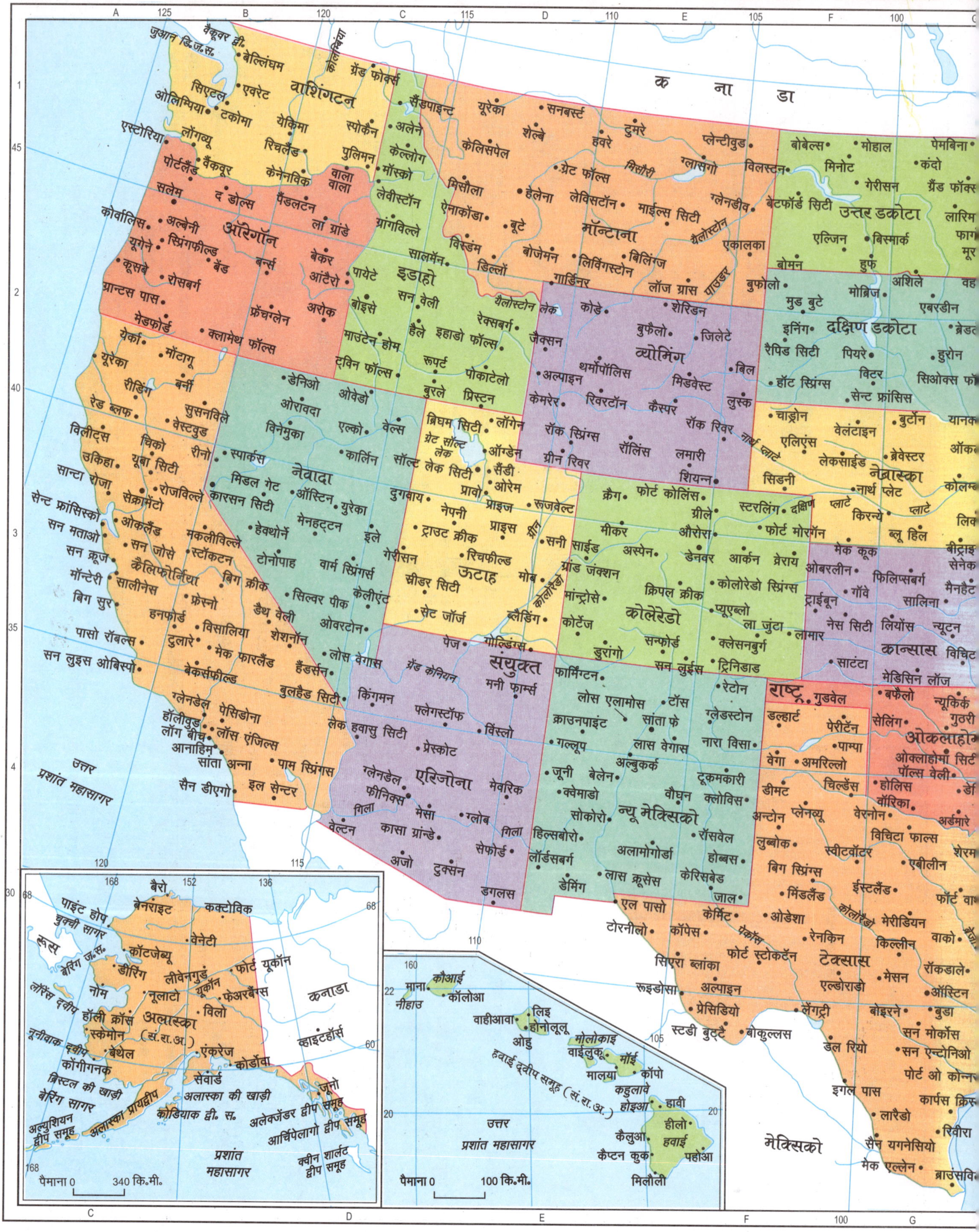

कनाडा
अमेरिका
उत्तर अटलांटिक महासागर
मेक्सिको की खाड़ी
निपिगॉन झील
वुड्स झील
सुपीरियर झील
मिशिगन झील
ह्यूरन झील
ऑन्टेरियो झील
जॉर्जियन बे
सेंट लॉरेंस
ओटावा
ओकीचाबी झील
मेन
न्यू हैम्पशायर
वरमॉन्ट
मेसाचुसेट्स
रोड द्वीप
कनेक्टिकट
न्यूयॉर्क
पेन्सिल्वेनिया
न्यूजर्सी
डेलावेयर
मेरीलैंड
वाशिंगटन डी. सी.
वेस्ट वर्जिनिया
वर्जिनिया
उत्तर कैरोलिना
दक्षिण कैरोलिना
जॉर्जिया
फ्लोरिडा
अलाबामा
मिसिसिपी
लुसिआना
अरकन्सास
टेनेसी
केंटुकी
ओहायो
इंडियाना
इलिनायस
मिशिगन
विस्कॉन्सिन
मिन्नेसोटा
आयोवा
मिसौरी
ग्रैंड बहामा द्वीप
ग्रेट ऐबाको द्वीप
बहामा द्वी.स.
फ्लोरिडा ज.स.
फोर्ट कैंट
कैरिबो
प्रेसक्यू इसले
कलेस
बैंगोर
फार्मिंग्टन
आगस्टा
लेविस्टन
बेलफास्ट
पोर्टलैंड
ब्रुन्सविक
मान्टपेलीर
प्लैटसबर्ग
बर्लिंग्टन
कोनकोर्ड
मैनचेस्टर
बोस्टन
प्रोविडेन्स
हार्टफर्ड
वाटरटाउन
ओसवेगो
रोचेस्टर
सायराकूस
यूटिका
अल्बेनी
एथेन्स
नायग्रा फॉल्स
बफोलो
इथाका
न्यू यार्क
जौन्सटाउन
एलमिरा
बिंघमटन
स्क्रेण्टन
जर्सी सिटी
न्यूयॉर्क
नेवार्क
एरी
ब्रैडफोर्ड
हैरिसबर्ग
रीडिंग
ट्रेन्टन
फिलाडेल्फिया
पिट्सबर्ग
विलमिंगटन
डोवर
बाल्टिमोर
अनैपोलिस
मोरगनटाउन
एल्किंस
हैरिसनबर्ग
चार्ल्सटन
हटिंग्टन
बेकले
चार्लोटेसविले
रिचमंड
न्यूपोर्ट न्यूज
नोरफोक
एलिजाबेथ सिटी
पोर्ट्समाउथ
रोनोर्क
ब्लूफील्ड
डानविले
किंग्सपोर्ट
विंस्टन सालेम
ग्रीनस्बोरो
डरहम
राले
रॉकी माउंट
गोल्ड्सबोरो
न्यू बर्न
जैक्सनविले
चार्लोट
फयेटेविले
विलमिंग्टन
ग्रीनविल्ले
एंडरसन
फ्लोरेंस
सुमेटर
मिर्टल बीच
कोलंबिया
जॉर्जटाउन
चार्ल्सटाउन
ऑगस्टा
अटलांटा
मेकन
स्टेट्सबोरो
सवाना
ब्रुंस्विक
वेक्रोस
कोर्डले
अल्बेनी
टिफ्टोन
वाल्दोस्ता
कोलंबस
जैक्सनविल्ले
लेक सिटी
गैनेसविल्ले
टालाहैसी
थोमसविल्ले
अपलाचिकोला
पनामा सिटी
पेन्सकोला
ओकाला
ऑरलैंडो
टैम्पा
सेट. पीटर्सबर्ग
सरासोटा
मेलबर्न
फोर्ट पियर्स
वेस्ट पाम बीच
फोर्ट मेयर्स
फोट लॉडरडेल
केप कॉरल
नेपल्स
मिआमी
डोथान
एन्डोलूसिया
ट्रॉय
ग्रीनविल्ले
मांटगोमेरी
दुस्कालुसा
बर्मिघम
अनिस्टों
गडस्डेन
ला गंरगे
कोलंबस
गइनेसविल्ले
हन्टसविल्ले
चैट्टानूगा
एथेन्स
फ्लोरेंस
डेमोपॉलिस
मेरीडियन
लौरेल
हेटिसबर्ग
मोबाइल
बिलोक्सी
जैक्सन
मेक कोंब
यजु सिटी
ग्रीनवुड
कोलंबस
टुपेलो
ऑक्सफर्ड
कोरिंथ
मेम्फिस
क्लार्क्सडेले
हेलेना
जैक्सन
डायरसबर्ग
नैशविले
मुरफ्रीबोरो
कोलंबिया
क्नोक्सविल्ले
जॉनसन सिटी
बोइंग ग्रीन
हॉपकिन्सविले
ओवन्सबोरो
सॉमरसेट
रिचमंड
लेक्सिंग्टन
फ्रेंकफर्ट
लुइसविले
डानविले
ईवंसविले
विन्सेन्स
मेरिऑन
माउंट वेर्नोन
सेन्ट लुइस
ईस्ट सेन्ट लुइस
एफिंगहेम
आल्टॉन
स्प्रिंगफील्ड
डेकाट्र
चम्पैग्न
इलिनायस
पेओरिया
कनकानकी
रॉक आईलैंड
डावेनपोर्ट
हम्मौंड
गेरी
साउथ बेण्ड
फोर्ट वेने
दानविले
मारिओं
इंडियाना
इंडियानोपोलिस
कोलंबस
सिनसिनाटी
डेटन
कोलंबस
पारकर्सबर्ग
पोट्समाउथ
मायसविल्ले
ओहायो
जेनेसविले
मैन्सफील्ड
कैंटन
आईमा
आक्रोन
यंग्सटाउन
क्लीवलैंड
टोलेडो
डेट्राइट
जैकसन
कालामाजू
बैटल क्रिक
लैन्सिंग
ग्रांड रेपिड्स
फ्लिंट
सेगिनऊ
बे सिटी
मिडलैंड
लुडिंग्टन
मनिस्टी
ट्रैवर्स सिटी
पेटोस्की
मेनिस्टीक
सू सेंट मारी
मार्क्वेट
एस्कानाबा
मेनोमिनी
आयरन माउंटेन
आयरन वुड
अशलैंड
राईस लेक
रीहिनेलेण्डर
ग्रीन बे
विस्कॉन्सिन
इयू क्लेयर
पोर्टेज
लॉ क्रोसे
मिल्वॉकी
मेडिसन
रसिन
जानेविल्ला
केनोशा
शिकागो
रॉकफोर्ड
औरोरा
क्लिंटन
डुलुथ
सुपीरियर
ब्रेनेर्ड
हिब्बिंग
वर्जिनिया
इंटे
रिवर फॉल्स
मिन्नेसोटा
विलिमार
मिनिआपोलिस
सेंट. पॉल
रेड विंग
मैनकोटो
ओवाटोन्ना
अल्बर्ट लेया
चार्ल्स सिटी
मेसन सिटी
वाटरलू
चेरोकी
फोर्ट डॉज
आयोवा
डेस माइन
लोवा सिटी
ओटुम्वा
रेड ऑक
मेरीविले
किर्कस्विल्ले
चिल्लीकोथे
इंडिपेन्डेन्स
लीवेनवर्थ
जेफर्सन सिटी
मिसौरी
केप गिरार्डो
नेवादा
जोप्लिन
वेस्ट प्लेन्स
फयेटेविल्ले
परागोउल्ड
लुसिआना
क्लिर्थविले
फोर्ट स्मिथ
स्टुटगार्ट
लिटल रॉक
हॉट स्प्रिंग्स
पाइन ब्लफ
होप
कैम्डेन
टेक्सरकना
एल डोराडो
मोनरो
मार्शल
श्रेवपोर्ट
लुसिआना
लॉगव्यू
अलेक्जेंड्रिआ
बैटॉन रुज
लेक चार्ल्स
लाफायेटे
बाउमौंट
पोर्ट आर्थर
पेसिडेना
न्यू आर्लिअन्स
हौमा
मॉरगन सिटी
मिसिसिपी
बेगालूसा
पैमाना 0 200 कि.मी.
95 H 90 I 85 J 80 K 75 L 70 M
1 45 2 40 3 35 4 30 5 25

वेस्ट इंडीज (लेसर एंटीलीज़)
कैरीबियन सागर
अटलांटिक महासागर
प्रशांत महासागर
मेक्सिको
ग्वाटेमाला
बेलीज़
होंडुरास
एल सेल्वाडोर
निकारागुआ
कोस्टारिका
पनामा
दक्षिण अमेरिका

कैरिबियन सागर
क्यूरासो
मार्गारीटा
काराकास
पोर्ट ऑफ स्पेन
त्रिनिदाद
डायरेन की खाड़ी
पनामा की खाड़ी
माराकाइबो झील
कोस्ट रेंज
ओरिनोको
ऐंजल प्रपात
जॉर्जटाऊन
पारामारीबो
केयेन
उत्तर अटलांटिक महासागर
आरेंज अंत
बोगोटा
टोलिमा 5215
हुइला 5750
मालपेलो द्वीप
ग्वावयारी
मेटा
पैकाराइमा
ब्रांको
नेग्रो
अमेज़न के मुहाने
विषुवत रेखा
कीटो
कोटोपैक्सी 5896
चिम्बोराज़ो 6267
ग्वायाकिल की खाड़ी
ब्लांको अंत
जापुरा
अमेज़न
पुतुमायो
अमेज़न बेसिन
मारान्योन
जुरुआ
पुरुस
मादिरा
ज़िंगु
टोकांटिंस
पार्नाईबा
साऊँ रॉक अंत
साऊँ फ्रांसिस्को
वॉस्करॉन 6768
लीमा
मादे दे डायस
मातोग्रॉसो का पठार
ब्राज़ील्या
ईयाम्पू 6485
कोरोपुना 6425
ऐंकोहयूमा 7014
ला पाज़
बोलिविया
पोओपो झी.
सुके
सहॉमा 6520
प्रायद्वीप
रीयू ग्रांदी
ओयाग्वे 5860
पिल्कोमायो
बरमेहो
ग्वाइरा प्रपात
फ्रीओ अंत
मकर रेखा
युयाइयांको 6723
असूनस्थान
इगुआसू प्रपात
सैन फेलिक्स
सैन अम्ब्रोज़ो
दक्षिण प्रशांत महासागर
सेरों ओहोज़ देल सलादो 6858
नेवाडो ओजस देल सालादो 6863
सेरों बोन्टे 6872
सालादो
पराना
उरुग्वाय
दक्षिण अटलांटिक महासागर
सेरों मर्सीडारीयो 6770
सेरों ऐकोन्कागवा 6960
सैंटियागो
सेरों तुपुन्गाटो 6800
मरिम झील
मांटेवीडियो
ब्यूनस आयर्स
रीयो ड ला प्लॉटा
हवॉन फर्नांडीज़ द्वीप (चिली)
कोलोरैडो
लानीन 3776
नेग्रो
ट्रोनडॉर 3554
सैन मातिआस की खाड़ी
वाल्देस प्राय
चिलोए द्वीप
चोनोस आर्किपेलागो
सैन वेलेंटीन 4058
ताइताउ प्राय
सैन हॉर्हे की खाड़ी
ट्रेस पूंतास अंत
पिरामिडे 3380
वेलिंग्टन द्वीप
फॉकलैंड द्वीप स.
मैगेलन ज.स.
त्येरो देल फ्यूएगो
हॉर्न अंत
ऊँचाई मीटर में
4000
3000
2000
1000
400
200
0 समुद्र सतह
6000
12000
18000
24000
पनामा नहर
कैरिबियन सागर
फोर्ट रेंडोल्फ
क्रिस्टोबल
सिल्वर सिटी
चाग्रेज़
पीना
जार्दी द्वीप
प ना मा
न्यू प्रोवीडेन्स
सांता रोज़ा
ब्यूनेस एरीज़
प्रीजोलेस
डेरीन
चिलिब्रे
इस्कोबेल
गाटुन झील
गैम्बोआ
सुम्मिट
लागरटेरीटो
एम्पीरे
रैड टैंक
मेंडोज़ा
नुईवा इम्पेरांडर
बलबोआ हाइट्स
पनामा
प्यूर्टो ट्रिनिदाद
अर्राइजन
कैमेरोन
ला चोरेरा
ला लगूना
प्यूर्टो द चोरेरा
पनामा खाड़ी
पैमाना 0 320 किमी

दक्षिण अमेरिका -राजनैतिक

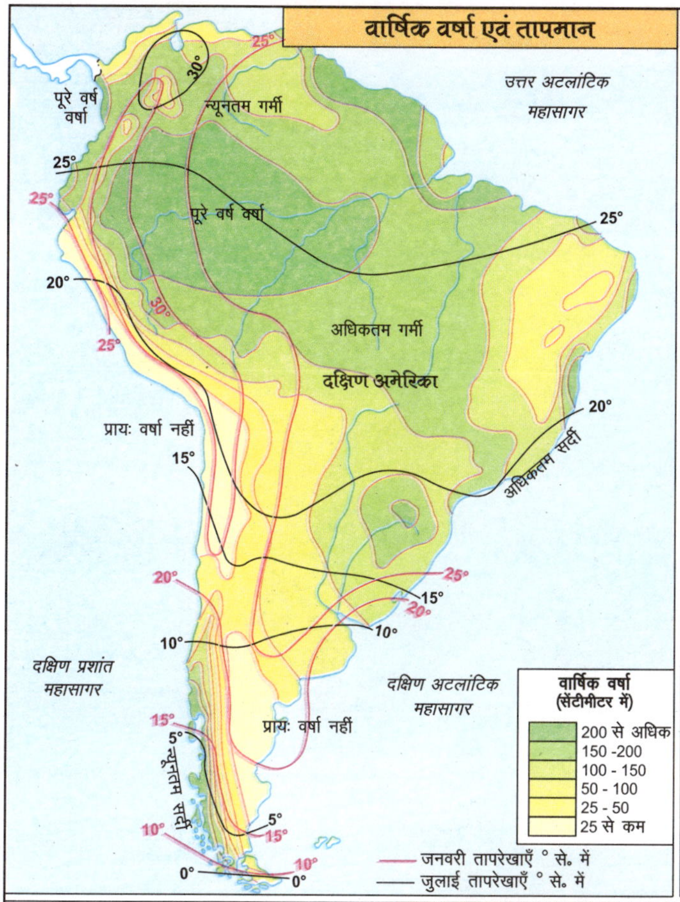

वार्षिक वर्षा एवं तापमान
पूरे वर्ष वर्षा
न्यूनतम गर्मी
उत्तर अटलांटिक महासागर
30°
25°
पूरे वर्ष वर्षा
20°
अधिकतम गर्मी
दक्षिण अमेरिका
प्रायः वर्षा नहीं
15°
अधिकतम सर्दी
10°
दक्षिण प्रशांत महासागर
दक्षिण अटलांटिक महासागर
प्रायः वर्षा नहीं
न्यूनतम सर्दी
5°
0°
वार्षिक वर्षा (सेंटीमीटर में)
200 से अधिक
150 -200
100 - 150
50 - 100
25 - 50
25 से कम
जनवरी तापरेखाएँ ° से. में
जुलाई तापरेखाएँ ° से. में

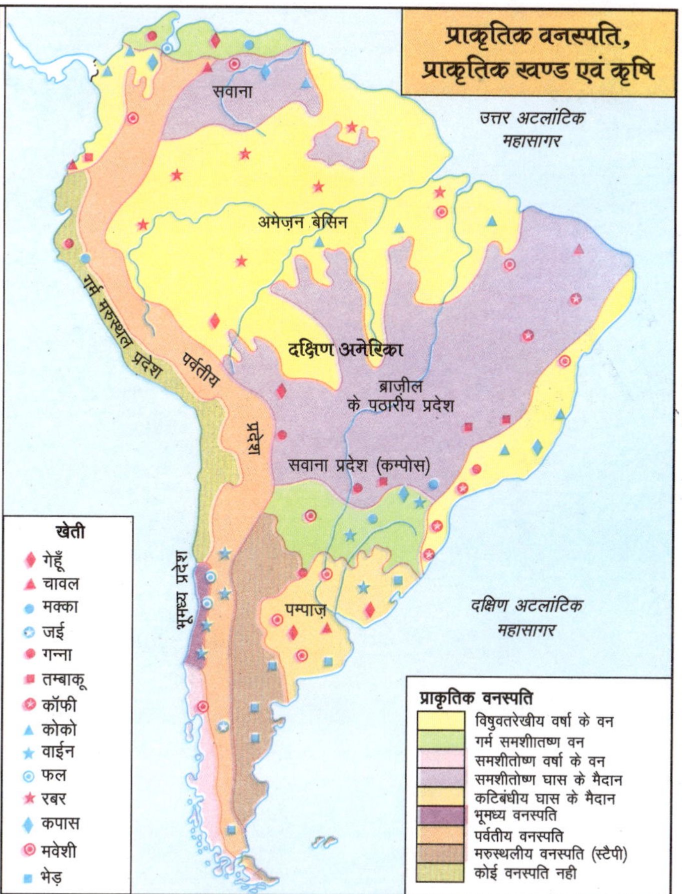

प्राकृतिक वनस्पति, प्राकृतिक खण्ड एवं कृषि
सवाना
उत्तर अटलांटिक महासागर
अमेज़न बेसिन
गर्म मरुस्थल प्रदेश
पर्वतीय प्रदेश
दक्षिण अमेरिका
ब्राज़ील के पठारीय प्रदेश
सवाना प्रदेश (कम्पोस)
भूमध्य प्रदेश
पम्पाज़
दक्षिण अटलांटिक महासागर
खेती
गेहूँ
चावल
मक्का
जई
गन्ना
तम्बाकू
कॉफी
कोको
वाईन
फल
रबर
कपास
मवेशी
भेड़
प्राकृतिक वनस्पति
विषुवतरेखीय वर्षा के वन
गर्म समशीतष्ण वन
समशीतोष्ण वर्षा के वन
समशीतोष्ण घास के मैदान
कटिबंधीय घास के मैदान
भूमध्य वनस्पति
पर्वतीय वनस्पति
मरुस्थलीय वनस्पति (स्टैपी)
कोई वनस्पति नही

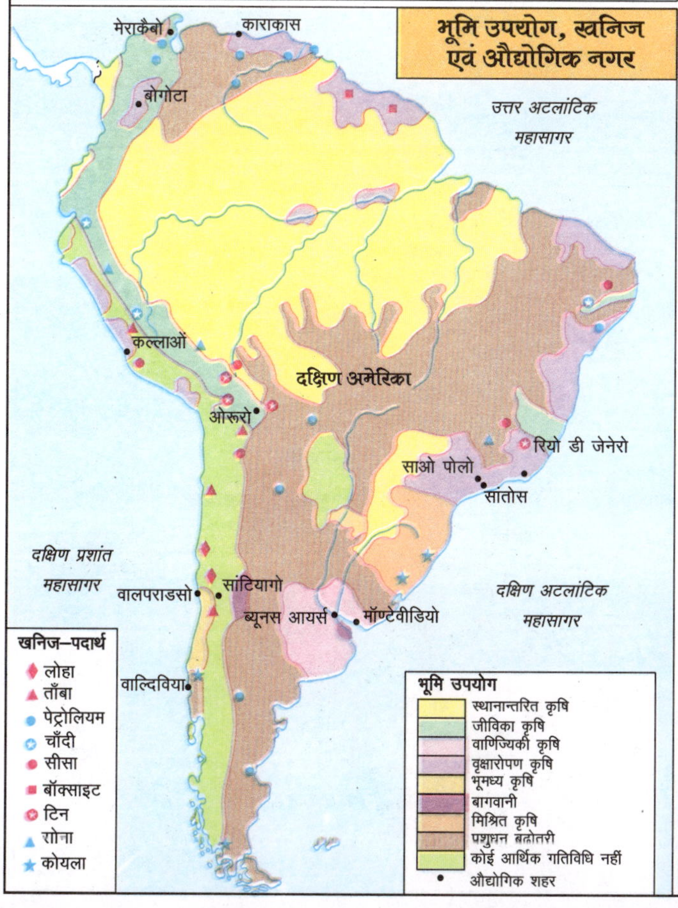

भूमि उपयोग, खनिज एवं औद्योगिक नगर
मेराकैबो
काराकास
बोगोटा
उत्तर अटलांटिक महासागर
कल्लाओं
दक्षिण अमेरिका
ओरूरो
रियो डी जेनेरो
साओ पोलो
सांतोस
दक्षिण प्रशांत महासागर
वालपराडसो
सांटियागो
ब्यूनस आयर्स
मॉण्टेवीडियो
दक्षिण अटलांटिक महासागर
वाल्दिविया
खनिज–पदार्थ
लोहा
ताँबा
पेट्रोलियम
चाँदी
सीसा
बॉक्साइट
टिन
सोना
कोयला
भूमि उपयोग
स्थानान्तरित कृषि
जीविका कृषि
वाणिज्यिक कृषि
वृक्षारोपण कृषि
भूमध्य कृषि
बागवानी
मिश्रित कृषि
पशुधन ब्रह्मोतरी
कोई आर्थिक गतिविधि नहीं
औद्योगिक शहर

जनसंख्या घनत्व
मेराकैबो
काराकास
मेडेलिन
बोगोटा
काली
उत्तर अटलांटिक महासागर
गुआयाकिल
बेलेम
फोर्ट लेज़ा
रेसिफे
लीमा
दक्षिण अमेरिका
साल्वाडोर
ब्रासिलिया
बेलो होरिजोन्टे
रियो डी जेनेरो
साओ पोलो
कार्डोबा
पोर्टो अलेग्रे
सांटियागो
रोसेरिओ
ब्यूनस आयर्स
मॉण्टेवीडियो
दक्षिण प्रशांत महासागर
दक्षिण अटलांटिक महासागर
500,000 से अधिक जनसंख्या के शहर
पैमाना 0 600 किमी.
जसंख्या का घनत्व (व्यक्ति प्रति वर्ग किमी.)
100 से अधिक
50 - 100
10 - 50
1 - 10
1 से कम

प्राकृतिक
पैमाना 0 240 किमी
ऊँचाई मीटर में
2000
1000
500
200
समुद्र सतह
तस्मानिया
होबार्ट
ओसा शिखर 1594
डार्विन
टिमोर सागर
कोरल सागर
ग्रेट सैंडी मरुस्थल
गिब्सन मरुस्थल
ग्रेट विक्टोरिया मरुस्थल
सिम्पसन मरुस्थल
अयर झील का बेसिन
नलरबॉर मैदान
ग्रेट ऑस्ट्रेलियन बाइट (खाड़ी)
कार्पेन्टेरिया की खाड़ी
प्रशांत महासागर
मकर रेखा
हिंद महासागर
बार्कली पठार
ग्रेट डिवाइडिंग रेंज
ग्रेट बैरियर रीफ
कॉसिअस्को पर्वत 2230
ब्रिस्बेन
सिडनी
कैनबरा
मेलबर्न
एडीलेड
पर्थ
आल्बनी
न्यूजीलैंड प्राकृतिक
उत्तर द्वीप
दक्षिण आइसलैंड
वेलिंग्टन
तस्मान सागर
दक्षिण प्रशांत महासागर

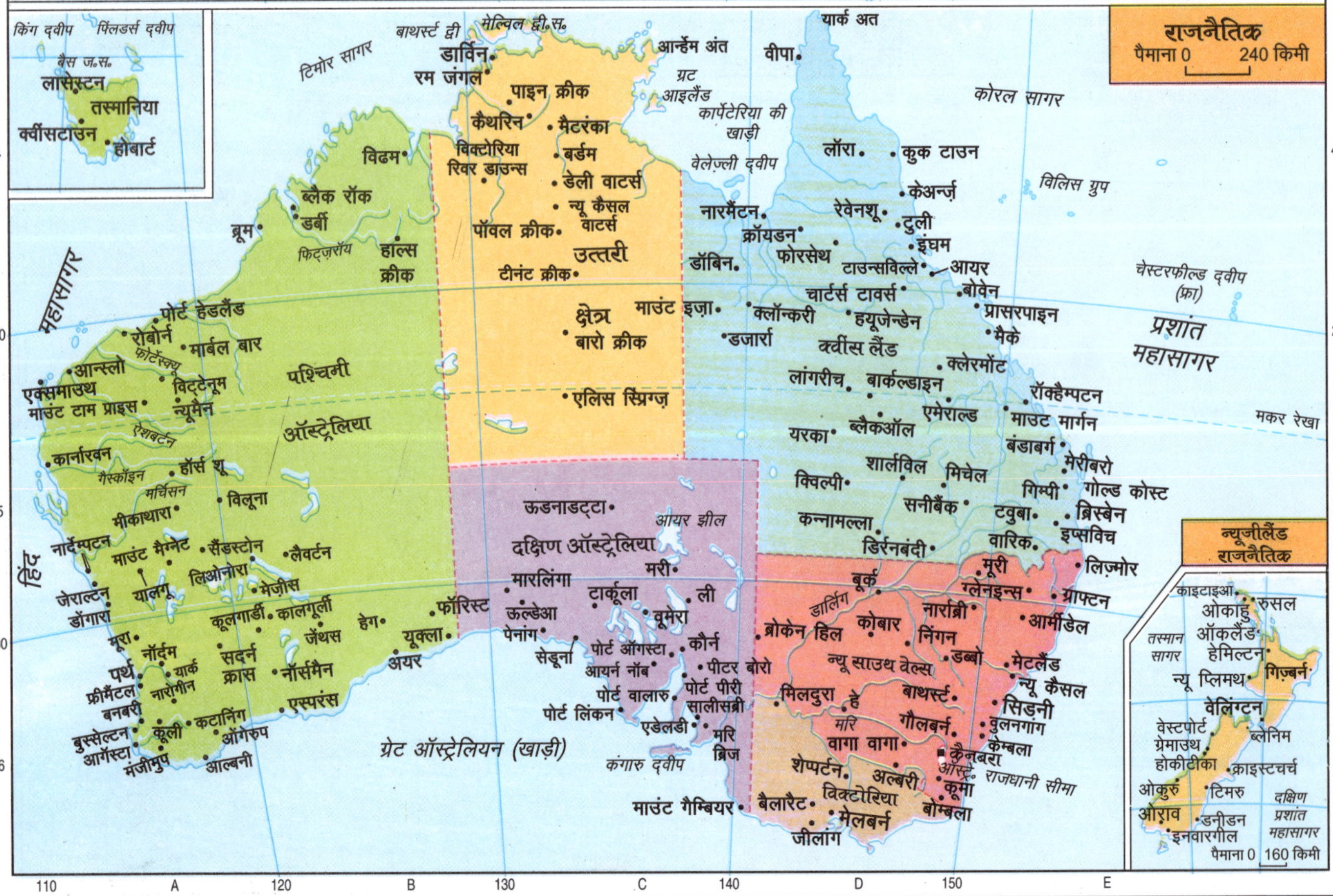
राजनैतिक
पैमाना 0 240 किमी
पश्चिमी ऑस्ट्रेलिया
उत्तरी क्षेत्र
क्वींस लैंड
दक्षिण ऑस्ट्रेलिया
न्यू साउथ वेल्स
विक्टोरिया
तस्मानिया
होबार्ट
डार्विन
एलिस स्प्रिंग्ज़
ब्रिस्बेन
गोल्ड कोस्ट
सिडनी
कैनबरा
मेलबर्न
एडीलेड
पर्थ
आल्बनी
कालगूर्ली
ब्रोकेन हिल
टाउन्सविल्ले
केअर्न्ज़
राजधानी सीमा
ग्रेट ऑस्ट्रेलियन (खाड़ी)
प्रशांत महासागर
मकर रेखा
हिंद महासागर
न्यूजीलैंड राजनैतिक
ओकालैंड
वेलिंग्टन
क्राइस्टचर्च
डनीडन
पैमाना 0 160 किमी

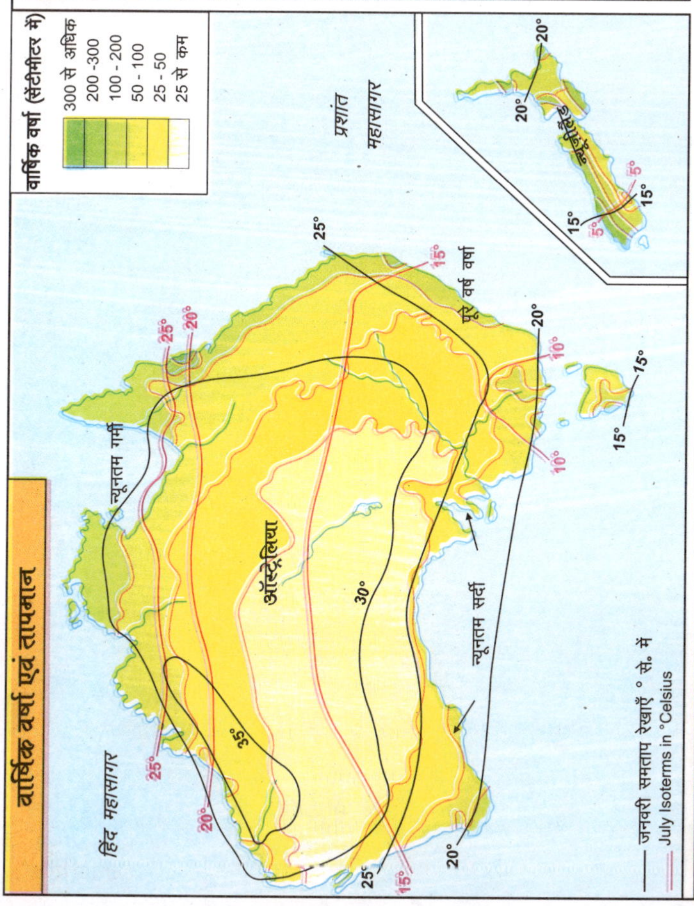
वार्षिक वर्षा एवं तापमान
वार्षिक वर्षा (सेंटीमीटर में)
300 से अधिक
200 -300
100 - 200
50 - 100
25 - 50
25 से कम
जनवरी समताप रेखाएँ ° से. में
July Isoterms in °Celsius
हिंद महासागर
प्रशांत महासागर
ऑस्ट्रेलिया
न्यूजीलैंड
न्यूनतम गर्मी
न्यूनतम सर्दी
पूरे वर्ष वर्षा

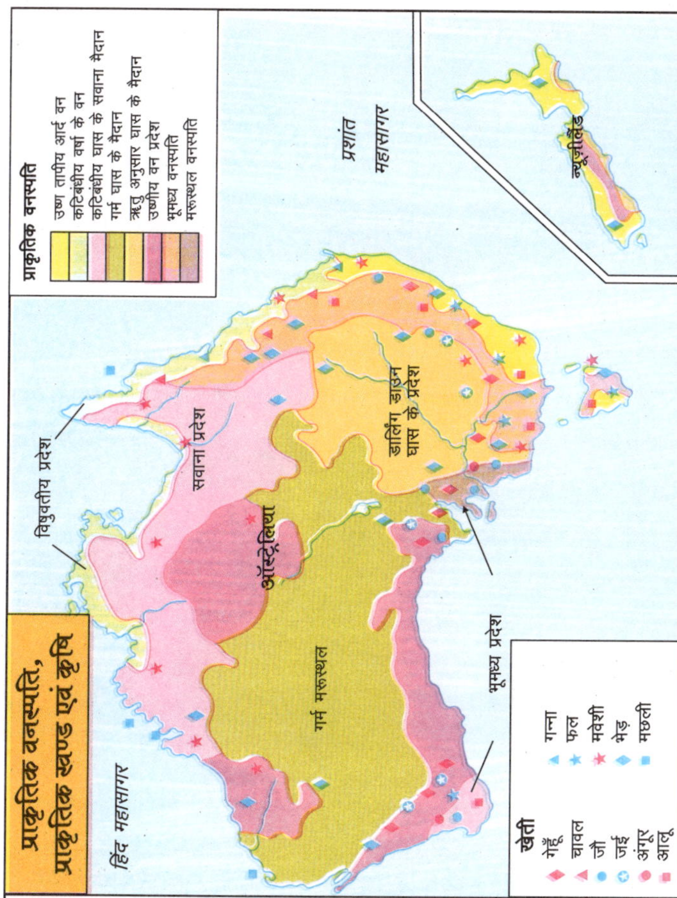
प्राकृतिक वनस्पति, प्राकृतिक खण्ड एवं कृषि
प्राकृतिक वनस्पति
उष्ण तापीय आर्द्र वन
कटिबंधीय वर्षा के वन
कटिबंधीय घास के सवाना मैदान
गर्म घास के मैदान
ऋतु अनुसार घास के मैदान
उष्णीय वन प्रदेश
भूमध्य वनस्पति
मरुस्थल वनस्पति
खेती
गेहूँ
चावल
जौ
जई
अंगूर
आलू
गन्ना
फल
मवेशी
भेड़
मछली
हिंद महासागर
प्रशांत महासागर
विषुवतीय प्रदेश
सवाना प्रदेश
डार्लिंग डाउन घास के प्रदेश
गर्म मरुस्थल
भूमध्य प्रदेश
ऑस्ट्रेलिया
न्यूजीलैंड

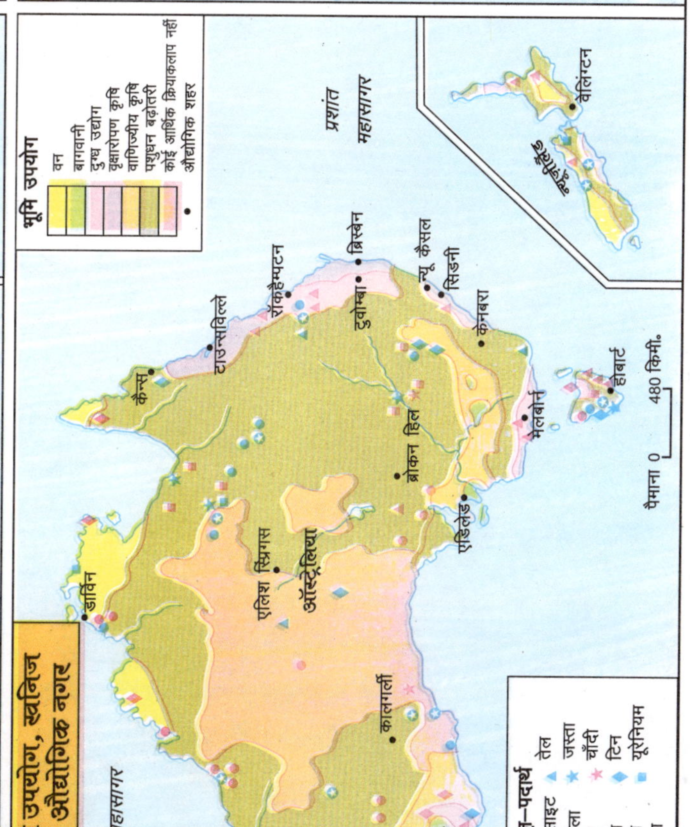
भूमि उपयोग, खनिज एवं औद्योगिक नगर
भूमि उपयोग
वन
बागवानी
दुग्ध उद्योग
वृक्षारोपण कृषि
वाणिज्यीय कृषि
पशुधन बढ़ोत्तरी
कोई आर्थिक क्रियाकलाप नहीं
औद्योगिक शहर
खनिज-पदार्थ
बॉक्साइट
कोयला
ताँबा
सोना
लोहा
सीसा
तेल
जस्ता
चाँदी
टिन
यूरेनियम
पैमाना 0 480 किमी.
हिंद महासागर
प्रशांत महासागर
डार्विन
कैर्न्स
टाउन्सविल्ले
रॉकहैम्पटन
ब्रिस्बेन
टूवूम्बा
न्यू कैसल
सिडनी
कैनबरा
मेलबोर्न
होबार्ट
ब्रोकन हिल
एडिलेड
एलिस स्प्रिंग्स
ऑस्ट्रेलिया
कालगुर्ली
पर्थ
फ्रीमेंटल
वेलिंग्टन
न्यूजीलैंड

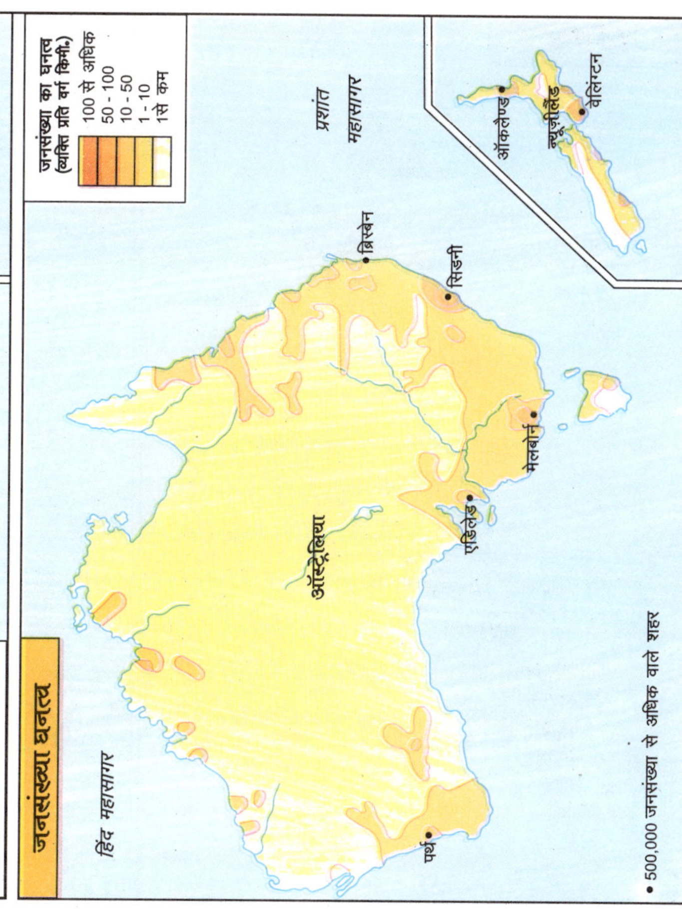
जनसंख्या घनत्व
जनसंख्या का घनत्व (व्यक्ति प्रति वर्ग किमी.)
100 से अधिक
50 - 100
10 - 50
1 - 10
1से कम
500,000 जनसंख्या से अधिक वाले शहर
हिंद महासागर
प्रशांत महासागर
ब्रिस्बेन
सिडनी
मेलबोर्न
एडिलेड
पर्थ
ऑस्ट्रेलिया
ऑकलैण्ड
वेलिंग्टन
न्यूजीलैंड

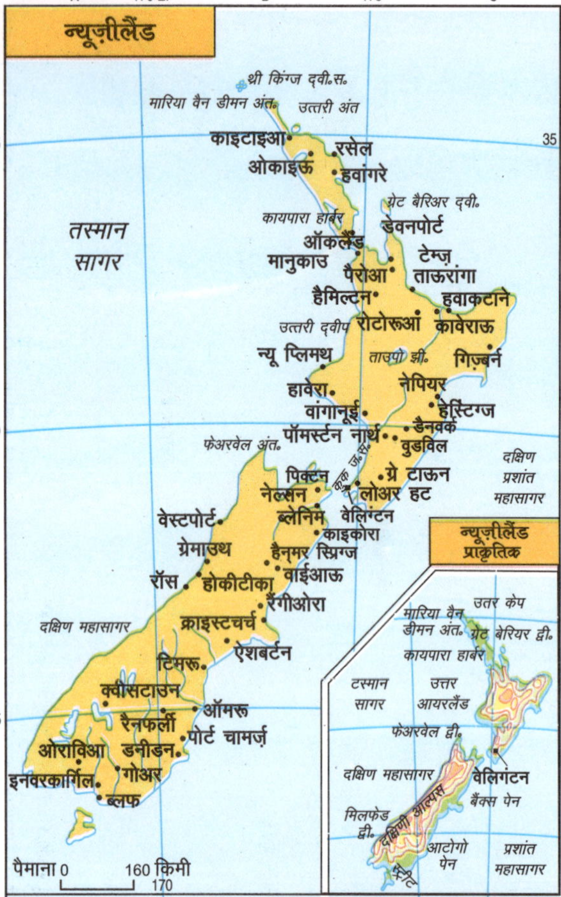
न्यूज़ीलैंड
तस्मान सागर
कायतइआ
रसेल
ओकाइकई
हवांगरे
डेवनपोर्ट
ऑकलैंड
मानुकाउ
टेम्ज़
ताऊरांगा
हैमिल्टन
हवाकटाने
रोटोरूआ
कावेराऊ
न्यू प्लिमथ
गिज़्बर्न
नेपियर
हावेरा
वांगानूई
हेस्टिंग्ज़
पॉमर्स्टन नार्थ
डैनवर्क
वुडविल
पिक्टन
प्रे टाऊन
नेल्सन
लोअर हट
ब्लेनिम
वेलिंग्टन
वेस्टपोर्ट
ग्रेमाउथ
कइकोरा
हैनमर स्प्रिंग्ज
वाईआऊ
रॉस
होकीटीका
रेंगीओरा
क्राइस्टचर्च
ऐशबर्टन
टिमरू
क्वींसटाउन
ओमरू
रैनफर्ली
पोर्ट चामर्ज़
ओराविआ
डनीडन
इनवरकार्गिल
गोअर
ब्लफ
दक्षिण प्रशांत महासागर
दक्षिण महासागर
पैमाना 0 160 किमी
न्यूज़ीलैंड प्राकृतिक
उत्तर केप
तस्मान सागर
वेलिंगटन
प्रशांत महासागर

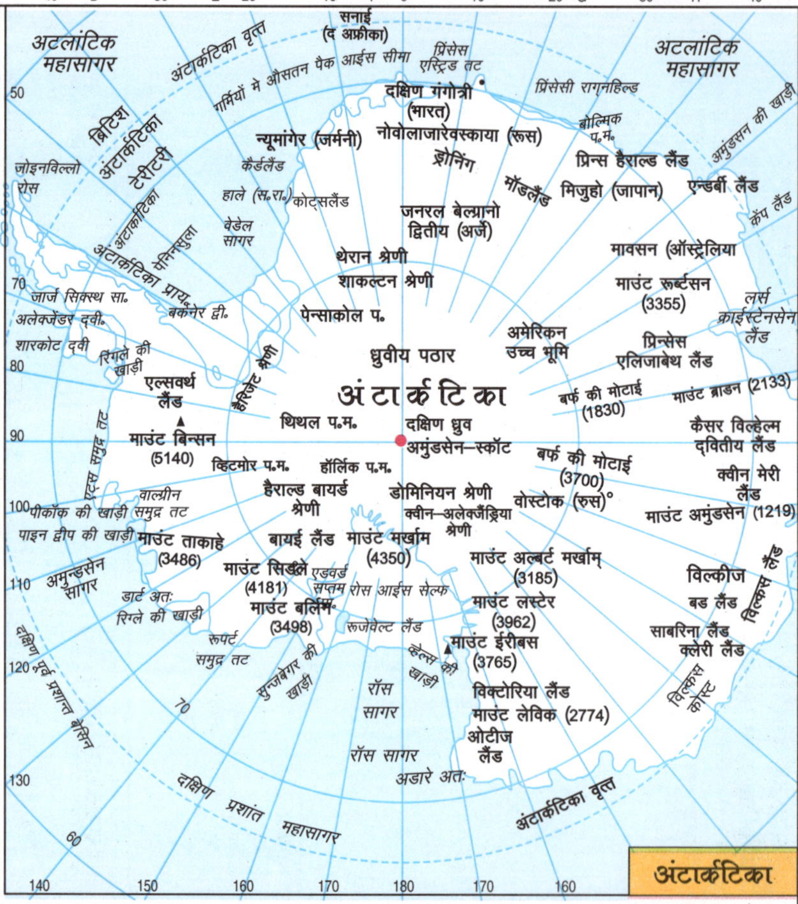
अटलांटिक महासागर
अंटार्कटिका वृत्त
सनाई (द अफ्रीका)
दक्षिण गंगोत्री (भारत)
नोवोलाजारेवस्काया (रूस)
न्यूमांगेर (जर्मनी)
मिजुहो (जापान)
जनरल बेल्ग्रानो द्वितीय (अर्जे)
मावसन (ऑस्ट्रेलिया)
माउंट रूर्ट्सन (3355)
वेडेल सागर
थेरान श्रेणी
शाकल्टन श्रेणी
पेन्साकोल प.
अमेरिकन उच्च भूमि
ध्रुवीय पठार
अंटार्कटिका
एल्सवर्थ लैंड
माउंट विन्सन (5140)
थिथल प.म.
दक्षिण ध्रुव अमुंडसेन–स्कॉट
बर्फ की मोटाई (3700)
वोस्टोक (रूस)
माउंट ताकाहे (3486)
माउंट मर्खाम (4350)
माउंट सिडले (4181)
माउंट बर्लिन (3498)
माउंट अल्बर्ट मर्खाम (3185)
माउंट लस्टेर (3962)
माउंट ईरीबस (3765)
विक्टोरिया लैंड
माउंट लेविक (2774)
रॉस सागर
दक्षिण प्रशांत महासागर
अंटार्कटिका

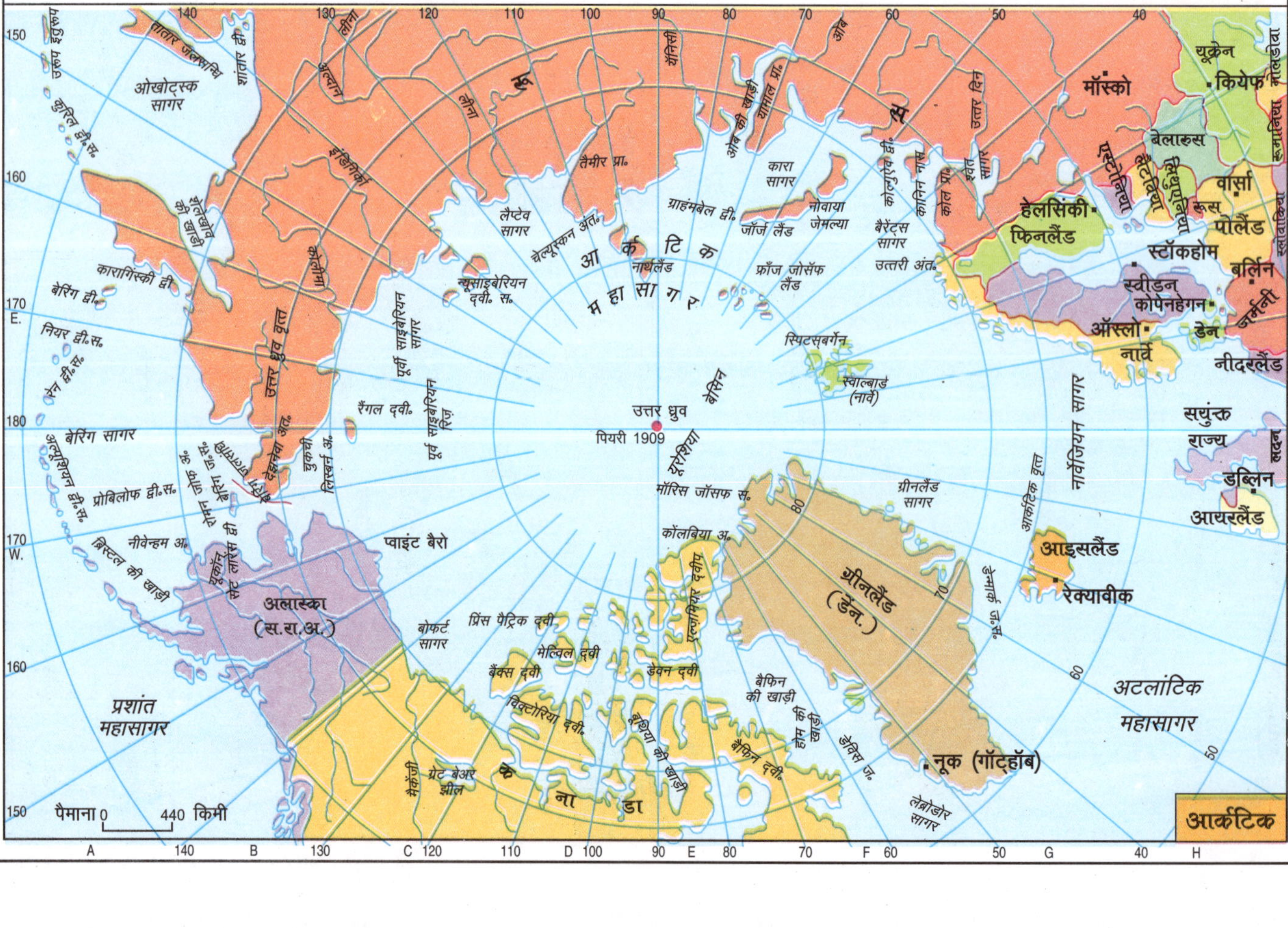
ओखोटस्क सागर
मॉस्को
कियेफ
बेलारुस
हेलसिंकी
फिनलैंड
स्टॉकहोम
स्वीडन
बर्लिन
कोपेनहेगन
ऑस्लो
नार्वे
डेन
नीदरलैंड
संयुक्त राज्य
डब्लिन
आयरलैंड
लैप्टेव सागर
कारा सागर
नोवाया जेमल्या
बैरेंट्स सागर
आर्कटिक महासागर
स्पिटसबर्गेन
स्वालबार्ड (नार्वे)
उत्तर ध्रुव
पियरी 1909
बेरिंग सागर
अलास्का (स.रा.अ.)
प्वाइंट बैरो
ब्यूफर्ट सागर
ग्रीनलैंड (डेन.)
ग्रीनलैंड सागर
आइसलैंड
रेक्यावीक
बैफिन की खाड़ी
नूक (गॉटहॉब)
अटलांटिक महासागर
प्रशांत महासागर
कनाडा
पैमाना 0 440 किमी
आर्कटिक

उ त्त र प्र शां त म हा सा ग र
द क्षि ण प्र शां त म हा सा ग र
मा इ क्रो नी शि या
मे ल नी शि या
पॉ लि नी शि या
ऑस्ट्रेलिया
कैनबरा
सिडनी
मेलबर्न
ब्रिसबेन
एडीलेड
होबार्ट
डार्विन
तस्मानिया
न्यू गिनी
पोर्ट मोर्जबी
पापुआ न्यू गिनी
सोलोमन द्वीप समूह
होनिआरा
वनुआतू
पोर्ट-विला
न्यू कैलेडोनिया (फ्रांस)
फीजी
सूवा
टोंगा
नुकुअलोफा
समोआ
टोकेलाव (न्यूजी.)
तुवालु
फूनाफूटी
किरिबेती
नाउरु
मार्शल द्वीप समूह
फेडरेटेड स्टेट ऑफ माइक्रोनेशिया
पालाउ
गुआम
उत्तरी मैरिआना द्वीप स. (सं.रा.)
हवाई द्वीप समूह
होनोलूलू
जॉन्स्टन (सं.रा.)
वेक (सं.रा.)
मिडवे द्वीप समूह (सं.रा.)
लाइन द्वीप समूह
फीनिक्स द्वीप समूह
कुक द्वीप समूह (न्यूजीलैंड)
फ्रेंच पॉलिनीशिया (फ्रांस)
मार्केसस द्वीप समूह
टुआमोटू द्वीप स.
ताहिती
पिटकैर्न (सं.रा.)
नियू (न्यूजी.)
वालिस और फुटूना (फ्रांस)
अमेरिकन समोआ (सं.रा.)
उत्तरी द्वीप
दक्षिणी द्वीप
ऑकलैंड
वेलिंगटन
क्राइस्ट चर्च
नारफॉक (ऑस्ट.)
कोरल सागर
तस्मान सागर
अराफुरा सागर
फिलिपीन सागर
कर्क रेखा
मकर वृत्त
विषुवत रेखा
ग्रेट बैरियर रीफ
ग्रेट आस्ट्रेलियन बाइट
हिंद महासागर
पैमाना 0 200 किमी.

आ र्क टि क म हा सा ग र
ग्रीनलैंड
उत्तर अमेरिका
दक्षिण अमेरिका
अफ्रीका
यूरोप
एशिया
साइबेरिया
ऑस्ट्रेलिया
अंटार्कटिका
उत्तर प्रशांत महासागर
दक्षिण प्रशांत महासागर
उत्तर अटलांटिक महासागर
दक्षिण अटलांटिक महासागर
हिंद महासागर
प्रशांत महासागर
द क्षि णी म हा सा ग र
अं टा र्क टि का
कर्क रेखा
विषुवत रेखा
मकर रेखा
ओटावा
वाशिंगटन
मेक्सिको
बोगोटा
क्वीटो
लीमा
सैंटियागो
ब्यूनस आयर्स
मांटेविडियो
लंदन
पेरिस
मास्को
रोम
काहिरा
रियाद
तेहरान
दिल्ली
कोलम्बो
जकार्ता
सिंगापुर
बैंकाक
हनोई
बीजिंग
उलान बाटोर
टोकियो
कैनबरा
वेलिंगटन
माउंट एवरेस्ट 8848
किलिमंजारो 5895
मैकिन्ली शिखर 6200
एकोनकागुआ 6960
सहारा
हिमालय
यूराल पर्वत
कैस्पियन सागर
भूमध्य सागर
लाल सागर
अरब सागर
बंगाल की खाड़ी
मैक्सिको की खाड़ी
कैरीबियन सागर
पैमाना 1 : 100 मी० लगभग

देश	राजधानी
अल्बानिया-20	तिराना
अल्जीरिया	अलजियर्स
अर्जेटिना	ब्यूनस आयर्स
आर्मीनिया	येरेवान
ऑस्ट्रेलिया	कैनबरा
आस्ट्रेया-14 *	वियेना
अजरबैजान	बाकू
बहरीन	मनाना
बांग्लादेश	ढाका
बार्बेडोज	ब्रिजटाउन
बेलारुस	मिंस्क
बेल्जियम-23 *	ब्रुसेल्ज
भूटान	थिम्फू
बोस्निया-17*	सारायेबो
बॉत्सवान	गाबरोनी
ब्राजील	ब्राजील्या
ब्रुनेई-33 *	बगावान
बूरुंडी-2 *	बंदर सेरी बगवान
कंबोडिया	नोमपेन्ह
कैमरून	याउंडे
कनाडा	ओटावा
चाड	एन् जामेना
चीन	बीजिंग
कांगो	ब्राजावील
कोस्टा रीका	सेन जोन
क्रोशिया-22 *	जग्रेब
साइप्रस-28 *	नीकोसिया
चेक गणतंत्र-12*	प्राग
इजिप्त	काहिरा
इक्वै गिनी-5 *	मलाबो
अल सैल्वाडॉर	सेन सैलवाडॉर
इरिट्रिया	अस्मारा
एस्टोनिया	टालिन
फीजी	सुवा
फ्रांस	पेरिस
गेम्बिया-10*	बाजूल
जॉर्जिया-25*	तिफलिस
जर्मनी	बर्लिन
घाना-8*	अकरा
ग्रीस	एथेन्स
ग्वाटेमाला	ग्वाटेमाला
गिनी	कोनाक्री
गिनी बिसाऊ-9*	बिसाऊ
गयाना	जॉर्जटाउन
हैती	पोर्ट–ओ–प्रिस
हूडरास	तिगुसीगापी
हंगरी-16*	बुडापेस्ट
भारत	दिल्ली
इराक	बगदाद
आयरलैंड	डब्लिन
इजराईल-30*	जेरुसलेम
जमैका	किंग्स्टन
जापान	टोकियो
जार्डन-31*	अमान
कुवैत	कुवैत शहर
किरगीजस्तान	फ्रूजी
लाओस	व्येंत्थान
लात्विया	रीगा
लेबनान-29*	बैरुत
लाइबीरिया	मनरोविया
लिबिया	त्रिपोली
लिथुएनिया	विलनिउस
मेसिडोनिया-19*	स्कोथ
मेडागास्कर	एंटनेनरीवो
मलावी-1*	लिलोंग्वे
मोरितानिया	नॉक चाट
मौरिशस	पोर्ट लुईस
मेक्सिको	मेक्सिको
मालडोवा	किशिनेफ
मंगोलिया	ऊलान बटोर
मोटीनीग्रे	पोगोरीका
मोजाम्बीक	मपूतो
नामीबिया	विंटहूक
नेपाल	काठमांडू
नीदरलैंड्स-24*	एम्सटर्डम
न्यूजीलैड	वेलिगंटन
निकाराग्वा	मनाग्वा
नाइजर	न्यामे
नाइजीरिया	अबुजा
ओमान	मस्कत
पनामा	पनामा
पुर्तगाल	लिस्बन
पैटो रीको-4*	सेन जुआन
कतार-32*	दोहा
रुमानिया	बुखारेस्ट
रशिया-11*	मास्को
रवाडा-3*	किगली
सेन मारिनो	सेन मारिनो
सऊदी अरब	रियाघ
सेनेगल	डाकार
सरबीया-18*	बेलग्रेडी
सिंगापुर	सिंगापुर
स्लोवाकिया.-13*	ब्राटिस्लाव्हा
स्लोवेनिया-34*	ल्यूबलाना
सोलोमोन	होनीआरा
सोमालिया	मोंगदिशु
दक्षिण अफ्रीका	प्रिटोरिया
स्पेन	मेड्रिड
श्रीलंका	कोलम्बो
सेट लूकिअ-35*	कासट्रीस
सूरीनेम	पारामोरीबो
स्वाजीलैंड	एम्बाबानी
स्विट्जरलैण्ड-15*	बर्न
सीरिया	दमस्कश
ताइवान	ताइपेइ
ताजिकिस्तान	दुशान्बी
टोगो-7*	लोमे
टेगो	नुकोलोया
तुर्की-21*	अंकारा
तुर्कमेनिस्तान	अश्खाबाद
युगांडा	कम्पाला
यू.ए.ई.	आबू धाबी
यू.एस.ए.	वाशिंगटन
यूनाइटेडकिंगडम	लदंन
उज़्बेकिस्तान	ताशकंद
वियतनाम	हनोई
जाम्बिया	लुसाका

* संख्या द्वारा नक्शों पर दिखाये गये देश व उनकी राजधनियाँ

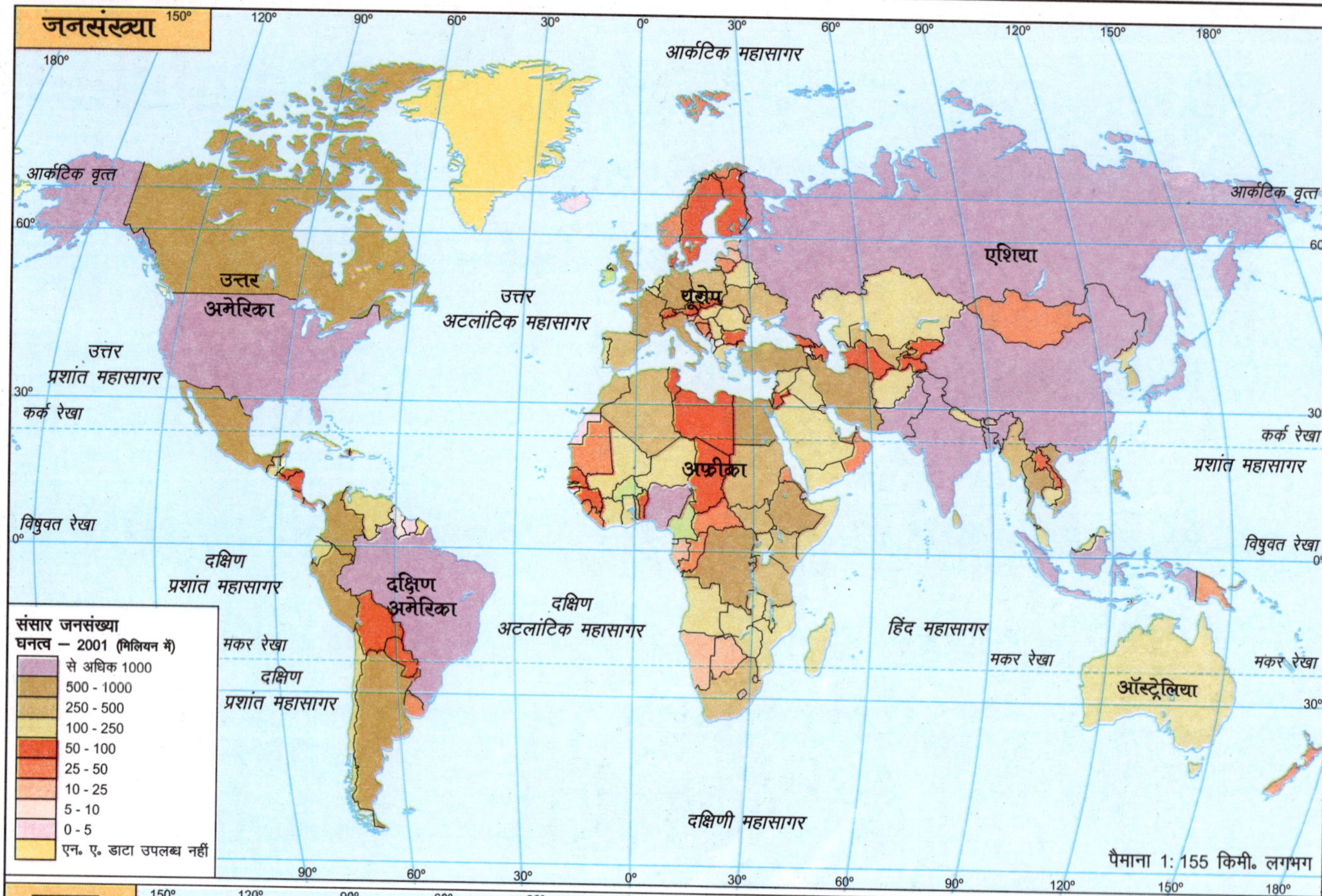
जनसंख्या
आर्कटिक महासागर
आर्कटिक वृत्त
उत्तर अमेरिका
उत्तर अटलांटिक महासागर
यूरोप
एशिया
उत्तर प्रशांत महासागर
कर्क रेखा
अफ्रीका
प्रशांत महासागर
विषुवत रेखा
दक्षिण प्रशांत महासागर
दक्षिण अमेरिका
दक्षिण अटलांटिक महासागर
हिंद महासागर
मकर रेखा
ऑस्ट्रेलिया
दक्षिणी महासागर
संसार जनसंख्या
घनत्व – 2001 (मिलियन में)
से अधिक 1000
500 - 1000
250 - 500
100 - 250
50 - 100
25 - 50
10 - 25
5 - 10
0 - 5
एन. ए. डाटा उपलब्ध नहीं
पैमाना 1: 155 किमी. लगभग

घनत्व
आर्कटिक महासागर
आर्कटिक वृत्त
उत्तर अमेरिका
यूरोप
एशिया
उत्तर प्रशांत महासागर
उत्तर अटलांटिक महासागर
कर्क रेखा
अफ्रीका
प्रशांत महासागर
विषुवत रेखा
दक्षिण अमेरिका
दक्षिण अटलांटिक महासागर
हिंद महासागर
मकर रेखा
दक्षिण प्रशांत महासागर
ऑस्ट्रेलिया
दक्षिणी महासागर
संसार जनसंख्या
घनत्व – 2001 (मिलियन में)
से अधिक 500
250 - 500
200 - 250
150 - 200
100 - 150
75 - 100
50 - 75
25 - 50
10 - 25
5 - 10
0 - 5
पैमाना 1 : 155 किमी. लगभग

समय का निर्धारण मध्यान्ह–देशान्तर–रेखा, जिसे 0° माना जाता है, के आधार पर किया जाता है। यह रेखा लंदन के निकट ग्रीनविच की वेधशाला से होकर निकलती है इसलिए इसे ग्रीनविच तिथि रेखा भी कहा जाता है।

पृथ्वी प्रत्येक 24 घंटों में अपनी धुरी पर 360° के कोण पर एक चक्कर पूरा करती है। इस तरह यह हर घंटे में 15° तथा हर 4 मिनट में 1° कोण पर घूमती है। चूंकि पृथ्वी 24 घंटों में अपना एक चक्कर पूरा करती है इसलिए ग्रीनविच देशान्तर के आधार पर पृथ्वी को 24 समय–क्षेत्रों में बांटा गया है।

साधारणतया एक व्यक्ति जब एक समय क्षेत्र में प्रवेश करता है तो उसे अपनी घड़ी में समय बदलना पड़ेगा। यदि ग्रीनविच–तिथि रेखा से पूर्व में सफर कर रहा है तो उसे अपनी घड़ी एक घंटा आगे करनी होगी और पश्चिम में सफर करते समय उसे अपनी घड़ी को एक घंटा पीछे करना होगा। ऐसी स्थिति में 0° देशान्तर यानि पूर्व की ओर जाने वाले यात्री को समय का लाभ होगा और पश्चिम की ओर जाने वाले यात्री को नुकसान होगा।

यदि आप अपना सफर सोमवार रात्रि 11 बजे ए स्थान से बी स्थान की ओर पूर्व में शुरू करेंगे तो आप अपने गंतव्य पर रविवार 3 जुलाई को 1 बजे पहुँचेंगे। इस तरह एक दिन का लाभ होगा। इसी तरह यदि आप बी स्थान से ए स्थान की ओर पश्चिम में 3 जुलाई को एक बजे अपना सफर शुरू करते हैं तो आप बी स्थान पर सोमवार रात्रि 11 बजे पहुँचेंगे। इस तरह एक दिन का नुकसान होगा।

हवाएँ और वर्षा

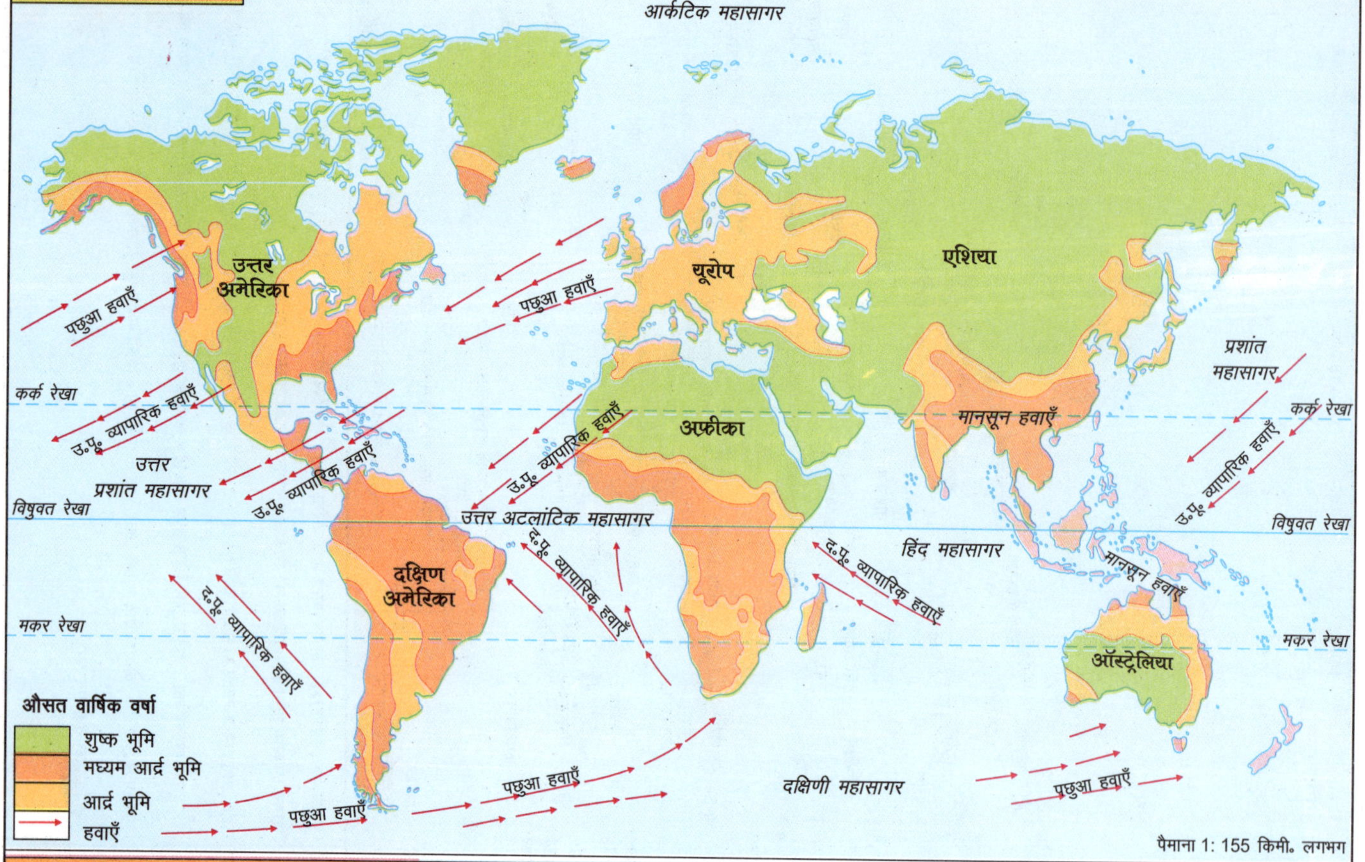

तापमान और महासागरीय धाराएँ

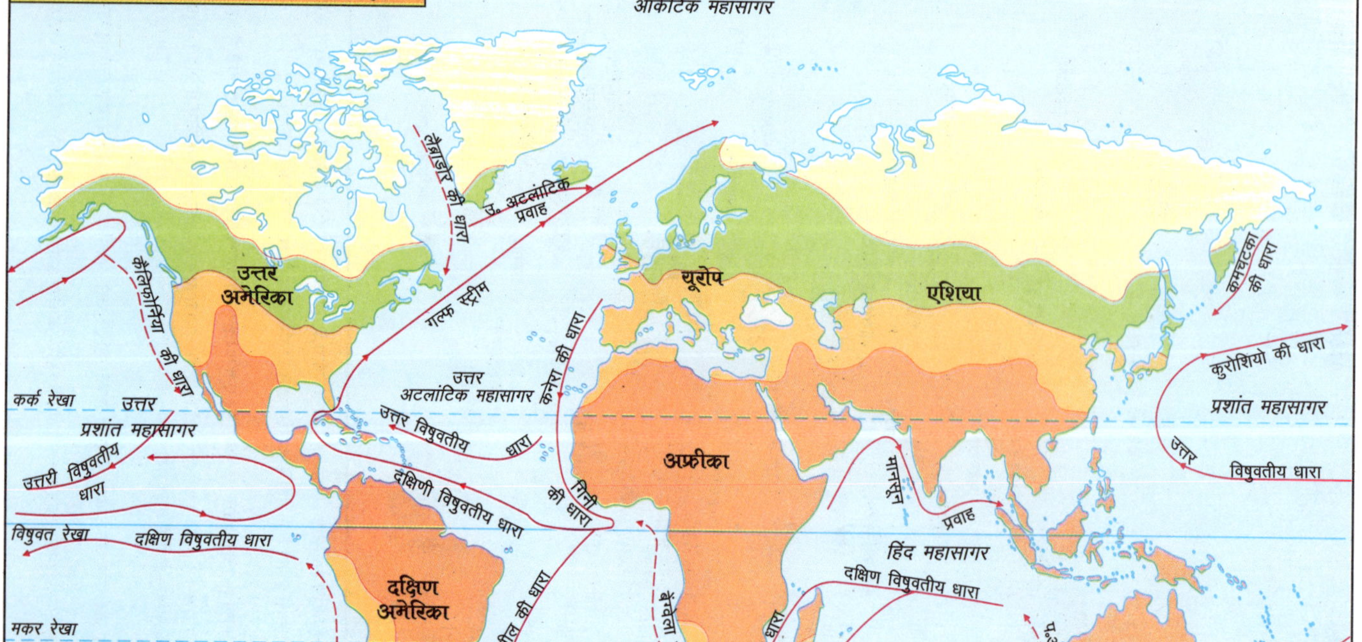

संसार - वनस्पति एवं जलवायु प्रदेश

वनस्पति

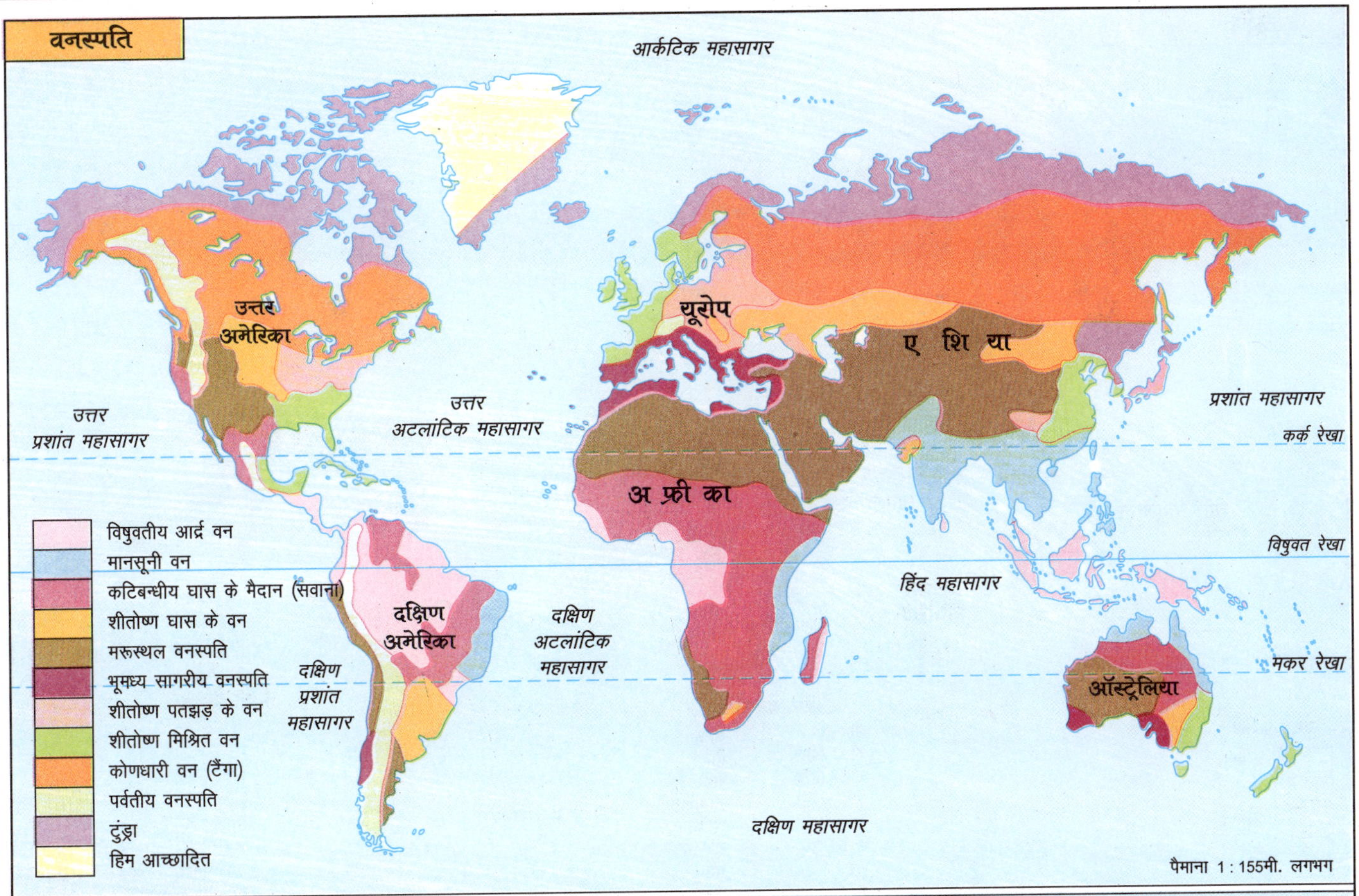

जलवायु प्रदेश

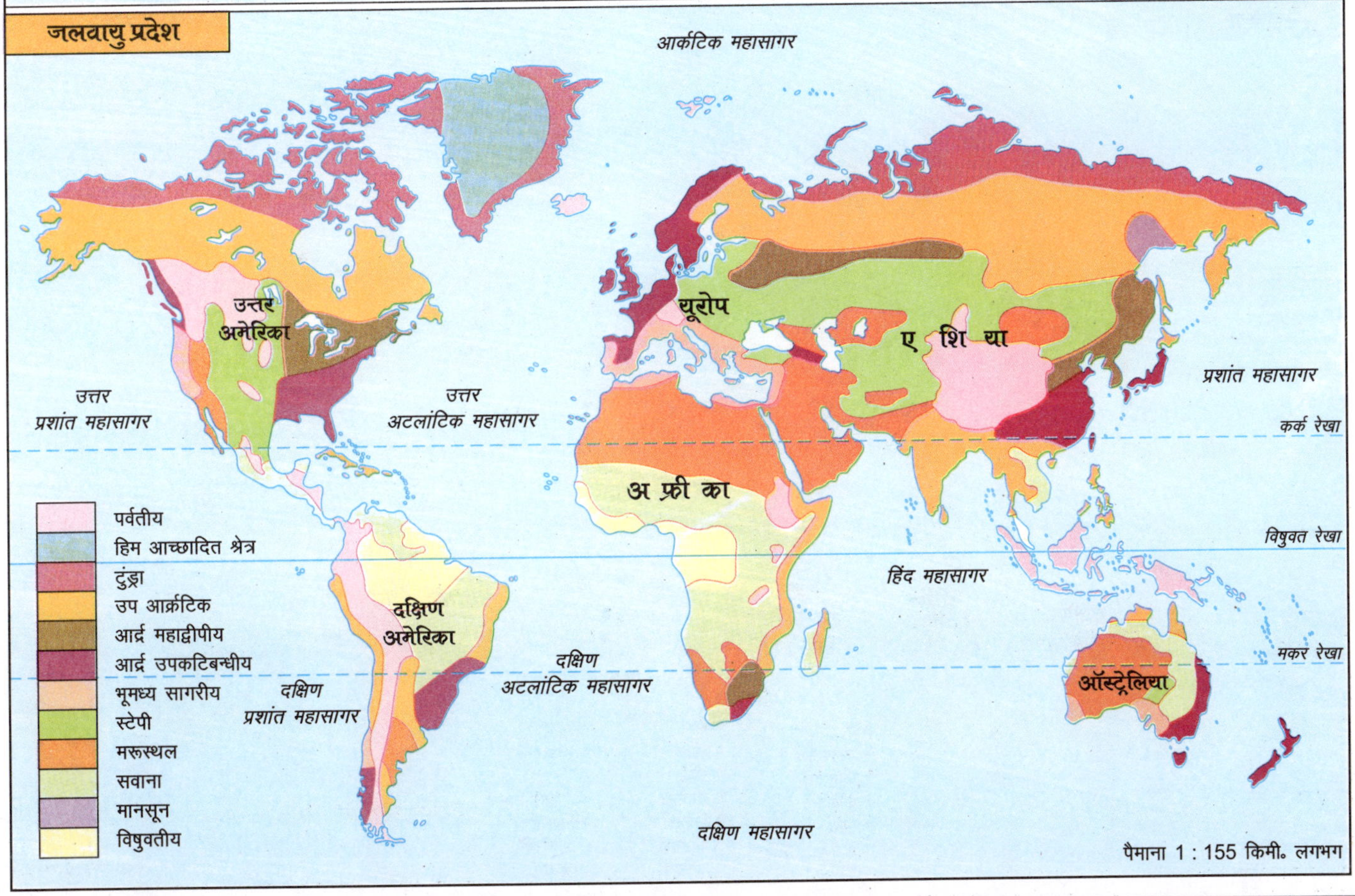

कृषि

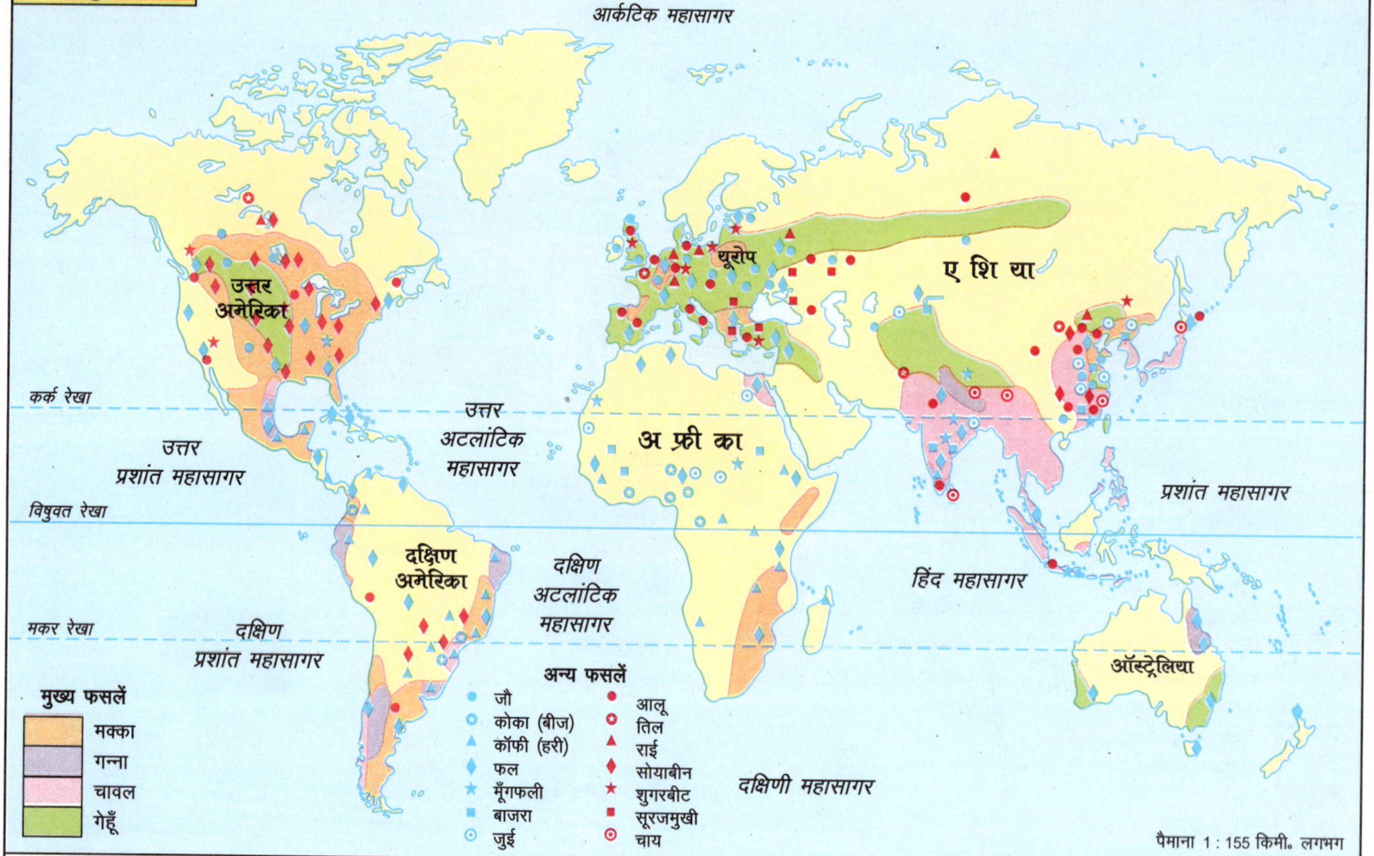
आर्कटिक महासागर
उत्तर अमेरिका
यूरोप
ए शि या
अ फ्री का
दक्षिण अमेरिका
ऑस्ट्रेलिया
कर्क रेखा
विषुवत रेखा
मकर रेखा
उत्तर प्रशांत महासागर
उत्तर अटलांटिक महासागर
प्रशांत महासागर
हिंद महासागर
दक्षिण अटलांटिक महासागर
दक्षिण प्रशांत महासागर
दक्षिणी महासागर
मुख्य फसलें
मक्का
गन्ना
चावल
गेहूँ
अन्य फसलें
जौ
कोका (बीज)
कॉफी (हरी)
फल
मूँगफली
बाजरा
जुई
आलू
तिल
राई
सोयाबीन
शुगरबीट
सूरजमुखी
चाय
पैमाना 1 : 155 किमी॰ लगभग

खनिज

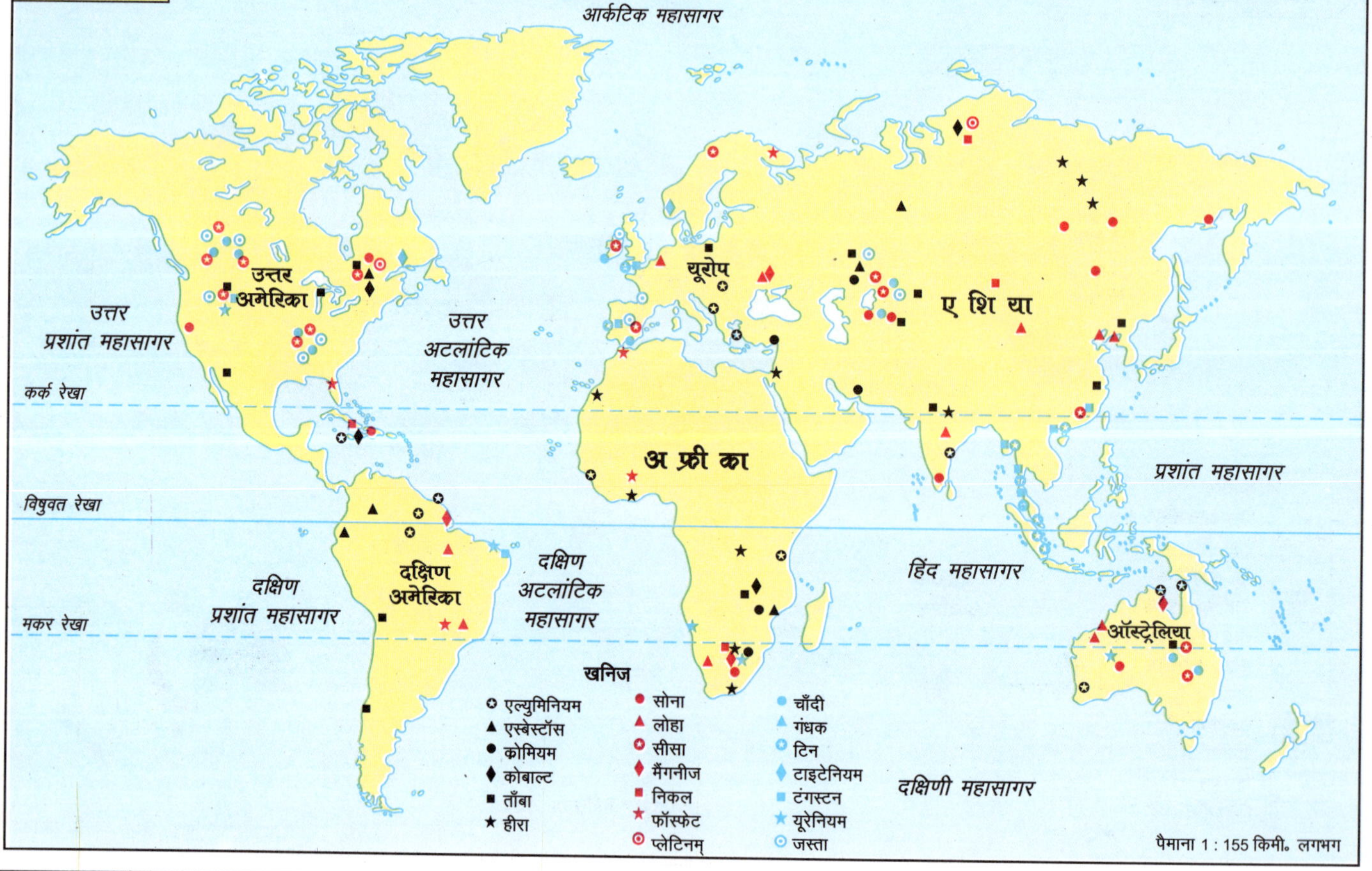
आर्कटिक महासागर
उत्तर अमेरिका
यूरोप
ए शि या
अ फ्री का
दक्षिण अमेरिका
ऑस्ट्रेलिया
कर्क रेखा
विषुवत रेखा
मकर रेखा
उत्तर प्रशांत महासागर
उत्तर अटलांटिक महासागर
प्रशांत महासागर
हिंद महासागर
दक्षिण अटलांटिक महासागर
दक्षिण प्रशांत महासागर
दक्षिणी महासागर
खनिज
एल्युमिनियम
एस्बेस्टॉस
क्रोमियम
कोबाल्ट
ताँबा
हीरा
सोना
लोहा
सीसा
मैंगनीज
निकल
फॉस्फेट
प्लेटिनम्
चाँदी
गंधक
टिन
टाइटेनियम
टंगस्टन
यूरेनियम
जस्ता
पैमाना 1 : 155 किमी॰ लगभग

आर्कटिक वृत्त
कर्क रेखा
विषुवत रेखा
मकर रेखा
आर्कटिक
महासागर
ग्रीनलैंड
उत्तर
अटलांटिक महासागर
दक्षिण
अटलांटिक महासागर
उत्तर
प्रशांत महासागर
दक्षिण
प्रशांत महासागर
प्रशांत महासागर
हिन्द
महासागर
दक्षिणी
महासागर
जुआन डे फुका प्लेट
उत्तर अमेरिकन प्लेट
उत्तर अमेरिका
कोकोस प्लेट
पेसिफिक प्लेट
नेज़्का प्लेट
दक्षिण अमेरिकन प्लेट
दक्षिण अमेरिका
स्कोटिया प्लेट
यूरोप
अ फ्री का
अफ्रीकन प्लेट
अरेबियन प्लेट
यूरेशियन प्लेट
ए शि या
इंडियन ऑस्ट्रेलियन प्लेट
ऑस्ट्रेलिया
फिलिपाईन प्लेट
कैरोलाइन प्लेट
अंटार्कटिका प्लेट
प्रिंस विलियम साउंड, 1964
सैन फ्रांसिस्को, 1906
गैलवेस्टन, 1900
न्यू ऑर्लियंस, 2005
मिचिआकन, 1985
परिक्युटिन, 1949
ग्वाटेमाला सिटी, 1976
मानागुआ, 1972
इल चिचोन, 1982
सॉन सल्वाडोर, 1986
नेवाडो-डेल-रूइज़, 1985
हुआस्करन, 1970
वालपैराइसो, 1906
चिलन, 1989
प्यूर्टो मोंट, 1960
अल असनम, 1980
अगादिर, 1960
अवेज़ानो, 1915
मसीना, 1908
स्कोप्जे, 1963
इज़मित, 1999
स्पिटक, 1988
अशगाबात, 1948
मंज़िल, 1990
तबस, 1978
बाम, 2003
क्वेटा, 1935
भुज, 2001
लातूर, 1993
उत्तरकाशी, 1991
कांगड़ा, 1905
मुज़फ्फराबाद, 2005
चिटगांव, 2002
बैंकॉक, 2004
पोर्ट ब्लेयर, 2004
बांडा एसेंट, 2004
नागपट्टिनम, 2004
गाले, 2004
तांगशान, 1976
फुकुई, 1948
टोकियो, 1923
बुसन, 2003
पिनाटुबो, 1991
मिंदनाओ, 1976
फ्लोरिस द्वीप, 1992
केलुड, 1919
लेमिंगटन, 1951
प्लेट गतिविधि
प्रमुख भूकम्प
प्रमुख ज्वालामुखी विस्फोट
प्रमुख उष्ण कटिबंधीय तूफान
प्रमुख सुनामी
मुख्य गरम स्थल
पैमाना 1 : 100 किमी. लगभग

धर्म

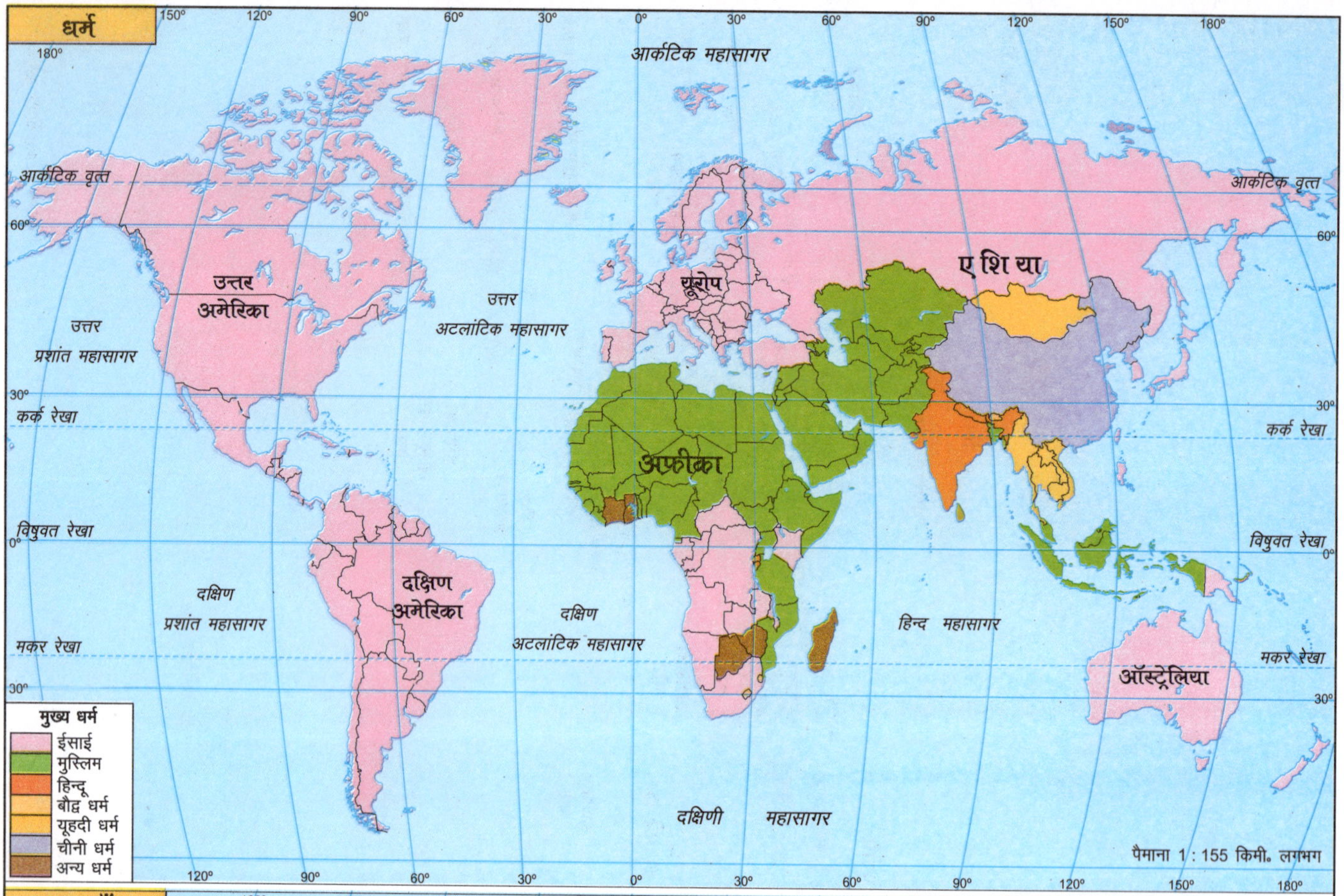
आर्कटिक महासागर
आर्कटिक वृत्त
उत्तर अमेरिका
यूरोप
ए शि या
उत्तर प्रशांत महासागर
उत्तर अटलांटिक महासागर
कर्क रेखा
अफ्रीका
विषुवत रेखा
दक्षिण अमेरिका
दक्षिण प्रशांत महासागर
दक्षिण अटलांटिक महासागर
हिन्द महासागर
मकर रेखा
ऑस्ट्रेलिया
दक्षिणी महासागर
मुख्य धर्म
ईसाई
मुस्लिम
हिन्दू
बौद्ध धर्म
यूहदी धर्म
चीनी धर्म
अन्य धर्म
पैमाना 1 : 155 किमी. लगभग

भाषाएँ

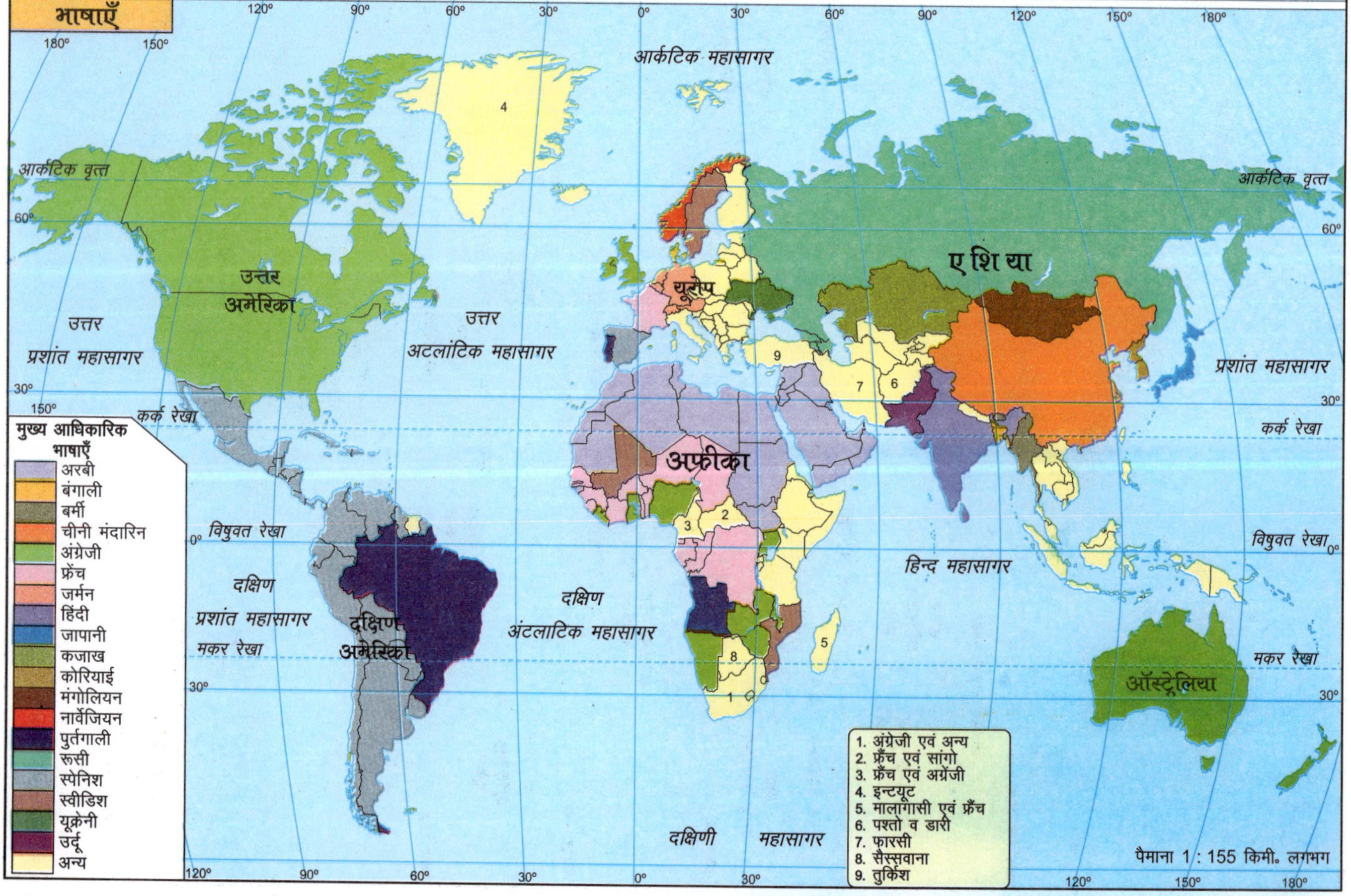
आर्कटिक महासागर
आर्कटिक वृत्त
उत्तर अमेरिका
यूरोप
ए शि या
उत्तर प्रशांत महासागर
उत्तर अटलांटिक महासागर
प्रशांत महासागर
कर्क रेखा
अफ्रीका
विषुवत रेखा
दक्षिण अमेरिका
दक्षिण प्रशांत महासागर
दक्षिण अंटलाटिक महासागर
हिन्द महासागर
मकर रेखा
ऑस्ट्रेलिया
दक्षिणी महासागर
मुख्य आधिकारिक भाषाएँ
अरबी
बंगाली
बर्मी
चीनी मंदारिन
अंग्रेजी
फ्रेंच
जर्मन
हिंदी
जापानी
कजाख
कोरियाई
मंगोलियन
नार्वेजियन
पुर्तगाली
रूसी
स्पेनिश
स्वीडिश
यूक्रेनी
उर्दू
अन्य
1. अंग्रेजी एवं अन्य
2. फ्रैंच एवं सांगो
3. फ्रैंच एवं अग्रेंजी
4. इन्टयूट
5. मालागासी एवं फ्रैंच
6. पश्तो व डारी
7. फारसी
8. सैस्सवाना
9. तुर्किश
पैमाना 1 : 155 किमी. लगभग

हवाई - मार्ग

सड़क और समुद्री मार्ग

अफ्रीका

अल्जीरिया
राजधानी : अल्जीयर्स
क्षेत्रफल : 23,81,741 वर्ग किमी.
मुद्रा : अल्जीरियन दिनार
स्वतन्त्रता : 5 जुलाई, 1962
भाषाएँ : अरेबिक, बेरबेर एवं फ्रेंच

अंगोला
राजधानी : लुआण्डा
क्षेत्रफल : 12,46,700 वर्ग किमी.
मुद्रा : क्वांजा
स्वतन्त्रता : 11 नवम्बर, 1975
भाषाएँ : पुर्तगाली, बन्टू

बेनिन
राजधानी : पोर्टो नोवो
क्षेत्रफल : 1,14,763 वर्ग किमी.
मुद्रा : फ्रेंक, C.F.A
स्वतन्त्रता : 1 अगस्त, 1960
भाषाएँ : फ्रेंच, कबीलाई

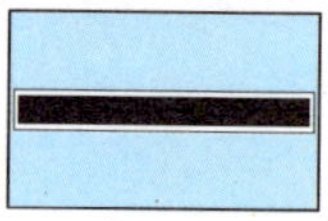

बोत्स्वाना
राजधानी : गैबोरोन
क्षेत्रफल : 5,81,730 वर्ग किमी.
मुद्रा : पुला
स्वतन्त्रता : 30 सितम्बर 1966
भाषाएँ : अंग्रेजी और सेत्स्वान

बरकिना फासो
राजधानी : ओगाड्गु
क्षेत्रफल : 2,74,222 वर्ग किमी.
मुद्रा : फ्रैंक, C.F.A
स्वतन्त्रता : 5 अगस्त 1960
भाषाएँ : फ्रेंच तथा स्थानीय भाषा

बुरुण्डी
राजधानी : बुजुमबुरा
क्षेत्रफल : 27,834 वर्ग किमी.
मुद्रा : बुरुडियन फ्रेंक
स्वतन्त्रता : 1 जुलाई 1962
भाषाएँ : फ्रेंच और किरुण्डी

कैमरून
राजधानी : याओण्डे
क्षेत्रफल : 4,75,442 वर्ग किमी.
मुद्रा : फ्रेंक C.F.A
स्वतन्त्रता : 01 जनवरी 1960
भाषाएँ : फ्रेंच और अंग्रेजी

केप वेर्डे
राजधानी : प्रैया
क्षेत्रफल : 4,033 वर्ग किमी.
मुद्रा : एस्क्युडो
स्वतन्त्रता : 05 जुलाई 1975
भाषाएँ : पुर्तगाली, क्रिओयूल

सेन्ट्रल अफ्रीकन रिपब्लिक
राजधानी : बंगुई
क्षेत्रफल : 622,436 वर्ग किमी.
मुद्रा : फ्रेंक C.F.A
स्वतन्त्रता : 13 अगस्त, 1960
भाषाएँ : फ्रेंच और संघों

चाड
राजधानी : एनजमेना
क्षेत्रफल : 12,84,000 वर्ग किमी.
मुद्रा : फ्रेंक C.F.A
स्वतन्त्रता : 11 अगस्त 1960
भाषाएँ : फ्रेंच और अरबी, कबीलाई बोली

कोमोरोस
राजधानी : मोरोनी
क्षेत्रफल : 1,862 वर्ग किमी.
मुद्रा : कोमेरियन फ्रैंक
स्वतन्त्रता : 6 जुलाई 1975
भाषाएँ : अरबी, कोमोरोन

कांगो लोकतांत्रिक गणराज्य
राजधानी : किन्हासा
क्षेत्रफल : 23,44,858 वर्ग किमी.
मुद्रा : कंगाली फ्रैंच
स्वतन्त्रता : 30 जून 1960
भाषाएँ : फ्रेंच, लिंगला, कांगो, टेके

कांगो
राजधानी : ब्राजिविल्ले
क्षेत्रफल : 3,42,000 वर्ग किमी.
मुद्रा : फ्रेंक C.F.A
स्वतन्त्रता : 15 अगस्त 1960
भाषाएँ : फ्रेंच, लिंगला, कांगो, टेके

कोटे डी आइवरी
राजधानी : अबिदजान (यामोउस्स्क्रो)
क्षेत्रफल : 3,22,463 वर्ग किमी.
मुद्रा : फ्रैंक C.F.A
स्वतन्त्रता : 7 अगस्त, 1960
भाषाएँ : फ्रेंच और कबायली

जिबूती
राजधानी : जिबूती
क्षेत्रफल : 23,200 वर्ग किमी.
मुद्रा : जिबूती फ्रेंक
स्वतन्त्रता : 27 जून, 1977
भाषाएँ : फ्रेंच, अरबी, अफ्फार, ईस्सा

मिस्र (इजिप्ट)
राजधानी : काहिरा
क्षेत्रफल : 10,02,450 वर्ग किमी.
मुद्रा : मिस्री पाउण्ड
स्वतन्त्रता : 28 फरवरी, 1922
भाषाएँ : अरबी और अंग्रेजी

इक्वीटोरियल गिनी
राजधानी : मलाबो
क्षेत्रफल : 28,051 वर्ग किमी.
मुद्रा : फ्रेंक C.F.A
स्वतन्त्रता : 12 अक्टूम्बर 1968
भाषाएँ : स्पेनिश, फ्रैंग बूबी और पिडगिन

इरीट्रिया
राजधानी : असमारा
क्षेत्रफल : 1,17,600 वर्ग किमी.
मुद्रा : नक्फा
स्वतन्त्रता : 24 मई, 1993
भाषाएँ : टिगरिनिया, स्थानीय भाषा

इथियोपिया
राजधानी : आदिस अबाबा
क्षेत्रफल : 11,04,300 वर्ग किमी.
मुद्रा : अमहारिक
स्वतन्त्रता : 07 अगस्त 1960
भाषाएँ : अमहारिक

गैबन
राजधानी : लिबरविले
क्षेत्रफल : 2,67,668 वर्ग किमी.
मुद्रा : फ्रैंक C.F.A
स्वतन्त्रता : 17 अगस्त, 1960
भाषाएँ : फ्रैंच और बान्टू बोलियां

गैम्बिया
राजधानी : बांजुल
क्षेत्रफल : 11,295 वर्ग किमी.
मुद्रा : दलासी
स्वतन्त्रता : 18 फरवरी 1965
भाषाएँ : अंग्रेजी, मन्डिका, वोलोफ

घाना
राजधानी : अकरा
क्षेत्रफल : 2,38,533 वर्ग किमी.
मुद्रा : सेडी
स्वतन्त्रता : 6 मार्च, 1957
भाषाएँ : अंग्रेजी (शासकीय), आठ प्रमुख राष्ट्रीय भाषाएँ

गिनी
राजधानी : कोनाक्री
क्षेत्रफल : 2,45,857 वर्ग किमी.
मुद्रा : गिनी फ्रेंक
स्वतन्त्रता : 02 अक्टूम्बर 1958
भाषाएँ : फ्रेंच, आठ राष्ट्रीय भाषाएँ

गिनी बिसाऊ
राजधानी : बिसाऊ
क्षेत्रफल : 36,125 वर्ग किमी.
मुद्रा : फ्रेंक C.F.A
स्वतंत्रता : 24 सितम्बर, 1973
भाषाएँ : क्रिओलू, पुर्तगाली, आदिवासी

केन्या
राजधानी : नैरोबी
क्षेत्रफल : 5,80,367 वर्ग किमी.
मुद्रा : शिलिंग
स्वतन्त्रता : 12 दिसम्बर, 1963
भाषाएँ : किसवाहिली, अंग्रेजी, किक्रियू, स्थानीय भाषाएँ

लेसोथो
राजधानी : मसेरु
क्षेत्रफल : 30,355 वर्ग किमी.
मुद्रा : लोती
स्वतन्त्रता : 4 अक्टूबर, 1966
भाषाएँ : अंग्रेजी और लेसोथे

लाइबेरिया
राजधानी : मोनरोविया
क्षेत्रफल : 1,11,369 वर्ग किमी.
मुद्रा : डॉलर
स्वतन्त्रता : 26 जुलाई, 1847
भाषाएँ : अंग्रेजी और कबायली

लीबिया
राजधानी : त्रिपोली
क्षेत्रफल : 17,59,540 वर्ग किमी.
मुद्रा : लीबियाई दिनार
स्वतन्त्रता : 24 दिसम्बर, 1951
भाषाएँ : अरबी

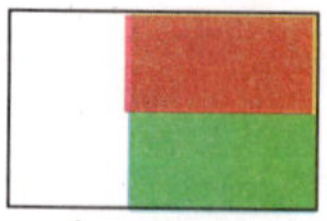

मैडागास्कर
राजधानी : एंटातनानारिवो
क्षेत्रफल : 5,87,041 वर्ग किमी.
मुद्रा : अरियारी
स्वतन्त्रता : 26 जून, 1960
भाषाएँ : मालागासी, फ्रेंच

मलावी
राजधानी : लिलोंग्वे
क्षेत्रफल : 1,18,484 वर्ग किमी.
मुद्रा : क्वाचा
स्वतन्त्रता : 6 जुलाई, 1964
भाषाएँ : अंग्रेजी, चिचेवा, लोम्बे-याव

माली
राजधानी : बमाको
क्षेत्रफल : 12,40,192 वर्ग किमी.
मुद्रा : माली फ्रैंक
स्वतन्त्रता : 22 सितम्बर, 1960
भाषाएँ : फ्रेंच (शासकीय), बम्बारा, अफ्रीकी

मौरितानिया
राजधानी : न्वाकचोऐट
क्षेत्रफल : 10,30,700 वर्ग किमी.
मुद्रा : ओगुइया
स्वतन्त्रता : 28 नवम्बर, 1960
भाषाएँ : अरबी, फ्रेंच (शासकीय)

मॉरीशस
राजधानी : पोर्ट लुई
क्षेत्रफल : 2,040 वर्ग किमी.
मुद्रा : रुपया
स्वतन्त्रता : 12 मार्च, 1968
भाषाएँ : अंग्रेजी, फ्रेंच और हिन्दुस्तानी

मोरक्को
राजधानी : रबात
क्षेत्रफल : 4,46,550 वर्ग किमी.
मुद्रा : दिरहम
स्वतन्त्रता : 2 मार्च, 1956
भाषाएँ : अरबी, बरबर

मोजम्बीक
राजधानी : मापूतो
क्षेत्रफल : 8,01,590 वर्ग किमी.
मुद्रा : मेटीकल
स्वतन्त्रता : 25 जून, 1975
भाषाएँ : पुर्तगाली, बन्टू

नामीबिया
राजधानी : विंडहाक
क्षेत्रफल : 8,25,615 वर्ग किमी.
मुद्रा : नामीबियाई डॉलर
स्वतन्त्रता : 21 मार्च, 1990
भाषाएँ : अंग्रेजी, अफ्रीकी, जर्मन

नाइजर
राजधानी : नियामी
क्षेत्रफल : 12,67,000 वर्ग किमी.
मुद्रा : फ्रैंक C.F.A
स्वतन्त्रता : 03 अगस्त 1960
भाषाएँ : फ्रेंच और हौंसा

नाइजीरिया
राजधानी : अबुजा
क्षेत्रफल : 9,23,768 वर्ग किमी.
मुद्रा : नैरा
स्वतन्त्रता : 1 अक्टूबर, 1960
भाषाएँ : अंग्रेजी, हौसा, इबो, योरुबा

रुवाण्डा
राजधानी : किगली
क्षेत्रफल : 26,338 वर्ग किमी.
मुद्रा : रुवाण्डा फ्रैंक
स्वतन्त्रता : 1 जुलाई 1962
भाषाएँ : फ्रेंच, किन्यारवाण्डा

सहारवी गणतंत्र
राजधानी : लायूने
क्षेत्रफल : 2,66,000 वर्ग किमी.
मुद्रा : मोर दिरहम
भाषाएँ : अरेबिक

साओ टोमे एवं प्रिंसिप
राजधानी : साओ टोमे
क्षेत्रफल : 964 वर्ग किमी.
मुद्रा : डोबरा
स्वतन्त्रता : 12 जुलाई, 1975
भाषाएँ : पुर्तगाली,

सेनेगल
राजधानी : डकार
क्षेत्रफल : 1,96,722 वर्ग किमी.
मुद्रा : फ्रैंक C.F.A
स्वतन्त्रता : 4 अप्रेल, 1960
भाषाएँ : फ्रेंच, स्थानीय बोलियां

सेशेल्स
राजधानी : विक्टोरिया
क्षेत्रफल : 452 वर्ग किमी.
मुद्रा : सेशेल्स रुपया
स्वतन्त्रता : 29 जून, 1976
भाषाएँ : क्रियोल, अंग्रेजी, फ्रेंच

सिएरा लियोन
राजधानी : फ्रीटाउन
क्षेत्रफल : 71,740 वर्ग किमी.
मुद्रा : लियोन
स्वतन्त्रता : 27 अप्रैल 1961
भाषाएँ : अंग्रेजी, कबायली

सोमालिया
राजधानी : मोगदिशु
क्षेत्रफल : 6,37,657 वर्ग किमी.
मुद्रा : सोमाली शिलिंग
स्वतन्त्रता : 1 जुलाई, 1960
भाषाएँ : सोमालिया, अंग्रेजी, अरबी, इटेलियन

दक्षिण अफ्रीका
राजधानी : प्रिटोरिया, केपटाउन
क्षेत्रफल : 12,21,037 वर्ग किमी.
मुद्रा : रैंड
स्वतन्त्रता : 31 मई, 1910
भाषाएँ : अफ्रीकन्स, अंग्रेजी

दक्षिण सुडान
राजधानी : जुबा
क्षेत्रफल : 619,745 वर्ग किमी.
मुद्रा : दक्षिण सुडान पाउंड
स्वतन्त्रता : 9 जुलाई, 2011
भाषाएँ : अरबी, अंग्रेजी, जुबा अरबी, दिनका

सुडान
राजधानी : खारतूम
क्षेत्रफल : 18,86,068 वर्ग किमी.
मुद्रा : दीनार
स्वतन्त्रता : 1 जनवरी, 1956
भाषाएँ : अरबी, अंग्रेजी, दिनका, नुबियन

स्वीजीलैण्ड
राजधानी : म्बाबने
क्षेत्रफल : 17,364 वर्ग किमी.
मुद्रा : इलेंगेनी
स्वतन्त्रता : 6 सितंबर, 1968
भाषाएँ : अंग्रेजी, स्वाजी

तंजानिया
राजधानी : डोडोमा
क्षेत्रफल : 9,45,087 वर्ग किमी.
मुद्रा : शिलिंग
स्वतन्त्रता : 26 अप्रेल, 1964
भाषाएँ : किस्वेहिली, अंग्रेजी

टोगो
राजधानी : लोमे
क्षेत्रफल : 56,785 वर्ग किमी.
मुद्रा : फ्रैंक C.F.A
स्वतन्त्रता : 27 अप्रेल, 1960
भाषाएँ : फ्रेंच (सरकारी), कबायली

ट्यूनीशिया
राजधानी : ट्यूनिस
क्षेत्रफल : 1,63,610 वर्ग किमी.
मुद्रा : दिनार
स्वतन्त्रता : 20 मार्च, 1956
भाषाएँ : अरबी, फ्रेंच

युगांडा
राजधानी : कंपाला
क्षेत्रफल : 2,41,550 वर्ग किमी.
मुद्रा : युगांडा शिलिंग
स्वतन्त्रता : 9 अक्टूबर, 1962
भाषाएँ : अंग्रेजी, लुगाण्डा, स्वाहिली

ज़ाम्बिया
राजधानी : लुसाका
क्षेत्रफल : 7,52,612 वर्ग किमी.
मुद्रा : क्वाचा
स्वतन्त्रता : 24 अक्टूबर 1964
भाषाएँ : बन्तू, अंग्रेजी

जिम्बाब्वे
राजधानी : हरारे
क्षेत्रफल : 3,90,757 वर्ग किमी.
मुद्रा : डॉलर
स्वतन्त्रता : 18 अप्रैल 1980
भाषाएँ : अंग्रेजी, शोना, नडेबैला

एशिया

अफगानिस्तान
राजधानी : काबुल
क्षेत्रफल : 6,52,230 वर्ग किमी.
मुद्रा : अफगानी
स्वतन्त्रता : 19 अगस्त, 1919
भाषाएँ : पश्तो, दारी, फारसी

बहरीन
राजधानी : मनामा
क्षेत्रफल : 765 वर्ग किमी.
मुद्रा : बाहरेनी दिनार
स्वतन्त्रता : 15 अगस्त 1971
भाषाएँ : अरबी, अंग्रेजी, फारसी

बांग्लादेश
राजधानी : ढाका
क्षेत्रफल : 1,47,570 वर्ग किमी.
मुद्रा : टका
स्वतन्त्रता : 26 मार्च, 1971
भाषाएँ : बांग्ला, चकमा, माध

भूटान
राजधानी : थिम्फू
क्षेत्रफल : 38,394 वर्ग किमी.
मुद्रा : न्गुलट्रम, भारतीय रुपया
स्वतन्त्रता : 8 अगस्त, 1949
भाषाएँ : जोम्खा, नेपाली, अंग्रेजी गुरुंग, असमी

ब्रुनेई दारूसलेम
राजधानी : बंदर सेरी बेगावान
क्षेत्रफल : 5,765 वर्ग किमी.
मुद्रा : ब्रुनेई डॉलर
स्वतन्त्रता : 1 जनवरी, 1984
भाषाएँ : मलय, चीनी, अंग्रेजी

कंबोडिया
राजधानी : नोम पेन्ह
क्षेत्रफल : 1,81,035 वर्ग किमी.
मुद्रा : रिल
स्वतन्त्रता : 9 नवम्बर, 1953
भाषाएँ : खमेर, फ्रेंच

चीन
राजधानी : बीजिंग
क्षेत्रफल : 95,72,900 वर्ग किमी.
मुद्रा : युआन, हाँग कांग डॉलर
स्वतन्त्रता : 1 अक्टूबर, 1949
भाषाएँ : चीनी, (मंदारिन)

पूर्व तिमोर
राजधानी : दिली
क्षेत्रफल : 14,874 वर्ग किमी.
मुद्रा : यू.एस. डॉलर
स्वतन्त्रता : 20 मई 2002
भाषाएँ : तेलूम, पुर्तगाली

भारत
राजधानी : नई दिल्ली
क्षेत्रफल : 32,87,263 वर्ग किमी.
मुद्रा : भारतीय रुपया
स्वतन्त्रता : 15 अगस्त 1947
भाषाएँ : हिन्दी, 14 अन्य भाषाएँ

इंडोनेशिया
राजधानी : जकार्ता
क्षेत्रफल : 19,04,569 वर्ग किमी.
मुद्रा : रुपिया
स्वतन्त्रता : 17 अगस्त, 1945
भाषाएँ : बहासा इंदोनेशियात, डच अंग्रेजी, अन्य आस्ट्रेनेशियन भाषा

ईरान
राजधानी : तेहरान
क्षेत्रफल : 16,48,195 वर्ग किमी.
मुद्रा : ईरानी रियाल
स्वतन्त्रता : 1 अप्रेल, 1979
भाषाएँ : फारसी, तुर्क, कुर्दिश, अरबी

इराक
राजधानी : बगदाद
क्षेत्रफल : 4,38,317 वर्ग किमी.
मुद्रा : इराकी डॉलर
स्वतन्त्रता : 3 अक्तूबर 1932
भाषाएँ : अरबी (शासकीय), कुर्दिश

इज़रायल
राजधानी : जेरुसलम
क्षेत्रफल : 20,770 वर्ग किमी.
मुद्रा : न्यू शेकेल
स्वतन्त्रता : 14 मई, 1948
भाषाएँ : हिब्रू (शासकीय), अरबी

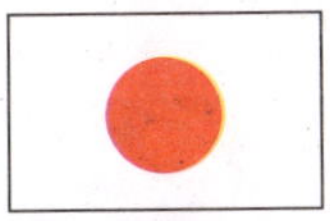

जापान
राजधानी : टोक्यो
क्षेत्रफल : 3,77,930 वर्ग किमी.
मुद्रा : येन
स्वतन्त्रता : 17, जीवन प्रत्याशा : ई.पू. 660
भाषाएँ : जापानी

जॉर्डन
राजधानी : अम्मान
क्षेत्रफल : 89,342 वर्ग किमी.
मुद्रा : जॉर्डन दीनार
स्वतन्त्रता : 25 मई, 1946
भाषाएँ : अरबी, अंग्रेजी

कज़ाखस्तान
राजधानी : अस्ताना (अकमोला)
क्षेत्रफल : 27,24,900 वर्ग किमी.
मुद्रा : टेंग
स्वतन्त्रता : 16 दिसम्बर 1991
भाषाएँ : कजाख, रुसी, जर्मन

कुवैत
राजधानी : कुवैत शहर
क्षेत्रफल : 17,818 वर्ग किमी.
मुद्रा : कुवैत दिनार
स्वतन्त्रता : 19 जून 1961
भाषाएँ : अरबी, अंग्रेजी

किरगिज्स्तान
राजधानी : बिशकेक
क्षेत्रफल : 199,951 वर्ग किमी.
मुद्रा : सोम
स्वतन्त्रता : 31 अगस्त, 1991
भाषाएँ : किरगिज़, रुसी

लाओस
राजधानी : वियन्तियान
क्षेत्रफल : 2,36,800 वर्ग किमी.
मुद्रा : किप
स्वतन्त्रता : 19 जुलाई, 1949
भाषाएँ : लाओ, अंग्रेजी, फ्रेंच, कबायली

लेबनान
राजधानी : बेरुत
क्षेत्रफल : 10,452 वर्ग किमी.
मुद्रा : पौण्ड
स्वतन्त्रता : 22 नवंबर, 1943
भाषाएँ : अरबी, फ्रेंच, अंग्रेजी

मलेशिया
राजधानी : क्वालालंपुर
क्षेत्रफल : 3,30,803 वर्ग किमी.
मुद्रा : रिंगिट
स्वतन्त्रता : 31 अगस्त, 1957
भाषाएँ : मलय, अंग्रेजी, चीनी, तमिल

मालदीव
राजधानी : माले
क्षेत्रफल : 300 वर्ग किमी.
मुद्रा : रुफिया
स्वतन्त्रता : 26 जुलाई, 1965
भाषाएँ : दिवही

मंगोलिया
राजधानी : उलान बटोर
क्षेत्रफल : 15,64,110 वर्ग किमी.
मुद्रा : तुगरिक
स्वतन्त्रता : 11 जुलाई, 1921
भाषाएँ : मंगोलियन

म्यांमार
राजधानी : नेपिता
क्षेत्रफल : 6,76,578 वर्ग किमी.
मुद्रा : क्यात
स्वतन्त्रता : 4 जनवरी, 1948
भाषाएँ : बर्मी, कबीलाई

नेपाल
राजधानी : काठमाण्डू
क्षेत्रफल : 1,47,181 वर्ग किमी.
मुद्रा : नेपाली रुपया
स्वतन्त्रता : 21 दिसम्बर 1768
भाषाएँ : नेपाली, मैथिर, भोजपुरी

उत्तर कोरिया
राजधानी : प्योंगयांग
क्षेत्रफल : 1,20,538 वर्ग किमी.
मुद्रा : वोन
स्वतन्त्रता : 15 अगस्त, 1945
भाषाएँ : कोरियाई

ओमान
राजधानी : मस्कट
क्षेत्रफल : 3,09,500 वर्ग कि.मी.
मुद्रा : ओमानी रियाल
स्वतन्त्रता : 18 नवम्बर 1950
भाषाएँ : अरेबिक

पाकिस्तान
राजधानी : इस्लामाबाद
क्षेत्रफल : 8,81,912 वर्ग किमी.
मुद्रा : पाकिस्तानी रुपया
स्वतन्त्रता : 14 अगस्त 1947
भाषाएँ : उर्दू, पजांबी, सिंधी,अंग्रेजी

फिलीपीन्स
राजधानी : मनीला
क्षेत्रफल : 3,00,000 वर्ग किमी.
मुद्रा : फिलीपीन्स पीसो
स्वतन्त्रता : 12 जून 1898
भाषाएँ : फिलीपीन, अंग्रेजी

कतर
राजधानी : दोहा
क्षेत्रफल : 11,437 वर्ग कि.मी.
मुद्रा : कतारी रियाल
स्वतन्त्रता : 01 सितम्बर 1971
भाषाएँ : अरेबिक, अंग्रेजी

सऊदी अरब
राजधानी : रियाध
क्षेत्रफल : 21,49,690 वर्ग किमी.
मुद्रा : रियाल
स्वतन्त्रता : 23 सितम्बर 1932
भाषाएँ : अरबी

सिंगापुर
राजधानी : सिंगापुर सिटी
क्षेत्रफल : 719 वर्ग किमी.
मुद्रा : सिंगापुर डॉलर
स्वतन्त्रता : 9 अगस्त, 1965
भाषाएँ : मलया, मण्डरिन, तमील, अंग्रेंजी

दक्षिण कोरिया
राजधानी : सोल
क्षेत्रफल : 1,00,210 वर्ग किमी.
मुद्रा : वोन
स्वतन्त्रता : 15 अगस्त, 1945
भाषाएँ : कोरियाई

श्रीलंका
राजधानी : कोलम्बो
क्षेत्रफल : 65,610 वर्ग किमी.
मुद्रा : श्रीलंका रुपया
स्वतन्त्रता : 4 फरवरी, 1948
भाषाएँ : सिन्हाला, तमिल, अंग्रेजी

सीरिया
राजधानी :दमिश्क
क्षेत्रफल : 1,85,180 वर्ग किमी.
मुद्रा : सीरियाई पाउंड
स्वतन्त्रता : 17 अप्रैल, 1946
भाषाएँ :अरबी,कुर्दिश,आर्मेनियन

ताइवान
राजधानी : ताइपे
क्षेत्रफल : 35,981 वर्ग किमी.
मुद्रा : ताइवान डॉलर
स्वतन्त्रता :
भाषाएँ : मेण्डेरिन, चीनी, हाक्का,

ताजिकिस्तान
राजधानी : दुशानबे
क्षेत्रफल : 1,43,100 वर्ग किमी.
मुद्रा : सोमोनी
स्वतन्त्रता : 9 सितम्बर, 1991
भाषाएँ : ताजिक, रुसी

थाईलैंड
राजधानी : बैंकाक
क्षेत्रफल : 5,13,120 वर्ग किमी.
मुद्रा : बाह्ट
स्वतन्त्रता : 1238
भाषाएँ : थाई, चीनी, अंग्रेजी, मलय

तुर्की
राजधानी : अंकारा
क्षेत्रफल : 7,83,562 वर्ग किमी.
मुद्रा : टर्की लीरा
स्वतन्त्रता : 29, अक्टूबर, 1923
भाषाएँ : तुर्की, कुर्दिश, अरबी

तुर्कमेनिस्तान
राजधानी : अश्काबाद
क्षेत्रफल : 4,88,100 वर्ग किमी.
मुद्रा : मनाट
स्वतन्त्रता : 27 अक्टूबर, 1991
भाषाएँ : टुर्कमेन, रुसी,

संयुक्त अरब अमीरात
राजधानी : आबू धाबी
क्षेत्रफल : 83,600 वर्ग किमी.
मुद्रा : दिरहम
स्वतन्त्रता : 2 दिसम्बर, 1971
भाषाएँ : अरबी,

उज़्बेकिस्तान
राजधानी : ताशकंद
क्षेत्रफल : 4,47,400 वर्ग किमी.
मुद्रा : सोम
स्वतन्त्रता : 1 सितंबर, 1991
भाषाएँ : उजबेक, रुसी

वियतनाम
राजधानी : हनोई
क्षेत्रफल : 3,31,212 वर्ग किमी.
मुद्रा : डोंग
स्वतन्त्रता : 2 सितम्बर, 1945
भाषाएँ : वियतनामी, फ्रेंच, अंग्रेजी,चीनी

यमन
राजधानी : सना
क्षेत्रफल : 5,27,968 वर्ग किमी.
मुद्रा : रियाल
स्वतन्त्रता : 22 मई, 1990
भाषाएँ : अरबी

ऑस्ट्रेलिया/ओसीरिया

ऑस्ट्रेलिया
राजधानी : कैनबरा
क्षेत्रफल : 76,92,024 वर्ग किमी.
मुद्रा : आस्ट्रेलियन डॉलर
स्वतन्त्रता : 1 जनवरी, 1901
भाषाएँ : अंग्रेजी

माइक्रोनेशिया
राजधानी : पालिकिर
क्षेत्रफल : 702 वर्ग किमी.
मुद्रा : अमरीकी डॉलर
स्वतन्त्रता : 3 नवम्बर, 1986
भाषाएँ : अंग्रेजी, स्थानीय भाषाएं

फिजी
राजधानी : सुवा
क्षेत्रफल : 18,272 वर्ग किमी.
मुद्रा : डॉलर
स्वतन्त्रता : 10 अक्टूबर,1970
भाषाएँ : अंग्रेजी, फिजी

किरिबाती
राजधानी : तरावा
क्षेत्रफल : 811 वर्ग किमी.
मुद्रा : आस्ट्रेलियन डॉलर
स्वतन्त्रता : 12 जुलाई, 1979
भाषाएँ : जिल्बर्टी, अंग्रेजी

मार्शल द्वीप
राजधानी : दपाल-उलिगा-डैरिट
क्षेत्रफल : 181 वर्ग किमी.
मुद्रा : डॉलर (स.रा.)
स्वतन्त्रता : 21 अक्टूबर, 1986
भाषाएँ : मार्शलीज, अंग्रेजी, अन्य

नौरू
राजधानी : यारेन
क्षेत्रफल : 21 वर्ग किमी.
मुद्रा : आस्ट्रेलियाई डॉलर
स्वतन्त्रता : 31 जनवरी, 1968
भाषाएँ : अंग्रेजी, नौरु

न्यूजीलैण्ड
राजधानी : वेलिंगटन
क्षेत्रफल : 2,70,467 वर्ग किमी.
मुद्रा : डॉलर
स्वतन्त्रता : 26 सितंबर, 1907
भाषाएँ : अंग्रेजी, माओरी

पलाऊ
राजधानी : न्ॉरुलमुड
क्षेत्रफल : 459 वर्ग किमी.
मुद्रा : अमरीकी डॉलर
स्वतन्त्रता : 1 अक्टूबर, 1994
भाषाएँ : पलाउन, अंग्रेजी

पापुआ न्यूगिनी
राजधानी : पोर्ट मोरेस्वी
क्षेत्रफल : 4,62,840 वर्ग किमी.
मुद्रा : किना
स्वतन्त्रता : 16 सितम्बर, 1975
भाषाएँ : मेलानेशियन, पापुअन

सामोआ
राजधानी : एपिआ
क्षेत्रफल : 2,842 वर्ग किमी.
मुद्रा : टाला
स्वतन्त्रता : 1 जनवरी, 1962
भाषाएँ : सामोअन, अंग्रेजी

सालोमन द्वीप
राजधानी : होनिआरा
क्षेत्रफल : 28,896 वर्ग किमी.
मुद्रा : सोलोमन आइसलैण्ड डॉलर
स्वतन्त्रता : 7 जुलाई, 1978
भाषाएँ : अंग्रेजी, पिडगिन अंग्रेजी

टोंगा
राजधानी : नूकू एलोफा
क्षेत्रफल : 747 वर्ग कि.मी.
मुद्रा : पांगा
स्वतन्त्रता : 04 जून 1970
भाषाएँ : अंग्रेजी, टोंगन

टुवालू
राजधानी : फुनाफुटी
क्षेत्रफल : 26 वर्ग किमी.
मुद्रा : आस्ट्रेलियन डॉलर
स्वतन्त्रता : 1 अक्टूबर, 1978
भाषाएँ : टुवालुअन, अंग्रेजी

वनुआतु
राजधानी : पोर्ट विला
क्षेत्रफल : 12,189 वर्ग किमी.
मुद्रा : वातू
स्वतन्त्रता : 30 जुलाई 1980
भाषाएँ : बिस्लामा, फ्रैंच, अंग्रेजी

अल्बानिया
राजधानी : तिराना
क्षेत्रफल : 28,748 वर्ग किमी.
मुद्रा : लेक
स्वतन्त्रता : 28 नवम्बर, 1912
भाषाएँ : अल्बानी, यूनानी

अंडोरा
राजधानी : अण्डोरे-ला-विले
क्षेत्रफल : 468 वर्ग किमी.
मुद्रा : यूरो
स्वतन्त्रता : 08 सितम्बर, 1278
भाषाएँ : कैटालन,स्पेनिश व फ्रैंच

आर्मीनिया
राजधानी : येरेवान
क्षेत्रफल : 29,743 वर्ग किमी.
मुद्रा : ड्राम
स्वतन्त्रता : 21 सितम्बर, 1991
भाषाएँ : आर्मीनिया

ऑस्ट्रिया
राजधानी : वियना
क्षेत्रफल : 83,871 वर्ग किमी.
मुद्रा : यूरो
स्वतन्त्रता : 24 जुलाई, 1156
भाषाएँ : जर्मन

अजरबैजान
राजधानी : बाकू
क्षेत्रफल : 86,600 वर्ग किमी.
मुद्रा : मनट
स्वतन्त्रता : 18 अक्टूबर, 1991
भाषाएँ : अजेरी, तुर्की,रूसी

बेलारूस
राजधानी : मिन्स्क
क्षेत्रफल : 2,07,600 वर्ग किमी.
मुद्रा : बेलारुसी रुबल
स्वतन्त्रता : 25 अगस्त, 1991
भाषाएँ : बेलारशियन, रुसी

बेल्जियम
राजधानी : ब्रसेल्स
क्षेत्रफल : 30,528 वर्ग किमी.
मुद्रा : यूरो
स्वतन्त्रता : 04 अक्टूबर 1830
भाषाएँ : फ्लेमिश, डच, फ्रैंच, जर्मन

बोस्निया और हर्जेगोविना
राजधानी : सरायेवा
क्षेत्रफल : 51,209 वर्ग किमी.
मुद्रा : मार्का
स्वतन्त्रता : 01 मार्च, 1992
भाषाएँ : सार्बो-क्रोएशियन

बल्गारिया
राजधानी : सोफिया
क्षेत्रफल : 1,10,879 वर्ग किमी.
मुद्रा : लेव
स्वतन्त्रता : 03 मार्च, 1878
भाषाएँ : बल्गेरियन, तुर्की

क्रोएशिया
राजधानी : जाग्रेब
क्षेत्रफल : 56,594 वर्ग किमी.
मुद्रा : क्यूना
स्वतन्त्रता : 25 जून, 1991
भाषाएँ : सर्बो-क्रोएशियन

साइप्रस
राजधानी : निकोसिया
क्षेत्रफल : 9,251 वर्ग किमी.
मुद्रा : यूरो
स्वतन्त्रता : 16 अगस्त, 1960
भाषाएँ : यूनानी और तुर्की

चेक गणराज
राजधानी : प्राग
क्षेत्रफल : 78,864 वर्ग किमी.
मुद्रा : चेक काउन
स्वतन्त्रता : 01 जनवरी, 1993
भाषाएँ : चेक

डेनमार्क
राजधानी : कोपेनहेगन
क्षेत्रफल : 43,094 वर्ग किमी.
मुद्रा : क्रोन
स्वतन्त्रता : 05 जून, 1962
भाषाएँ : डेनिश

एस्टोनिया
राजधानी : तालिन
क्षेत्रफल : 45,277 वर्ग किमी.
मुद्रा : यूरो
स्वतन्त्रता : 20 अगस्त, 1991
भाषाएँ : एस्टोनियन

फिनलैंड
राजधानी : हेलसिंकी
क्षेत्रफल : 3,38,424 वर्ग किमी.
मुद्रा : यूरो
स्वतन्त्रता : 06 दिसम्बर, 1917
भाषाएँ : फिनिश, स्वीडिश

फ्रांस
राजधानी : पेरिस
क्षेत्रफल : 6,40,679 वर्ग किमी.
मुद्रा : यूरो
स्वतन्त्रता : 14 जुलाई, 1789
भाषाएँ : फ्रैंच

जॉर्जिया
राजधानी : तिबिलिसी
क्षेत्रफल : 69,700 वर्ग किमी.
मुद्रा : लारी
स्वतन्त्रता : 09 अप्रैल, 1991
भाषाएँ : जार्जियन, व रशियन

जर्मनी
राजधानी : बर्लिन
क्षेत्रफल : 3,57,114 वर्ग किमी.
मुद्रा : यूरो
स्वतन्त्रता : 03 अक्टूबर, 1990
भाषाएँ : जर्मन

ग्रीस
राजधानी : एथेन्स
क्षेत्रफल : 1,31,990 वर्ग किमी.
मुद्रा : यूरो
स्वतन्त्रता : 25 मार्च, 1829
भाषाएँ : यूनानी

हंगरी
राजधानी : बुडापेस्ट
क्षेत्रफल : 93,033 वर्ग किमी.
मुद्रा : फोरिन्ट
स्वतन्त्रता : 23 अप्रैल, 1949
भाषाएँ : हंगेरियन

आइसलैंड
राजधानी : रिक्याविक
क्षेत्रफल : 1,03,000 वर्ग किमी.
मुद्रा : क्रोना
स्वतन्त्रता : 17 जून, 1944
भाषाएँ : आइसलैंडिक

आयरलैण्ड
राजधानी : डबलिन
क्षेत्रफल : 81,638 वर्ग किमी.
मुद्रा : यूरो
स्वतन्त्रता 06 दिसम्बर, 1922
भाषाएँ : आइरिश, अंग्रेजी

इटली
राजधानी : रोम
क्षेत्रफल : 301,338 वर्ग किमी.
मुद्रा : यूरो
स्वतन्त्रता 17 मार्च, 1861
भाषाएँ : इटालियन

लात्विया
राजधानी : रीगा
क्षेत्रफल : 64,559 वर्ग किमी.
मुद्रा : लाट्स
स्वतन्त्रता : 21 अगस्त, 1991
भाषाएँ : लैटवियन

लिस्टेंसटाइन
राजधानी : वाडुज़
क्षेत्रफल : 160 वर्ग किमी.
मुद्रा : स्विस फ्रैंक
स्वतन्त्रता 23 जनवरी, 1719
भाषाएँ : जर्मन

लिथुअनिया
राजधानी : विलनिउस
क्षेत्रफल : 65,300 वर्ग किमी.
मुद्रा : यूरो
स्वतन्त्रता : 11 मार्च, 1990
भाषाएँ : लिथुआनियन

लक्ज़मबर्ग
राजधानी : लक्ज़मबर्ग
क्षेत्रफल : 2,586 वर्ग किमी.
मुद्रा : यूरो
स्वतन्त्रता : 09 जनवरी, 1839
भाषाएँ : फ्रैंच, अंग्रेजी, जर्मन

मैसेडेनिया
राजधानी : स्कोप्जे
क्षेत्रफल : 25,713 वर्ग किमी.
मुद्रा : दीनार
स्वतन्त्रता : 08 सितम्बर, 1991
भाषाएँ : मोसिडोनियन

माल्टा
राजधानी : वेलेट्टा
क्षेत्रफल : 316 वर्ग किमी.
मुद्रा : यूरो
स्वतन्त्रता : 21 सितम्बर, 1964
भाषाएँ : माल्टा और अंग्रेजी

मॉल्डोवा
राजधानी : चिशिनाउ
क्षेत्रफल : 33,846 वर्ग किमी.
मुद्रा : मॉल्डोवन लियु
स्वतन्त्रता : 27 अगस्त, 1991
भाषाएँ : रोमनियाई और उक्रेनियन

मोनाको
राजधानी : मोनाको
क्षेत्रफल : 2,02 वर्ग किमी.
मुद्रा : यूरो
स्वतन्त्रता : 1419
भाषाएँ : फ्रैंच,इटालियन, मोनेगास्क

माण्टीनिग्रो
राजधानी : पोडगोरिका
क्षेत्रफल : 13,812 वर्ग किमी.
मुद्रा : यूरो
स्वतन्त्रता : 03 जनवरी, 2006
भाषाएँ : मोण्टेनीग्रिन

नीदरलैण्ड
राजधानी : एम्स्टर्डम
क्षेत्रफल : 41,850 वर्ग किमी.
मुद्रा : यूरो
स्वतन्त्रता : 26 जुलाई, 1579
भाषाएँ : डच

नार्वे
राजधानी : ऑस्लो
क्षेत्रफल : 3,23,802 वर्ग किमी.
मुद्रा : क्रोन
स्वतन्त्रता : 07 मार्च, 1905
भाषाएँ : नार्वेजियन

पोलैण्ड
राजधानी : वॉर्सो
क्षेत्रफल : 3,12,679 वर्ग किमी.
मुद्रा : ज्लोटी
स्वतन्त्रता : 11 नवम्बर, 1918
भाषाएँ : पोलिश

पुर्तगाल
राजधानी : लिस्बन
क्षेत्रफल : 92,090 वर्ग किमी.
मुद्रा : यूरो
स्वतन्त्रता : 02 दिसम्बर, 1640
भाषाएँ : पुर्तगाली

रोमानिया
राजधानी : बुखारेस्ट
क्षेत्रफल : 2,38,391 वर्ग किमी.
मुद्रा : लियू
स्वतन्त्रता : 09 मई, 1877
भाषाएँ : रोमानियन, हंगेरियन, जर्मनी

रूस
राजधानी : मॉस्को
क्षेत्रफल : 1,70,98,246 वर्ग किमी.
मुद्रा : रुबल
स्वतन्त्रता : 24 अगस्त, 1991
भाषाएँ : रुसी, यूक्रेनियन, बेलारुशियन, उज्बेक

सेन मेरीनो
राजधानी : सेन मेरीनो
क्षेत्रफल : 61 वर्ग किमी.
मुद्रा : यूरो
स्वतन्त्रता: 03 सितम्बर, 301 ई.पू.
भाषाएँ : इटेलियन

सर्बिया
राजधानी : बेलग्रेड
क्षेत्रफल : 88,361 वर्ग किमी.
मुद्रा : सर्बियन दिनार
स्वतन्त्रता : 27 अप्रैल, 1992
भाषाएँ : सर्बो क्रोएशियन,अल्बानियन, स्लोवेनियन, मैकेडोनियन

स्लोवाकिया
राजधानी : ब्राटिस्लावा
क्षेत्रफल : 49,037 वर्ग किमी.
मुद्रा : यूरो
स्वतन्त्रता : 01 जनवरी, 1993
भाषाएँ : स्लोवाक, मगयार

स्लोवेनिया
राजधानी : जुब्लजाना
क्षेत्रफल : 20,273 वर्ग किमी.
मुद्रा : यूरो
स्वतन्त्रता : 25 जून, 1991
भाषाएँ : स्लोवेनियन

स्पेन
राजधानी : मेड्रिड
क्षेत्रफल : 5,05,992 वर्ग किमी.
मुद्रा : यूरो
स्वतन्त्रता : 1492
भाषाएँ : स्पेनिश, कैटेलान, बास्क, गैलिशियन

स्वीडन
राजधानी : स्टॉकहोम
क्षेत्रफल : 4,50,295 वर्ग कि.मी.
मुद्रा : यूरो
स्वतन्त्रता : 06 अगस्त, 1983
भाषाएँ : स्वीडिश

स्विट्जरलैंड
राजधानी : बर्न
क्षेत्रफल : 41,284 वर्ग किमी.
मुद्रा : स्विस फ्रैंक
स्वतन्त्रता : 01 अगस्त, 1291
भाषाएँ : रोमन, फ्रैंच, इटेलियन

यूक्रेन
राजधानी : कीव
क्षेत्रफल : 6,03,500 वर्ग किमी.
मुद्रा : हिरिविनिया
स्वतन्त्रता : 24 अगस्त, 1991
भाषाएँ : यूक्रेनियन, रशियन

यूनाइटेड किंगडम
राजधानी : लदंन
क्षेत्रफल : 2,42,495 वर्ग किमी.
मुद्रा : पौंड
स्वतन्त्रता : 1284
भाषाएँ : अंग्रेजी,वेल्श,स्कोड्स

वेटिकन
राजधानी : वेटिकन सिटी
क्षेत्रफल : 0. 4 वर्ग किमी.
मुद्रा : यूरो
स्वतन्त्रता : 11 फरवरी, 1929
भाषाएँ : लैटिन, इटेलियन

उत्तर अमेरिका

एंटीगुआ और बरबुडा
राजधानी : सेंट जॉन्स
क्षेत्रफल : 442 वर्ग कि.मी.
मुद्रा : पूर्वी कैरीबियाई डॉलर
स्वतन्त्रता : 01 नवम्बर, 1981
भाषाएँ : अंग्रेजी और पैटोइज

द बहामास
राजधानी : नसाऊ
क्षेत्रफल : 13,943 वर्ग किमी.
मुद्रा : बहामी डॉलर
स्वतन्त्रता : 10 जुलाई, 1973
भाषाएँ : अंग्रेजी

बरबडोस
राजधानी : ब्रिजटाउन
क्षेत्रफल : 430 वर्ग किमी.
मुद्रा : बरबडोस डॉलर
स्वतन्त्रता : 30 नवम्बर, 1966
भाषाएँ : अंग्रेजी, क्रियोल

बेलीज़
राजधानी : बेलमोपान
क्षेत्रफल : 22,966 वर्ग कि.मी.
मुद्रा : डॉलर
स्वतन्त्रता : 21 सितम्बर, 1981
भाषाएँ : अंग्रेजी,स्पेनिश

कनाडा
राजधानी : ओटावा
क्षेत्रफल : 99,84,670 वर्ग किमी.
मुद्रा : डॉलर
स्वतन्त्रता : 01 जुलाई, 1867
भाषाएँ : अंग्रेजी, फ्रेंच

कोस्टारिका
राजधानी : सैन जोज़
क्षेत्रफल : 51,100 वर्ग किमी.
मुद्रा : कोलोन
स्वतन्त्रता : 15 सितम्बर, 1821
भाषाएँ : स्पेनिश, अंग्रेजी

क्यूबा
राजधानी : हवाना
क्षेत्रफल : 1,09,884 वर्ग किमी.
मुद्रा : क्यूबा पेसो
स्वतन्त्रता : 20 मई, 1902
भाषाएँ : स्पेनिश

डोमिनिका
राजधानी : रोजियो
क्षेत्रफल : 751 वर्ग किमी.
मुद्रा : पूर्वी कैरीबियन डॉलर
स्वतन्त्रता : 03 नवंबर, 1978
भाषाएँ : अंग्रेजी और फ्रेंच

डोमिनिकन रिपब्लिक
राजधानी : सैण्टो डोमिंगो
क्षेत्रफल : 48,671 वर्ग किमी.
मुद्रा : पेसो
स्वतन्त्रता : 27 फरवरी,1844
भाषाएँ : स्पेनिश

एल सल्वाडोर
राजधानी : सैन सल्वाडोर
क्षेत्रफल : 21,040 वर्ग किमी.
मुद्रा : अमेरिकी डॉलर
स्वतन्त्रता : 15 सितंबर, 1821
भाषाएँ : स्पेनिश

ग्रेनाडा
राजधानी : सेंट जॉर्ज
क्षेत्रफल : 344 वर्ग किमी.
मुद्रा : पूर्वी कैरीबियन डॉलर
स्वतन्त्रता : 07 फरवरी,1974
भाषाएँ : अंग्रेजी और फ्रेंच-अफ्रीकी पटोइस

ग्वाटेमाला
राजधानी : ग्वाटेमाला सिटी
क्षेत्रफल : 1,08,889 वर्ग किमी.
मुद्रा : क्वेटजल
स्वतन्त्रता :15 सितम्बर,1821
भाषाएँ : स्पेनिश और रेड इंडियन

हैती
राजधानी : पोर्ट-ओ-प्रिंस
क्षेत्रफल : 27,750 वर्ग किमी.
मुद्रा : गूर्ड
स्वतन्त्रता : 01 जनवरी,1908
भाषाएँ : फ्रैंच, क्रियोल

हॉण्डुरास
राजधानी : तेगुसीगल्पा
क्षेत्रफल : 1,12,492 वर्ग किमी.
मुद्रा : लेम्पीरा
स्वतन्त्रता : 15 सितम्बर,1821
भाषाएँ : स्पेनिश

जमैका
राजधानी : किंगस्टन
क्षेत्रफल : 10,991 वर्ग किमी.
मुद्रा : जमैकी डॉलर
स्वतन्त्रता : 06 अगस्त, 1962
भाषाएँ : अंग्रेजी, जमैकन सिरोल

मैक्सिको
राजधानी : मैक्सिको सिटी
क्षेत्रफल : 19,64,375 वर्ग किमी.
मुद्रा : मैक्सीकन पेसो
स्वतन्त्रता : 24 सितम्बर,1821
भाषाएँ : स्पेनिश, अमेरिडियन

निकारागुआ
राजधानी : मानागुआ
क्षेत्रफल : 130,373 वर्ग किमी.
मुद्रा : कोरडोंबा
स्वतन्त्रता : 15 सितंबर, 1821
भाषाएँ : स्पेनी व अंग्रेजी

पनामा
राजधानी : पनामा सिटी
क्षेत्रफल : 75,417 वर्ग किमी.
मुद्रा : बलबोआ
स्वतन्त्रता : 03 नवंबर, 1903
भाषाएँ : स्पेनिश व अंग्रेजी

सेंट किट्स और नेविस
राजधानी : बस्सेटेरे
क्षेत्रफल : 261 वर्ग किमी.
मुद्रा : पूर्वी कैरीबियन डॉलर
स्वतन्त्रता : 19 सितंबर, 1983
भाषाएँ : अंग्रेजी और पेटोइस

सेंट लुसिया
राजधानी : केस्ट्राइज
क्षेत्रफल : 616 वर्ग किमी.
मुद्रा : पूर्वी कैरीबियन डॉलर
स्वतन्त्रता : 22 फरवरी,1979
भाषाएँ : अंग्रेजी और पेटोइस

सेण्ट विन्सेण्ट और ग्रेनेडाइंस
राजधानी : किंग्सटाउन
क्षेत्रफल : 389 वर्ग किमी.
मुद्रा : पूर्वी केरिबियन डॉलर
स्वतन्त्रता : 27 अक्टूबर, 1979
भाषाएँ : अंग्रेजी और फ्रैंच पटोइस

ट्रिनिडाड और टोबोगो
राजधानी : पोर्ट ऑफ स्पेन
क्षेत्रफल : 5,130 वर्ग किमी.
मुद्रा : ट्रिनिडाड और टोबोगो डॉलर
स्वतन्त्रता : 31 अगस्त,1962
भाषाएँ : अंग्रेजी

संयुक्त राज्य अमेरिका
राजधानी : वाशिगंटन डी.सी.
क्षेत्रफल : 95,26,468 वर्ग किमी.
मुद्रा : यू.एस.डॉलर
स्वतन्त्रता : 04 जुलाई 1776
भाषाएँ : अंग्रेजी

दक्षिण अमेरिका

अर्जेन्टीना
राजधानी : ब्यूनेस आयर्स
क्षेत्रफल : 27,80,400 वर्ग किमी.
मुद्रा : अर्जेन्टीना पेसो
स्वतन्त्रता : 09 जुलाई, 1816
भाषाएँ : स्पेनिश, इटेलियन

बोलिविया
राजधानी : लापॉज
क्षेत्रफल : 10,98,581 वर्ग किमी.
मुद्रा : दी बोलिवियानो
स्वतन्त्रता : 06 अगस्त, 1825
भाषाएँ : स्पेनिश, कुचुआ व अइमारा

ब्राजील
राजधानी : ब्रासीलिया
क्षेत्रफल : 85,15,767 वर्ग किमी.
मुद्रा : रियाल
स्वतन्त्रता : 07 सितम्बर, 1822
भाषाएँ : पुर्तगाली, अंग्रेजी, जर्मन

चिली
राजधानी : सैण्टियागो
क्षेत्रफल : 7,56,102 वर्ग किमी.
मुद्रा : पेसो
स्वतन्त्रता : 18 सितंबर, 1810
भाषाएँ : स्पेनिश

कोलम्बिया
राजधानी : बोगोटा
क्षेत्रफल : 11,41,748 वर्ग किमी.
मुद्रा : पेसो
स्वतन्त्रता : 20 जुलाई, 1810
भाषाएँ : स्पेनिश

इक्वेडोर
राजधानी : किवटो
क्षेत्रफल : 2,76,841 वर्ग किमी.
मुद्रा : यू.एस.डॉलर
स्वतन्त्रता : 24 मई, 1822
भाषाएँ : स्पेनिश, कबीलाई

गयाना
राजधानी : जॉर्ज टाउन
क्षेत्रफल : 2,14,969 वर्ग किमी.
मुद्रा : गयाना डॉलर
स्वतन्त्रता : 26 मई, 1966
भाषाएँ : अंग्रेजी, हिन्दी, उर्दु, क्रियोल

पराग्वे
राजधानी : असनश्यान
क्षेत्रफल : 4,06,752 वर्ग किमी.
मुद्रा : गुआरानी
स्वतन्त्रता : 14 मई,1811
भाषाएँ : स्पेनिश, गुरानी

पेरू
राजधानी : लीमा
क्षेत्रफल : 12,85,216 वर्ग किमी.
मुद्रा : न्यू सोल
स्वतन्त्रता : 28 जुलाई, 1821
भाषाएँ : स्पेनिश,क्वेचुआ,आयमारा

सुरीनाम
राजधानी : परमारीबो
क्षेत्रफल : 1,63, 820 वर्ग किमी.
मुद्रा : सूरीनामी डॉलर
स्वतन्त्रता : 25 नवम्बर,1975
भाषाएँ : डच, अंग्रेजी, हिन्दी, सूरीनामी और जैवेनीज

ऊरूग्वे
राजधानी : मोन्टेवीडियो
क्षेत्रफल : 1,76,215 वर्ग किमी.
मुद्रा : पेसो
स्वतन्त्रता : 25 अगस्त,1825
भाषाएँ : स्पेनिश

वेनेज़ुएला
राजधानी : कराकास
क्षेत्रफल : 9,16,445 वर्ग किमी.
मुद्रा : बोलिवर
स्वतन्त्रता : 05 जुलाई, 1811
भाषाएँ : स्पेनिश

संयुक्त राज्य
हेडक्वॉटर : न्यूयॉर्क
सदस्य : 193 राज्य